レイ・ストレイチー

イギリス女性運動史

1792‐1928

栗栖美知子・出淵敬子監訳

吉田尚子・山内藤子・奥山礼子
佐藤千佳・山本優子・三神和子
共訳

みすず書房

THE CAUSE

A Short History of the Woman's Movement in Great Britain

by

Ray Strachey

First published by G. Bell & Sons Limited, London, 1928

ミリセント・ギャレット・フォーセットに――

この運動が始まったときから、その困難な仕事を援助し
失望落胆の時期には、確固とした足どりで歩き
希望にあふれた時期には、思慮深く歩いた
そうして運動を勝利に導いてくれたひと
ミリセント・ギャレット・フォーセットに
本書を捧げる

「一八世紀は人間の権利を宣言したが、
一九世紀は女性の権利を宣言するだろう」

ヴィクトル・ユゴー

目次

凡例

一、本書は Ray Strachey, *The Cause : A Short History of the Women's Movement in Great Britain*, G. Bell & Sons Limited, 1928 の全訳である。

一、原書に付録として収録されている Florence Nightingale のエッセイ "Cassandra" は省いた。図版は一部を省略し、新たに収集したものを加えた。一九七八年に VIRAGO Limted から刊行されたペーパーバック版に付された Ray の娘 Barbara Strachey の序を併せて訳出し、収録した。

一、著者による注記は各章末に、訳者による注記は巻末におさめた。訳者及び編集部で作成した年表、地図、イギリス歴代内閣（一八四三―一九四五）を関係資料として付した。索引は原書に付されたものを参考に適宜項目を加え、巻末におさめた。

一、表記について。

訳者による補いは割注あるいは活字を落として〔　〕でしるした。

『　』は書名・雑誌・新聞名に使用した。

原書における年代、人名の明らかな誤記、誤植は訳者が訂正し、訂正した箇所に＊を付した。

レイ・ストレイチー自画像

序

女性運動の記録は容易に手に入れることができ、たいがいの事件はいまもなお記憶に新しい。したがって本書の土台となっている諸事実は、大多数が論争のさなかにあるというわけでもなければ、とくに蒐集しがたいというわけでもない。本書を書く難しさは、その対極の方向にあった――過剰なまでの証拠と材料、それに事件そのものが相互に重なり合っていることに難しさがあったのだ。この八〇年間に英国の全人口の半数を占める女性の個人的、法的、政治的、社会的な自由は急激に発展したが、それは、物事が進んでいく特定の方向や原因、結果、意義がひどく当惑させられるほど一つまた一つと押し寄せ重なり合うのを、必然的にしたのであり、それらすべてを十分に解きほぐし、それぞれの進み具合と相互の影響とを同時に示すことは、難しいことであった。それを説明する務めが完璧には果たされていないこと、また多くの実際的な関連をもち、かつ有益なことが省かれたことに実のところ私は気づいている。事件のつながりが明白になるように、各頁の柱にできる限り年代を付け加えた。しかし、女性運動の真の歴史は、一九世紀全体の歴史である。その当時起こったすべてのことは、進行しつつあった大きな社会的変化に関連していないものはありえなかったし、その影響を受けていないものもなかったのだ。インドの暴動、普仏戦争、アイルランド自治運動、議員法［一九一一年上院の権利を制限したもの］といったことには、言及しなかったが、疑いなくこれらのことは女性運動の問題に関連があり、世界のあらゆる進歩とあいまって、この特別な発展の具体化にそれぞれの役割を果たしたことを知っている。しかし、歴史を書くときにはある境界線が必要であり、そのような境界線を私は一冊の本に書ける範囲までとした。

本書を書くにあたって、私に先入観がなかったわけではないことを最初に告白しておくべきだと感じている。女性参政権獲得のドラマの後半の舞台において、私自身も一人の役者であった。したがって全面的に公平な見方をすることができないという非難に甘んじるとともに、それを誇りにも感じている。宣伝文《プロパガンダ》でなく歴史を書こうと誠実に努力してきた。しかし私の大前提は、疑いなくフェミニストの観点であり、おそらく私の目には過去の美徳が見えていないこともあろう。

資料の収集、整理について、また本書の観点と執筆について、友人のアイダ・オマレー(訳注1)に深い恩恵を受けている。一九三七年直前の時期に関する研究を協力して行い、多くの興味深いことを見いだしたが、それは本書の範囲を超えていた。女性運動のパイオニア以前の段階は、ある意味では、運動そのもの以上におもしろく、もちろんその背後にはずっと昔からの女性の地位の歴史に関する研究という魅力的な分野がある。いつの日かこの方面におけるミス・オマレーの発見が出版され、これまで女性の歴史を包んでいた大きな闇を照らしだしてくれるように願っている。

このほかひじょうに多くの友人たちが、本書の準備を手伝ってくれた。まず第一にミリセント・フォーセット夫人に感謝しなくてはならない。女性運動への彼女のリーダーシップは、ここで私から感謝されることなど必要としていない。それは本書の中で十分に明らかにされていると思う。しかし、彼女が与えてくださった個人的な親切、回想の蓄積、冗談、記録に対して私は感謝を表さなければならない。ジョン・スチュアート・ミルの最初の請願にはじまり、普通選挙権の最終的認可にいたる女性参政権運動の広い範囲全体が、彼女の個人的経験のなかに含まれていた。そしてその記録は彼女の指導の手の痕跡を明らかに文面に残している。

ほかにもひじょうに多くの人びとから恩恵をこうむっているので、いかに人びとのおかげであるかをいちいち明らかにすることは、難しい。現存しているいくつかのフェミニストの協会がある。女性奉仕協会（以前の女性参政権ロンドン協会）の図書館員は多くの不明な点を詳しく探索してくれたし、その図書館は資料の宝庫であり、その協会の記録と議事録は内部の熱心な討論活動に多くの解明の光をあててくれた。平等市民権協会全国連合（以前の女性参政権協会全国連合）の公式記録は、自由に使わせてもらうことができた。昔のフェミニストの著書を集めた興味深い収集《コレクシヨン》が存在し、キャベンディッシュ・ベンティンク夫人が親切にそれを調べることを許可してくださった。ガートン・コレッジのブラックバーン図書館の利用許可を得たことに対し、ミス・メイジャーにお礼申し上げなければならない。それからまたロンドン大学政治経済学院《ロンドン・スクール・オブ・エコノミックス》は、ミス・テイラーの書簡や論文の収集の閲覧を許可してくれた。故パンクハースト夫人が運動の戦闘的局面を私と討論してくださったことに、たいへん感謝している。そしてミス・C・パインにも、特別の魅力溢れる写真集を貸してくださったことを感謝しなければならない。レディ・スティーヴンにもその著書(『エミリー・デイヴィスとガートン・カレッジ』)に現れる初期の教育運動のすばらしい正確な記録ばかりでなく、多くの批評と有益なヒントを与えられたことに対し、深く恩義を感じている。ミス・B・A・クラフは、高等教育運動を扱った数章の準備をしている私を大いに助けてくださった。この二人と、ヴォーン・ナッシュ夫人と故フローレンス・ナイティンゲールの家族の方々にも、「カサンドラ」の断片と、これまで未公刊だったレイ・イーストレイクの［ナイティンゲール像の］素描を本書に掲載させて頂いたことに感謝している。

古い書簡や記録、写真をお借りしたり、個人的な思い出話をうかがうなど、ほかの多くの方々にも助けていただいた。故G・W・ジョンソン氏、ミス・ホープ・メリソン、リード夫人、ミス・クロンプトン、ミス・ハート、ベッカー夫人、ミス・B・L・ハッチンス、ミス・イーディス・パリサーがそこに含まれている。かつて公刊されたことのないジョゼフィン・バトラーの肖像画は、ジョージ・バトラー氏の所有するものであり、その版権は彼に属している。戦闘的な光景と戦闘的リーダーの写真はミス・C・パインに拝借した。ニューナム・ホッケー・チームの写真はニューナム・コレッジに、バーバラ・ボディションの写真はガートン・コレッジに、レディ・アスターの宣誓している写真はアスター子爵に、ミス・エミリー・デイヴィスの写真はミス・M・ルーウェリン・デイヴィスによる。ミス・ベッカーの風刺画は、ミス・クロンプトンに拝借し、グラントリー卿は、彼の所有するノートン夫人の肖像画を本書中に複製することを許可してくださった。これらの方々の大いなるご厚意に感謝申し上げる。そして、最後に、女性参政権運動の日々をともに過ごした同胞たちひとりひとりに対し深い恩恵を感じていることを表したいと思う。

一九二四―一八

レイ・ストレイチー

ヴィラーゴ版（一九七八）への新しい序

一九〇五年、まだ一七歳だったとき、レイ・コステロゥは母メアリーと継父のバーナード・ベレンソンをフィレンツェに長期にわたり訪問した。メアリーは数年前、最初の夫であるフランク・コステロゥのもとを去って、ベレンソンと一緒になった。ロンドンにおいてきた二人の娘レイとカリンの親権をのちに争うことになった。最終的には（コステロゥは子どもたちがまだとても幼いころに死んだので）メアリー自身の母、ハナ・ホゥイトール・スミスに育てられることになった。

フィラデルフィアのクエーカー教徒の家に生まれたハナは、非凡な女性だった。多くの宗教書を書き、そのうちの一冊『キリスト教徒の幸福な生活の秘訣』は古典となり、現在も出版されている。彼女は賢明で機知に富み、政治的には急進派、若い時代から真のフェミニストで、孫娘たちに変わらぬ影響を与えつづけたのだった。

しかしながらメアリーは、レイがケンブリッジに行く前にいくらか世間的経験を身につけるほうがよかろうと信じていた。そこで考えをめぐらせ、当時フィレンツェにいた若いアメリカ人の従兄弟とレイを交際させた。その結果はレイに同世代の青年の傲慢さに対する徹底的な嫌悪感を抱かせ、また女性は男性の優秀さを正しく認識し賞賛できるようになるためにのみ教育されるべきだという彼の信条をも、すっかり毛嫌いさせることになった。彼女はその経験を小説に変えることにより、それを取り除きたい気持ちに駆り立てられた。その本は第一作としては取柄がないわけではなかったので、メアリーはその出版費用を援助した――彼女にとっても、若い男性にとってもそれは好意的な小説ではなかったのだから、寛大な振る舞いであった。

このエピソードはレイにとって重要なものだった。というのは彼女が人生でいちばん関心をもった著述とフェミニズムの双方の始まりを明らかに示しているからである。

彼女はニューナム［・コレッジ］に入り、数学を勉強したが、一九〇五年から一九〇九年の間は参政権運動がとても刺激的な段階に達したので、数学よりも参政権デモ行進や議会選挙運動、遊説隊により多くの時間をかけた。その結果、卒業試験のとき二八六人の候補学生中、彼女は二八〇番目になった。

いくたびもの自己省察のあと、急進的な女性参政権論者《サフラジェット》の魅力とヒロイズムにもかかわらず、長い間に、より大きな効果をもたらすことになるのは、法を遵守する穏健派の女性参政権論者《サフラジスト》だと彼女は心に決めていた。そのようにして彼女たちの指導者、フォーセット夫人との生涯にわたる協力と友情になるものを始めたのだった。しかしながら、作家生活にまだ憧れを抱いており、文学と政治の魅力の間で引き裂かれていた。

しかもなお彼女が選びそうになった第三の身を立てる道があった。ケンブリッジに行ったあと、電気工学の課程《コース》をとり、数学以上の魅力さえあるとわかり、続けて資格をとって、電気工学を仕事にする最初の女性になりたいという誘惑にかられた。しかしながら、一九一一年リットンの兄、オリヴァー・ストレイチーと結婚、彼自身も確固としたフェミニストだった。彼はインドから帰ったばかりで当時は職がなかったため、一時二人でものを書こうと努めたが、その後レイはオリヴァーに家事を任せて女性参政権の仕事に戻った——不幸にも彼は家事は大の苦手だったので、じきに彼女自身が引き継がなければならなくなった。

一九一九年女性が投票権を得たあとの最初の選挙で国会議員に立候補したが、彼女は無所属で立ち落選し、再び一九二二年にも敗北を喫した。しかし二度の敗北は少しも彼女の活力と楽観主義を減らしはしなかった。参政権論者の新聞『コモン・コーズ』の編集長であり、「女性雇用連盟」の創始者でもあった。小説、伝記、そしてほとんど毎日のように新聞記事を書き、多種多様な話題について放送し、数え切れないほどの委員会に出席し、数多くの会合で演説した。レディ・アスターが下院議員になったとき、その政治顧問になるようにレイは「召集」され、要点をかいつまんで彼女に話す役や、彼女に代わって演説を書いたり、あの熱意あふれる女性議員のパイオニアに戦略、安定感、適度さを与えた。これもまた生涯にわたる協力と友情につながるものだった。

彼女はまたかなりの組織力を家族内の様々なことに注ぎこんだ。というのは恐ろしいほど全力で活動する生活にもかかわらず、あらゆる彼女の計画のなかで、子どもたちは自分たちがまず優先されていることを一瞬たりとも疑うことはなかったからだ。

レイはすてきな仲間だった——外見などはまったく気にかけず、たとえば華やかな政治のパーティにドレスを裏返しに着て出かけたりしがちだった。水泳やレンガ積み、またピアノを弾き、油絵を描くといったような新しい「技」を習うことが好きだった。どれも実際にはとても下手だったが、有頂天になってしていた。一九四〇年五三歳で亡くなった——あまりに若過ぎた——が、心に抱いていた「大目的《コーズ》」のためにすでに多くのことを達成していた。彼女が達成したもののうち大きなものが［女性参政権］運動の歴史『イギリス女性運動史　一七九二—一九二八』（*The Cause*）である。古典として残るだろうと思われるこの本を書くことによって、彼女は主な二つの大望をその中でついに結びつけることができたのである——誠実で、学問的で、きわめて読みやすく、ティーンエージャーの娘のように厳しい批評家にさえ思想・感情を吹き込んでくれる真の古典として。

バーバラ・ストレイチー［原著者の娘］

第一章　家庭という監獄　一七九二―一八三七

フランス革命――メアリー・ウルストンクラフト――初期博愛主義運動――一九世紀初頭の女性の法的、社会的、労働市場での地位――フローレンス・ナイティンゲール

組織化された女性運動を本書では主題としてとりあげている。だがこの運動はいま本稿を執筆している一九二〇年代においてはまだ終結しておらず、これを歴史的な問題として扱うのは、ある意味では適切でないかもしれない。しかし、現時点でも運動の進展をある程度、正確にまとめることができる段階に達したといえる。というのは、運動の目的の多くが達成されたので、その諸側面がどれほど理想像に近づいたかを正しくとらえることができるようになり、熱のこもった論争や偏見に満ちたプロパガンダによって歪められることなく、事態を概観できるようになったからである。

女性運動が実際、どの時点で始まったかについてはいろいろな解釈ができるだろう。だがどの時点を選んでも、過去に起こった出来事とまったく切り離して考えることはできない。人間社会のあらゆる進歩と同じように、この運動も様々な原因から生じてきたものであり、これらの原因を探ることは有意義で、おもしろくもある。しかし本書の目的からすれば、周辺の興味深い題材のほとんどは省かなければならない。原始時代や古代文明時代における女性の地位を調べてはいられない。中世も無視しなければならない。要するに、女性の地位の歴史をたどるようなことは避けなければならない。記録に残っている歴史、そしておそらく大部分の記録に残っていない歴史をも含めて、興味深い例外はいくつかあるにしても、歴史全体を見ると、女性の隷属は広く社会構造の一部をなしている。このことはこれまで考えられてきた以上に、人類の進歩というよりはむしろ後退の一因となってきた。しかし、本書ではそういうたぐいの考察はしないことをはっきりさせておく。もちろん女性の隷属ということがなければ、女性運動が起きる必要性はまったくなかったであろう。何世紀もの間、女性は効果的な抵抗もできず、隷属することを耐え忍んできた。そこで、一九世紀になってなぜ本格的な女性の反乱がついに起こったかを説明するには、彼女たちを突き動かした新しい

メアリー・ウルストンクラフト

原動力となったものを探さなければならない。

この原動力はフランス革命を引き起こした教義《ドクトリン》や哲学から生まれ、産業革命下の経済的変化によってさらに強まったことは明らかだと思われる。事実「女性の反乱」はこれら二つの革命の副産物であった。そして自発的な運動が何らかの形となって現れるのに半世紀以上かかったが、実際、運動の真の起点は一七九二年にあったのである。

その年にメアリー・ウルストンクラフト(訳注1)はフランス革命の「自由・平等・博愛」の思想に刺激されて、あの偉大な著作『女性の権利の擁護』を出版した。これにはフェミニスト(訳注2)の理想の大筋が述べられ、平等な人権に対する要求がなされている。この本は当時、ほとんど注目されなかったが、以後の女性運動の原典となった。

『女性の権利の擁護』が出た後、女性運動は立ち消えになったように見えた。英国社会は海の向こうで起きたフランス革命の理念に対して、いわば門戸を閉ざした。イギリスの国家体制が混乱し破壊されないように、現状を維持しようとする必死の努力がなされた。しかしながら実際にはそうはいかなかった。支配階級は先祖伝来の習慣、伝統、偏った考えに強くしがみついていたが、古き悪しき一八世紀社会も彼らのもとをすり抜けるように去り、一九世紀が始まった。

表面的には状況は変わらないように見えた。しかし、一見変わらない社会状況の向こう側から博愛主義運動というサーチライトの光が射しこんできた。そして、この光は人びとの社会的、物質的な状態を改善しようとする運動だけでなく、良心の大いなる覚醒をもたらした。博愛主義運動の影響を受けた若い女性たちは、社会には不満足な点がたいへん多いことを知った。年老いた人々は貧しく飢えていて、子どもたちは身なりもみすぼらしく荒れており、小屋の屋根から雨漏りする実情を彼女たちは見た。彼女たちは自分たち自身が「女にすぎない」がために、十分な善行もできないことを悟った。そして、この現実認識から女性運動が生まれたのである。

日曜学校や、貧民や病人への慰問をはやらせたミス・ハナ・モア[訳注3]、トリマー夫人[訳注4]やその他のご立派な婦人たちが、運動の創始者となったことは不思議に思えるかもしれない。それに、この女性たちもそれを知ったら、さぞ驚いたことであろう。しかし彼女らが創始者であることはまちがいない。ハナ・モアとその姉妹たちが、個人的にチェダー・ヒルズ〔サマセット北東部の町ウェルズの北西部に広がる峡谷のふもとの村〕の学校で野放しの子どもたちを教えはじめ、女性に新しい活動の分野を切り拓くことになった。彼女たちが目指していた教育がきわめて限定的なものだったことは事実である。その主な目的はそれぞれに与えられた運命に甘んじるように教えることだったようだ。しかもハナ・モアは、「貧しい人たちには文字を書くことを習わせたりする必要はありません」とまで言っていたのだ。しかし、少なくとも彼女が何かを教えていたという事実はひじょうに革新的なことだった。彼女にはそういう意図がまったくなかったにもかかわらず、中産階級の若い女性に新しい世界を提示することになった。彼女たち自身の限られた、つまらない生活に対する反抗が起こったのも当然だった。いったん女性たちが、自分たちがいる客間の外の世界を眺め、他の人びとが直面している厳しい現実を見はじめると、知的で、精力的な女性たち（こういう女性は一般に考えられていたよりも多かった）は自分たちの装飾的で無意味な生き方に反抗するようになった。しばらくの間は、スープと毛布を配る慈善活動に満足していたが、それだけでは物足りなくなった。女性たちを奮い立たせた組織的な運動が起こる何年も前に、これらの若い女性たちの中には因襲に縛られた生き方から脱し、現実の世界で名を成した者もいた。

　これらの先駆者たちはすばらしく、魅力的な人たちであるが、ここではその詳しい話は扱わない。有名な人たちだけでも名前を挙げれば、ジェイン・オースティン[訳注5]、メアリー・ベリー[訳注6]、ファニー・バーニー[訳注7]、キャロライン・チザム[訳注8]、マライア・エッジワース[訳注9]、エリザベス・フライ[訳注10]、ジェイン・マルセ[訳注11]、ハリエット・マーティノー[訳注12]、メアリー・サマヴィル[訳注13]などがいるが、彼女たちはみな、女性運動の真の先駆者であり、各自それぞれ違った分野で運動の発展に直接貢献した。しかし、女性運動が実際に始まる前にこれらの人たちはそれぞれの働きをしてすでにその成果をあげていたので、本書の検討対象ではない。事実、その中の何人かは運動の最中も存命中で、当然のことながら全面的にこれを支持した。そのほとんどの人は組織体ができるよりもずっと前に運動の基盤となった考えを見いだし、それに賛同した。興味深いことに、彼女たちがやりとりした手紙の中には、お互いの志に対する暗黙の理解のようなものがあったことがわかる。このような女性たちは志を同じくする人たちを見つけだして、お互いを「確認」しあった。そして、彼女たちはそれぞれ、経歴や関心の対象は異なっていても、「女性の権利」というショッキングな言葉を口にする勇気があったことと、「男勝り」というひどいレッテルを冷静に受けとめた点が似ていた。

しかし、パイオニア的な女性はほんのわずかで、彼女たちの住んでいた世界では、これとはまったく違った従来の理想像が依然として広く受け入れられていた。法律上、女性はひどく不利な立場に置かれていて、はるか昔に課せられた重い足かせは、まだどれひとつとして取り除かれていなかった。

一般の女性にとっては現状はそれほど深刻ではなかった。彼女たちは自らの法律上の身分については何とも思わず、「女性の権利」にはまったく関心がなかった。人生とは喜びと苦しみが混じったものであり、その混ざり具合は法律では変えることができないものと考えていた。このような女性たちは自分たちのいる世界に甘んじていて、自分が知的で美しく、明るく、その上、家庭環境が幸福ならば、十分楽しく暮らせた。しかし、彼女たちの幸福は不安定な基盤の上に成り立っていて、その下には深刻な危険が潜んでいた。もし父や夫がひどい性格の持ち主だったならば、自分たちに何の落ち度がなくても、生活のすべてが打ち崩れさる可能性があった。なぜなら、女性は男性に依存する存在に過ぎず、女性自身の実質的地位は存在しなかったからである。

ブラックストン(原注1)(訳注14)が言っているように「女性が負っている不利な条件は、大部分が女性を保護し、その利益を意図したものであり、英国の法律で大切に扱われているのは女性のほうである」。しかし、実際にはこれらの法律や習慣は女性をひどく不利な状態においていた。さらにブラックストンは「結婚によって、女性の存在そのもの、つまり法律的な存在は失効する、少なくとも女性は夫の法的存在の中に融合され、統合されてしまい、夫の庇護、保護、援護のもとで、あらゆることを行う。そのために英国の法律では既婚の女性は『夫の庇護下にある婦人』と呼ばれている」と言っている。もっとはっきり言うと、これは妻の財産、所得(原注2)、自由(原注3)、良心(原注4)までもすべてが夫に属し、女性が生む子ども(原注5)も同様に、夫のものであるということを意味している。このように女性は完全に男性に融合され、統合されていたのだった。というのは「妻と私は一体であり、夫である私が主体である」からである。一八五七年以前は女性のほうから離婚することはできなかったので(原注6)、夫から逃れる道は死しかなかった。

学識のある裁判官（原注7）は「もし、女性がひじょうに傲慢で、夫に服従して和解するよりむしろ、餓死することを選ぶならば、自分で好きなようにすればよい。自分で生活をしていくだけの財産を持っていない女性が夫の意志に反して、夫のもとを去るというなら、施しを受けて生活するか、いっそ飢え死にでもしたらよい」と言った。

実際、これが一九世紀前半における女性の地位の赤裸々な実態だった。そして世論は現状を完全に肯定していた。男性の方が精神的、肉体的、そして道徳的に女性より優れているというのは、明らかに自然の法則の一つであると一般に認められていた。したがって女性に教育をしても無駄であり、責任をもたせるとその重さに耐えられず、また労働をさせると体をこわしてしまう。女性は保護され、守られ、甘やかされなければならない。理屈はそういうことだった。女性は男性の妻か、母か、娘である。これが女性を表す言い方であり、その存在意義の実態であった。女性が身につけるのに適切でふさわしいとされた美徳やたしなみは妻や母、娘としての役割を果たすには役立った。男たちが女に望むものは様々だった。頭が悪くても丈夫で料理が上手であれば、それで満足する者もいたし、知的な交わりや、多少なりとも心が通じ合うことを望む者もいた。しかし野望、向上心、独立心などは女らしくない資質であり、服従、謙虚、利己心がないことが女性にとって必要条件と考える点ではみな一致していた。

女性は男性に依存するべきだという因習に基づいて育てられた女性は、その因習に慣れてしまい、その生き方を好んだ。女性には責任能力がないという因習を傘に、保護しているかのように見える「鎖」にしがみついた。そして母親になると今度は自分の娘を古き良きやり方で育てたので、すべてが適切で何の問題もないように見えた。中流、上流階級の女性たちのなかで並外れてエネルギッシュな者は、日常生活における「務め」を自分のやりがいのある仕事になるよう開拓していったが、他の者は静かな「遊惰」の生活に埋没していった。男たちはそのような女性を軽蔑し、当の本人たちはそれを気にすることもなかった。

もちろん、この事態から起こるたいへん厄介な問題がひとつあった。それは余った女性の存在だった。女性は父親が生きている限り、「娘」という存在でいられた。だが、その後、「妻」になれなければ、拠り所のない身になってしまった。金もなく、あるいは経済的自立の可能性がなければ、男性の親戚に頼るしかなかった。未婚の姉、妹、または未婚のおばという身分は決して世間体がよいものではなかった。「わずかな収入しかない独身女性は滑稽なオールド・ミスで、子どもたちのかっこうな物笑いの種になるのが常です。しかし、財産が十分にある独身の女性は、常に一目おかれ、人並みに分別があり、好感のもてる人と思われるでしょう」とジェイン・オースティンは言った(原注8)。その当時の相続法では独身女性はわずかな収入しかないのが普通だった。そのような女性は、つとめて他人の邪魔にならないように暮らした。一九世紀前半の文学すべてにわたって、オールド・ミスは喜劇と風刺の「かっこうな笑い草」として描かれている。しかし、現実はもっと厳しかったに違いない。もし、社会が彼女たちの現実をもっと正面から受け止めていたら、「大切に扱われている」という女性の立場がいかに空虚なものかがわかっただろう。

　労働者階級における状況は同じとはいえないが、女性が劣るという考えは同様に固く信じられていた。女性は男性と同じぐらい一生懸命に、そして男性以上に休む間もなく骨折って働いたが、仕事に対して得る報酬ははるかに少なかった。女性が働きに出ても、賃金は哀れなほど低いし、外に働きに行かなければ、自分で持てる金はまったくなかった。男は妻の自分への尽くし方（その他、妻の一挙一動）が気に入らない時には、男性の親指よりも細い棒であれば、妻をたたくことが許され、それが夫の正当な権利であると一般に信じられていた。これはまったく、「当然」のことだった。この権利は宇宙の構造そのものに織り込まれていて、それを変えることは不遜であるだけでなく、滑稽でさえあった。ルターが言ったように、「もし、女が出産で憔悴したり、ついに死ぬことがあっても、さしたる問題ではない。出産で死ぬことがあったとしても、女がこの世に存在するのは子供を生むためなのだから」。

　以上のようなことが、ある若い娘が女王となるように命じられた時代の英国の女性たちについての世間一般の通念であり、彼女たちがおかれた一般的な状況であった。神の恩寵をうけて、ヴィクトリア女王が大英帝国並びにアイルランドの女王として一八三七年に王位に就き、ヴィクトリア時代が到来した。

　この年、その若い女王は一八歳だった。そして、のちに女性運動を始めることになった人たちのほとんどは女王と同時代の人たちだった。ある者たちは女王よりも少し年上であった。たとえばハリエット・マーティノーは三五歳だったし、ジョン・スチュアート・ミル(訳注15)と・エリザベス・バレット(訳注16)は三一歳、メアリー・カーペンター(訳注17)とキャロライン・ノートン(訳注18)は三〇歳だった。しかし、まったく同年代の人もいた。シャーロット・ブロンテ(訳注19)は二一歳で、メアリアン・エヴァンズ（ジョージ・エリオット(訳注20)）は一八歳、ルイーザ・トワイニング(訳注21)、アン・ジェマイマ・クラフ(訳注22)、フローレンス・ナイティンゲール(訳注23)は一七歳だった。女王より年少

ヴィクトリア女王、即位を告げられる

でのちに重要な役割を果たすことになる人たちもいた。たとえば、フランシス・パワー・コッブ[訳注24]は一五歳であり、バーバラ・リー・スミス[訳注25]とフランシス・メアリー・バス[訳注26]は一歳だった。ジョゼフィン・グレイ[訳注27]は九歳、エミリー・デイヴィス[訳注28]は七歳であり、幼いエリザベス・ギャレット[訳注29]はわずか一歳だった。

ヴィクトリア女王の過ごした少女時代は特殊な例で、必ずしも同じ世代の女性たちの少女時代にはあてはまらない。階下に呼ばれて、英国女王になることを告げられたとき、彼女は介添えもなく一人で向かったが、人に手をとってもらわず階段を降りていくことを許されたのは、このときが生まれて初めてだった。同世代の女性たちも束縛され保護されていたが、これほどまでだったとは思えない。しかし、彼女たちはみなそれぞれの人生で、女性であるために不利な立場を経験した。来たるべき女性の反乱の根拠をはっきりとさせるためには、彼女たちの個々の経験とそれにどう立ち向かったかを述べることが最良の方法であろう。

そのもっともよい例が、おそらくフローレンス・ナイティンゲールの場合である。彼女は情熱的な力を原動力として、若いレディが受ける束縛や制約に対して反乱を起こした。その同じ情熱によって、彼女はのちに壮大な偉業を成し遂げることができたのである。彼女はヴィクトリア女王

レディ・イーストレイクによるフローレンス・ナイティンゲールの肖像（素描）

の重臣の一人になる運命をたどったが、三〇歳を超えるまでは女性の自立した行動を禁じていた因習の中にしっかりと閉じ込められていた。

フローレンス・ナイティンゲールは一八二〇年に生まれた。彼女の両親は、「良家の生まれ」の裕福なイギリス人で、有力者とも縁故があり、世界中のあらゆる文化や伝統的な楽しみを思いのままに享受できる人たちだった。自分たちが人より恵まれた境遇にいることを娘たちがわかる年齢になったときには、二つの大きなカントリーハウス、幾何学式庭園、外国旅行、ロンドンで過ごす社交シーズン、著名な友人たちとの付き合い、最新の文学、出迎えの馬車などなどの生活があった。もし望めば、フローレンスはこの境遇の中で、幸福で無邪気な生活を送ることができただろう。しかしフローレンスは環境にただ順応し、受け入れる性格ではなかった。彼女は小さいときから何か確実に世の中の役に立つことをしたいと強く望んでいた。夢中になるような仕事をし、自分の人生をその中に投じることによって、神と人類のために自らの力を捧げたいと思っていた。彼女は「朝も昼も夜も一日中、陽気な顔をし、何かしら気のきいたことを言ったりすること」を嫌った。とりわけ、自分自身のために自由に使える時間が若い女性には一瞬たりとも与えられないような体制に対して彼女はいらだち、反抗した。しかし、これが彼女の生きた社会の体制であった。フローレンスは人から何か読んで聞かせてもらっている間（「それは仰向けに寝て、液体を無理やりに口に注がれているようなものである」）、我慢して座っていなければならなかった。また、「お付き合い」や「訪問」に専念しなければならなかったし、長い冬の夜は何時間も客間に座っていなければならなかった。このような生活から彼女は多くの学問と教養を身につけたかもしれない。実際、幅広い教育を父から受けた。しかし彼女のような人はギリシア語やラテン語の勉強には慰めを見いだせなかった。彼女が切望したのは行動することであり、たとえそれが魅力的であったとしても、文学、芸術、音楽などのわき道に時間を費やすことではなかった。「自分自身のために種々雑多な知識を身に付けることはあらゆる活動の中でもっとも満たされないものである。私は文筆に時間を使うよりももっと充実した生き方をしたい。書くことは充実した生き方の代用物でしかない……人間の感情は言葉で表現するとこわれてしまい、そのままの姿として表せない。感情はすべて、結果をもたらす行動に集約されなければならない」と彼女は書いている。

この本能的な内からの衝動は、神の声としてフローレンスのなかに湧きあがった。彼女は子どもの頃から、自分には真実の使命、天上の神からの思し召しがあると感じていた。歳月がたち、年頃になるにつれ、この神の思し召しに答えたいという思いがだんだん強くなり、ついに彼女の考えの大部分を占めるようになった。余暇に貧しい人びとを訪問したり、気まぐれに慈善運動をするだけでは満足できなかった。彼女が心の中で描いていたのは自分の人生を何かに捧げることだった。これこそ彼女の家族や社会の仕組みそのものが拒んだことだったのである。

フローレンスは他人に打ち解けず、自分の考えをほとんど明かさず、心の中では反乱の気持ちが渦巻いている時でも、たいへん穏やかで冷静に見えた。彼女は自分の考えを内に秘め、慎重な質問を少しするだけで、黙って心の中でそれを実行する方法や手段を思い巡らしていた。一七歳から二五歳までの彼女は夢を描いたり、神に祈願するだけだった。そして、もしかしたら家族が賛成してくれるのでないかとわずかな希望を抱いて、人の役に立つ生活を目指してついに行動に出ようとした。しかしそれはかなわぬことだった。

ナイティンゲールはいちばん気の合ういとこであるヒラリー・ボナム・カーター(原注9)に手紙を書いた。「私はささやかな計画を、黙って心ひそかにあたためてきましたが、あなたにさえもそのことはお話ししませんでした。その計画というのはソールズベリー〔イギリス南西のウィルトシャーの市〕の病院に行って、何ヶ月か看護婦になるための『実地の訓練』を受けることです。それが終わったら、家に戻ってウェスト・ウェロー〔ハンプシャーにある村〕で、ルバーブ〔大黄〕の粉末を使い、足に怪我した人に手当てをするなどして、そこの人たちと本当に親しくなることを考えています。そうすれば、誰も私にむかって『あなたの健康はそのようなことには耐えられない』などとは言えなくなるでしょう。私はこの夏、目の前で貧しい女の人が亡くなるのを見ましたが、彼女に付き添っていたのはまともな知識もない愚かな人たちだけで、彼らはヒ素を飲ませるのと同じくらい、病人を毒していたのです。

私はウェスト・ウェローに小さな家を持つという……すばらしい計画を立てました。そのことについてはまだ、あまりお話ししたくはありませんが、教育のある女性が誓約を立てずに入ることのできるプロテスタントの修道女会のようなものを設立することを考えました。しかし、ほんの最初の一歩を踏み出すところで、障害があったのです。それを聞いて、母が怖がってしまったのです。つまり病院内の胸がむかつくほどのひどい環境のことではなく、医者と看護婦との関係のことを心配したのです。おわかりでしょう。……今年は何もできないでしょう。永遠にできないと思います。私がこのような生活を続けていっても、年々若さがなくなっていくだけで、何もいいことはありません。……私は何もできないでしょう。塵ほどの価値もない、何の意味もない人間になってしまいます。主キリストが地上を再び歩かれることがあるのかしら。もしそうなら、私が主の御許へ行って、虚栄と欺瞞に満ちたこの生活をまた過ごすように私を送り返すおつもりなのかどうかを伺ってみたらどうなるでしょう。ああ、この疎ましい生活を過去のものにしてしまう強い力が働いてくれればよいのに」。

ナイティンゲール夫人が、娘の立てた予想外の計画を聞いて「震え上がった」としても、実際、無理もないことだった。フローレンスはのちに、「まるで、私が調理場の下働きになりたいと思ったかのようでした」とこの時の母親の反応を認めたが、実際はそれ以上にひどいことだった。というのはその当時の看護婦は大酒を飲み、不真面目で、とかく評判が悪かったし、調理場の下働きでさえ自尊心のある女性なら、看護婦とかかわりをもとうともしなかったからである。この計画が駄目になった後の八年間、フローレンスは落ち込み、母親が気散じに娯楽のあれこれや旅行などをさせても、彼女の気持ちは晴れなかった。ローマやパリでひそかに病院を訪れたり、（下男を従えて）貧民学校に行ったり、公衆衛生についての分厚い統計報告書を自分の寝室で没頭して読むことで、家の雰囲気から時々逃げ出し、何とか気持ちを前向きに保つことができた。こうして少しずつゆっくりと、渇望していた知識を身につけていった。時がたてば、少なくとも若い女性だからと取りざたされることも終わり、神が示された看護婦の道を歩むことができるだろうと思った。

「この二週間私はいったい何をしてきたのだろう。お父様のために『家庭における娘の生活』（訳注30）と『マッキントッシュ』の中の二章を朗読し、ママには『シビル』（訳注31）の一巻を読んでさしあげた。歌曲を七つ暗誦して、いくつかの手紙を書いた。パパと一緒に馬に乗って、八軒の家を訪問し、家ではお客様の接待をして、それで終わり」（原注10）。

何年も過ぎた。「ああ、憂鬱な毎日、夕べの時間帯は永遠に終わりが来ないように思える。私はあの客間の時計を見つめながら、針が一〇時を指して、お開きになる時は永遠に来ないのではないかという思いを何年間味わったことだろう。これから後、二〇年も三〇年も同じ思いをするなんて」。

結婚以外、逃げ道はないように思われた。しかし結婚することは形が違っても、結局今の生活と変わらないと思った。彼女の求婚者の中には、実際好きになれそうな人が一人いた。「私には知性があり、それは満たされることを求めている。彼はそれを満たしてくれるだろう。また、私は情熱的な性格で、それは満たされることを求めている。これも彼なら満たしてくれるだろう」。しかし、これでは十分でなかった。「私には自分の考えがあり、積極的な性格を持っていて、それは満たされることを求めているが、彼との生活ではこれを満たすことはできないだろう。……彼と生活を共にし、家事を取り仕切るだけではこの気持ちを満足させることはできないだろう……違う生活を送る望みもなく、現在の私の生活を継続し、この生活にますますがんじがらめになるのは私にとっては耐えがたい。真の豊かな生活を築き上げるチャンスをつかむ可能性を自らつぶしてしまうことは自殺行為のように思える」。

「三一歳になったいま、死以外なんの未来も見えない」。「あらゆることをやってみた。外国旅行、親切な友達との付き合いなどすべてを」。「神様、私はどうなるのでしょうか」。

この時には、自分は母親と同じ世界に安住することは決してないだろうとフローレンスは確信していた。結婚適齢期を過ぎていく中で、彼女はもう待っていられないという気持ちがますます高まり、決意を固めていった。そして、いつか活動的な仕事をすることが認められるかもしれないという思いが強まっていった。このような希望に励まされて、一八五一年に外国旅行をしたときにカイザースヴェルト・ディアコニッセ・インスティチュート（訳注32）で丸三ヶ月間訓練を受けるチャンスを何とか作り出した。この時、彼女の進む方向が定まった。今までずっと感じていた通り、看護は彼女に与えられた仕事であり、神から与えられた天職だった。

客間の時計が夜の一〇時を過ぎるまでは、晩餐会から解放されてその場を抜けることができない日が何ヶ月も続いた。しかし、自分の目的がはっきり定まると、フローレンスは前より忍耐強く待つことができるようになった。

「若い時代が過ぎ去り、決して二度とそれが戻らないと思うとうれしくなります。それは愚かで束縛された時代、希望が満たされず、経験がないために失望した時です。私たち人間は若い時は何も持っていません。自分の身さえも自分のものにならないのです」(原注11)。この時代が過ぎるのを待っている時、彼女は人生設計を立てることに時間を費やしたが、それが彼女の生涯の最後までひじょうに役立つことになった。

「一年の最後の日になりました(原注12)。今年が終わろうとしているのがとてもうれしいです。でも、私は時間を無駄に過ごさなかったと信じています。この時を使って、自分の信仰全体を初めから終わりまで、全部新たなものにしました。そして、神を知ることを学びました。自分の社会的信念も練り直し、行動する時がやってきた時に役立つように、その両方を書き留めておきました」。

行動を起こす時がやってきた。それはまもなくのことだった。一年もしないうちに、彼女は小さな慈善病院の責任者になった。そして、その一年後に、大きな使命をになう道が彼女に開かれた。というのは、一八五三年にクリミア戦争が勃発したからだった。

ナイティンゲールについてこれまで述べたことは、すべてよく知られていることである。しかし、フローレンス・ナイティンゲールの考えの中でまだ十分に語られていないきわめて重要な部分がある。すなわち、女性の地位の問題に対する彼女の本当の気持ちである。女性運動の研究者にとって、それは強い解明の光を当ててくれるものである。フローレンス・ナイティンゲールは不屈で、真に個性の強い思想家であり、女性の地位についての彼女の判断を知ることが、彼女と同時代や同世代の人びとの慣習や理想の全体像を浮き彫りにすることになるからである。しかし、出版された手紙や論文では彼女はその点についてはあまり強調していない。そして、その問題は彼女にとって、さほど重要な関心事ではなかったと一般に考えられてきた。この見方が実際、もっともであると思わせる点が多くある。彼女は一応はフェミニストであり、「あらゆる自家所有者《ハウスホールダー》、納税者も投票権を持つのが第一原則である」と考えて、女性参政権の請願書に署名し、その運動をよしとしていたが、実際には彼女は女性参政権からは「多くを期待」(原注13)していないと公言していた。さらに、看護婦の職業的地位の向上のために、猛烈に戦った時でさえも、女性が無能で、精神力に欠けているのをしばしば目の当たりにして、ひどくいらいらしたし、また実際に口に出してそう言うことをはばからなかった。ハリエット・マーティノーと同じく、彼女の存命中に急速に増えていったフェミニストの書物や宣伝に対して、はっきりと嫌悪感を示した(原注14)。事実、ハリエット・マーティノーに宛てた手紙の中で、「私は女性の権利と不当な待遇という問題に対してはひどく無関心です」と言っている。フローレンス・ナイティンゲールが力を注がなかった事例に表れている否定的な証拠を見れば、彼女が組織的女性運動に対して抱いていた共感は部分的で、すぐ崩れてしまうようなものであったことがわかる。彼女は自分の仕事に没頭しているときはほとんど、まわりにいる人たちの良し悪しを、その仕事に役立つか役立たないかによって判断した。彼女のこの見解は、女性とその欠点について、一八六一年にマダム・モール(訳注33)に宛てた長い手紙の中にはっきりと示されている。

「女性は男性より共感の心がある」とあなたはおっしゃいます。もし、今、私が自分の経験を綴った本を書くとしたならば、「女性には共感する能力がない」と冒頭に書くでしょう。あなたのおっしゃることは社会的通念からのことです。私は自分の経験から得た確信から言っているのです。私や私の持つ意見に共感して自分の生き方をわずかでも変えた女性はひとりとしていませんでした。……私の経験からだけでも、女性が共感の心をどのぐらい持っているか考えてみましょうか。女性たちと知り合った場所はほとんどヨーロッパ全土にわたるし、その付き合いもひじょうに深いものだったのです。イギリスの伯爵夫人たちやプロシアの大地主の夫人たちと寝食をともにしました。ローマカトリックのどんな修道長でも、様々な信条を持った女性たちを私ほど一手に引き受けた人はいないでしょう。女性の「情熱」をこれほどかき立てた女は私のほかにはいないでしょう。でも、私は自分の後継者を残しません。私の教義は女性の中に根づかなかったのです。クリミアについてきた人たちは誰ひとりとして、私から何かを学ぼうとする人はいなかったし、母国に帰ってから、あの戦争や病院で得た教訓を実行しようと一瞬たりとでも身を砕いた人は一人もいませんでした。……私が知っている女性の中で「ものの学び方を学ぶ《appris à apprendre》」人は一人もいませんでした。これは女性には共感する心が欠如しているからだと思います。自分には記憶がないと文句を言う人ほど、私をいらいらさ

ハリエット・マーティノー

せるものはありません。聞かなかったことをどうして思い出すことが出来るのでしょうか。……「女権論者」たちが自分たちの「活躍の場がない」というのを聞くと、私は腹が立ちます。能力がありさえすれば、女性の秘書に年、五〇〇ポンドを払う用意があると私が思っている時にです。……彼女たちは内閣の閣僚たちの名前も知らないし、近衛騎兵の司令部の場所も知らない、また、当代の著名人たちの中で誰が亡くなっていて、誰が生きているのかも知らないのです。新教、旧教の教会のどちらに司教がいて、どちらにいないのかも知らないのです。……女性は愛されることを渇望し、自分から愛することは望まないのです。彼女たちは一日中、自分に共感して欲しいとわめきたてますが、そのお返しには何も人に与えることができないのです。人にやってもらったことを長く覚えていないために、それができないのです。彼女たちは他の人に、事実を正確に伝えることはできないし、聞き手の女性もそれが情報になるほど十分正確に注意を向けて聞くことができないのです。こういったことはすべて、共感する能力の欠如の結果ではないでしょうか。……そうです、それぞれの人に自分の経験から真実を語ってもらいましょう。

彼女のこの見解はひとりで道を歩んできた女性が、彼女とともにその道を歩まなかった、あるいは歩むことができなかった女性たちを現実的に観察し判断して得た結論であった。そのことはもっとも盲目的に女権論を支持する者でさえも認めるにちがいない。これは実際、フローレンス・ナイティンゲールの目に映った当時の人びとの生活ぶりをあらわしている。彼女の意見は、紛れもなく当時の実態を要約したものである。それは上流階級の女性たちがクリミア戦争後の世間でどのようであったかを示している。ナイティンゲールはこの状況を容認できなかったのだ。

このような表に出した評価よりも、彼女の心の中には思うところがもっと多くあった。女性はもしかしたら、もっとも扱いにくく、不完全な生き物であるかもしれないと彼女は思った（実際、そうだった）。しかし、彼女の思いはそれだけではなかった。もし、慣習というばかばかしいもの、あるいは実際の生活のばかげたくだらない諸々のものから、女性が解放されさえすれば、違った生き方をしたかもしれない、つまり彼女の言う強く輝かしい「救済者」になりえたかもしれないという思いが心の奥深くにあった。このような心の中であたためられた夢、希望はフローレンス・ナイティンゲールの中で膨らんでいった。この希望によって、彼女は自分を取り巻く環境から自由を勝ちとるために戦う闘志を強めた。そして、その希望は心の中でいつも燃えつづけ、彼女のもっとも神聖な信念にだんだんと近づいて行き、女性参政権とは異なった、自らの手で作り上げた大義に身を捧げる気持ちを強固にしたのだった。

右に述べたことは誇張しているように思えるかもしれないが、もし、その根拠がはっきりしていなければ、実際その通りだったと言ってよいだろう。私たちの見解に合っているという理由だけで、偉大な人たちがあれこれと考えたに「ちがいない」と論じることはできない。人間の性格というのはきわめてつむじ曲がりであり、フローレンス・ナイティンゲールはおそらく、女性の問題に頭を使わないようにしたのかもしれない。経験を積み重ね、自身が男性に隷属する女性の一人であることをあえて思い出そうとせずに、自分の思うように生きたのかもしれない。もしかしたら、彼女はヴィクトリア女王や他の有能な女性たちのように自分がはみだし者であることに甘んじて、そこで終わっていたかもしれない。しかし、フローレンス・ナイティンゲールはそうはしなかった。それどころか、むしろ彼女は人生における問題について考え、宗教哲学と格闘し、最終的にその中に充足を見いだすが、その間もこの生き方の問題はいつも念頭にあった。神と神が下す正義について彼女が抱いた考えは、神の女性に対する扱い方と一致していなければならなかった。さもなければ、キリスト教思想全体が役に立たない、不安定なものになってしまうだろう。

宗教と女性の現状についてのフローレンス・ナイティンゲールの考えは一八五二年に彼女自身によってまとめられ、後に『宗教真理の探究者に対する思索への示唆』(訳注34)というタイトルで、三巻本の大著になった。それは一八五九年に印刷されたが、出版されなかった。宗教問題について書いた彼女の多くの手紙と一緒に、彼女自身が行ったことにかんがみてこの本を読むと、ナイティンゲールが宇宙の中に意味を見いだすために拠り所とした哲学がよくわかる。この本の客観的な価値が何であれ、ナイティンゲールその人を理解するのにその著作が重要であることは明らかである。というのは彼女の哲学は彼女の本質のもっとも深い所にあったからである。

『宗教真理の探究者に対する思索への示唆』はひじょうに長く、その構成は大変混乱していて、読んでいるとひどくうんざりする。繰り返しや、明らかに見当違いの箇所がたくさんあるし、独創的でない部分も多い。信仰や祈り、自由意思についての議論が多くのページを占め、永遠性という問題にひじょうに多くの紙幅をさいている。それにもかかわらず、この問題についての議論と説明全体を読むと、その全体像がはっきりと浮かびあがってくる。つまり、人間を完成させるために、人間の中に深く働きかける神がいるという信念が明確に示されている。

「（男性であれ女性であれ）個人が救済者となる時代は終わったとしばしば言われている……それにもかかわらず、現在は救済者がいなければ、世界を救うことはできない。救済者というのは過ちから救う人のことをいう。……現実的な悪、倫理的な悪から救う救済者がいるかもしれない、いや、いなければならない」。

「男性および女性の救済者」――それが彼女の望みだった。しかし、彼女が知っている世界では、それははかない望みにすぎなかった。「女性は情熱、知性、倫理的積極性という三つの徳を備えながら、どうして社会においてその三つのうちのどれ一つも生かすことができないような場所にいるのでしょうか」と彼女は叫んだ。これは神の御心によるものではなく、法外で、我慢ならない、間違ったことだ。「私は女性がよりよい生活ができるように女性のために努力しなければならない」。

このような考えが彼女の中に深く根ざし、彼女の全哲学の中心に近い位置を占めていたことは、この著書を見れば、疑いの余地はない。議論全体を通して、主題はとても奇妙に並置され、頻繁に繰り返される。「神様は客間にいるのだろうか」そして「母親たちは何故英国教会に似ているのだろうか」と彼女は問う。そして、その答えには意気消沈させられる。

「私たちは女性に無為な実のない生活をするように教え込むことに最善の努力をする。女性たちに音楽、絵、語学、貧しい人びとへの慈善、つまり『憂さ晴らし』と呼ばれるものを教える。そしてたとえ女性は結婚しないとしても、少なくともおとなしくしていることが望まれる」。

「女性は気晴らしをすることで生活を送り、男性は仕事をすることで生活を送る。女性のすべきことは『時間』をつぶすためのものを見つけるということになっている。もし、若い女性が、テーブルのまわりに座って毛糸を撚るところを見られたならば、その女性はちゃんと正しく、仕事に従事していると考えられる。しかし、もし男性が、テーブルのまわりに座って毛糸を撚っているのを見られたならば、あるいはそれが夜だとしても暖炉にあたって、かぎ針編みをしながら、話をしているところを見られたならば、女性たちはどんなに笑うことだろうか……しかし、女性たちが話す言葉で、意味あることはせいぜい編目模様から目をはなしてはいけないと言うくらいである」。……

「ひまひまに何かをするという生活の知恵はひじょうに危険なことである。……ミケランジェロが、『ひまひまに』彼の手がけているシスティナ礼拝堂［バチカン宮殿内の教皇の礼拝堂］の天井まで走って上がって、そこに絵筆を一筆加えることなど想像できるだろうか。かつて『ひまひまに』されてきたものはどれもしないほうがよかった。……私たちはひまひまにできることはどんなことかを知っている。たとえば、ちょっとした毛糸撚り、言語を学ぶこと、なにか物を書き写すこと、部屋を整頓すること、手袋にできた穴を繕うことぐらいである。……ほかに何があるだろうか。……心身の力、完璧さ、一貫性を必要とするものは何もできないのは明らかである。……」。

「裕福な階級の女性ほど精神的に貧しく、浮わついていて、生産的でない生活を送る人は他にほとんどいない。そういう生活は一体どういう生活なのか。彼女たちはいつも人前に出る生活を送ることに決めていて、決して自分の時間をもたないことにしている。……いつも人といる生活を続けると、頭の中はまったくまとまりを失ってしまう。これほど混乱させる生活はない。彼女たちはみな、一般教養としての文学をたしなんできた。自分が読んでいる本から半ページを音読する。自分の娘が文学をたしなむレディであること、彼女たちが朝食のテーブルの上に一度に五冊の本を置いていること、そして数々の作家からの文を引用することなどに母親は一種の誇りを持っている。……意見を何か言えば、必ず誰かからたくさんの言葉が嵐のように返ってくる。あなた方女性はいつも旋風にさらされた生活をすることに決めたのだ。これほど混乱をきたすことが他にあるだろうか」。

「既婚女性の生活では、自分が知らないことを監督しなければならない。……（彼女は）召使たちに指図をしなければならず、その召使たちは以前には考えられなかったような便利さや贅沢なものを提供することになる。しかし、そのやり方を決して学んだこともないし、知らないにもかかわらず、その手はずを整えるように心を配らなければならない。乳母の仕事については何も知らないし、何も学ばなかったけれども、乳母やガヴァネスを監督しなければならない。そして、ガヴァネス……彼女に一体何ができるだろうか。彼女こそ子どもたちの人格を育てなければならない。彼女はその仕事に適しているとどうして言えるのだろうか。……これほど訓練のできていないガヴァネスをこれほど何も知らない母親が監督するなんて」。

「しかし、母親という立場になると、できないことであっても、やらなければならない。母親になる前に、母親としての務めを果たす方法を学ぶ機会がなかった。そして、仮にその機会があったとしても、すべてのものを学ぶこと、あるいは実践することは不可能だった。妻となった女性は何をするべきなのだろうか。彼女の最良の策は自分が従事する仕事をもつことだろう。もし、家族の一員が気に入ってくれたら、家族と協力してやるのがいい。フライ夫人やチザム夫人のように、家族の賛成が得られなければ、また、家族が協力してくれなかったら、ひとりでやるしかない。しかし、そうなれば、世間はどんなに騒ぐだろう！」。

これだけにとどまらず、同じような趣旨についてフローレンス・ナイティンゲールは若い時に経験した苛立ちや失望の気持ちを思い出しながら、苦々しい気持ちで書いた。しかし、彼女自身が命がけの決意と強い意志の力によってそのような生活から逃れて自由になったのと同じように、他の女性たちもまた、自分と同じように逃れられるかもしれないと信じた。「自分のもてる力の半分でも使っている女性がどこにいるだろうか」。しかしここ、つまりこの騒々しい世界には見当たらない。彼女たちは、悩める女性の救済者ナイティンゲールの夢うつつの瞑想の中に、熱い燃えるような希望の中に、そして情熱的な決意の中に見られるのだ。

『宗教真理の探究者に対する思索への示唆』の中に一つの注目すべき断章、つまり、彼女が「カサンドラ」(訳注35)と呼んだエッセイがある。それは彼女の言葉で言うと、「群衆の中で『主の道を備えよ』と叫ぶ人の声」である。それは恐るべき一編であり、軽蔑もあらわに、社会に対して弁明の余地を与えない厳しい告発を突きつけた。ナイティンゲールは「カサンドラ」で、女性の不満が沸きあがる理由をすべて解き明かしている。これを全部読めば、一九世紀初期の社会の因襲では許されなかった多くのことを、女性たちが実生活で要求しはじめたことも当然だと思うだろう。

(1) サー・ウィリアム・ブラックストン『イギリス法釈義』(一七六五)。
(2) 財産と所得　アーサー・クリーヴランド・ラッカム著『英国法と女性』(一八九六)参照。
(3) 自由　夫が妻を自分の家に監禁する権利は一八九一年まで、法廷に持ち込まれることはなかった。「英国女王対ジャクソン、クリテロエ」の訴訟。
(4) 良心　殺人、反逆罪以外で、妻が夫の面前で犯した罪は夫に強制させられて犯したと考えられたため、妻は無罪となった。これは一九二五年まで廃止されなかった。
(5) 子ども　母親は一八三九年以前は子どもに対しての保護権利はまったくなかった。第二章参照。
(6) 離婚については第四章参照。国会制定法による離婚条項にのっとって、理論的には離婚は可能であったが、妻の要請によるものは二例だけが認められた。
(7) 「マンビイ対(チャールズ二世の治世の)スコットランド」の訴訟におけるハイド裁判官。
(8) ジェイン・オースティン『エマ』(一八一六年初版)。
(9) 一八四五年一二月。
(10) 日記、一八四六年。
(11) フローレンスから父への手紙、一八五二年五月。
(12) 一八五二年。
(13) 一八六一年一〇月八日。
(14) 一八六一年一二月一三日。

第二章　噴出する不満　一八三七—一八五〇

チャーチストたち——女性の政治力——キャロライン・ノートン——一八四〇年の奴隷制度廃止大会——極端な急進派の女性参政権容認

ウィリアム・ラヴェット

女性の地位に対する不平、不満は、第一章で見てきたように個々の心のなかに芽生えはじめていた。いままでにない力やエネルギーや野心が湧いてくるのを感じていた女性たちは、おしつけられた「女性保護」につきものの制約、制限、不公平に対し、いらだち、怒りを感じた。そして、ひとりまたひとりと、自分たち個々の人生に前例のない道を切り拓き、生まれ出たこの世の中に自分自身の価値を認めさせた。しかし、個々の成功や前例のないケースは増えていたとはいえ、最終的な不満の解決にはなり得なかった。というのもごく普通の女性、愚かな女性、そして不道徳な女性でさえもが、もっとも賢く、善良な女性と同じように自由と自己啓発の権利をもっていたからだ。女性という制約をのりこえた者たちは、例外的な一人［ヴィクトリア女王をさす］をのぞいて、みなこの事実を認めていた。

さらに、ヴィクトリア女王即位からフローレンス・ナイティンゲールが自らの人生哲学を練り上げるまでの二〇年間には、女性の地位や「女性の権利」運動にかかわる多くの事件が世間で起こった。

チャーチスト運動(訳注1)が時期的にはもっとも早く一八三八年に起こり、短期間に盛り上がった。ここでチャーチスト運動の大義やその盛衰を説明する必要もないが、注目すべき唯一の点は、「権利と自由の憲章」(訳注2)の最初の草稿に「女性参政権」がはっきりと述べられていたことである(訳注3)。これは、当時ロンドン労働者協会の書記であったウィリアム・ラヴェット(訳注4)という家具職人が書き入れたものだった。しかし、それは即座に削除された。「多くの会員は、法案に女性参政権のことが盛り込まれると男性の選挙権獲得を遅らせるかもしれないと思っていました」とラヴェットは報告している。（原注1）女性参政権についての記述は第三版にも現れたが、再び同じ理由で削除された。このような男性側の言い分は当時としては理にかなっていて、もっともなことでもあった。またこの言い分は、女性参政権獲得運動が、これから先もずっと闘っていかなければならない男性側のさまざまな反対意見に通じるので、ここで初めて男性側の言い分が明文化されていることは興味深い。

チャーチストたちは女性参政権を自分たちの目的からはずしたが、女性の手助けを拒むことはなかった。そして多くの女性政治団体が、「権利と自由の憲章」（訳注5）の目的を押し進めるために設立された。選挙法改正運動の間にも、すでに似たような女性団体は存在しており、会員たちは一八一九年のピータールー（訳注6）のデモ行進に参加し、何人かの女性はそこで命を落とした。しかし、これらの女性は単に男性に同調しただけで、女性のためを考えて行動していたわけではなかった。彼女たちの後継者はもっと自立して行動し、チャーチストの指導者から大いに激励された。そしてチャーチストたちの定例集会で女性たちは決議案に投票することを許された。この女性による投票が初めて実施されたときには、いくぶん滑稽に思われて、会場の聴衆に恥じらいと喜びがないまぜになった気持ちを感じさせた。また女性の代表者たちはチャーチストの組織の年次総会に出席した。そこには女性部会もあり、時には大規模な会合もあった。これらの女性団体の人たちはときおり自分たちのために発言をし、女性の権利についての話し合いが当日の新聞数紙に掲載された。（原注2）しかしながらすべては短命に終わり、一八四二年までには当初の熱気も冷め、ほとんどの組織が消滅した。

チャーチスト運動が着実に進んでいる間に、他の方面でも女性運動家の考えが現れはじめた。（原注3）『ウェストミンスター・レヴュー』（訳注7）誌は、無名の若い女性が書いた女性参政権を擁護する記事を一八三一年に掲載した。そして翌年、オールダム［イングランド西部の都市］（訳注8）の下院議員であるウィリアム・ジョンソン*・フォックス氏による同じ趣旨の記事が発表された。また同年八月三日には、改革派下院議員でもあったハント氏（訳注9）は実際にある請願書を提出した。彼は「議員諸氏の笑いの的になったかもしれないが、それは一考に値するものであった」と述べた。その請願書は、ヨーク州スタンモアの貴族で資産家のレディ・メアリー・スミスからのものであった。その請願とは、「一定以上の経済力を有するすべての未婚女性は下院議員の選挙権を与えられるべきだ」（原注4）というものだった。国会議員諸氏が笑ったという記録はないが、大騒ぎが続いたことはまちがいない。そして以後何年も国会においてこの問題についてそれ以上の話は何もなかったようである。

しかしながら、国会の外ではいくつかの進展が見られた。一八三六年に有名な反穀物法同盟(訳注10)が作られ、景気が悪く物価が高騰していた一八三七年にはその活動はしっかりと根づいていた。この同盟はチャーチストの組織と同じように、女性の協力を奨励した。女性たちはそこで、社交の場である茶会、野外パーティ、夜会、バザーを企画した。当時は、もちろんほかに彼女たちが役に立てることはなかったのだ。政治討論は蚊帳の外の出来事であったし、演説は彼女たちには前代未聞のことであった。ほとんどの女性は寄付できる所持金がなかった。同盟に参加し、会合に出席し、「関税、給与、利益、専売権」についての話を聞いたが、限られた協力しかできなかった。しかし、そのこと自体が彼女たちを成長させた。後に初期の女性参政権委員会に加わった女性の多くがこの運動に奉仕していた。

当時少数の女性が興味をもって関わることのできた公の仕事がもうひとつあった。それは政府の実務を司っている男たちとの交際、友情、恋愛を手段にする個人的な性質のものであった。世界史上すべての時代において女性が関係したこの種の政治的影響力は、時には大変な重要性をもっていた。美しく、賢く、野心のある女性は、その個人的魅力や影響力を使い、幾度となく公の出来事の方向を変えてきた。そしてこの事実は、女性が必要とあらばあらゆる権利や権力を行使してきた証拠だと長い間考えられていた。実際、その間接的で裏工作的な手段は十分な情報に基づいておらず、気まぐれで危険なものだった。つまり、目的はそのやり方と同様に概して個人的なものであったが、公の立場においては致命的要素となった。しかし、これは現実にあったことで、少数の宮廷の美女たちや高貴な婦人たちに興奮と楽しみに満ちた生活をもたらし、しばしば自分自身の重要性を実感させ有頂天にさせた。政治経験もなく責任も問われないので、これらの女性たちは権力をもてあそび、自分たちの才能を無駄に費やした。時には、レディ・ヘスター・スタノップ(訳注11)のように、天賦の才が奇行(訳注12)にとってかわることもあったし、レディ・キャロライン・ラムのように、感情の渦に巻きこまれ想像の世界へ突き進んでいくこともあった。時には彼女たちは横暴で、時には底意地が悪かった。そして、能力があればあるほど、害を及ぼすことになった。彼女たちの政治的価値は現実にはないに等しいものだったし、自分たちのしたことの結果から逃れることができたので、事前にきちんと考えたり事後に経験から

キャロライン・ノートン

学ぶということもなかった。公務に彼女たちが干渉すると結果はほとんどひどいものになった。だが、このような女性の介入がヴィクトリア朝初期の女性運動の目標に役立つことになった。それに関わった貴婦人は公然と反フェミニストを名乗り、やり方も旧式であったが、結果的には実際に法改正で女性の地位改善を進める最初の試みとなった。

この事件の主役となった人物は、当時女性がおかれていた立場から生じるほとんどすべての弊害を経験し、その個人的な苦しみが彼女を行動に駆り立てた。彼女のやり方は、昔ながらの女性特有のしたたかさによるものだった。おそらく彼女の生きていた時代や世代だからこそ、女性のしたたかさがいっそう効を奏したのだ。そして、女性の美しさ、魅力、社会的地位が、成功の重要な要素であったことはまちがいない。なぜならこれらのものが女性という弱き者にとっての武器だったからだ。

その女性、キャロライン・ノートンは『十字路館のダイ(原注5)アナ(訳注13)』のモデルであったとされている。シェリダン家の美人三姉妹のひとりで、一八二六年の社交シーズンにロンドン社交界をたちまち魅了した。劇作家リチャード・ブリンスリー・シェリダン(訳注14)の孫娘でもあり、祖父と同様、機知に富み才気豊かで魅力的であった。一九歳の時にジョージ*・ノートン(訳注15)氏と結婚し、すぐにロンドン社交界の花形女主人の一人となった。ストーリーズ・ゲイトの彼女の小さな家には、文学界や社交界の人たちはもちろん、メルボーン卿(訳注16)やホイッグ(訳注17)党の大臣たちが足しげく訪れ、当時の大物たちは皆、彼女のとりこになったことを公言してはばからなかった。キャロラインとその夫は社会的にはたいへんに成功していたが、幸せではなかった。二人は頻繁に口論し、収入に見合わない生活をし、彼女は一度、暴力をふるう夫のジョージから逃げ出した。もめごとは取り繕われ、彼女は夫の元に戻ったが、さらにお互いを傷つけ合うけんかを繰り返し、決定的な亀裂が生じた。ジョージは妻が実妹の家を訪ねている留守をねらって、自宅から三人の子どもたちを連れ出して彼のいとこに預け、母親が子どもたちに会えないようにした。

キャロラインは実家に身を寄せ、法が定める女性の立場のひどさに気がついた。彼女は無一文で、自分で稼いで収入を得たとしてもそれを所有することができないばかりか、自分の子どもに対して何の権利もなく、ジョージの決断ひとつで、子どもが成人するまでまったく会えない可能性もあった。ジョージがメルボーン卿を相手どって、妻との「姦通」を理由に訴訟を起こしたとき、彼女はこのような状況をほとんど認識していなかった。訴訟は一八三六年六月に裁判となったが、いたって簡単なものであった。きちんとした証人も、書類も、証拠もまったくなかったので、陪審員はこれは単に夫婦の内輪もめであり、メルボーン卿への威嚇手段にすぎないとみなし、別室に退いて審議することもなくこの訴訟を却下した。しかし、彼女に対する攻撃や旧知の友であるメルボーン卿がこうむる迷惑や苦痛に憤慨し、深く傷ついたキャロラインには、まだもうひとつ学ばなければならないことがあった。彼女は自分の名誉や名声に関わるこの裁判に対して、自分には法的な資格が何もないことがわかったのだ。つまり既婚女性であるために、彼女は訴えることも訴えられることもできないのだった。さらに、裁判で弁護士に代弁してもらうこともできなかった。貞淑な既婚女性であれば、法的には事件の当事者にさえなりえなかったので、これは妻の立場にある彼女の事件にはならなかった。

あわれなキャロラインに、この裁判の結果は何の利益ももたらさなかった。たしかに身のあかしを立てることはできたが、それは重大な問題ではなかった。いまやひどい苦痛をもたらすような悪評からは免れたが、子どもの問題に関しては、事態はまったくよくなっていなかった。彼女は一度、セント・ジェームズ公園で子どもたちが散歩をしているときに、こっそり会うことに成功した。しかし、ジョージは子どもたちをスコットランドに送り、キャロラインは長い間子どもたちがどこにいるのか見つけ出せなかった。

メルボーン卿

夫は彼女の願いをすべて退け、法的権利によって彼女の家具や財産をすべて差し押さえた。長期にわたり気をもむ話し合いが続いたが、その間のことはサー・ジョン・バグリーの言葉にもっともよく表れている。彼は裁判の時にはノートン氏の首席顧問弁護士だったが、ほどなくノートン氏の真意を見抜き、関係を絶ったのだった。「私は、ノートン夫人がただ一つの点だけを案じて、胸がはりさけんばかりになっていたことを知りました。それは、子どもを取り戻すことでした。彼女は金銭的な事柄にはまったく無関心で、ノートン氏と適切な取り決めをかわすよう私に任せてくれました。反対に、彼女の夫は金銭上の取り決めだけを気にしていることがわかりました。あきらかに、彼女の子どもに対する母の愛情を交換条件や取引の手段にしていたので、私はノートン氏に、子どもたちに会いたいという夫人の正当で誰に恥じるところもない要求を金に換えるいかなる取り決めにも荷担できない、と書き送ったのでした」。

キャロラインは希望をすべて失ったわけではなかった。法や世間には言いたいように言わせ、自分の子どもに会うことを決意した。彼女はひとりきりで資金もなかったが、子どもに会うために国の法律を変えることを決意した。

国会での政治活動はこんにちではごく普通のことであるし、その戦術や手続きもすべてよく知られている。しかし一八三六年において、事情は一九二八年現在とはまったく異なっていた。キャロライン・ノートンは、結婚しているのに誰からも保護されていない女性というたいへんなハンディキャップをもちながら、まったく未知の分野に乗り出したのだ。そうはいっても、彼女には仲間がいなかったわけではなかった。彼女の作品はすでによく知られていたので、その情熱的なパンフレットは、もっとも影響力のある人びとの手にわたり、読まれ理解された。(原注6) このパンフレットが大変な注目を浴びたことは驚くに値しない。彼女の気持ちがそのまま伝わってくるように書かれており、時代を超えて人の心を動かしつづけている。「女性の苦しみなどろくに知られていません」と彼女は書いた。「女性が受けた不当な仕打ちが公になることは、当人にとって不名誉だと思われているからです。そう、私よりずっと善良な女性――もっと信心深く、もっと忍耐強く、暴力を受けながらも私のように向こう見ずにならない女性が、どれほどたくさんいて涙でパンを濡らしたか私は知っています……」。「私はこれらの法律が変わるのを見届けるまで、いっさいほかのものを書くことを断念します……。それはすべての英国女性の求めている目標なのです。もし、明日にでも私が正しいと証明され、幸せになることができるとしても、私はなおも努力し骨を折ることでしょう。また、もし私が明日死ぬようなことがあっても、自分が努力を惜しまなかったことに満足するでしょう。一方、夫は私の書いたものに対する版権の先取特権を（彼が公にしているように）持っています。ですからこのパンフレットの版権も請求させましょう……」。

キャロラインが示した「特別過酷な事例」は決して彼女の場合に限られたものではなかった。もっと衝撃的な事例もあった。(原注7)「妻が実家にいて授乳中、その子を夫が奪い連れ去った例もありました……。別の例では（身分の高い人たちでしたが）夫は妻を捨て、その後生まれた赤ん坊を要求し（他の子どもたちはすでに手もとに置いていました）のちにその赤ん坊が死んだことも妻は新聞で知るだけだった、ということもあります。どのような事例においても父親の要求は、議論の余地がないと考えられていたのです」。

キャロラインの法改正運動をタルフォード氏(原注8)が支持したのも、このような事例があったからだった。彼は国会でキャロラインの運動を擁護している若い上級弁護士であり、彼の支持なくしては彼女の運動は考えられなかった。彼は誰もが認める知識と誠実さとやる気をもった男性で、ノートン夫人に会う前にすでに未成年者保護法案を提出することを決めていた。彼の個人的な経験がそうさせたのだった。タルフォード氏は仕事上の経験において二度、妻の要求に逆らう夫たちの弁護を引き受けたことがあり、二度とも彼の正義感に反して法に沿って勝訴した。これらの不運な女性のひとりであるグリーンヒル夫人は、王座裁判所［現在の高等法院の王座局］から大法官庁裁判所［現在の高等法廷の一部］に控訴した。彼女の夫はそのとき別の女性と暮らしており、子どもたちの世話をその女性に任せると申し立てていた。この実情にもかかわらず、タルフォード氏は、夫人が法廷を侮辱し子どもたちと一緒に暮らしていたという理由で、夫人を投獄する判決を勝ち取った。この判決を聞いてグリーンヒル夫人は子どもたちと国外に逃げ出し、夫側の弁護士であったタルフォード氏は彼を勝利に導いた法律に嫌気がさし、法の改正に力を注ぐことに心を決めた。(原注9)

タルフォード氏が一八三七年の春にノートン夫人に会ったとき、彼は下院議員二年目であった。彼らは当然、未成年者保護法案を進めるために必要な方針についてしばしば議論し、計画が進むあいだ親しい同盟関係を続けた。しかし、女性改革者の道は険しく、この協力関係はすぐに邪推された。『英国ならびに諸外国の評論』［一八三五年－四四］では長く侮辱的な攻撃文が公表され、その中でノートン夫人は「悪魔」や「獣」呼ばわりされ、彼女の名前とタルフォード氏の名前が特別な関係にあるかのように取り上げられ、屈辱的な扱いを受けた。キャロラインは業を煮やし名誉毀損で訴える準備をしたが、既婚女性ということだけで告訴できないことを再確認したにすぎなかった。「私は、女性保護という名のもとにつくられた法のもつ欠陥の一つ一つに苦しめられたことで、既婚女性に関する法律を少しずつ学んでいきました(原注10)」と哀れなキャロラインは書いたが、事実その通りだった。

しかし、この法案は数々の中傷にも屈せず進んで行き、ついに一八三八年*に上院に達した。予想通り、そこで運命はどちらとも決まらなかった。そして、キャロラインがもっとも大きな努力を注いだのはこの時だった。彼女は『大法官への率直な手紙』というパンフレットを書き、そこで論理的に、またひじょうに力強く、その法案を擁護する主張を述べた。そして「もしそれが女性の書いたものだとわかったら、軽くあしらわれるかもしれないので」、彼女はそれをピアス・スティーヴンソンという名前で自費印刷した(原注11)。このパンフレットはすべての下院、上院議員に送られ、そこで生じた関心や好意的な意見によって法案は通過した。一八三九年の夏、「未成年者保護法」が制定された。現代の基準からすれば、控えめでおとなしいものであったが、当時としては驚くべき大改革であった(原注12)。

この法案が可決する前に、キャロライン自身の事情は好転し、一八三九年に彼女と息子たちが時々一緒に過ごすことを夫は許した。しかし彼女は勝利をめざして必死に活動していた。「子どもたちのことを大切に思ってどんなに苦しんだか、神さまは知っています。いえ神さまだけが知っているのです」と彼女は書いた。「私が何に耐え、そしてどんな生活を送ったか――それは苦痛と怒りとあきらめと絶望の生活なのですが、……私はそれを説明しようとは思いません。たとえば、盲人が色について何もわからない以上に、男性はこの苦しみについて何もわからないと私は思っています。……事実、私はまだ若い頃、自分がおかした過ちのためでなく、自分が被った過ちのために泣き、苦しみました。……事実、故なく（私のほかの欠点が天からのどんな罰に値していようとも）、この世の恥の極みを味わい苦しみ、事実、私は年端もいかない自分の子どもたちを失いました。彼らを取り戻そうともがき苦しみながらも、彼らから遠ざけられ、結局時すでに遅く、棺の中の亡くなった子どもにしか会うことができなかったのです。事実、私はいろいろな目にあいました。もしこれがつくりごとなら、かえってあなたがたを惹きつけたでしょう。しかし、これは日常の世界のできごとなので、時の流れとともに積もった枯れ葉のように自然に流れ、下流に流されていくほかのものと一緒になって流れいくのをあなたがたは平気で見ているのです」。

あわれなキャロライン。苦い思い出や才能や魅力とともに彼女もまた時の流れに流されてしまった。(原注13)しかし、彼女は少なくとも後の時代に足跡を残した。つまり、自分のような運命に陥らないよう他人を手助けして、まさに祖国の法律に名を留めたのだ。母と子どもにかかわる法律に彼女が作った突破口は、深く大きくなり、ついに古くからの不公平は一九二五年の「未成年者後見法」*(訳注18)により改訂され、父母には子どもの後見人としてまったく平等の権利があることが認められた。

ノートン夫人の運動は、女性の不満や法律上無資格な点に政治家の注意を向けさせた。そして、一八四〇年には世論の関心を女性の政治的立場に集める事件が、人びとの興味をひく劇的な形で起きた。

その年、世界奴隷制度廃止大会が英国および諸外国奴隷制度廃止協会(訳注19)によって召集され、ロンドンで大会が開かれた。この大会には、奴隷制廃止を唱える主要な運動家がすべて集められ、アメリカの代表団は特に重要な著名人たちであると期待されていた。過激な廃止論者で最前線で活躍するリーダーのウィリアム・ロイド・ギャリソン(訳注20)自身も参加することになっており、イギリスの急進派は皆その大会に関心をよせていた。

しかし、アメリカの代表団が到着すると、事態は期待していたものとはちがっていた。ギャリソンは旅の途中で遅れ、現れた七人のうち四人がなんと女性であった。そのことにイギリス側はひどく落胆させられた。英国の奴隷制度廃止協会に属し寄付金も納めていた女性会員はいたが、誰も協会の審議に参加した経験がなかった。一八三三年の英国領における奴隷廃止は、女性を参加させるような無作法なまねはせずに成し遂げられたので、狼狽した空気がこの時あたりを支配した。男性に混じって女性が参加するのは当然だという主張に対して、英国代表の主要メンバーたちは「この国の主義や伝統を壊し、神のことばにも反することだ」と述べ、女性たちを受け入れることなどまったく論外だった。しかし大会では彼女たちは協会の招いたれっきとした客人であり、まちがいなくアメリカの組織の代表と見なされており、当然歓迎されるものと思っていた地位のある威厳に満ちた婦人たちだったのだ。これは実に困った事態であった。

初日の議事進行はすべてこの点に費やされ、何時間もの激しい議論が戦わされた。決定を待つあいだ、女性たちはカーテンの後ろの仕切られた席に座らされ、もちろん自分たちの考えを言うことは許されなかった。彼女たちが垂れ幕の後ろで泣こうが笑おうが誰にもわからなかったが、とにかく男性たちが議論を戦わせている間、彼女たちは静かにしていた。結局、彼女たちの参加資格は圧倒的多数により却下されたことを知らされた。

グレート・クィーン・ストリートの宿舎に向かって一緒に歩いて帰りながら、その女性たちはある荘厳な決意をかため、それはアメリカ帰国後に実を結んだのだった。しかし、目下のところでは、彼女たちは負けを認め、ロンドン中が大会の出来事でもちきりになっていることで、何とか満足していた。次の日の会議が開かれると、彼女たちは傍聴席に引き下がりそこから静かに見ていたが、ほどなく新しい騒動がもちあがった。ウィリアム・ロイド・ギャリソンがついに到着したのだ。歓迎の意を表わそうと委員たちがが現れた。みな、時の英雄を見ようと期待に胸を弾ませ、彼が口を開くのを待ちわびていた。しかし、自分たちの仲間に何が起こったかを知っていた彼は、とても歓迎を受ける気分ではなかった。イギリス側のあらゆる抗議や説明にもかかわらず、彼は「女性側にむしろ加わりたい」と宣言し、実際そうした。そして討論にはひとこともロをはさまなかった。

また、ある目撃者は次のように述べている。「その女性たちは大会で話すことを許されなかったので、同じホテルに宿泊していた運の悪い男性たちに向かって、朝に夕に議論をふきかけ攻撃しつづけました。バーニー氏はこの被害に最初にあったあと、荷物をまとめ、即座にもっと休息するのにふさわしい気に入った場所へ避難しました。また一方ボストンから来たナサニエル・カルヴァー牧師は、大きなボールでよくかき混ぜた六個の卵を朝食のたびに食べて栄養をつけ、宿の主人や美意識にこだわる友人たちをぞっとさせていましたが、最後まで自分の主張を固持していました」(原注14)。女性解放問題が時の話題となり、当の黒人奴隷問題をほとんどしのぐばかりになってしまったのだった。

大会が終わり、イギリスで言えることすべてを言ってしまったあと、拒否されたアメリカの代表団は故国に帰り、荘厳な決意を実行に移し、彼女たちの「権利」の要求を公に向けて活発に発信しはじめた(原注15)。何年もたたないうちに、彼女たちは世界で初めての「女性の権利大会」〔一八四八年〕を召集し、完璧な市民としての自由、宗教の自由、家庭での自由を声高に求め、このアメリカでの運動は当初から盛り上がった。しかしイギリスでは、ことはそれほど表だって進まなかった。新しい考えは静かに広がり、ひとりからもうひとりへと知らず知らずのうちに浸透し、ゆっくりと敵の守りをかいくぐっていくのだった。このような過程において、一八四〇年の世界奴隷制度廃止大会で起こったことは、イギリスにおいてもまちがいなく女性を後押しする出来事であった。

事実、一八四三年までにはヒューゴ*・リード夫人(訳注21)が、プロパガンダとわかる本を出版することができるようになり、かなりの売れ行きだった。それは、『女性のための請願』と呼ばれる本であったが、その中で特に女性が東インド会社の役員を選挙する資格を与えられていたことを指摘し、さらにそれと明らかに並べて考えることのできる女性参政権に触れていた。これは紛れもなく女性参政権を述べた刊行物であり、三年後には初めて膨大な種類のちらしが出現した。そのちらしはアン・ナイト(訳注22)によって書かれ、印刷され、配布された。彼女はクエーカー教徒(訳注23)で、チェルムズフォード〔イングランド南東部エセックス州の州都〕(訳注24)のクワイエット・ハウス〔静寂の家〕に住み、奴隷制度廃止運動など数々の改革に精力的にあたった。チャーチスト運動の最中にできたシェフィールド女性政治協会(訳注25)を存続させていたのも彼女だった。ほかの団体がほとんど消滅したなかで、この協会だけがともかく一八五一年まで生き延びた。同年、その協会は女性参政権を求める請願書を決議し、それはカーライル伯爵(訳注26)によって上院に提出された(原注16)。

アン・ナイト

この問題は折りにふれ著名な人びとの講演でも言及された。リチャード・コブデン(訳注27)が反穀物法運動をしていたとき、マンチェスターの聴衆に向かって講演をし、女性が選挙権を持つことを彼が望んでいることを公に宣言した。さらに一八四八年には、コブデン氏が支援していたジョゼフ・ヒューム氏(訳注28)は、女性を含むすべての自家所有者《ハウスホールダー》に選挙権を広げる決議案(訳注29)を下院に提出するところまでこぎつけた。ディズレイリはそれに賛成するスピーチをしてくれたが(原注17)、それすべてに関する選挙条項に「男性」という言葉を使う場合、が効を奏したことといえば、つづく救貧法(訳注30)や地方自治法案(訳注31)ひじょうに注意がはらわれるようになったことぐらいであった。しかし、とにかく女性参政権の問題は、口に出して言える事柄になるところまで進んできていたのだった。そして、それが国会で検討される日はもうそこまで来ていた。

(1)　彼自身による『パンと知識と自由を求めるウィリアム・ラヴェットの生活と努力』。一九二〇年、トーニーによる序文とともに再版。

(2)　『ノーザン・スター』紙、一八三八年九月八日と十月二〇日。『リーズ・タイムズ』紙一八四一年三月。

(3)　後のミルン夫人。この記事は、一八七二年に序文と共に再版された。その序文には、ベンサムの作品研究をきっかけにこの問題がどのようにして作者の頭に浮かんできたのか、また、自分の考えを出版することを誘われ、ほとんど膠着せんばかりにおびえたことが記されていた。その仕事に対する恐れから若い女性はすっかり衰弱したが、病を癒すためには最良の治療法となるという医師の指示により仕事をやっと完成させた。

(4)　一八三二年八月三日の国会議事録参照。

(5)　『タイムズ』紙に秘密の情報を漏らしたという評判の事件に、ノートン夫人が関わっているということは、まったくの誤りであることが記されている。『十字路館のダイアナ』の第二版に対するジョージ・メレディスの序文参照。また、ジェイン・G・パーキンズによる『キャロライン・ノートンの一生』参照。

(6)　一八三七年、キャロライン・ノートンの個人出版のために印刷された『特別過酷な事例で明らかにされた、慣習法の父権によって影響を受けた子どもに対する母親の当然の養育権請求』を参照。また、一八三七年、J・リッジウェイの個人出版のために印刷された散文パンフレット『熟慮された未成年者保護法による母と子の別れ』参照。

(7)　ドゥ・マンデヴィルの事例。

(8)　レディング[イングランド南部、ロンドンの西にある]選出の国会議員。彼は、ラム、ディケンズ、ワーズワースの親しい友人であり、ラムの遺言執行者であった。彼は著者たちに版権を保証するための第一議案を提出する責任があった。

(9)　一八三九年に「未成年者保護法案」について、上院で答弁をしたデンマン卿は、この訴訟に言及していた。『英国国王対グリーンヒル』訴訟は、一八三六年に私自身や王座裁判所の裁判官の前で決議されたが、現行の法律を恥じていない裁判官はひとりもおらず、国民の目には憎むべきものに映るほどであったと私は信じている」。タルフォード氏によって引用された訴訟は、ドゥ・マンデヴィル夫人、一八〇四年、ボール夫人、一八二七年、マックレラン夫人、一八三〇年、グリーンヒル夫人、一八三五年、であった。これらの訴訟の数が少ないといって、虐待の数が少なかったということでは決してない。一般に、夫が妻を捨てたときに、妻が訴訟を起こす手段はなかった(夫が妻の財産をすべて所持していたのだから)。そして、もし夫が妻から子どもたちを引き離すことで妻を懲らしめたいと思えば、夫は難なくそうすることができた。

(10)　一八五四年、個人出版のために印刷された、キャロライン・ノートンによる『一九世紀の女性にとっての英国法』。

(11)　このパンフレットは私心のないものであったが、洞察力のある人は女性が書いたことを見抜いたかもしれない。ここで彼女の正体が明らかになる一つの箇所を引用する。「あなたがたは朝方の三時まで貴族議員をきちんと座らせておいて、別居した母親に対する不当な扱いやさまざまな事例の詳細を聞かせるわけにはいきません。……彼らは、女性が子どもと一緒に過ごすことを途方もなく重要に考えていることに戸惑いを隠せません」。

(12)　2 & 3 Vict. c. 54.[ヴィクトリア朝二・三年度第五四条]不貞が証明されなかった母親が、年長の子どもに定期的に会う権利とともに、七歳以下の子どもの養育権をもつことを裁判官がエクイティ[衡平の原則]に基づいて命じて良い、とこの法案は規定している。

(13)　キャロラインのその後の伝記は、簡単にまとめられてよかろう。長男フレッチャー・ノートンは一八四七年に外交官になり、母と何度も海外に旅した。彼は一八五九年に二九歳の若さで亡くなった。次男のブリンスリーも大変虚弱で、イタリア人と結婚して、外国に落ち着き、キャロラインは英国で次男の子どもたちの教育を引き受けた。彼女は小説や詩を書き続け、会う人皆を魅了し、収入に見合わない生活を通した。ジョージ・ノートンは一八七五年に死去し、二年後キャロラインは六九歳で長きにわたって敬愛していた友人、サー・ウィリアム・スターリング・マックスウェルと結婚した。しかしそのわずか三ヵ月後に彼女は死去した。

(14)『女性参政権の歴史』エリザベス・ケイディ・スタントン、スーザン・B・アントニー、マティルダ・ジョセリン・ゲイジ、アイダ・ハステッド・ハーパーによる編集、一八八一年、第一巻。

(15) 大会は、一八四八年、セネカ・フォールズで行われた。

(16) エリザベス・ケイディ・スタントン、マティルダ・ジョセリン・ゲイジによる『女性参政権の歴史』、キャロライン・アシャースト・ビッグズによる英国編、第三巻参照。また、ヘレン・ブラックバーンによる『女性参政権の記録』参照。

(17)「女性によって統治された国においては、その国の不動産のある程度を女性が形成することが許され——例えば、権利をもっている貴族夫人たち——また、土地を所有するだけでなく、屋敷の女主人となったり、裁判をすることも女性には許されるのだ——そこでは、法によって女性は、教会委員にも民生委員にもなりえる。そこでは、女性は国家や教会と深いつながりをもち、いかなる理由においても正当に考えれば、女性が選挙権をもたないことは、私には理解できない」。一八四八年、下院議会でのディズレイリの言葉。

第三章　社会参加の拡大　一八三七—一八五〇

昔ながらの若い女性のあり方とこの時代の理想像——フレデリック・モーリスとキリスト教社会主義者たち——お針子の現状——工場雇用の問題——炭鉱で働く女性や農業に従事する女性——ガヴァネスの現状——一八四八年　クィーンズ・コレッジ開校

女性運動の最初の動きは、個々の女性たちが自らの無力さに目覚めたところから始まった。慈善的、人道的運動が進むにつれてこの動きは表面化していき一九世紀の中頃までには、女性のおかれた地位は何か間違っている、という考え方に違和感を持たない人の数は著しく増えた。

これらの人びとの多くは新急進派、特に、ユニテリアン派(訳注1)とクエーカー派の家族や、その当時の科学思想に大きな貢献をした重要なグループの人たちによって占められていた。もし、バクストン、ガーニー、フライ、ウェッジウッド、ブライト、フォックス、バークリーあるいは、ダーウィンのような進歩的な家庭(訳注2)だったら、女に生まれてもたいした不幸ではなかったろう。とはいっても、彼らの家でさえ、女性が夫や兄弟の本業にともに携わるというようなことはもちろんなかっただろうが。それでも、そういう家庭だったなら、女性でも教育を受け知識を身につけることも許可され、期待もされて、家庭内では男性と同等とみなしてもらえるだろう。さらに、自分でその道を選べば、職業に就いたり、自分が興味を持っていることもできるだろう。

　当時の日記や伝記には、こういった家族内の若い男女の間で交わされる、若者が喜ぶちょっと抽象的な話題、「想像の本質」とか「苦悩することの効用」とか「迷信と儀式の違い」、その他、真面目な話の端々に彼らの面白いやりとりが窺われる。若い男女がドイツ文学を一緒に読み、カーライル（訳注3）の教えに傾倒し、マッツィーニ（訳注4）にあこがれ、科学の会合に出席し、友達づきあいやひじょうに新しい気風の知的交流を楽しんでいるさまを見ることができる。

　しかし、このような女性たちも、政治団体に携わる秀でた女性たちも、模範的で折り紙付きと世間に認められるタイプではなかった。「本物のレディ」を代表するのはむしろ小地主か牧師の娘であって、彼女たちは依然として女性蔑視という足かせをはめられた状況の中に閉じ込められていた。たいした教育も受けず、ほとんど関心事もなく、家庭以外での活動もないというのがお決まりのパターンで、単調な毎日を、育ちのよい女性にふさわしいわずかばかりの慈善活動を行うことで紛らわせていた。これが彼女たちが実際やることを許された唯一の活動であったが、こういう女性たちが住む世界では、その他すべてのことと同様に、多くの制約があった。それにもかかわらず、この限られた活動を通じて、日常生活という扉に小さな切れ目を入れ、ここにくさびの先端が入るきっかけになった。しかし、まだこれが女性であることの不幸を解消するほどの大きな効果をあげたわけではなかった。見かけ倒しのたしなみごとや、親切ごかしの「お世話」は広く浅く行われたが、この活動が本当に状況を変えたわけではなかった。貧富、老若にかかわらず、女性の生活は単調な繰り返しで、そこから抜け出すことはほとんど不可能であった。

　することが何もないというだけで、事は終わらなかった。若い女性は、自分の人生に踏み出そうとしたとき、日常生活のどうしようもない空虚さのうえにさらに、いやおうなく忍び寄る影があり、それに抵抗さえできないのだ。というのは、まわりから真剣に取り上げられるようなことを女性がしたり、言ったり、考えたりするのは自然に反していて、間違っている、そのうえ、女性にとってそんなことは不可能なことだと男女双方が信じ込んでいたからである。

女性の脳みそは男性より小さいので、論証力、総括力、論理性、判断力、忍耐力などに欠けるのは当然であり、どうしようもないことなのだ。女性が男性より劣っているのは神のなせる業であって、女性の知性の欠如はひじょうに優れた「本能」で補われている。女性は魅力的で善良かもしれないが、それだけである。なぜなら、男性を支え、そのことで満足するのが女性のあり方だからである。すでに見てきたように、この因習は長い間もてはやされてきた。フローレンス・ナイティンゲールはこの因習に激しく抵抗し、それを打ち破ることに成功した。一八五〇年までには、このような因習から解放されたいと願う女性の数はゆっくりと増えていった。とはいえ、まだこの因習を変えようと立ち上がる動きはほとんどなかったが、ある変化の兆しは見えてきた。それは、この時期に女性の置かれた位置を全体として明確に規定しようとしたものだった。以前はごく当たり前のこととして受け取られていた女性の従属の義務を明文化し、はっきりと教えこむことが必要だと思われたかのようだった。ほとんどが女性の著者による、女性の義務全般について書かれた小冊子がたくさん出版された。『英国の未婚女性』『女性の心』『女性』『未婚女性の午後』『女性——(訳注5)家庭内外でのあり方』『英国の女性、妻、母、そして娘』の全シリーズなどは女性のあり方を解説したもので、この当時ひじょうにもてはやされ歓迎された。これらの本は、終始一貫、自己を抑圧し、我慢を重ね、あきらめの気持ちをもち、女性の最大の栄光とされる義務をただひたすら果たすべきだということを繰り返し説いていて、今となっては面白おかしく受けとられるだけだが、若い女性の抑圧を狙って書かれたこれらの本は、真面目な当時の女性たちには効果てきめんだったようだ。何千もの中から一例を紹介するだけで、これらの説法がどれほど有害で若い女性たちをじわじわと毒していくものであったかを示すには十分であろう。一八四三年に出版されたエリス夫人著『英国の妻』(訳注6)の中の「夫に対する態度」という章には次のように書かれている。「とても才能豊かな女性の場合や、夫に匹敵するくらい、あるいはそれ以上の才能を持つ妻の場合、つけ上がった態度を夫に見せるなどということは、自分の幸せを自分の手で握りつぶしてしまうことになりかねない愚かな行為なのです。もし、妻に能力があるため、(そういう能力はあまりよく注意してみなくても、自然と見えてくるものなので)夫に嫉妬心を起こさせてしまったらどうなるでしょう。妻のあなたが長い時間をかけ慎重にも慎重を期して、今回はたまたま夫の気持ちを傷つけてしまうことになったけれども、これは思いもよらないことでまったく自分の本意で起こしたことではないのだということを夫

フレデリック・デニソン・モーリス

にすっかり納得してもらうまでは、あなたの気持ちの休まるときがなくなり、自由にやりたいこともできなくなります。このような結果を生み出すまでは、夫のほうが妻のあなたよりも優れていることを彼に納得させようと尊敬の気持ちを表し、努力してもすべてうまくいかなくなるでしょう。夫はこのようにあなたが努力しても、ただ優雅にへりくだって振る舞い、卑下して見せているだけだととらえるでしょう。そうなると、あなたが夫の判断を助けたり支持したりしようとしてもうまくいかないかもしれません。そういった場合、夫は当然のことながら、妻のあなたなど頼りにしていないと、自分の力を見せつけるために妻を邪険に扱いたがるものです」。

　ここに示した抜粋からわかるように、結婚に対する歪んだ理想像は間違った考え方が蔓延していた結果であるといえる。いったんこれに疑問が投げかけられると、これに反発する男女の数が急速に増えていったことは驚くにあたらない。それよりも不思議なのは、この歪んだ理想像がこれほど長い間黙って受け入れられてきたことである。

　因習を強く押しつけた結果、若者たちの反発をあおり、キリスト教社会主義運動[訳注7]という大義に新たに「改宗」する人たちが増え、より明確で具体的な影響が見えてきた。リンカン法学院付属のチャペルで礼拝を担当する牧師、フレデリック・デニソン・モーリス[訳注8]のまわりに集まった熱心な小グループは、フェミニズムを唱えたわけではなかったが、それでも、この人たちの影響力はその方向へと強く働いた。というのは、女性が彼らの活動に参加するのは当然だと考えており、女性が自由に話し合いに参加することを彼らは認めたからである。彼らが強く求めたのは、少々の問題は抱えていたとしても、世界全体を彼らが考えるような純粋な場所、特に天国のように、「女と男」「拘束と自由」などの差別のない場所にしたいということであった。

　キリスト教社会主義の信奉者たちは、おそらく、かなり現実離れした世界に入り込んでいたと思われる。彼らがこだわっていたのは、目の当たりにしている世の中を、自分たちが夢に描いた教会と何とか同じものにしようと努力するということのようだった。彼らの宗教上の熱意にキリスト教界全般は関心を示さなくなっていたのが現状だった。しかし、教義上は細かな点にこだわる彼らも仕事はひじょうに実践的で、この当時の単に毛布やスープを配るだけの教区の慈善活動より格段に、徹底的で建設的なよい仕事をし、自分たちの理想を徐々に形に表していった。

モーリス、キングズリー(訳注9)とその仲間たちの手による仕事の多くは本書の範囲外のことになるのでここでは取り扱わない。ここでは、共同生産、共同分配方式、または、男性労働者への講義の件なども直接問題としては扱わない。男性労働者を啓蒙する方法も概念も、男女差の問題とは関係してこない。彼らが攻撃したのは、社会の枠組みの中での階級の問題であり、階級による富の分配の問題だったからである。それに、彼らの実験的な試みの対象は、本質的には男性でも女性でもよかった。男女どちらかでも改善がなされれば、社会全体として良くなると彼らは見ていた。この見方自体は、この後もっと攻撃的な展開を見せたものと比べると、女性解放の主張（the women's cause）と基本的に調和する人間生活の概念であった。

この運動全体の中心にあり、リーダーであったフレデリック・モーリスは、一八三〇年代、四〇年代においては、その当初から将来も見据えて、女性が社会的存在であることを本当に信じていた数少ない男性のひとりであった。今では当たり前のように見えても、その当時はこういう事実は一般的には明らかに無視されており、思慮深く、非利己的な男性でさえ女性に対するこのような考え方をもとうとはしていなかった。モーリスが、若いころから女性の社会的存在を認めていたのは、おそらく、生来、公正な考え方の持ち主であったこともあるが、彼が子どもの頃受けた影響の結果ともいえる。モーリスは、子沢山の一家のひとり息子で、ずっと年のはなれた姉たちもおり、彼の姉妹たちは一様にみなとても優秀だったようである。キリスト教の信仰に関する問題は、家族全体で熱心に取り上げる中心的な話題であった。フレデリックは、それぞれ自分独自の方法をとり、自分自身の良心に忠実に生きる姉たちを見ていた。父親は、娘たちのこのような生き方を嘆き、フレデリック自身も、何人かの姉たちに関しては、そのやり方には同意できなかった。しかし、彼は、姉たちにはそうする完全な権利があること、いやむしろ、自分の信念に忠実であることが絶対の義務であることを認めていた。フレデリックの女性に対する姿勢はこのようにして決定づけられたのである。

モーリスと、彼に同調する仲間が最初に攻撃の矛先を向けた実際上の問題のひとつに、婦人服の縫い子と、紳士服

トマス・フードの詩に触発され、縫い子の窮状を描いたG. F. ワッツ「シャツの詩」(1848)

仕立て職人の労働条件があった。ちょうどこの時を狙ったかのように起こった紳士服仕立て職人のストライキが、まず世間の注目を引き、つづいてトマス・フード(訳注10)著の「シャツの詩《うた》」(一八四三)* やチャールズ・キングズリー著の「オールトン・ロック」(一八五〇)が人々の関心をさらに強めた。キリスト教社会主義者たちは、共同作業場を導入することがその改善策になると信じ、大きな期待を抱いて最初の共同作業場を開設した。しかし、キリスト教社会主義者たちは、男女の仕立て職人の抱える問題はほぼ同じものであることを見抜く力をもっていた。季節に左右される仕事の性質上、また、この職種が組織化されていない実情などは男女の労働者に共通しており、これをふまえて、彼らは女性労働者の実情調査にとりかかった。簡潔にまとめられた調査報告書は、女性労働者の実態が男性労働者の場合よりかなりひどいことを示していた。シャフツベリー卿(訳注11)が設置した調査委員会のうちの一つが、劣悪な状況がさらに広がっていることを明らかにした。男性の仕立て職人は過酷な労働に就いていたが、女性の仕立て職人や帽子職人はそれ以上に酷使されていた。

「年間約四ヶ月にわたる華やかな社交シーズンの期間中、もっとも就業規則の整った洋裁店でも通常の労働時間は十五時間になる……」(原注1)「多くの洋裁店では、社交シーズン中、労働時間は無制限で、徹夜に及ぶこともひんぱんにあった」。こういった職場で働いていた女子労働者の一人は、「ウィリアム四世崩御の服喪の期間中は、木曜日朝四時から日曜日の朝一〇時まで、ベッドで横になることもなく働き詰めだった」と証言している。この女性は、「この間一睡もしなかった。眠らないように金曜日と土曜日のほとんどまる二日は立ち詰めで、わずか三〇分ほど座って休憩をとっただけだった。ほかの二人の若い女性も同じ店で同じ時間働き詰めだった」と証言している。また、「休憩なしの過酷な労働からくる衰弱とめまいが若い女性労働者に見られるという深刻な状況がある」という別の証言もあった。こういう女性たちは肺結核にかかっていることが多く、彼女たちは、過労、衰弱、食欲不振、背中や腰の痛みを訴えた。ある当事者は、「一〇人中こういう症状を訴えない人はひとりぐらいしかいなかったと思う」と報告している。「これらの状況は、最悪の環境での工場労働よりもっとひどかった……昼夜を問わず、換気もされない暗い部屋に、若い女性労働者が折り重なるようにひしめき合っていた」「『たとえ男性でも、このように若く、か弱い女性に課されている労働に耐え切れるひとはひとりもいないでしょう』と女性の洋裁職人たちは自らはっきりと言い切っていて、『男性は誰一人としてそんな長時間労働には向きません』と医学関係者は証言している」。

このような過酷な労働にもかかわらず、賃金は週四シリング六ペンスで、ひじょうにみすぼらしい住まいに加え、この哀れな若い女子職人たちが食べることができる食事の量もわずかなものだった。パン、バター、紅茶というのが日常の食事で、それに誰も手を出そうという気にもならないような冷めた羊の肉切れが加わることも時にはあった。(原注2)社交シーズン中は彼女たちはこのような生活をしていたのである。その後の八ヶ月間は仕事にありつけなかった。

この報告は衝撃的な事実をあらわにしたが、一般の注目をあまり引かなかった。しかし、翌年、帽子職人と洋裁職人の援護と利益促進のための協会がこの実態を世間に知らせ、同情を呼び起こす目的で設立された。この協会は、日曜日を休業とすること、一日一二時間の労働、一時間の昼食・休憩時間を含む最低週給九シリングという労働条件を推奨した。これらの条件は控えめなものであったにもかかわらず、これを受け入れた雇用者はほんのわずかだった。

キリスト教社会主義者たちはこの実態を調査し、これらの状況が生じているのは雇用者側の無情な反応だけが原因ではないことを見抜いていた。彼らは、この根底にある問題は、この仕事が季節労働である以上に、労働者数があまりに過剰であるという点にあると見抜いていた。調査委員会の委員たちからは、洋裁職人としての寿命は、三、四年足らずであり、「もし地方から常に新しい労働力の供給がなければ、この業界は続けていかれないだろう」という証言があったことも報告した。しかし、女子労働者の数はあまりに多く、ほかの就職口はあまりに少なかったので、新しい犠牲者予備軍は常に待機していた。若い女性たちにとって、ほかには家事手伝いに雇われる以外に仕事は何もなかったし、その仕事に求人もなかった。彼女たちの選択肢は、縫い子になるか売春婦になるか、さもなければ貧民収容所行きになるかのどれかであった。縫い子からゆくゆくは売春婦、さらに貧民収容所行きへの道をたどるケースはあまりに多かった。

この実情を緩和するために開設された共同作業場は完全な失敗だった。この共同作業方式では従来の社会的慣習を変えることもできなかったし、採算さえ取れなかった。このような悪条件の結果、まもなくこの作業場は閉鎖に追い込まれ、これらの悲惨な状況におかれた女性たちを救済しようとするあらゆる努力も実ることはないように思われた。男性の仕立て職人は、共同組合組織を後ろ盾に、依然としてこれらの問題との奮闘が続いていた。しかし、女子労働者たちは、健康状態の悪化、極端な低賃金に加え、自己防衛策を講じる大胆さなど到底持ち合わせず、彼女たちに希望の光は見えてこなかった。この状況を打開するには、別の理想を掲げて自分たちに課せられた運命を切り拓こうと一歩を踏み出した女性たちの働きを待たねばならなかった。なぜなら、結局、縫い子や帽子職人の救済と、彼女たちが求めた保護や状況の改善を勝ちとるには、(その実現にはこのあとひじょうに長い時間を要し、現在においてでさえ不備な点がありすぎるという状態だが) 新しい雇用への道を開く必要があったからである。

キリスト教社会主義者たちが縫い子を救済しようとしている間、ほかの業種に就いている女性労働者の実態が次々に明るみに出てきた。工場労働規則の問題は当然、工場数の増加に伴い懸案になっていたが、一九世紀の半ばになって初めて世間の注目を集めはじめていた。そして、この時までには過酷な労働やそれにまつわる悲惨な実態などは、見すごすことのできない状況になっていた。

一八世紀に始まった産業革命も一九世紀に入り、その進展に伴い女性の経済的価値の弱体化をもたらした。仕事のパートナーとしての位置から扶養されるものへと女性の立場は変化し、これが社会の隅々にまで影響を及ぼした。熟練労働者から低賃金労働者へと女性労働者の地位が転落したことは、産業の発展に伴って生じた混乱や惨事を増大させた。この変化が進むにつれ、従来の女性の仕事の大半が彼女たちから奪い取られることになった。こうして、女性たちは肉体労働を取るか、さもなければ、家でただぼんやりと座り込んでいるかの選択を迫られた。これら両方において、当然の結果として混乱と不満が生じることになった。ただぼんやりと毎日を過ごす人生しかない裕福な女性たちは、軽薄でおろかなうえ虚栄心が強くなり、他方、生活のためにあくせく働く人生を送らなければならない貧しい女性たちは、酷使され悲惨な待遇を受けた。裕福な女性も貧乏な女性も、これが自然の摂理であり、この世の定めだと信じていた。

女性労働者の悲惨な状況は一九世紀に始まったことではなかったが、この時代になって初めて世間の注目を集めることになった。この実態を暴いた人道的運動は、当初は、子どものおかれた状況のみを憂慮しており、女性のおかれた状況にはまったく関心を示していなかった。一八三〇、四〇年代にこの運動の先頭に立ったシャフツベリー卿は、数々の調査委員会の設置を働きかけ、これらの委員会が明らかにした実態は、「自由競争主義」を唱えるこの時代の経済人たちにさえショックを与えた。労働はおのずと適正なレベルに向かう習性があり、人工的な統制は労働力の流通を抑えるという信念があったのはよいとしても、四歳の幼児が一日に一二時間の労働を常時行っていることを知らされた時の人びとの反応は、この状況をぜひ変えなければならないと思うか、あるいは、この事実を信じようとしないかのどちらかであった。ここでは、若年労働反対運動の経過を追うことも明るみに出された児童虐待の実態を述べることもできないが、朝まだ暗いうちに子どもをたたき起こし、追い立てるように仕事に行かせ、夜は、その子どもが苦労して稼いだ食べ物を食べながら寝入ってしまわないように、子どもをまた、たたかなければならない母親の気持ちを思いやるぐらいのことはしてもよいかもしれない。政府の調査委員会の前に出された証拠には、彼らのおかれた悲惨な状況が見え隠れしており、あれから何年もたった今でさえ、考えるだけで胸が痛む惨状や虐待の実態が垣間見える。

これは、女性労働者が子供に成り代わって味わう苦しみというだけではなかった。彼女たち自身が甘んじて受け入れなければならなかった労働環境や労働時間、賃金は、良心的な世間の人びとにショックを与えるのに十分であり、調査が進むにつれて、これらの事実が明らかにされていった。男性、女性労働者とも、法外な労働時間と危険で非衛生的な環境のもとで働いていることが窺われた。また、女性労働者は過酷な労働条件を押し付けられることが多く、ひどい低賃金を強いられて、その労働条件は男性労働者と比べて極端に悪かった。

工場労働の実態が明らかになるにつれて、工場労働者の間で労働時間の上限を設けようとする動きが始まった。しかし、この動きは直接談判で交渉しようとするものではなかった。雇用者側の強い反対と当時の経済理論の前には男性労働者の労働時間短縮を要求するのは無理なことに思われた。そこで、まわり道が取られた。この戦法は、女性と子どもの労働時間の短縮を要求することだった。要求が通れば、否が応でも工場の機械停止ということになり、その結果に便乗して、男性労働者の労働時間も短縮できるはずだという思惑からだった。「女性のペチコートの陰に隠れて」という有名な文句は、女性を利用しようとして男性たちがとったこのときの行動を指して使われるようになったのである。この男性たちのもくろみはある程度の成功を収めた。

徹底した調査報告書が数多く公にされ、ちょっとした試験的な対策が何度か取られたもののどれもうまくいかず、一八四七年に一〇時間労働法が成立した。この法律によって、女性と若年労働者の労働時間が一日一〇時間に制限され、男性労働者の労働時間は法制化されなかったものの、事実上、同じ時間に短縮された。

この法案を通すために長年続いた闘争の間に、女性就労者の数に対する男性労働者の不安が表れ始めたことは興味深い。女性就労者の数は実際、ひじょうに多かった。ランカシャーの綿工場を例にとると、一八三三年には、六万五千人の女性労働者（そのうち、一万七二一人が既婚者）で、男性労働者はわずか六万人であった。女性労働者は低賃金ですむということと、長時間労働も女性のほうが楽に耐えられるということがかえって彼女たちの命取りになり、男女の労働者数の差を助長していくことになった。そこで、一八四一年にはすべての女性労働者を工場労働から徐々に排除するという提案が労働時間短縮委員会でなされた。こういう方針については何の修正もなされず、男女の労働者数をある比率によって固定化するという比較的穏当な提案もまったく取り上げられることがなかった。この女性労働者に対して課された唯一の法規制は、もともと女性を保護する意図で作られた法律から派生してきたものであった。

紡績工場の労働者たちだけは、男女を一緒に組織し、双方に平等の出来高率を適用する名案を取り入れた。難しい状況に対処するためにとられたこの方法はうまくいったが、この方法は綿及び毛織物業界においてのみ採用された。そのほかの業界では、女性労働者数を制限するのが次第に慣習化し、女性労働者の産業界への進出を厳しく制限するのが慣例になっていった。繊維業界を除くすべての業種において、今日も見られるように、女性労働者の雇用を単純労働及び低賃金労働のみに制限する動きはすぐに効力を現わしはじめ、その結果、多くの問題が生じることになった。

一〇時間労働法が一八四七年に立法化される前、女性の雇用に直接かかわるもう一つの問題が突然、劇的な形をとって世間の目に触れることになった。シャフツベリー卿は、若年労働者廃止を求める闘争を始めた早い時期に、炭鉱及び工場における若年労働者に関する調査委員会の設置にこぎつけており、この委員会の最初の報告書が一八四二年に出された。

委員たちは、報告書が必ず読まれるような内容にしようと挿し絵を入れることにした。その挿し絵はねらい通りの効果もあったが、すさまじいものでもあった。内容の悲惨さを物語るのには文書だけで十分であり、挿し絵で惨状を強調する必要もなかった。暗い地下の坑掘で、疲労と寒さと恐怖に震えながら、一人ぼっちで一二時間以上も働く六歳またはそれ以下の子どもに関する証拠があり、坑道や危険なはしごの上を絶えずよろめきながら、石炭の入った重いかごを運ぶ少女たちに関する証拠も挙げられている。また、未婚、既婚の女性たちが農耕用の子馬のように馬具を体に付けられ、上半身裸で汗を滴らせながら四つん這いになって、狭くでこぼこして足場も悪い坑道を必死に石炭を運ぶ姿を述べたものもある。

坑道での作業光景

調査委員会は次のように報告している。「女性は荷積みや重労働を常にやらされた」「女性労働者も子どもも人間扱いされておらず、女性は成人男性や少年でさえ誰ひとりとして働くことのできないような場所での仕事に就かされていた。彼女たちはかがみ込むような姿勢でひざまで水につかり、悪条件の坑道で働いているのである。妊娠中の女性も出産ぎりぎりまで地下坑内で働く。彼女たちの下半身やくるぶしは腫れ上がって早死にするか、もっとひどい場合は体を壊し、ただ生きながらえているだけの存在になるのである……坑内を馬のように荷を引く仕事の後に彼女たちが陥る症状は、発汗、疲労、その中でひんぱんに流す涙――これには胸が本当に痛んで見るに耐えない。しかし、一つの仕事が片付くと、彼女たちが心の中で抱いているこの仕事に対する激しい憎悪からは考えられないほどの気力を振り絞ってその仕事にまた戻っていく」。

彼女たち自身の口で証言する際には、このことを淡々と物語った。

「私は腰の周りにベルトをし、両腿の間には鎖を通し、その鎖は私の手と足につながれていました。坑道はとても急で、ロープにつかまらなければなりませんが、ロープがないときは、何でもいいからつかめるものをつかみます。私の衣服は一日中水浸しで、皮膚がはがれるほど荷車を引きました。妊娠中は、そのベルトと鎖は本当に身にこたえました」。

また、別の女性は「坑内で出産しました」「それで、赤ん坊をスカートの中に入れて、坑内の換気口を使って坑口まで運びました」と語った。このように、女性労働者たちは自分たちの体験談を語り、これらが公表されると、世間に強く訴えたのは当然のことだった。

シャフツベリー卿がすべての女性と一〇歳以下の男子に地下坑内での労働を禁じる法案への支持を取りつけるのは容易だった。この報告書が出されて数ヶ月の間に、この法案は立法化された。このようなひどい話に終止符を打ちたいと皆一様に思っていた。しかし彼女たちが毎日のパンを稼ぐために炭鉱の中を這いずり回ることができなくなったら、彼女たちを飢えさせることになるかもしれないなどということをシャフツベリー卿は考えていなかった。前触れもなくとられたこの徹底した女性労働者の坑内就労停止措置は、別の意味で、多くの女性労働者たち(原注3)を炭鉱労働と同様に厳しく悲惨な状況に追いやった。そして、のちに彼女たちを救済するために取られたわずかばかりの措置では、とうてい不十分だった。一般大衆が抱いた危惧は女性への重労働を終結させることで和らげられたが、それに苦しんだ当事者たちは自分たちでできることをするしかなかった。女性労働者の問題に対する政治家の関心は決して長くは続かなかった。女性は当然、夫に支えられ、保護されていたのではなかったか。当時の小説中や感傷で創りあげられた女性像の狭間で、女性労働者はまた、忘れ去られてしまっていた。彼女たちが省みられることはこれでまたすっかりなくなり、女性炭鉱労働者の数については一八八七年の炭鉱騒動まで話題にのぼることはなかった。

炭鉱に関する調査報告書は読むに耐えないほど悲惨なものだった。また、炭鉱労働に劣らず抑圧的なほかの業種の実態も明らかにする報告書が続いて提出された。しかし、ほかのケースの場合、女性の就労を禁止するような早急な措置は取られておらず、工場全体の就業規則を徐々に整備することだけで、労働条件の改善がはかられた。過去、現在を通じ、場所を問わず、女性労働者の労働条件の悪さという根本的な問題、すなわち、男性よりも賃金が低いという問題は、手つかずのままだった。労働組合運動が強化されるにつれ、また、女性への差別待遇がすっかり習慣化し、まるで規則か合意済みのことであるかのようにみなされるにつれて、女性は産業界では勝ち目のない存在であることが宇宙の法則の一部になってしまっている感があった。男性の仕事と女性の仕事の間には次第に境界線が引かれ、はっきりと区別されるようになった。女性の仕事の中には重労働も軽労働もあり、技術を要するもの、単純労働のものもあった。しかし、すべての業種において共通していたのは、女性の賃金が極めて低いということであった。

唯一の明るい話題は、女子労働に関する報告研究書が一九世紀半ばに出されたことであって、それも、ほかと比べれば少しはましだという程度だった。これは農業に従事している女性のケースで、調査委員の報告は、これらの女性は農業が好きで「肉体と心の健康にもよい」と考えているようだということだった。

「農業に従事している女性労働者の健康状態に関する結論は、これ以外の職業についている労働者階級の女性に比べて総体的に良いということだった。その理由は明らかだった。その女性の賃金が家計を助け、ほかの業種の女性と比べると、食事の量も多く、女性本人の身体的健康状態に関しても勝っている(原注4)」。

これは好ましいことではあるが、調査委員たちは夫や子どもにとってはマイナス面があることを指摘せざるをえないと思っていた。これらの女性たちの子どもにいろいろ問題が生じたことは明らかであった。既婚の女性労働者は、次のように心のうちを明かしているものが多い。家路につく時、必ずといっていいほど、留守中何か事故が起こったのではないかという不安で落ち込むことが多いという。しかし、農村においても女性の留守中の段取りをしておくことはできるし、子どもというのは、時が立てば大きくなって手がかからなくなるのが普通である。一方、夫に関する問題は解消されることはなかった。調査委員たちが報告した苦労する夫の様子は、意図的にそう見せようとしたわけではないだろうが、悲哀に満ちたものであった。

「夫もまた、妻が家を留守にすることで何らかの苦労をしている。妻が専業主婦の場合と比べれば、家の中もきちんと片付いていないし、夫がくつろげるような気配りも行き届いていない。妻は労働を終えて家に帰るとすぐ、子どもの面倒を見なければならず、夫は食事ができるまで待たなければならなくなる。夫は疲れ、汗にまみれて帰宅しても、少し前に帰宅していた妻には子どもの世話がある。暖炉の火もおきていないし、夕食もなく、くつろぐこともできず、夫は飲み屋へと出かけていく」。

かわいそうな夫！　だが、妻だって同じようにかわいそうなのではないだろうか。たとえこのような二重の労働が女性としての仕事だけより「心と体の健康」のために良いことだとしても、家庭生活は妻にとっては気が重いものだったに違いない。

ガヴァネス

工場労働や肉体労働に従事する労働者階級の人びとの苦労は、女性運動に直接影響を与えることはなかった。これほど厳しい生活を送る働く女性たちは、彼女たち自身の手で自分たちの実情を変えたり管理したりできるなど思ってもいなかった。貧乏な人たちへの不平等な扱いに対しての激しい抗議などに彼女たちが加わることも実際あったかもしれないし、金持ちになりたいとか、休養をとることをひそかに夢見ることはあったかもしれないが、女性としてしなければならない過重な仕事量から解放されるとか、女性も自分のことを考えてもよいなどとは想像すらしていなかったようだった。女性は男性に安らぎを与える役割があった。そのために彼女たちの存在があったのだ。このことは、慣習、法律、キリスト教会のすべての面からはっきりと宣言されていた。男性たちのために尽くし、子どもを生むという仕事をして初めて彼女たちの存在意義が認めてもらえるのである。したがって、日々の生活は、これら一連の義務を果たすことに費やされ、この状況に変化をもたらそうとする勢力が動き始めていることを実感している女性たちは、たとえいたとしても、ごく少数だった。女性たちの実情を変える必要性に向けて新たな社会的気運が芽生えはじめ、彼女たちの生活水準が改善される方向に進んでいることに本人たちは気がついていなかった。衛生、教育、工場視察、健康保険、老齢年金、その他、一九世紀に果たされた改善の数々は、彼女たちがまったく考えてもみなかったことであった。それにも増して、自分たちに選挙権を与えようとする運動など、なおさら想像だにできないものだった。しかし、働く女性たちが苦労と重労働にあえいでいた間も、これらの運動は力を結集し、彼女たちの物理的状況を改善しようとしていた同じ人たちの手によって、もう一つの運動が推し進められていった。

女子洋裁職人の実態の改善に成功できなかったキリスト教社会主義者たちが次に問題視し、より効果的な取り組みを果たしたのがガヴァネスのおかれた状況に関してであった。女子洋裁職人の場合と同様、ガヴァネスの数が過剰だという厳しい現実があり、一八三〇年代、四〇年代は悲惨な状況にあった。年俸二五ポンドがガヴァネスの平均的な給料であり、この給料で「レディのような」服装を整えるための出費、病気や老後のための貯蓄をまかない、未亡人となった母、姉妹、兄弟たちの生活費の援助までもが彼女の肩にかかっているという場合がひじょうに多かった。ガヴァネスが「きちんとした生まれの」女性に開かれた唯一の職業であり、生活苦に陥り、婚期も逃した女性（これらの女性の数は驚くほどになっていた）にとって唯一の生活手段であった。夫が妻や娘たちのために何のたくわえも残さず死亡し、これらの女性たちが無一文になる例がひじょうに多かったが、この場合、ガヴァネスという仕事が彼女たちに考えられる唯一のものだった。彼女たちが概して、教職のための訓練どころかよい教育さえも受けていなかったのは事実である。彼女たちが労働市場に持ち込めるものは、「品のよさ」と経済的必要に迫られている事実という二点だけで、このどちらも商品価値のないものだった。彼女たちの精神は磨り減り、不安と不運から生じる精神的疲労のため、まったくの訓練不足という要素以上に能力レベルをいっそう押し下げてしまったことは驚くにあたらない。

一八四三年、ガヴァネス慈恵協会*（訳注12）が設立された。この協会の目的は、「困窮状態にある女性たちに年金を支給し、個別のきめ細かい援助をすること」であったが、この協会には何百件もの気の毒なケースが殺到した。たとえば、年二〇ポンドの支給一件の募集に対して、五〇歳以上の女性一五〇人の応募があり、そのうちの八三人は、裕福な家に育ったにもかかわらずまったく無一文の状態にあった。これは決して例外的な事例ではなかった。一八三〇年代の銀行の倒産で、何千人もの女性が同じ状況に投げ出されていた。この階級の女性たちには、慈善事業に頼る以外に希望はないように見えた（原注5）。

フレデリック・モーリスは、姉のメアリーの影響でこの問題に関心を持つようになった。メアリーは自らも教師となっており、協会のこの悲痛な仕事を手伝っていた。メアリーを訪ねた後、モーリスはこの問題について友人たちと話し合うようになった。慈善や年金もたいへん結構なことだが、モーリスが求めていたのは、社会悪を一時的に緩和させるよりもっと効果的なものだった。そして、時間をかけ真摯な論議を重ねた末、キリスト教社会主義者たちは、この悲惨な中産階級の女性たちへの唯一の効果的な援助は、彼女たちがする仕事の水準を上げることだという結論に達した。もしガヴァネスの教え方が向上すれば、より高い給料を取ることができる。これが唯一の改善方法であった。

このためには、ガヴァネスの教育を充実させる努力が不可欠であった。そして、この目的を達成するために、ロンドン大学キングス・コレッジの教授陣でガヴァネスに教職免許状を与えるための委員会が構成され、チャールズ・キングズリーの精力的な支援で、「女性のための講座」が一八四七年に始められた。

この講座を開講する決定は、ヴィクトリア女王の侍女の一人であったミス・マリー(原注6)が独自におこなった女性の教育の向上のための募金活動と重なり、この二つの計画がガヴァネス慈恵協会のもとに統合された。この講座は大成功を収め、これは常設の教育施設(訳注13)へとほとんど即座に格上げされ、クィーンズ・コレッジが一八四八年に創設された。このコレッジの目的は「あらゆる分野に関して女性にふさわしい知識」を与えることであったが、推進者たちが「女性にふさわしい知識」の中身に関して、明確で一致した意見をもっていたかどうかは疑わしい限りであった。モーリス自身は、クィーンズ・コレッジ開校の際、ひじょうに控えめな目標を次のように述べている。「わが校の生徒たちは、高等数学の領域まで学ぶことはなさそうだということは承知の上だが、生徒たちが本当に学ぶべきことを学べば安全な知識のみで、危険な知識を身につけることはないと確信している」。しかし、『パンチ』誌や面白おかしく取り上げた新聞、雑誌ではこれに懐疑的で、「ビーズの袋細工の教授」や「かぎ針編みの学位」に対する風刺などは、実情を言い当てていると思われていた。しかし、このことで学生たちの熱意がそがれるようなことはまったくなかった。授業に群がる女性たちは本当に知識を求めていた。――それが本物の知識であろうが、ただ女性向けの知識（実際こちらのほうが大半だった）だけであろうが――教授陣はできるだけの知識を生徒たちに与えた。ギリシア語は当初、授業リストに入っていなかったが、ほかに教わることは山とあり、最初の年に入学した二〇〇人の学生はかなりの数の講義の中から選択ができた。しかし、まもなく、クィーンズ・コレッジの主な教育方針は初等科目の基礎を教えることにならざるをえないことがわかってきた。入学した女性たちは、熱意にあふれた若い女性であろうが、年配の女性であろうがまた、長年のガヴァネス経験者であろうが、皆一様に文法や算数の基礎も知らないという嘆かわしい状況が見られ、求められている「女性にふさわしい知識」とは、小学校の男子生徒並みの基礎教育と変わらないことが何ヶ月も経たないうちに判明してきた。しかし、対象の学生は男子児童ではないので、まもなく、教師たちは基礎科目が主要部を占めるカリキュラムを作成し、英文学、社会学、哲学を含む上級講座も用意され、また、科学も削られることはなかった。実験、実習はなかったものの、人気のある講義はひんぱんに開講され、熱心な受講者を集めた。実際、この当時開催された正規の科学の講座では、通常、女性の聴衆が多く、その数があまりに多いので、「本来の」聴衆が締め出されることのないように、女性をまったく入場させないような講義もあった。クィーンズ・コレッジが開校したその年には、たとえば、ロンドン大学キングス・コレッジにおけるウィートストン教授の電気に関する講義に対し、英国国教会ロンドン主教によって女性出席禁止令が出された。その理由が、ライエル(訳注14)教授の講義にあまりにたくさんの女性が「結集した」からだというのは驚きだ。しかし、当の科学者たちは、誰ひとりとして女性の出席に異議を唱えるものはいなかった。実際、ウィートストン教授は、この禁止令にひじょうに憤慨して教授を辞職し、この一連の事態が物議をかもした。

　講演を聴き、知識を得ようと女性たちが大挙して押し寄せるというのがこの時期に現れた現象だった。このような要望が実に多かったので、クィーンズ・コレッジの開校後一年で、第二の女子コレッジ開校に向けて計画が進み、一八四九年ベッドフォード・コレッジ(訳注15)が開校した。クィーンズ・コレッジとベッドフォード・コレッジの教育内容は同じ性質のものだったが、二つの大学にはひとつ重大な違いがあった。クィーンズ・コレッジは、規約上、まったく男性主導の大学であって、運営面で唯一女性の参加が求められたのは、「婦人参観員」つまり、学生の付き添い役としての仕事だけだった。一方、ベッドフォード・コレッジは、リード夫人(訳注16)によって創立され、男女からなる経営陣を配置するという、さらに前進的な方式を取り入れた。この違いは、今から見れば、わずかなものに見えるかもしれないが、一九世紀半ばにおいては大きな違いであった。

　これらの二つのコレッジに、後に組織化した女性運動を始めた多くの女性たちが入学してくることになった。バーバラ・リー・スミス、オクタヴィア・ヒル(訳注17)、ソファイア・ジェクス‐ブレイク(訳注18)、フランシス・メアリー・バス、ドロシア・ビール(訳注19)他、多くの女性たちの人生において、女子大学で知り合った仲間たち、女子大学で一部手にした自立、ほんの基礎だけではあったが、ここで学んだ「女性にふさわしい知識」はひじょうに重要であった。これらの大学が女性たちがひそかに抱いていたぼんやりとした夢の実現に希望を与え、また、モーリス、キングズリーとその仲間たちは、これらの若い女性たちを認め、励まし、女性運動に多大な貢献を果したのであった。

(1) 女子及び児童就労に関する第二調査委員会報告　一八四三年
(2) ヘレン・リンジー『貧しく住家もない人々』一八六〇年、ギャスケル夫人『ルース』、サー・ウォルター・ベザントの小説、メアリー・ラムの随筆「お針子」など参照。
(3) 一八四一年の世論調査によると地下坑内で働いていた女子の数は二三五〇人であった。
(4) 「農業における女子及び児童雇用に関する救貧法委員会報告　一八四三年」
(5) 歌手ジェニー・リンドは一八四九年、ガヴァネス慈恵協会に二〇〇ポンドの寄付をした。その理由が「自分と同じ女性が苦労し、同じ試練を味わっていることに同情したので」というのは興味深い。ジョン・F・モーリス著（F・D・モーリスの息子）『F・D・モーリスの生涯』
(6) ミス・マリーは女性運動に関心を持ち続け、エリザベス・ギャレットが医者をめざして勉強をしている時もひんぱんに彼女を宮殿に招き勉学の様子を聞いた。ある時、ミス・マリーは、ミス・ギャレットに言った、「あなたがやっていることは本当に正しいことだと思いますよ。もし、私が女性だったら、きっと私も同じことをやると思います。」それに対し、ミス・ギャレットが「あなたご自身が女性だったらとはどういうことでしょうか」と驚いて聞くと、「それは、私がそういう低い立場にいたらという意味ですが」というミス・マリーの返事には驚くばかりであった。

第四章　形に示された要求　一八五〇―一八五七

五〇年代、六〇年代の急進派運動――ジョン・スチュアート・ミルとテイラー夫人――バーバラ・リー・スミス――既婚女性財産法のための最初の委員会――法案の提出――一八五七年の婚姻および離婚法

一八五〇年までの女性運動は、散発的、断片的なものであり、とうてい運動などと呼べるものではなかった。この運動を推し進める思想や希望はたしかに存在し、じょじょに強くなってきてはいたが、それは主に、世の中に何かしらの足跡を残そうとしていた少数の際立った女性たちの生き方や大望に示されているに過ぎなかった。ところが、一八五〇年以降、この運動は新たな様相を帯びてきた。つまりそれぞれの活動家が、数を増しつつあった支援者に支えられて、ひとつの大きな運動の中に自分の活動の場を以前より見つけやすくなったのである。

女性運動を活気づかせたのが、一八五〇年代、六〇年代の急進派なのか、あるいは慈善家たちなのかを判断するの

ジョン・スチュアート・ミル

は難しい。実際、両者を比較する必要はないだろう。この二つの運動は、同時期に起こった運動によくあるように互いに作用しあっていた。一方が新しい思想の陣頭に立ち、もう一方がこの運動を外に広めようとした。後者は、家庭という囲いの外で女性が活動することを一般の人びとがある程度受け入れ、よしとするように、時間をかけて教育していった。とはいえ、この二つの運動はそれぞれ別々に扱う必要がある。本書の目的に合わせて、まず急進的運動を取り上げることにする。

　この新たな社会観は、法改正にこぎつけるずっと以前に、イギリスの思想における実際の力となって動き出していた。そして実際に女性の地位についての問題が議会の審議事項の中に盛り込まれるようになったのは、ひとえにジョン・スチュアート・ミルの力によるものである。

　ここでまた若い頃のミルについて繰り返したり、彼が受けた並外れた教育について述べたりする必要はないだろう。彼が三歳でギリシア語を読みはじめたこと、一二歳になる前に、哲学、論理学、微積分学を学んだこと、このような普通では考えられない環境に培われて、彼の偉大な才能と知力が衰えることなくさらに開花していったことは周知の事実である。ミルの考え方は常に明晰、論理的で、ひじょうに誠実だった。「あらゆる法的、政治的、社会的、家庭的関係において、男性と女性の間には完全な平等が存在しなければならない」という確信は、「政治的な問題を考えるようになったときに最初に到達した答えの一つ」だったと彼は述べている。[原注1] この確信に至るまでの間に、ジョン・スチュアート・ミルは父親[訳注1]と対立した。彼の父は、一八二三年にブリタニカ百科事典に寄稿した政府についての記事の中で、女性の意見は夫によって十分に代弁されていると主張した。しかし、それとは反対の説がジェレミー・ベンサム[訳注2]によって説かれ、若き日のミルはベンサムの門下となることを選んだ。実際このことに関しては、弟子であるミルのほうが師よりもはるかにこの学説を重要視したが、それはベンサムがこの学説を、論理にはかなっているが、政

ハリエット・テイラー

治的自由という点で特別に重要な意味をもつものではないと考えていたからである。しかし、ミルは力と真心を尽くしてこの信念を支持した。彼が二四歳のときに始まったテイラー夫人（訳注3）との友情がこの信念を強め、深めさせたのである。彼は次のように書いている。「私の信念は……そもそも彼女のもので、それを私が彼女から学んだと思われているかもしれない。しかしその信念を私が抱いた強さこそが、彼女が私に興味を抱くようになる最初のきっかけになったと私は確信している」（原注2）。

この二人の間に育まれた友情について、多くの不愉快で心ない言葉が語られたり、ほのめかされたりしたが、ミル自身が二人の関係について思い描いたものは不思議なほど無邪気なものだった。二人の友情はゆっくりと育まれたが、しばらくして二人はよくともに時間を過ごすようになり、外国に旅行に行くことさえあった。次第にミルの知人たちは、この友情がそれまでの彼の人生の中でもっとも情熱的な感情だということがはっきりとわかってきた。もちろん彼らは結婚ができるようになるずっと以前から愛し合っていたにちがいないが、二人の間にはきわめて純粋な友情以上のものはまったく存在していなかった。

ハリエット・テイラーの知性について本当のところはどうであったにせよ、彼女はとにかくミル自身と同様、誠実で率直な人物だった。感じたことを隠さず夫［ジョン・テイラー］に話し、夫婦の間で事実上の別居の取り決めが結ばれた。この取り決めによって彼女は、普段は娘ヘレンと田舎で暮らし、二人の息子がそこを訪れることもあったが、時には夫とロンドンで過ごし、そこにミルを迎えることもあった。夫ジョン・テイラーがこのような状況を認めていたにもかかわらず、大方のミルの友人たちはこれを理解することができなかった。彼らは一人ずつミルをいさめに行き、その結果、ミルは彼らとの交友を断った。彼はテイラー夫人の評判を必死に守り、彼女への友情に心酔するあまり、心ない言葉を耳にするたびに、我慢できずに激怒した。結果として、ミルの友人にはテイラー夫人を知る人はほとんどなく、まして懇意にしている人など誰もいなかったにもかかわらず、彼女に対する偏見はますます強まっていった。彼女に向けられたのはありきたりの醜聞ではなく、むしろミルの友人たちの嫉妬に満ちた敵意だった。ミルは父や妹たちとも口論した。しばらくの間、彼はグロウト夫人、[訳注4] オースティン夫人、[訳注5] J・A・ロウバック、[訳注6] ハリエット・マーティノーとの交際を断った。ほかの友人たちは、このことについて心配しながらも、わざとらしく口を閉ざすことで何とか交友関係を保っていた。一八四九年にジョン・テイラーが死去し、それから二年近くしてジョン・スチュアート・ミルとハリエット・テイラーは結婚した。

もちろん二人にとって、同じ家に暮らし、親しく付き合うことに何の制限もなくなったのは、このうえない喜びだったにちがいないが、法律によって規定されるような婚姻に彼らは激しく反発した。ミルは婚姻の法的意味を否認する文書を正式に作成し、それに署名した。

彼は次のように書いた。「法により制定されている婚姻関係のすべての性質を、彼女と私の双方は良心にかけて完全に否認するものである。その一番の理由は、契約の一方の当事者に、もう一方の当事者の身体、財産を支配し、行動の自由を制限する法的な力を、本人の願望や意志に関わりなく授けているからである。私にはこれらの憎むべき権力を法的に取り除く何の手段もないため、現存する婚姻法がそのような権限を与える限りにおいて、それに対する正式な抗議を記録にとどめておくことが義務であると感じる。いかなる状況においても、このような権限を行使しないという厳粛な約束を記録に残しておく」。

このような問題は別にしても、ジョン・スチュアート・ミルとハリエット・テイラーの結婚は、本人たちにとって理想的なものに思われた。

しかし彼らの友人たちには、この結婚はあまり快く受け止められなかった。彼らはハリエット・テイラーがミル夫人となったからには、もう彼女を無視することはできなかったが、どうしても温かく迎えいれることはできなかった。抑圧された敵意はそのまま残り続け、ときには大きくなりさえした。その結果、ミルはますます友人たちと疎遠になり、非難はいっそう確実に妻に向けられた。友人たちは、彼女の「支配」と彼らが称したものに憤慨し、彼の「妄想」と称したものを嘆いた。彼らはミルが彼女を褒めたたえて書いたものに当惑し、まったく納得しなかった。カーライルの『フランス革命』の原稿が焼失するという大変な事件が彼女の家で起こったとき、責任は彼女にある、と平然と告発する者もいた。使用人たちが原稿で火をたきつけるはずがない、とか、不注意であのようなかさばった包みを燃やすなんてありえないことだ、と彼らは噂した。彼女が夫に代わって、あの本の成功に嫉妬したのだと彼らは思った。しかしミル夫人がその原稿を燃やすなどとは信じがたいことに思われる。もし彼女がそういった行為のできる人物であったなら、ミルが成人してからの全人生を通して、彼女を敬愛し続けることなどできなかったはずだ。ひじょうに頭脳明断で誠実な男性が、長い間親しく付き合ってきた女性になすすべもなく騙されたなどとは考えられないことである。そして、もしこの事件の真相究明が彼の判断だけに委ねられるのならば、妻への疑いは晴れるにちがいなかった。彼女はあらゆる醜聞を晴らし、ミルの希望どおりに才気あふれる思慮深い女性として受け入れられたとはいえ、彼女の名前にはいまだに消しようのない非難のくすぶりが残っていた。もしかすると、彼女が世間で不興を買ったのは最初の夫と別居したせいかもしれないし、彼女があまりにも人を寄せつけずにミルに献身し、社会的にも常に攻撃から身を守ろうとする姿勢をくずさなかったせいかもしれない。あるいはまた、彼女が他の人にはまったく気を遣わず、同情もせず不親切とさえ感じられるところもあり、ばかげた言動や因習に我慢できなかったためかもしれない。

このような外部からの障害がいくつもあったのだろう。それらが彼女を世間から隠し、その時代の伝記や書簡などの記録に当然残っているはずの彼女の人物像を葬ってしまったのである。何がミルの友人たちに彼女を嫌わせたのか、今では私たちには判断できないし、彼女自身、その実像を再現するような記録も残さなかった。一八五一年に『ウェストミンスター・レヴュー』誌に掲載された女性の参政権付与についての記事が、彼女の著作として知られる唯一のものである。この記事は賞賛に値する明快なものであるが、そこには個人的なことや彼女の本心をうっかり漏らすようなことは何ひとつ描かれていない。これ以外に、そしてミル自身の描写以外に判断する材料は何もないのである。おそらく、うわべだけの非難をすべて捨て、ミル自身が描いているままのハリエット・テイラーを信じるほうが、寛大であるばかりか賢明なことだろう。つまり彼女は頭脳明断で私情を交えない思索家であり、抽象的思考に心酔し、二人の共同の見解を修正して、その幅を広げ、やわらげ、ミルの名前で出される著作を、人間の実像に対して彼女がもつ洞察力で味わい豊かなものにし、二人の人生において完璧な協力関係を築き上げた。仮にミルの言葉を信じるのなら、彼らは人生において自ら主張した知的な面における、また家庭における完全な平等を獲得したのである。ミル以外にこの言葉のもつ真実をいったい誰が知りえるだろうか。

ハリエット・テイラーに触発され、影響を受けたにせよ、ジョン・スチュアート・ミルは影響力のある偉大な人物であり、ある意味では、新急進派のまさに中心的な推進力だった。彼の著作は難解で抽象的だったが、それらは新しい政治思想の形成に計り知れない影響を与え、この運動の教本ともなった。

ここでは、ミルの哲学のうちでも女性の参政権に関するもの以外は扱わないことにする。しかし男女同権という考えに新たな尊厳と堅実さを与えたのは、ミルがもつ社会的な重みと威信だった。『経済学原理』と『自由論』において、男女同権の考えは暗に示されてはいたが、妻の死から三年たった一八六一年に出版された『代議制統治論』において、さらに論を進め、女性の参政権をはっきりと明確に主張した。代議制政治の妥当性を述べる際に用いたすべての論拠において、女性の政治参画の必要性を強力に述べたことをミルは明示している。公正の原理、便宜性を考えても、女性参政権が認められるのは当然のことだと言えた。

この『代議制統治論』が出版された同じ年に、ミルは『女性の隷属』［一八六九年出版］と題したもう一冊の本を執筆した。この本が出版されるまで八年以上を費やし、その間に女性参政権運動は公に認められるようになり、ミル自身も下院にこの問題を提出した。しかしこの運動の後の進展を述べる前に、ここでこの本について考えてみるのがよいだろう。なぜならこの本が表した展望は、彼が支援者たちにたえず主張していたことであり、そこにひじょうにはっきりと示された見解は、出版以前にすでに始まっていた活動全体の根本的な理念だったからである。

この本の主張は今日ではとてもよく知られているので、ここでは概説することさえ不要かもしれない。というのも、ミルはメアリー・ウルストンクラフト以来、女性運動のあらゆる擁護者がずっと論拠としてきた考えを踏襲したからである。『女性の隷属』はたしかにウルストンクラフトの『女性の権利の擁護』より論理的であり、感情に流されず、より明確に順序立てられ、哲学的ではあるが、論の展開においては雄弁ではなかった。しかし、この著作は十分な確信と深く真剣な思考をよく表している。ミルはかつてなかったほど、女性全体の隷属が意味することとそれがもたらす結果について熟考した。彼は政治的自由についての論理を完成させようとしただけでなく、完全な参政権付与がもたらすにちがいない個人の人間としての重要性を求めた。ミルが要求したのは、女性の参政権のみでも、万人に平等な法律のみでもなかった。それは、長年の女性の隷属と服従の撤廃であり、そこに彼はひじょうに多くの希望を抱い

バーバラ・リー・スミス
（マダム・ボディション）

ていた。そして、この大きな要求を考え出すに至ったのは妻のおかげである、と述べた。

「ハリエットを知るまで、私の中での女性運動に関する認識は抽象論でしかなかった。……しかし私の著書『女性の隷属』で表わしたような、女性が実際いかに多方面において法律上無力であるかという認識は、主に妻からの教えによるものだった。……私はこの問題についての彼女のひじょうに優れた思想をどれほどこの本に生かすことができなかったかわかっている。そして仮に彼女がこの問題についての考えをすべて自分自身で執筆していたとしたら、あるいは彼女が生きていて、私の不完全な著述に手を入れてくれたとしたら（必ずそうしてくれただろうが）、できあがったはずの著作に、あの取るに足らない拙文がまったく及ばないことを私は十二分に自覚している」(原注3)。

ミルが今日まで生きていたら、この運動のこれまでの前進に力づけられながらも満足することなく活動を続け、経済、家庭、道徳における男女の平等を当然要求し続けていただろう。「私たちは、従順という美徳、騎士道精神を今まで携えてきた。しかし今、公平に対する価値判断の時代が到来したのだ」。ミルは一八六一年にこう記したが、今日生きていたとしても、同じように書いたであろう。なぜなら、私たちはその目的に向かってまだほんの第一歩を踏み出したにすぎないからである。

ミルがこの『女性の隷属』を著わす六年前の一八五五年に、最初の組織立ったフェミニストの委員会が誕生した。これを率先して取り仕切った人物は、今ではその名前を記憶する者もほとんどいないが、女性運動の最初の段階での組織化にもっとも重要な役割を果たした女性だった。

バーバラ・リー・スミスは、フローレンス・ナイティンゲールの従妹にあたり、一八二七年*にノリッジ(訳注7)［イングランド東部、ノーフォーク州の州都］選出の急進派議員ベンジャミン・スミス氏の長女として生まれた。この一家は有力な親類縁者をもち、裕福であったばかりでなく、ひじょうに進歩的な考え方をしていた。スミス氏は、当時のあらゆる改革者や慈善家と顔見知りで、その娘は若いうちから、法律、政治、文学、芸術といったさまざまな分野の集まりに顔を出していた。バーバラはかなり若い時期に母を亡くしたために、父の屋敷の女主人となった。彼女に生来備わっていた高い知性は、このような生活環境によってさらに高められた。このバーバラ・リー・スミスにはひときわ目立って精力的で活発なところがあったらしく、ジョージ・エリオットがロモラ〔小説『ロモラ』(一八六三)の女性主人公〕のモデルとしたほどだった。彼女は長身で美しく、物惜しみせず、まったく気どりのない人物であり、有り余る好奇心と才能やあふれんばかりの共感を社会に向けることだけに心を砕き、自分の道を邁進した。父の仲間内では、知力、真摯な思考、専門的な知識があるのは当然のこととされ、慣習的なしきたりは重んじられず、世俗的な名利は存在しなかった。

バーバラにとって人生は躍動感あふれるものだった。彼女にはあらゆるもの——芸術(彼女の絵は多くの著名な画家たちが目を留めた)、慈善活動、教育、政治——が用意され、すべてのことが彼女の思いのままだった。問題はどの分野を選択するかということだけだった。

バーバラの父は、子どもたちの良識を信じていた。子どもたちがそれぞれ成人に達すると、男女の区別なく年三〇〇ポンドの収入を彼らに与えた。こうして彼女が手に入れた、他ではありえないような境遇は、彼女の喜びをますます大きくした。周囲を見ても彼女ほど自由で幸運な女性はいなかった。従姉妹たちも女友達も着飾っていろいろな場所に旅行し、たえず贅沢品に囲まれていたが、それでも彼女たちには個人としての所持金がなかったので、自分で使えるのは毎年ささやかなクリスマスプレゼントを買うくらいの金額と郵便料金程度のものだった。社会改革に貢献できることといえば、慈善活動にせいぜいわずかな金額を献金するくらいであり、事業を実際立ち上げていくことなどは彼女たちの手の届かない世界のことだった。バーバラの既婚の友人たちも自由に使える金があったわけではなかった。彼女たちも他の女性と同様に、法的に自由ではなかったばかりでなく、自分たちの財産をまったく所有することさえできなかった。既婚、未婚にかかわらず、女性は皆、経済的には無の存在同然だった。バーバラはこのような特異な境遇にあったために、この事実がはっきりと見てとれたに違いない。おそらく彼女がこの認識に至ったのは、こういった境遇が理由だったかもしれないし、また、生涯を通して懇意にしていたハリエット・マーティノーからの影響だったかもしれない。あるいはこの考えを彼女に思いつかせたのは父の友人の一人であるブルーム卿(訳注8)か、もしくはタルフォード上級法廷弁護士であったのかもしれない。とにかく、それが誰からの影響にせよ、バーバラ・リー・スミスは、イングランド、スコットランド、アイルランド、ウェールズにおける財産所有権を改正するのが自らの任務であるという結論に到達したのだった。

まず、彼女はこの問題を熟知することから始め、『女性に関するもっとも重要な法律の要約』を執筆し、出版した。この要約はすぐに広い範囲で売れたが、多くの同類の文書のようには長過ぎず、曖昧さや論点の混乱もなく、論証の過程で脇道にそれることもなかった。脱線することもなく、最初のねらいどおり事実を簡潔に述べたものであったが、記載された事実そのものが主旨を十分説明する役割を果たしていた。

このパンフレットは、バーバラの友人で、バーミンガムの市裁判官のダヴェンポート・ヒル氏(訳注9)に手渡され、彼はかつてその創設を援助した法律改正協会にこれを提出した。この協会には多くの著名な法律家が参加しており、そこではこの提議(訳注10)が大いに注目された。翌年、サー・アースカイン・ペリーによって起草された報告書が検討され、そこで所有権と遺言作成権を既婚女性にも与えるべきだという提言がなされた。当時は今よりもまだずっと珍しかった公開集会が計画され、それが開催されると多数の著名人と意外にも多くの婦人《レディ》たちが出席した。提出された改正案を支持する決議案は当然のことながら承認され、ミス・リー・スミスが起草した請願書は署名を集めるために回覧された。続いて他の場所でも集会が開かれて請願書も提出され、年内には男女合わせて二万六〇〇〇名がその改正案に賛成の意を表した。その後、請願書は両院に提出されたが、ブルーム卿が上院にそれらを持ち込んだとき、まさしく巻き物のように巻いてあった請願書は、卿が歩みを進めるさなかにほどけてしまい、女性からの請願書だけで議場の床を埋め尽くすほどの長さになった。

この問題が公に討議されるのはまったくと言ってよいほど前例のない出来事で、当然のごとく賛成派、反対派双方ともに激しく主張を戦わせた。反対派は、その改革が社会や家庭を崩壊させてしまい、女性を、生活をともにできないような自己主張の強い、いやな人間に変えてしまうと主張した。反対派にとって、これは考えただけでも耐えられないことだった。賛成派はこれにひるむことはなく、一八五七年五月に初めてサー・アースカイン・ペリーによって法案が下院に提出され、大きな混乱もなく第二読会を通過し、バーバラと彼女の支援者たちは狂喜した。

ちょうど期を同じくして、女性にとって同じようにきわめて重要なものであり、社会を崩壊させ、家庭を破壊することをもくろんだとまで言われたもう一つの法案が提出された。すなわち、婚姻及び離婚法案である。

この重要な法案は、大法官のクランワース卿(訳注11)によって提出された。その第一の目的は、教会裁判所の裁判権を撤廃し、国会制定法によらなくとも離婚を成立させることだった。

この時、女性に関する二つの法案が英国国民に示されたが、両方ともいちばん奥深いところにある、聖域とも言うべき家庭に手をつけるものであり、互いにつぶし合うよう利用された面もあった。フェミニストたちの今までにないほどの強い熱意が、この婚姻及び離婚法案に対して惜しげもなくそそがれ、特に離婚法案をめぐる論戦が激化した。当時の危機感をつのらせたパンフレットには、「女性は男性と知的に同等であるなどという節度のない主張がなされている。その結果、女性も社会のあらゆる利益を要求する同等の権利があると主張する者もいるが、……これらの主張は危険で法外な意見であり、ほとんど自然の摂理に反するものである」と記されるほどだった。こうした見解がもたらす結果をいったい誰が予測できただろうか。

離婚法案の法的側面は、法律家たちを興奮させた。これをめぐる世論の動向については、教会だけでなく、国民のひとりひとりが確たる意見をもっていた。グラッドストン氏(訳注12)は、この法案のただ一つの条項に反対して二九もの演説を行なったが、そのうちのいくつかはきわめて長い演説だった。しかし躍起になっていたのは彼ひとりではなかった。賛成派の人びとも同様に盛り上がっていた。請願書が英国議会に大量に届き、新聞もこれを大きく論じ、多くの出版物が出回った。そして、この論争に参加せざるを得ないことを実感した多くの人びとの中に未成年者保護法に中心的にかかわった人物、キャロライン・ノートンがいた。

ノートン夫人は彼女自身、結婚に関する法律のあらゆる問題についてもちろん痛いほど熟知しており、その見解は大きな影響力をもっていた。「今でも友人たちは私にこう言います。『書くですって、戦うですって、相手は法律なのよ。無駄なことよ』と。でも皆がそのような疑念を抱いて勇気をくじかれていたら、この世では何も成し遂げることはできません。私は女性ではありますが、これくらいのことは実践するつもりでおります。この文明とキリスト教の歴史を背に、一八五五年の今、女王統治一八年目を迎える英国においてさえ、女性に関する法律がどのようなものであったかを——フランス語、ドイツ語、英語、イタリア語で——記録しておこうと思っております。このことを私は必ずやり遂げるつもりでおりますし、後世の人びとは、それ以上のことを成し遂げてくれるでしょう。夫と妻の間の法律における封建的な野蛮さが私たちの間から消え失せるかもしれません」(原注4)。

キャロライン・ノートンは、この法案の主な条項に特に興味をもっていたわけではなく、他の多くの人びとと同様に、ある一部の人たちが考えていた、さらに広範囲にわたる改革を馬鹿にさえしていた。彼女は「女性が『男性』と『同等』であることを公然と主張しようとするごく少数の女性による下手なやり方」を認めず、「(女性委員長の指揮下で)一、二回行われた奇妙でおかしな政治集会」を揶揄した。彼女が欲したのは、妻が夫と離婚しなければならないとき、妻自身の財産の所有権を取り戻すこと、少なくとも将来的な相続や収入を手に入れることを保証するということだけだった。そして実際に彼女はこの権利を手に入れた。この法案の修正案はセイント・レナーズ卿(訳注13)によって提出されたが(原注5)、それを取り入れて、この問題は他の改正事項から切り離された。夫に不当に扱われた妻たちが財産に関して保護されるのならば、何の問題も生じていない妻たちに対しても、財産に関してなにか期待できるものが付け加えられたのだろうか。これらの妻たちについては取り立てて騒ぐ必要も意味もないことだった。女性運動にいつも激しく反対していた『サタデー・レヴュー』(訳注14)誌はひじょうに簡潔に次のような見解を掲載した。こうした提案は「一般の常識を無視するものであり、社会に大変革をもたらすことにもなりかねない。その上、身勝手な自立という感もあり、ロマンティックな結婚観とは相容れないものである」。それゆえに何ひとつ行う必要はないというのである(原注6)。

一八五七年に議会を通過した婚姻及び離婚法(訳注15)は、通常の女性運動に直接関わるものではなかったが、女性の地位を歴史的に考えるうえで、相当に重要な事柄だった。この法律は、その後も一八五八年に、さらにまた一八八四年と一八九六年に少しずつ修正されていったが、それは女性運動の重要な時期にあっても長い間、婚姻法の土台であり続けた。そこに表されている妻に対する不当な扱いと不平等は、この時代の社会通念をひじょうに正確に映し出している。

妻の不貞で夫は離婚することができるが、逆に妻にとって夫の不貞は離婚申し立ての十分な理由にはならないことが、この法律で規定されていた。つまり、夫が妻以外の女性と関係をもつのは「自然な」ことであり、妻はそれを我慢するものだと考えられた。ただ、夫の「浮気」に暴力や遺棄〔保護義務の放棄〕、あるいは他の犯罪が加わった場合には、妻は夫に離婚を申し立てることができた。さらに離婚した者は法的に再婚も可能だった。またこの法案は、法的別居に関する規定をも盛り込んでおり、それによって裁判所が認めれば、もともと妻のものであった将来的な収入や相続財産の所有権はもちろんのこと、不当に扱われた妻に子どもの養育権を与え、生活費を支給することが明確にされた。

この法が法律全書に収録された時点において、これ以降かなりの間は、既婚女性財産法案(訳注16)に関してこれ以上の進展の見込みがないことは明らかだった。そこでバーバラ・リー・スミスとその支援者たちは、女性にとってのもうひとつの重大な難問、つまり雇用問題に次の矛先を向けた。この問題は慈善運動の高まりのおかげで、今や人びとの注目を集めることのできる段階に到達していた。

しかし、この新たな段階に話を進める前に、組織的な慈善運動の発展について考えておく必要がある。この運動は一八五〇年代から六〇年代にかけて、女性のもつ活力と願望を羽ばたかせる大きな要因となったものだった。

(1)　ジョン・スチュアート・ミル『ミル自伝』(一八七三)。

(2)　同書。

(3)　同書。

(4)　『一九世紀における女性のための英国法』(*English Law for Women in the Nineteenth Century*)。キャロライン・ノートンによる執筆(一八五四年)で、個人的に回覧された。

(5)　ノートン夫人の責任のもと作成された実際の修正案は、以下の通りである。(1)遺棄された妻の収入に対してなされた夫の請求は認めない。(2)指定代理人あてに別居後の生活費の支払いができるようにする。(3)未婚女性と同様の財産の相続権および財産遺贈権を認める。ただし、別居あるいは離婚した妻が、婚姻以前に所有していた財産あるいは婚姻期間中に相続するか、得た財産の所有を回復することはできない。(4)別居あるいは離婚した妻に、訴訟および被訴訟権を認める。さらに、個人の権限において再婚する権利を認める。

(6)　20 & 21 Vict. c. 85.［ヴィクトリア朝二〇、二一年度第八五条］この法律の条項を簡潔にかみ砕いた要約が、『イングリッシュ・ウーマンズ・ジャーナル』誌一八五七年(一八五八年のことか)五月号(一巻一八六頁)に掲載されている。アーサー・ラッカム・クリーヴランド著『英国法のもとでの女性』(*Woman under the English Law*)も参照のこと。

第五章　仕事への着手　一八五〇—一八六〇

慈善運動——ルイーザ・トワイニング、メアリー・カーペンター、バーデット・クーツ女男爵——フローレンス・ナイティンゲールと看護専門学校——社会科学振興全国協会と女性の加入——アナ・ジェイムソンの講演——「ランガム・プレイス・サークル」の設立と女性雇用促進協会と『イングリッシュ・ウーマンズ・ジャーナル』誌——エミリー・デイヴィスとエリザベス・ギャレットの運動開始

これまでの章では、貧しい人びとに援助の手を差しのべることは裕福な人びとの義務であるという考えがいかに世間に広まっていったか、何人かの際だって優れた女性たちがその考えを生涯にわたっていかに身をもって示してきたか、これらのたくましい先駆者たちが足跡を残した後、貧しい人びとの家庭を訪問したり、日曜学校で教えたりする仕事にヴォランティアとして時々携わることが、イギリス中の若い女性たちにいかに「ふさわしい」と思われるようになってきたかを見てきた。

これらの慈善運動の仕事は、若い女性《レディ》たちが過ごしてきた「遊惰」という従来の生活形態の壁を突き破って外の世界が侵入してきたことを示す唯一の痕跡だと言える。そして職業はもっていないが、やる気にあふれた中産階級の女性たちがいかに熱心に慈善運動に飛びついたかは容易に想像できよう。彼女たちは悪弊がはびこる世界に住んでいることをぼんやりとわかっていた。そして一八五〇年代、六〇年代までには、自分の兄弟たちの情熱をかき立てている新しい社会的、経済的理論が広まりつつあるのを感じていた。組織だった取り組みをすべき時は近づいていた。使われていない能力を秘めていることに気づき、人道主義的運動に生涯を捧げたいと渇望している女性たちがたくさんいた。

しかし、こういった慈善運動は好ましいことであり、その機が熟していたにもかかわらず、立ち向かわなければならない困難がまだあった。

道徳的な処世訓を載せた有害でつまらない本が一八四〇年にはあふれていたが、その後もこれらの本はずっと出版され続けた。一八六〇年までにはそのような本の中に「ほどほどに、控えめに」慈善運動に携わるように訴える内容が含まれるようになったが、それはまだ、若い女性には満足感を与えない食事のようなものだった。「成人した娘は

母親の具合が悪ければ看護すべきである。あるいは弟に読むことを教えるべきである」とされているが、これらの仕事をする能力がなく、「明らかにやる価値があること」も見当たらなければ、「できるだけ良い服を着て、ピアノでも奏でて過ごすことにすればよい」とされた。（原注1）

女性の日常生活についてのこのような理想像が及ぼす影響はすさまじかった。そしてこれはまったく馬鹿げていたが、根強い考え方でもあった。したがって、一八六〇年代の若い女性の前に掲げられた理想像がどんなものであったかを検討して、それをまじめに取り上げる努力をしても無駄ではないだろう。というのは実際にそれらが初期の女性運動の障害になっていたからであり、またそれを乗り越えるには真の勇気が必要だったからである。

それらすべての根本には、当時の社会に行きわたっていた家庭生活についての一般的な理想像があった。女性の生活の窮屈さや単調さは正当化され、いわば神聖化されていた。すなわちこれは、女性は神聖な憩いの場の守護者であり、男性が生活する聖なる場所の管理人、つまり家庭を守っている人だという考えによるものであった。

この理想はもちろん人類が原始時代から持っていた概念のひとつで、これによって、夫によるたちの悪い横暴さも、宗教上許されることだといわんばかりに数多く見逃されてきた。まさにこの理想像に対する根強くかたくなな感情があるために、女性が変化することは明らかに邪悪なことだと思われた。

午前中ずっと客間で、一緒に座って毛糸を撚ったり蠟の花を作ったりする娘たちによって、家庭の神聖さが保たれていたわけではない。娘たちは自分たちがその役割を担っていると何となく信じさせられていただけである。娘が兄弟とスケートに行ったとしても、家庭生活がすっかり損なわれるわけでもなく、娘が読むのを許可されていない本を読んでも、父親をひどく悲しませることもなかった。しかし、因襲の力はひじょうに強く、また親としての「感情」と深く結びついているので、それを破ることはどんなことでも罪悪のように思われた。若い娘たちは一歩でも前に踏み出すことにひどく良心の呵責を覚えた。「レディらしくない」のではないかとか、もっと悪いことに「娘らしくない」のではないかということを本当に心配していた。楽しいことはほとんどすべてそのどちらかにあてはまるように思われた。猟犬を連れて狩をすることや若い男性と話をすること、自分で物を考えること、そして犬を飼うことさえも躊躇すべきことだった。このように、女性の考え方自体がひどく臆病だったので、新しい慈善運動が取り組もうとしていた問題そのものがおおかたのところ、若い女性が話題にできるようなものではなかった。

これらすべての複雑で困難な事態はひどい結果をもたらした。女性が自分の時間を思うように使えなければ、どうやって慈善運動の役に立てるだろうか。また、ひとりで散歩ができなければ、まして、鉄道でひとり旅ができなければ、どうやって役に立つことができるだろうか。それに、同僚に自分の家に来てもらいたいと思っても、その人が若い女性で、しかも家族の知り合いの娘でなければならないという制約があったら、どうやって人の役に立つ仕事ができるだろうか。運動の組織体が歩んだ第一段階では、これらの困難やその他多くの似たような難題に激しく立ち向かっていくことになった。そして実際に女性運動のあらゆる面においてほとんど五〇年近くの間、これらの問題が、多かれ少なかれ立ちふさがることになった。そのような障害の形跡が少なくなり始めたのは一九一四年から一九一八年の間に起きた第一次世界大戦以降のことである。

もちろん、すべての家庭においてこれほどひどい状況だったわけではない。一九世紀の中頃までに女性が社会で果たす役割について、もう少し理にかなった考え方をする人たちの数が増えてきて、わずかではあるが、若い女性の中にはすでに新しい時代の考え方の利点を享受していた者もいた。ラスキン(訳注1)は女性運動に対しては好意的ではあったが、この世における女性の務めは「男性の仕事を理解し、助けることであるといえる」(原注2)と言って、そこから先へは考えを進めなかった。しかし、このラスキンの考え自体が女性運動の進む道に大きな一歩を踏み出させたものであった。

一八五〇年代と六〇年代には、この理想にも思い至らない若い女性たちがまだひじょうに多かった。彼女たちは周りの環境に完全に打ち負かされてしまい、「何かをするという意志」は冒険に伴う困難の前に消え去ってしまった。エミリー・デイヴィスが言っていたように「何かをやってみようとしてこなかった人にやることが見つからないとしても、少しも驚くことではありませんでした」。ある者は人生を送るにつれ、ますます愚かになり、ますますつまらない人間になっていき、思考もますます散漫になって、ついにはかつて自分たちが劣っていると思っていたような女性になり下がっていった。またある者は病的といえるほど、感情の赴くままに大げさに熱狂したり、気まぐれにかんしゃくを起こしたり、気難しくなったりして、心身ともに神経症の兆候が現れ、多くの不平、不満を言うことで、自分が人生を無駄にしているという思いを紛らわせた。しかし、中にはもっと大胆でもっと幸運な女性たちがいて、彼女たちは良心の痛みにも、友人たちからの非難にも屈することなく、目の前の戦いに挑んでいった。もちろん彼女たちはこの時代の色合いといえる初期ヴィクトリア朝の香りを漂わせていた。黒いシルクのガウンやコルセット、クリノリン（訳注2）や脇が伸縮するショートブーツを身につけて、これらの勇敢な女性たちは社会を転覆しはじめたのである。一方では励まされ、他方では陰口を叩かれたりしながら、彼女たちはレディらしく慎ましやかに行動することに成功した。

ルイーザ・トワイニングとメアリー・カーペンターは、新しい理想に刺激を受けた典型的な女性だった。二人ともひじょうに多くのことを成し遂げ、後世まで続く組織を残したので、彼女たちの功績をここで簡単に触れておく必要があるだろう。

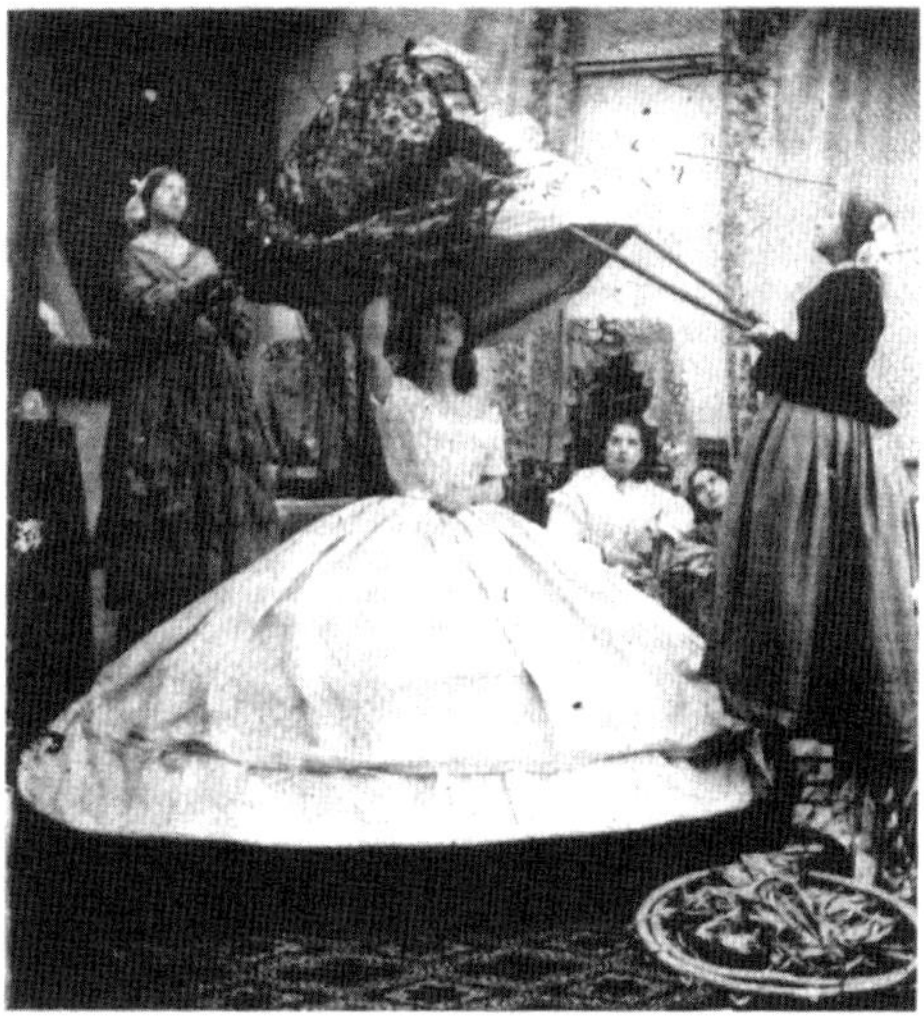
クリノリン

救貧院改革の創始者であるルイーザ・トワイニングは一八二〇年、裕福な知的職業階級の家庭に生まれた。彼女は普通の女性が受ける以上の教育を受け、彼女の地位にふさわしいあらゆる「利点」を享受した。彼女の父は進んだ考えを持った人で、家庭は円満だった。その活発な気性のほかには彼女を積極的な行動に向かわせるものは何もなかった。彼女は、セント・クレメント・デーンズ［ロンドンのストランドにある教会］の教区に住んでいた自分の年老いた乳母を訪問するという日常的なことがきっかけとなって生涯の仕事に携わるようになった。ルイーザは乳母によく会いに行くうちに、近所の人たちとも親しくなった。スラム街の家々や不健康な状態、そして人びとが仕方なく耐えていたぞっとするような環境はルイーザに強い衝撃を与えた。これらの貧しい友人のひとりがそれらすべてからストランド・ユニオン救貧院に避難した当初、彼女は喜んだ。しかしながら、彼女が安堵したのもつかの間だった。というのはある日、彼女が訪ねて行くと、救貧院の生活は戸外の生活よりももっとひどいことがわかったからである。その住居は前にいた所とほとんど同じぐらいひどく、地下の寄宿舎には人が一杯詰め込まれ、風通しが悪く、収容されている人たちは、状況に応じた区分けもほとんどされていなかった。何もないがらんとした陰気な大部屋には、怠け者も悪いことをした者も年配の人や品行のよい人も一緒に詰め込まれ、すべての人に同じようにひどい、時には吐き気を催すような食べ物が邪険にあてがわれていた。病人たちの世話はあまりされず、伝染病にかかった子どもたちは事故にあった人たちと同じベッドに寝かされていた。病人はみな、同じように障害を持つ者、たとえば、てんかん持ちの者や目の見えない者、知的障害者や酔っ払いなどのこの施設に収容されている者たちに看護されていて、仕事の管理監督をする者もいなかった。洗濯の手はずは整っていないし、シーツ類は時には一六週間も取り替えられず、肉体的にあらゆる面で救貧院は嫌悪感を起こさせる住まいだった。しかしながら、ルイーザの目にさらに悪く映ったのはそこでの孤独で単調な生活だった。唯一できる仕事は（それも、やっと探したものだった）経帷子と棺を作ることであり、教区の葬式馬車が人を運ぶために到着した時を除いては生活に何の変化もない、人びとの物憂げな表情が彼女の心に重くのしかかっていた。何度も何度も彼女はその惨めな場所を訪れたが、収容されている人びとが彼女を迎え入れてくれた様子にとても心を動かされ、彼らに慰安を与える活動をもっと広げようと思った。そこで彼女は院長に友達も連れてくることを許可して欲しいと申し込んだが、「無償のヴォランティアでやる仕事は救貧法委員会では認められていない」という答えが返ってきただけだった。初期ヴィクトリア朝の考え方をもっていたにもかかわらず、ルイーザはこの説明によって気持ちをくじかれることはなかった。彼女は一番上等の帽子をかぶり、馬車を呼び止めて、救貧法委員会に会見するためにひとりでホワイトホール［ロンドンのウエストミンスター区にある大通り。トラファルガー・スクウェアから国会議事堂に至る官庁街］に向かった。もっとも馬車が進んでいったとき、彼女は座席で体を震わせていたのだったが。しかし、今日と変わらず一八五三年のその時も門番は親切で安心感を与えるような人だった。「お嬢さん、恐がる必要はありません。ここの方々はたいへん立派な紳士たちだとわかりますよ」と彼女に確信を込めて言った（原注3）。そして実際にその通りだった。しかし、彼女の要望の許可が下りるまでには一年待たなければならず、その間、何度も繰り返し頼む必要があったし、もう一度ホワイトホールを訪れなければならなかったが、彼女の要求はすべてのことを静かに、何の騒動や混乱もなく執り行うという条件でのみ許されたのである。

重大な結果をもたらすには小さなきっかけさえあれば十分だった。一、二年もすると正規の救貧院訪問協会がイギリス中で活動を進めることになった。そして優しい心根の婦人たちは嗅ぎタバコ、紙タバコ、小冊子、讃美歌集、眼鏡などを貧しい老人たちに運んだ。彼女たちがしたことはそれだけではなかった。自分たちが目をつけた救貧院という組織に対して疑問を持ち始め、ひじょうに問題の多い現状を取り上げて話したり、文書にしたりした。その中には「女性」の手を借りないで協会の規定が作られたり、全体の組織が管理されたりしていることに気がついた女性がいた。(原注4) ルイーザ・トワイニング自身は時が経つにつれてその協会における女性の不合理な地位を徐々にはっきりと認識するようになった。まもなく、彼女は「たいへん立派な紳士たち」を仲間に引き入れた。そして二〇年間の努力の結果、一八七五年に女性が救貧委員になることができる法案が議会を通り、施行された。

慈善運動が直接、女性の権利を要求することにつながった例は救貧法においてだけではなかった。貧民学校、そして、とりわけ婦女子の救援事業でも同じ教訓を得た。社会から見捨てられた人びとに慰めを与え、彼らの世話をすることに身も心も打ち込んでいた女性たちは当然、社会の慣習を吟味しはじめた。そして当然のごとく、世の中の悪弊を変えるには自分たちが無力であることに、次第に怒りを感じるようになった。

メアリー・カーペンターは怒れる女性のひとりだった。(原注5) 彼女は一八〇七年に生まれたが、父親が運営する男子校の教育を知っている強みがあった。彼女は若い時には「世間一般に女性の仕事とされている領域ではどんな刷新もなかなか認めようとしなかった」けれども、改革を確実なものにしたいという情熱的な願望に少しずつ気持ちが傾き、ついに積極的で熱心なフェミニストになった。彼女は一八四六年にブリストルのスラム街に自分で初めて手がけた貧民学校を開いた。そして、一八五一年までに青少年犯罪の予防についての論文をいくつも書いたので、翌年、議会の委員会でその証拠事実を述べるよう招かれ、それを断ることはできなかった。二年後には新しい職業学校法案と貧民学校への助成金を含めて、議会にいろいろな法案を直接もちかけていた。そして年を経るにつれて、彼女は公的で議会に関わる仕事にますます積極的に取り組むようになり、決して「女性的」でも「遠慮がち」でもない女性になっていった。

ルイーザ・トワイニングとメアリー・カーペンターの献身的な生活は一般の人がもつ憧れがどんなものであるかを示した実例に過ぎない。「貧しい人に善意を施す」というのはこの時代の夢だった。そしてあらゆる夢と同じようにその夢を行動に移した人もいたし、言葉として表わした人もいたが、ロマンティックな人や行動力のない人はそれを夢のままで終わらせた。このような人たちにとってミス・アンジェラ・バーデット(訳注3)の魅力的な生涯は計り知れない勇気を与えた。そして多くの娘たちが、もし二〇〇万ポンドの遺産を手にしたらどうするかを想像する楽しみに何時間も費やしたに違いない。

　これらの夢想を人びとの心の中に掻き立てた女性、つまり、人びとの苦境を救う魔法の妖精は一八一四年に生まれた。彼女は成人する前に思いもよらず、義理の祖母から莫大なクーツ家の遺産を受け継いだ。

　この娘は元気にあふれ、知的で、育ちもひじょうに良かったので、自分の財産について真剣に考えた。そして彼女が自ら築き上げた人生は初期ヴィクトリア朝の美徳の権化だった。

　第一に、彼女はヨーロッパの知識人社会との親交を求め、著名な外国人たちをもてなし、当代の科学者、政治家、教会の高位聖職者たちと友人になった。彼女に近づいてきたほとんどすべての未婚男性は「ヨーロッパ中でもっとも裕福な女子相続人」に結婚を申し込んだが、彼女は結婚というものには価値をおいていなかった。莫大な富を使うのに誰の助けも受けずに、自分の思う通りにしたいと思った。彼女が携わったことは多種多様で、スラム街で行なった慈善運動のような些細なことから植民地にある英国国教会への寄付まで広範囲にわたった。アイルランドにスループ型〔一本マストの帆船〕の漁船団を作り、イースト・エンド〔ロンドン東部。当時貧民街があった〕にモデルハウスを、そしてウェストミンスターに複数の教会を建てた。セントポール大聖堂に鐘を寄贈し、行商人たちの驢馬に賞金を贈った。画学生のための憩いの家を創設し、農民たちに山羊を贈った。また、ブルターニュ地方〔フランス北西部の半島を中心とする地域〕に救助艇を、そして犬に噴水式水飲器をもたらした。大学に化石を寄贈し、ナイジェリアに綿操り機を贈った。そしてエルサレムの土地測量に資金を出し、オーストラリアの先住民を保護したり、キュー・ガーデンに植物を提供したりした。こうした多種多様な活動すべてにおいて彼女は積極的な役割を果たしたいと主張した。(原注6)靴磨き団体の少年たちにも銀行の幹部たちにも、同じように自身が直接かかわりあった。女性解放運動が組織立った形を成すにつれて、その慈善運動的側面に引かれ、それが彼女の携わった多くの仕事のひとつとなった。彼女はほとんど六〇年間、博愛主義運動を途切れることなく続けたのである。若い女性が抱いた理想像から、公的慈善組織といえば彼女の名前が連想されるような存在と言ってよいほどになっていった。人をもてなす範囲はますます広がっていった。一晩で二五〇〇人の客に家で食事を提供した。トルコの農民たちは彼女の世話を受けるようになりはじめた。その博愛主義運動の範囲には際限がないように思われた。一八七一年に彼女はミドルセックスのハイゲイトとブルックフィールドのバーデット・クーツ女男爵として貴族の地位を得た。彼女が行なった博愛主義運動が認められてヴィクトリア女王によって称号が与えられたのだった。王の寵愛を受け、国に尽くしたとされる場合を除くと、国家への功績をたたえて女性に爵位が与えられた数少ない例のひとつであったことは興味深い事実である。

心に夢を秘めていた若い女性たちにはそれほど知られていないが、当時の積極的なフェミニストたちがもっと共感を寄せていたもうひとりの慈善運動家はアン・イザベラ・ノエルだった。(訳注4)彼女はバイロン卿(訳注5)に捨てられた不幸な妻だった。(原注7)この女性は結婚生活においては多くの苦難を味わったにもかかわらず、ミス・バーデット・クーツほどではないにしても裕福で精力的な女性だった。クーツと同じく、ノエルは建物を建て、様々なものを寄贈し、友人たちが携わっていた慈善的かつ教育的な計画の援助もした。その友人の中にはメアリー・カーペンター、ハリエット・マーティノー、そしてアナ・ジェイムソン(訳注6)がいた。前の世代の女性たちと同様に、その時代のパイオニア的女性も互いに惹かれあい、同じ志をもつ者を見つけ出していった。ただし、不幸な結婚生活を味わったノエルの場合、友人関係において、メアリー・サマヴィルやマライア・エッジワースには見られなかった情緒不安定の傾向が強かったようである。

慈善運動をしていたこれらの女性たちは女性解放の必要性を経験から学んでいたが、その一方で、彼女たちの運動を新たに認めさせるもうひとつの力が加わった。すなわち、フローレンス・ナイティンゲールが示した看護学校設立という手本と慈善運動に対する賛同の意思表示だった。

一八五七年にこの女性がクリミアから帰還してきた時、どんなイギリスの女性もかつて呼び起こしたことがないような歓呼の嵐で迎えられた。イギリス中が賞賛の声でもちきりになり、お偉方も身分の低い者も同様に栄誉をたたえることを切望した。莫大な基金が集められ、それを思いのままに使うことが許され、要求を出すと認められないことはほとんどなかった。彼女が要請することにしたのは看護専門学校の設立だった。フローレンス・ナイティンゲールは、過去の体験によって自分の考えを変えるということはあまりなかった。今、自分が必要としていることは何かということが以前よりももっとよくわかっていた。改革の難しさを悟ったし、その行く手を邪魔する者は誰であり、また何かということも知った。しかし、少女時代にどんなことがあっても目的を変えることがなかったように、今、大人になっても意志を曲げることはなかった。改革を確実なものにするには行動力を伴った根気強い努力をしなければならない。効果的なことを実践するには訓練、訓練、さらに訓練を重ねなければならない。女性が「救世主」として役に立とうとするならば、生活の様々な現実にしっかりと向き合わなければならない。

フローレンス・ナイティンゲールのこれらの考えが当時のほとんどの人びとの好みに合わなくても、彼女が決定すれば、その考えに人びとは従わざるをえなかった。クリミア戦争のヒロインを軽んじることはできなかったからである。そして彼女の信望と人気の威力の上に鉄のような決意が加えられると、因襲でさえも崩れ去ってしまうに違いなかった。こうして、古くからあった不合理な固定観念の中でもっとも広く知られ、重要だったものが崩された。看護専門学校がセント・トマス病院(訳注7)に設立された後は、女性の本能だけで病人の世話をするのには十分であると言ったり、女性は訓練しなくても済むと考える人はいなくなった。

看護専門学校の設立には時間がかかり、フローレンス・ナイティンゲールが乗り越えなければならない試練と困難は多く、思うに任せないことが多かった。彼女が一緒に働かなければならなかった人材、つまり女性たち自身がひどく彼女を失望させる存在だった。何度も何度もフローレンスは女性たちの信念のなさ、根気のなさ、いい加減で愚かな言動に対して怒った。これまで見てきたように、何度も何度も彼女は女性たちに激怒した。しかし、前向きの姿勢は変えなかった。というのは、彼女を奮い立たせた信念は変わらなかったからである。もしこの世が救われるとすれば、男女両方の「救世主」がいなければならないのである。

「社会科学振興全国協会(訳注8)の根本方針」が広く論議されていた時、初期の看護専門学校設立運動が起こった。あらゆる方面、特に慈善運動においては特別の目的を持ったグループが生まれつつあり、古くからあった個人的な努力はさらに組織だった形になって広がりつつあった。社会科学振興全国協会はこのような社会の趨勢の結果、一八五七年に設立されたものだった。この団体は急速に博愛主義運動の中心となり、かつその推進力になった。ブルーム卿がその会長だった。そして当代の指導的人物たちがその団体を支持した。たとえば、シャフツベリー卿、ジョン・ラッセル卿(訳注9)、チャールズ・キングズリーその他の人物たちがいた。本書の目的にとっても重要なことだが、この協会のもっとも注目すべき特徴のひとつは、まさに最初から女性がメンバーになるのを認められただけでなく、歓迎さえされたことだった(原注8)。彼女たちは会合に出席したり、論文を送って読み上げてもらったりしたが、フローレンス・ナイティンゲールも最初の会合の時に論文をひとつ寄稿した。そして

一、二年後には、自分たちが書いた論文を自ら読み上げるようにまでなった。彼女たちはその後の討論会では、公開討論の時でさえも参加したし、公の晩餐会ではただそばで観ているだけでなく一緒に食事をとることも許された。

この団体が設立されたことと、女性自身が参加できたことは、公の場に参加することを目指す女性たちの活動にひじょうに大きな弾みを与えた。協会の会合の時には彼女たちは顔を合わせて困難な問題を比較しあったり、また公職にある男性たちに会うと、彼らの注意を引くようになった。そして、彼女たちは色々と計画を練り、新たに努力する勇気を奮い起こした。また、こういう親しく付き合える機会には、思いきって女性の地位について討論することもあった。初期の会合では「女性解放」についての論文が読み上げられ、真剣にそれが取り上げられ、これには彼女たちも意を強くした。時間が足りないぐらい毎週会議の数が多く、何をやるにもすべてを必要以上に組織化してしまう今日においては、その頃の会合がいかに人びとに多くの励みを与え、実際どれほど助けになったかを理解することは難しい。これらのことが当時の女性たちには新しい時代の夜明けのように思えたに違いないし、実際そのとおりだった。

最終的に実を結んだ多くの計画は、これらの会合ではじめて議論されたものだった。ルイーザ・トワイニングの救貧院訪問協会はそのひとつであり、公衆衛生知識普及婦人国民協会もそうだった。この団体はあらゆる種類の健康増進活動において先駆けとなった。この団体はまず初めに新鮮な空気、乳母車、きつく締めるコルセットなどについて書いた簡単な小冊子を配布したが、このような冊子が絶対必要だということがわかった。というのは当時、人びとが衛生についてどれほど無知であったかは想像を絶するものがあったからである。完全に女性だけで行ったこれら二つの活動のみならず、貧民学校設立運動、人道的救済事業も社会科学振興全国協会のおかげで生まれた。組織立った慈善運動の成果として、その後二〇年間のうちに広く細分化された組織が生まれたが、それらの原形が形作られたのもこの協会のおかげだった。その歴史は非常に興味深く、学ぶべきことが多い。しかしながら、博愛主義運動の奇跡について述べることは本書の目的に外れるので、省くことにする。ここではただ、運動が一歩前進するたびにますます多くの女性たちが「遊惰」から脱却し、生活の現実と向き合うようになったことだけを記しておくことにする。ここで我々に関わってくるのは次のことである。つまり、これらのほとんどの女性たちは社会の悪弊を現実として認識したとき、女性の無力さに不満をもつようになったのである。そのため女性運動の考え方を学習する準備期間はかなり短かったが、彼女たちの中からフェミニストが数多く輩出されるには十分だった。というのも、社会があまりにも男女不平等だったことははっきりしていたからである。

　一方、この動きは世論に効果的に働きかけたにもかかわらず進行は遅く、紆余曲折を経た。慈善運動に携わる女性たちは自分たちの社会的地位に対して強い怒りを感じたが、その他の社会の悪弊に対する怒りの方がずっと大きかった。自分たち女性が慈善運動の対象として一番後回しになっても彼女たちはそれに甘んじていた。初期の慈善運動はほとんどすべて男性を助けるためだった。一八六六年になっても心優しい婦人たちは「女性が苦しむのは当然だけれども、男性が貧窮にさらされるのは本当に辛いことだ」と言い合った。したがって、女性運動が始まったと言えるためにはより明確かつ女性に直接かかわる組織体ができあがっていなければならなかったことは明らかだった。

　女性に直接かかわる組織体は実はすでに一八五五年にできていたのだ。というのはその年、バーバラ・リー・スミスが「既婚女性財産法案」のための請願書を集めるために委員会を招集していたからである。しかし、彼女の委員会は決して大きくはなかった。この委員会の形式上の存在は、一八五七年の「婚姻および離婚法」成立によって立ち消えになり、「既婚女性財産法案」を推進する機会もなくなってしまった。だが、その運動によって、同じ考えをもつ積極的な多くの人びとが相互に連絡をとり話し合うようになった。そして当初の努力はまもなく新しい結果を生み出した。当初の目的について賛同した人びとは他の多くの点についても同意見であることがわかって、仲間の輪が広がり、女性運動は熱く燃えるような現実となった。このグループの大部分は若い女性で構成されていた。ベッシー・レイナー・パークス(訳注10)、フォックス夫人、アデレイド・アン・プロクター(訳注11)、そしてバーバラ・リー・スミス自身もいた。しかし、彼女たちよりもっと年上で、はるかに身分の高い女性が一人、二人いて、彼女たちの考えを積極的に支持した。その一人が物語や詩を書いた作家のハウイット夫人(原注9)(訳注12)であり、もう一人は、ジェイムソン夫人だった。一八五五年と一八五六年にジェイムソン夫人は客間を会場に二つの講演会をした。その題は「慈善姉妹」と「労働者共同体」だった。これらはロンドンの文学界と慈善運動家たちの間で大きなセンセーションを巻き起こした。これらの講話は出版され、広く読まれた。社会の悪弊を矯正するのに男女が協力すべきだという訴えはまさに格好のタイミングで出された。さらにジェイムソン夫人はそれを行なうのにまさにうってつけの人だった。彼女は文学的、芸術的名声を享受していて、何千という若い婦人たちの偶像的存在になっていた。絵画、シェイクスピアのヒロイン、芸術の原理などについての著作はまさにその時代の人びとが賞賛したものであり、その優雅な教養、真摯な感情そして感傷的な哲学で、最も因習的な家庭にさえも浸透していった。そのため彼女が新しい大義を目指す闘士として現れたとき、その効果は絶大だった。

アナ・ブラウネル・マーフィは一七九四年にダブリンで生まれ、お決まりのガヴァネスを経験した後、一八二五年にジェイムソン氏と結婚した。彼は道理をわきまえているように見えたが、実際にはわがままで、結婚を続けるには満足できない相手だとわかり、数年間の不幸な結婚生活の後、彼女は彼と別れた。大きな人間的魅力と確かな文学的才能に恵まれていて、生計のために著述業を始めると、またたく間に成功を収めた。

アナ・ジェイムソンは著作に込めた文学的な情熱よりもっと強い情熱を心の中に持っていた。彼女は自分のまわりで起こっていた世論の変化に深く心を動かされ、さらに、きちんとした職業訓練を受けない生活をしていたために社会に役立つことがない現状に、激しい怒りを覚えた。芸術と文化を求めて行ったヨーロッパ大陸の各地で女権拡張運動に関わる団体や養護施設そして女性の慈善活動を探し出し、これらの考えを公に話す機会を持ったとき、彼女は豊富な実例と多くの実体験を話に盛り込んだ。

ジェイムソン夫人の講演が成功した後、彼女に共鳴した小さな一団が自分たちの考えを推し進める計画を真剣に議論し始めた。その分野は広く、慈善運動、教育、法律、習慣などにわたったが、彼女たちはまったくひるまなかった。検討すべき点はまず、どのように取り組めばもっとも効果的に目的を達成できるかということだった。それ以前と以後に存在した同様のグループすべてに共通する夢は、定期刊行物の発行だった。一八五六年一〇月、つまり既婚女性財産法案が否決された六ヶ月後、ベッシー・レイナー・パークスは害も影響力もない「婦人により編集された婦人のための」雑誌が売りに出されているのをたまたま目にして、自分たちがそのような雑誌で何ができるのかについて想像を巡らし始めた。そして考えれば考えるほど定期刊行物を出す計画にますます熱中していった。

そのグループの中でもっとも影響力があり、裕福だったのはやはりバーバラ・リー・スミスで、彼女に共感する多くの人たちとの交友を通じて、新聞雑誌関係や文学界の人びとに会う機会を得て、ハリエット・マーティノーやジョージ・エリオットをはじめ各界の著名人に助言を求めることができた。そして、バーバラはその計画に熱心に取り組み、自分たちが最初にするべきことは女性が賃金を得るた

THE LADIES OF THE CREATION.

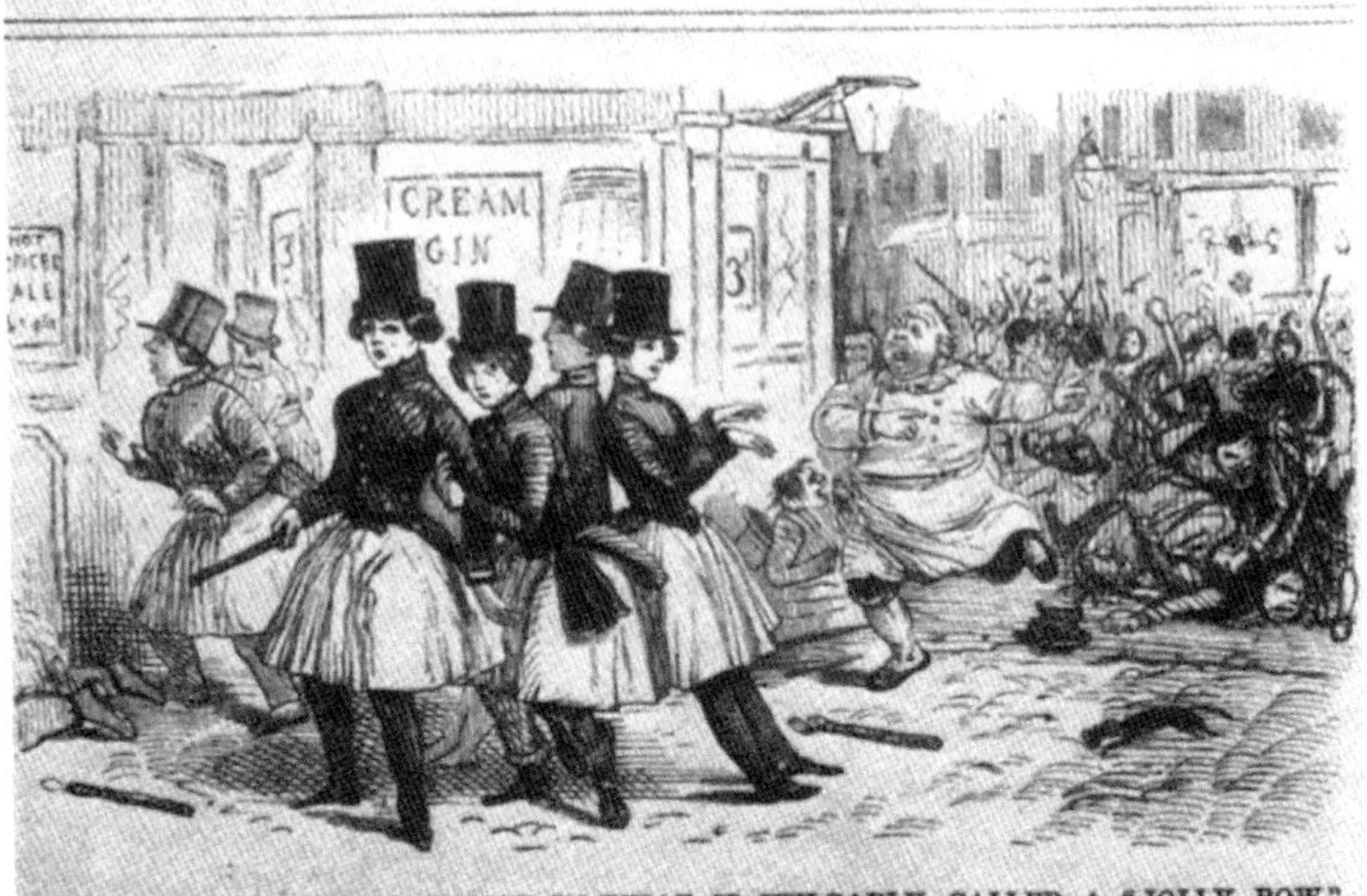

EFFICIENCY OF FEMALE POLICE IN WHAT IS VULGARLY CALLED A "JOLLY ROW."

THE BARRISTER.

『パンチ』誌に掲載された女性の社会進出を揶揄する風刺画（1853）

めの勤め口を獲得することだという結論に達した。定期刊行物を創刊する仕事がゆっくりと進行していた一方で、彼女はこの問題に打ち込み、「女性と労働」についてのパンフレットを書いたが、それはすぐに一般誌上でおびただしい批判や批評を巻き起こした。このパンフレットは彼女がまとめた財産法の要約ほど明確ではなかったし、よく整理されていなかったが、社会の悪弊をよく説明していた。というのは特に中産階級においては女性の経済的状況はひどいものだったからである。

世間の一般通念では中産階級の女性は賃金労働者にはなるべきではなく、収入を得るための勤めなど決してすべきでないというものだった。しかし、実際の生活は違っていた。一八五一年の人口調査は、それを見たい人なら誰が見ても気持ちよく受け入れられそうな作り話を並べたものだった。バーバラと彼女の支持者たちは時間をかけ、真剣にこの内容を検討した。嘆かわしいことに、女性の雇用の機会はほとんどなく、ひとつの勤め口に対して労働者があまりに多すぎることを彼女たちは知った。また、多くの労働者を詰め込みすぎたことから生じる悪影響や低賃金、健康への害、ガヴァネスにしばしば起こる精神不安定、お針子たちの悲惨な状況などを知った。その頃ミシンが使われ始めたので、さらに状況が悪化することを彼女たちは予見していたし、差し迫って何かをしなければならないことも知っていた。考えつくことのできた唯一の救援策は、女性が働く新しい勤め口を見つけることであった。そして彼女たちはこれを信じ、希望を持って新しい提案に取りかかった。

女性は事務員や、店員、医者、看護婦など、実際に女性たちにできる職業はどんなものでもやるべきだと彼女たちが言うと、世間はその考えをばかばかしいと言ってあざ笑い、声高に非難もした。彼女たちは女性の務めは結婚することだということをまったく忘れてしまったのか。いや、彼女たちは忘れてはいなかった。まさにこのとき、バーバラはアルジェで出会ったフランス人医師、ウジェーヌ・ボディション(訳注13)と恋に落ち、結婚しようとしていたのである。しかし、家庭があるにもかかわらず、貧困のために労働市場に出なければならない他の一五〇万人の女性にはもちろんのこと、イングランドに住んでいる八七万六九二〇人の余った女性たちに対して、夫や家庭について話して何になるだろうか。ガヴァネスやお針子以外の仕事がこれらの人びとを養うのに必要だった。

一八五七年にはこのような考えはすべて幼稚で、現実離れしているように思われた。「雇用問題を女性自身の考えるべき問題だとしてうぬぼれている女性がこれから発表しようとしている考え方のいい例が、これだと言うならば、女性は我々が思っていたほど現実に進歩をとげていないのでないか」と『サタデー・レヴュー』誌は書いた。女性が出したこの雇用提案は突拍子もなかったが、まさにこの女性たちの考えがその後の物事がたどる方向を示し、我々が今日徐々に実現しつつある解決策を示していた。しかしその時点では進展ははるかに遠いことのように思われた。『サタデー・レヴュー』誌は労働者の数は賃金率とは何の関係もないと書いたが、それはごく一般的な考えを述べたのにすぎなかった。ガヴァネスの賃金が低いのは過剰にガヴァネスがいるからではなく、彼女たちの仕事ぶりがひどかったからであった。「結婚生活が女性の職業である。そして女性の訓練はこの生活、つまり経済的に夫に依存する生活に合わせて行われる。もちろん、夫がいないとか夫が亡くなったなどの事情で、気がついたら資産がないということもあるかもしれない。そのような女性に言えることはただ、彼女が女性としての仕事に失敗したということだけで、どんな社会改革をしてもその失敗を防ぐことはできない」。同時に「女性は本当に余っているのだろうか」と真面目な出版人は問うた。しかし、それに答える人びとの言い分は極端にくだらないものであった。もし女性が余っているというなら、それは愚かな女たちが結婚しようとしないからで、もし女性の数が多すぎるということがわかれば、海外で結婚するように女性を輸出したらいいのだ。それにはほんのちょっとの勇気と大きな計画が必要だろう。そうすれば余った女性たちを植民地に住まわせることができるし、それもまたよいことではないか。女性も自分で収入を得て独身生活を楽しいものにしようなどというくだらない企てはすべてやめてしまいなさい。独身生活が楽しいものだということになれば、結婚することはただ「賢明で冷静な選択」ということになってしまうだけだ。そうすれば、もちろん女性は「だんだんと結婚をしなくなるだろう」。そうなると家庭はどうなるのだろうか。それに、どうして女性たちは召使になれないのだろうか。召使になっている幸せな女性たちは「女性にとって一番肝要なふたつのことを満たしている。すなわち、女性は男性に扶養されるが、それと引き換えに男性の生活を快適にするという務めを果たすこと……自然は女性に多くのものを与え過ぎることはしなかったのだ」。

このような新聞・雑誌の見解に、この小さなグループの女性たちはかえって目的に向かって一段と努力しなければならないと思うようになり、敵意ある記事が出るたびに新しくグループに入る女性が増えていった。定期刊行物を発行するという計画は大きく広がり、一八五八年に*『イングリッシュ・ウーマンズ・ジャーナル』(訳注14)誌の創刊号が出版された。事務所が設立されるとすぐに活動の拠点となり、そこから少人数の一グループが、様々だが似通ったところのある事業に着手した。

彼女たちのメンバーの中の一人であるミス・アイサ・クレイグ[訳注15]は社会科学振興全国協会の副書記官になったが、女性をその集会に加入させたという事実とともに、この驚くような画期的な人事は出版人に大変な嘲笑を巻き起こした。「この万国おしゃべり協会には明確な利点がある」と『サタデー・レヴュー』誌は書いた[原注10]。「……この計画に際して、女性の冗舌の問題を初めて扱ったのはブルーム卿の功績であることを覚えておかねばならない……女性たちが政治演説を好きになるように仕向けることによってこれまで衰えを見せなかった女性の元気な舌をへとへとに疲れさせるというのはすばらしい考えである……ブルーム卿が率いる女性演説小隊は女性の自己主張を説きながら、協会の存在に新しい側面を与えた。男勝りの女性たちに新しい同盟の幸福と成功あれと心から祈る……彼女たちは論者のひとりの教え、すなわち『レディらしくないと思われることを気にかけないこと』という教えをきっと忘れずに実践するだろう。避けて通れないことは気にしないほうが常によいのだ」。

若い女性だけでなく年配の婦人たちもまたレディらしくないと思われることを気にした。そして多くの女性たちはこのような批評に涙し、内心、怒りを覚えた。しかしそれでも彼女たちの仕事は順調に進んだ。というのは結局、やるべきことの方が世間の評判よりも大切であり、改革は秘密裡には達成できなかったからである。

自己主張することを説く決心をしていた「女性演説小隊」にとっては「社会科学振興全国協会」とのつながりは最も価値あることだった。彼女たちは、その協会によって、有名な男性たちの注意を引き、批評を受けることに成功し、彼女たちの理論や試みや経験を、まさに様々な社会的大義を論じる議場そのものの前に持ち出すことができた。彼女たちはこれらの初期の会合で情報を与えるだけでなく、情報を受け取り、組織運営についての知識をすばやく学びとった。

彼女たちは手はじめに、「女性雇用事務局」を創設し、それが急速に発展して「女性雇用促進協会[訳注16]」の設立を見た。読書室、小さな倶楽部がある「婦人研究所」が生まれ、そこからガヴァネス、簿記係、秘書などの職業人が巣立っていった。その後、「教養人女性移民協会」やその他多くの組織が次々と生まれた。これらの組織のすべてに対して彼女たちは「社会科学振興全国協会」を通して著名で、重要な支援者を見つけることができた。『イングリッシュ・ウ

エミリー・フェイスフル

ーマンズ・ジャーナル』誌はこれらすべてのことに携わった。もちろんそれはその頃進行していた女性の高等教育のための運動を支持したが、この問題は七章で取り扱う。またこの雑誌は女性医師を認める意見を表明したが、女性医師が議論の対象になったのはこのときが初めてだった。女性運動と結びつけられるものはすべて、節度をもって、真剣に、そして最も賞賛に値するように巧みに扱われた。とりわけ、『イングリッシュ・ウーマンズ・ジャーナル』誌は数年の間、新しい「離婚法」の施行状況についての報告を出版したが、そのなかではじめて女性たちが補償の可能性もなく、我慢している悲惨な状況が明らかにされた。「離婚裁判所が混み合っていることは悲惨な結婚生活がいかに多いかを示している」と一八五九年に『タイムズ』紙が書いた。しかし、結婚生活の悲惨さをくどくど述べることが『イングリッシュ・ウーマンズ・ジャーナル』誌の目的ではなかった。彼女たちが意を注ぎ、常に問題にしていた点は、既婚女性がどれほど就労しているかということだった。「不当な扱いを受けたことで、保護を求めて法的措置に訴えた妻たちはほとんどすべて、自分が家庭を支えたことを証明し、法律の効果的な運用によって財産を獲得できた」。これが彼女たちが強く訴えたい点だった。そして事実の重みを示すことにより彼女たちはそのことを証明した。しかし、既婚女性財産法案が議会を通過するのには、さらに四半世紀待たなければならなかった。

「機関誌」を持つことの有用性はすぐに明らかになった。地方の若い女性たちは『イングリッシュ・ウーマンズ・ジャーナル』誌の端本を偶然目にし、その中に自分たちの考えがついに取り上げられたと知って、編集者たちに熱烈な手紙を送った。可能な時には彼女たちはロンドンの事務所まで駆けつけたし、なかにはそこにずっと留まって仕事を手伝った者も何人かいた。ジェシー・ブシェレット(訳注17)はその一人で、彼女はとてもみすぼらしい身なりの年配の婦人たちに会うと予想してやってきたが、そこには身なりもよく、明るく美しい若い女性がたくさんいたと彼女は述べている。

しかし、『イングリッシュ・ウーマンズ・ジャーナル』誌を発行した結果、やって来たのは支援者だけではなかった。助けを必要とした人たちも来た。失業しているガヴァネスや助言を求める女性たちもさ迷いこんで来た。そしてどう

ヴィクトリア・プレス

にもならない状況の中におかれた女性たちひとりひとりが女性運動という火をますます燃え上がらせることになった。それらの小さい三つの部屋で、記事、提案、演説、計画、企画、団体などについてのよい着想が得られたが、そこにはいつもふくらんだスカートに身を包んだ女性が出入りしていた。女性はどうして植字工になってはいけないのだろうかという疑問を彼女たちはもっていた。そしてその一人であるエミリー・フェイスフル[訳注18]は組織の外に出てヴィクトリア・プレス[訳注19]を設立し、そこで『イングリッシュ・ウーマンズ・ジャーナル』誌を印刷した。女性はどうして法律文書を作成してはいけないのだろうか。事務所がすぐに開かれ、女性の労働者で一杯になった。どうして女性は美容師、ホテルの支配人、木彫り職人、薬剤師、室内装飾人、時計職人、電信技手になってはいけないのだろうか。外へ出よう、外へ出よう。女性たちにそうした仕事ができるか見てみよう。どうしてデザイン学校は女性たちを入れないと脅すのだろうか。私たちはすぐに請願するべきだ。そしてロイヤル・アカデミーは何故、女子学生を入れないのだろうか。私たちは静かにそのドアを叩かなければならない。それに、メリルボーン［ロンドン中西部にあるウェストミンスター区の一部］の室内プールをどうして女性に開放しないのだろうか。女性たちはプールを使いたいと思っていないとでもマネージャーが言ったのだ

ろうか。ばかげている。もちろん、女性たちは使いたかったのだ。もし、三〇人の女性が来たら、開放されるのだろうか。それなら、三〇人の女性で行ってみようじゃないか。その結果、毎週水曜日の午後は若い婦人たちは事務所を後に、プールの開放を求めて水面に波風を立てようと一団となって出かけて行った。彼女たちが始めた戦いでは小さい問題であろうと大きい問題であろうとどんなことも見過ごすことはできないのだ。

組織作りをしていた初期の頃の記録は活力と生気にあふれている。給料を「報酬」、泳ぎを「遊泳による気晴らし」、演説を「雄弁を振るって行う激励」などと表現する固い学者ぶった言葉の下には純粋で陽気な若い熱情がほとばしっている。たとえば、サウス・ケンジントンの美術学校への入学が認められたオーガスタ・ウェブスター(訳注20)は口笛を吹いたためにもう少しで除籍されそうになり、女子の画学生の将来性を台なしにするところであった。しかし、彼女たちはショックから立ち直り、自分たちで婦人美術家協会を組織する仕事に着手し、これまで通り明るく仕事を進めていった。

金髪のバーバラ・ボディションと、絶えず冗談を言っていたアデレイド・アン・プロクターは事務所を出たり入ったりして忙しく動き回っていた。長い間、どんなことがあっても彼女たちの勇気がくじかれることはなかった。ルイ・ギャレット（ギャレット姉妹の長女）が美容師について話をしに入って来たとき彼女たちはどんなに笑ったことか。髪を洗ってもらっていたときに、彼女は機会をとらえてその美容師の男性にその職業は女性に適しているという自分の意見に賛成かどうかたずねたのだった。「お客様、それは無理でございます」とその男性はぞっとしたように叫んだ。「これを学ぶには僕でも二週間もかかったのですから」。

女性が徒弟になることを時計職人とめっき職人の労働組合が拒否したとき、彼女たちの怒りはどれほどのものだっただろうか。『パンチ』誌がふくらんだスカートをからかったとき、彼女たちはどれほど楽しんだだろう。彼女たちは自由で、自信があり、幸せであったし、多くは若かった。彼女たちは自分の信念を見いだしていたし、世の中は正しい方向に動いていた。

もちろん、何百という憐れむべき事例が女性たちの前に現れた。ミス・パークスは一八六二年の社会科学振興全国協会の会議で発表した論文の中で年収がたった一五ポンドしかもらえない職に、八一〇人もの応募者が集まった様子を話した。『パンチ』誌が物笑いの種にしたような広告がしばしば見られた。それらの広告には「ガヴァネスの仕事ができる若い婦人を求む。ベッドが三つある部屋で四人の子どもたちとメイドと一緒に寝起きする。子どもたちを風呂に入れたり、身支度を整えてやったりし、また、八時一五分前には子どもたちが朝食の席につける用意などをする。九時から一二時と二時半から四時まで勉強を見て、それに音楽のレッスンを二時間する。夜は奥様のための針仕事をして過ごす。赤ん坊を膝の上に抱きながら勉強を教え、そして子どもたちをみなベッドに寝かしつける。給料は年収一〇ポンドで自分の洗濯代は自分持ちとなる」と書かれていた。その内容は彼女たちを悲しませた。しかし、その悲しい思いはいっそう彼女たちの決意を固くした。一八五一年には二万四七七〇人のガヴァネスがいた。このような生活を彼女たちの大多数が送ったのだった。この人たちのために他の儲け口や他の職業を見つけなければならない。というのは、こういう状況にはもう一瞬たりとも我慢できないからである。そしてまた、婦人服の仕立屋も初め注目されたときと同じくらい、まだ惨めな状況におかれていて、彼女たちは一日一六時間働き、五ポンドで売れる衣服を縫って、一〇ペンスもらった。こういう人たちのためにもまた何かをしなければならない。

時間がたつにつれ、ランガム・プレイス(訳注21)の事務所では多くの悲しい光景を目の当たりにするようになった。だまされた女性、虐待された女性たち、そして訓練や教育を受けず、お金もないままに薄情な世界に投げ込まれた多くの女性たちがドアの前に押し寄せてきた。これらの悲しそうで物憂げな他の志願者は、雇用事務局に「今の仕事をやめたい」というぜいたくだと言われそうな訴えをもってきた。職員たちは疲れを知らないエネルギーで彼女たちの心に勇気と良識を吹き込もうとした。しかしそれは困難な仕事だった。何らかの資格があるわけでもなく、希望を失ったこれらの女性たちに訓練を受ける機会を見つけたり、何か新しい方向で就職口を見つけることはひじょうに難しいことだった。しかし、依頼人たち自身がこのような現状に対して抵抗する姿勢を見せないことのほうがさらに困った問題だった。彼女たちは臆病になっていて、しばしば名前を告げることも拒否するほどだった。ともかく、もし女性がお金をもうけるために何かをしたならば、社会的体面を汚すことになった。ランガム・プレイスにたどり着いた女性たちはこの点をひどく心配した。新しい仕事を探すという考えさえも恐がってひるんだ。彼女たちはガヴァネスならば、わずかながら女性の品位が残されていると思った。しかし、体育の教師や、木彫り職人、説教者ならば、彼女たちはきっとレディとは認められなかったにちがいない。体面を保つという神聖な信条のためにもっとも厳しい窮乏生活を何

エリザベス・ギャレット

エミリー・デイヴィス（1867）

年か送った後でさえも、彼女たちは目の前に示された新しい理想や新しい希望を理解することができなかった。何度も彼女たちは差し出された援助を拒否し、希望のない仕事に戻っていった。

しかしながら、当時の状況にまったく希望がないわけではなかった。というのは四つの大きな職業の門戸が開かれたからで、それ以来ずっと、それらの職業に何百万人の女性たちが雇用されてきた。すなわち、店員、事務員、電信技手、そして看護婦に対する需要が増えてきたのである。初めの二つの職業は外部の圧力を受けずに開かれた。その理由は貿易や商業がひじょうに拡大したことと、婦人労働は安くつき、その上、女性は従順であったからだった。看護婦もまた、どんな人よりも強力な唱導者がいたためにこの小さな事務所の援助をまったく必要としなかった。そして電信技手については、その発明が完成されると同時に女性たちはこの仕事につきはじめており、これは女性の雇用に反対を唱える組織ができる前のことだった。しかしランガム・プレイスで働く者たちは仕事の門戸が開かれている限り、その開かれ方がどのようであっても構わなかった。重要なのは女性の仕事の領域を広げることだった。その他のことは後からついて来るだろうと確信していた。

フェミニストたちが企画を立てる格好の拠点になってい

たランガム・プレイスの事務所が開かれて、まだ二、三か月しか経っていない一八五九年に、二人の新人が入ってきた。その後、彼女たちはとてつもなく大きな影響を女性運動に与えることになった。この女性たちはエミリー・デイヴィスとエリザベス・ギャレットだった。両方ともランガム・プレイスの方針にはうってつけの人材だった。彼女たちは進歩的な家庭に育ち、人並み以上の教育を受けていた。そしておとなしく優しそうに見えたが、精神も性格も並み外れて強かった。

年上のエミリー・デイヴィスは一八三〇年に生まれたが、当時のひじょうに多くの改革者たちと同じように牧師の娘だった。彼女は牧師の娘が普通送るような生活を送り、そのような女性たちが得られる機会をもつことができた。つまり、教区の仕事をしたり、少し勉強を教えたり、自己改善のために真剣に努力したり、常に女性の自分よりも幅の広い機会をもてた兄弟たちを通じて間接的に大学に接触することもできた。エミリーの兄のルーウェリン・デイヴィス(訳注22)は生涯を通してずっと固い絆で結ばれた仲間であり、支持者でもあった。彼が一八五六年にロンドン教区の牧師に任命されたのがきっかけとなって、彼女は初めて社会改革と女性の権利の世界に目を開かれたのだった。

ルーウェリン・デイヴィスはロンドンに来てまもなく、フレデリック・モーリスの友だちになり、同志にもなった。エミリーが兄を訪ねたとき、彼女もまた心を奮い立たせる兄の仲間に自然に引き込まれた。彼らが世の中を良くしようと数かず計画していたひとつに女性の地位改善があり、この主張はすぐにエミリーの関心を引きつけただけでなく、その運動に熱烈な忠誠を誓うことにもなった。彼女はその大きな仕事で自分がどんな役割を果たすことができるかまだわからなかった。というのは彼女は家族からの多くの要求に縛られていたからである。そして一八五八年に彼女は兄のヘンリーと一緒にアルジェリアに行った。彼は暖かい気候の土地で健康を取り戻そうとしていたのである。しかしながら、ここでもエミリーは女性運動と出会った。彼女はマダム・ボディションと出会い、親しくなったのである。それによって、もうすでに計画され、試みられていたことについての計り知れないほど広い知識を得たのである。

しかしながら、エミリー・デイヴィスを生涯強くとりこにしたフェミニズムはこれらの外的な影響の産物ではなかった。彼女は常に強い主張をもった人で、これら同じ志をもつ人たちに出会うずっと前に女性の隷属について深い怒りを感じはじめていた。外見はひじょうに小柄で、穏やかそうな若い女性で、物静かで控えめなうえにとてもおとなしそうに見えた。しかし彼女の心の中は驚くほどしっかり

ミリセント・ギャレットとアグネス・ギャレット（1865）

していて決意が固く、心と意志は一貫してかたくなに女性の主張に向けられていた。

　エリザベス・ギャレットはエミリー・デイヴィスよりも六歳若かった。彼女はオールドバラ〔サフォーク州の町〕のニューソン・ギャレット氏(訳注23)の二番目の娘で、姉や妹と同じようにその当時の社会運動に深い関心を持つ熱烈な支持者だった。ギャレット氏は、とにかく名目上は保守党だった。しかし、気質は急進的で進取の気象に富み、まったく独創的な考えをもっていたので、どんなレッテルも彼の人となりを十分説明するものではなかった。やがて娘たちが女性運動において傑出した存在になると、父親はすぐに娘たちの考えを認め、援助の手を差しのべてくれた。

　エリザベスはブラック・ヒース〔ロンドンのルイシャム区とグリニッジ区にまたがる住宅地〕にあるミス・ブラウニングの学校に行かされたが、そこで友達になった人たちを通じて、エミリー・デイヴィスと初めて出会った。彼女たちはすぐにお互いを気に入り、二人の間の友情は双方の人生に永く影響を与えた。エリザベスは一五歳のとき学校を卒業して外国旅行をした後、愛情に満ちた大家族の家庭に落ち着いたが、姉に代わって当然課せられる仕事以外は特別にすることもなかった。彼女はまもなく、幸せな「遊惰」の生活を生涯ずっと続けることはできないと思い、何か取り組むべき明確なものを見つけなければならないと感じ始めていた。彼女とエミリーが初めてランガム・プレイス・サークルに連絡をとったのはそのような気持ちが強まっていたときだった。フェミニストたちの理想が面前に示してくれた未来の可能性は二人を魅了した。彼女たちの本質の深い所に存在する何かがその呼びかけに応えたのであり、二人は新たな希望と決意を心の中に抱いて家に戻った。

　この頃の彼女たちについての話は、実話ではないのかもしれないが、いかにもエミリー・デイヴィスらしい逸話があり、二人が自分たちの仕事に取り組んだときの自信に満ちた心の状態をよくあらわしている。その話は次の通りである。エミリーがオールドバラのギャレット家に泊まりに行き、その夜、この仲良し二人はエリザベスの寝室の暖炉のそばで一緒に座って話をしていた。そのとき、まだほんの小さい女の子であったミリセント・ギャレット〔訳注24〕は椅子に座ってその近くで話を聞いていたが、何も言わなかった。彼女たちが自分たちのまわりに存在した大きな運動、特に自分たちが生涯を捧げようと燃えていた女性運動を検討した後、エミリーがその問題を総括して言った。「そう、エリザベス、何をすべきかはすっかりわかってきたわ。私は高等教育を確実なものにすることに身を捧げなければならないし、あなたのほうは女性に医学の職業の門戸を開くようにしなければならないのよ。これを達成したら、私たちは参政権を得る問題に取り掛からなければならないわ」。それから、彼女は椅子にまだじっと静かに座っていた小さい女の子のほうを向いて言った。「ミリー、あなたは私たちよりも若い。だからあなたには参政権の問題に心を向けてもらいたいの」。

（1）　ある老嬢（ミス・マーチ・フィリップス）『わが人生、どうすべきか』。『エディンバラ・レヴュー』誌（一八六〇）の記事で書評された。

（2）　〔ジョン・ラスキン〕『胡麻と百合』（一八六五）。

（3）　ルイーザ・トワイニング『わが人生と仕事の回顧』（一八九三）。

（4）　「私は孤児院に座っていた。その時、およそ二四人の男性の救貧委員会全員が「視察」なるもののためにどかどかと歩いて入って来た。彼らが小さい小児用寝台をちらっとのぞいた時（そのうちのひとつも見ようともせず）、あの男性「お歴々」は無力でひじょうに愚かに見えた。その間、彼らを見て、目を覚ました赤ん坊たちは一斉に泣き叫んでいたが、このような光景を目にすることはこれまでほとんどなかった」とフランシス・パワー・コッブは記している。

（5）　J・エステゥリン・カーペンター『メアリー・カーペンターの生涯と仕事』。

（6）　『女男爵　バーデット・クーツ』参照。彼女の公的生活の概要及び、テックの女公爵メアリー・アデレイドの命による一八九三年のシカゴ博覧会の準備の仕事の概要。

（7）　ハリエット・マーティノー『伝記的スケッチ』参照。

（8）　フランシス・パワー・コッブ「社会科学会議と女性の役割」（『マクミランズ・マガジン』誌一八六一年一二月）。

（9）　彼女のもっともよく知られている作品は次のように始まる。「私の客間に入ってきてくださいませんか」と蜘蛛は蝿に言った。

（10）　一八六二年六月一四日。

第六章　権利とプロパガンダ　一八六〇―一八七〇

一八六五年　ジョン・スチュアート・ミルの当選――ケンジントン女性討論協会――一八六六年　国会に提出された女性参政権を求める請願書――ロンドンにおける女性参政権暫定委員会の成立――ミス・ベッカー、マンチェスターに委員会設立――選挙法改正法案に対するJ・S・ミルの修正案についての論争――ロンドンで再編成された女性参政権委員会――法廷で女性がすでに選挙権を与えられていることを証明する努力――一八六八年、不利な判決――初期の会合と地方でのプロパガンダ――一八七〇年、第二読会の勝利――グラッドストンの反対によって阻まれた前進

一八六五年にジョン・スチュアート・ミルは、ウェストミンスター区より国会議員に立候補するよう誘いを受けた。この誘いに答えて、彼は選挙について普通とは幾分違った考えをもっていることを説明した。ミルは、当選するために選挙運動をすることも選挙資金を使うことも間違っていると考えており、そのどちらに対しても同意はできないと宣言した。また、自分が選出されたとしても地元のために仕事をするつもりはまったくないことを明らかにした。しかし、ミルは自分が取り組もうとしている仕事は何かをはっきり述べ、その中でも女性参政権の問題をほとんど一番にあげたのだった。彼の予想に反して、ウェストミンスター区の有権者たちはこの条件を受け入れ、ミルが自分たちの代表となることをあらためて要請した。様々な革新派やフェミニストのグループがどんなに熱心にこの議席争いを見つめていたか、想像にかたくない。選挙費用を支払うために資金がすぐに集められ、女性による委員会は、ミルが選出されるよう手助けすることを申し出た。ランガム・プレイス［第五章参照］で働いていた人たちはもちろん賛同者となった。常に新しいことを提案するマダム・ボディションは、馬車を借りてプラカードで覆い、その馬車に彼女とエミリー・デイヴィス、ベッシー・パークス、アイサ・クレイグが乗り込み、ウェストミンスターのあちこちを乗り回した。そして、選挙戦の興奮に新しい喜びを感じるのだった。「こうした活動によって、私たちがミル氏の心の支えになることができると考えたのです。しかし、彼が誤解される原因を私たちがかえって作っているのではないか、とも思っていました。というのも、友人の男性が、ミル氏は国会に若い女性を出入りさせたがっているといううわさを聞い

た、と私たちに話したからです」とエミリーは書いていた。

しかしながらミルの人柄や誠実さに寄せられた尊敬の念は、この疑いをものともしないくらい強く、彼は一八六五年に勝利をおさめ、選出された。

この同じ年に女性討論協会がケンジントンに設立され［ケンジントン協会のこと］、約五〇人もの会員が集った。この協会は、おもに大学の地方試験の門戸を女子に開く運動に関心をもっていた人たち(原注1)で構成されていた。会長はマニング夫人であり、書記はミス・エミリー・デイヴィスだった。会員のなかにはミス・ヘレン・テイラー(訳注1)、ミス・ソファイア・ジェクス‐ブレイク、マダム・ボディション、ミス・ビール、ミス・バス、ミス・フランシス・パワー・コッブ、ミス・エリザベス・ギャレット、ミス・ウルステンホーム［後のエリザベス・エルミー夫人］などがいた。この協会は年四回の会合を開き、一八六五年五月の初めての会合では親の権威の限度について討論し、エリザベス・ギャレットが先頭に立って会を進めた。この議題は今日では学問的に思えるが、両親が娘を拘束するのに懸命であった一八六〇年代の若い女性たちにとっては、きわめて実際的な問題であった。さらにこの問題の核心は、二回目の会合の「女性は公事に参加すべきか」という議題と同じところにあると思われた。マダム・ボディションは、この討論で重要な役割を果たし、参政権についての彼女の文書は活発な議論を呼んだ。最後の評決では、みなが驚いたことにほとんど五〇人すべてが、参政権にまで及ぶ女性の政治活動に対して強い賛同の意を表明していることがわかった。この事実に勇気づけられ、マダム・ボディションのいつもの情熱に火がついた。彼女は、ただちに組織だった女性参政権委員会を設立することを願った。しかし、エミリー・デイヴィスは彼女を引き留めた。エミリー・デイヴィスが参政権を支持しなかったわけではない。彼女にとって参政権の問題は、人生を大きく突き動かすもののひとつであり、ほかの何よりも大切なものであった。しかし、正式な組織が設立された場合、過激派の参加を阻止することは不可能であり、女性参政権を求める過激な声明が出されると、結果として女子教育運動［ガートン・コレッジ設立が目的］を損なうのではないか、と彼女は恐れたのだった。その当時、女子教育運動に明るい兆しはあったものの、重大な段階にあったのだ。

しかしながらこの年、ハクスリー(訳注2)の『信徒の説教』が出版され、その中で女性参政権への支持が明らかにされたので、大きなはずみとなった。そのためバーバラ［マダム・ボディション］を抑えることはできなかった。一八六六年四月、選挙法改正法案が国会で差し迫った問題となったとき、彼女はミル

ヘンリー・フォーセットと妻ミリセント

の助言を求めに出向いた。もし女性参政権を求める請願書を準備することができたら、彼はそれを提出してくれるだろうか。その時が来たと彼女は考えた。

　ミルはついに運動が具体化してきたことを知りたいへん喜んだ。もし百人の署名が集められたら必ず請願書を提出するが、百人以下であればそれは逆に不利になるだろう、と彼は言った。

　マダム・ボディションは、ミルの助言を受け、喜びをあらわにした。その喜びは、ミルが彼女から請願書提出要請を受けた時見せた喜びと同じくらいのものだった。彼女は急いでエミリーのもとへ戻った。エミリーは、これは早急に取りかかるべき具体的な提案であると考え、反対意見を取り下げた。二人は、ジェシー・ブシェレット、ロザモンド・ヒル(訳注3)、そしてエリザベス・ギャレットに援助を求め、初の女性参政権委員会を設立した。

　彼女たちの中の何人かは、請願書の署名を集める仕事は一〇年前の既婚女性財産法運動で経験していたので、まったく初めてというわけではなかった。それにもかかわらず、彼女たちの歩む道のりは、平坦というわけにはいかなかった。最初の難問は、後になるほど深刻化したのであるが、要求しようとしていることの核心部分にあった。つまり、必要な資格を満たしているすべての女性自家所有者《ハウスホールダー》に選挙権を要求すべきか、あるいは未婚女性の選挙権のみに要求を限定すべきか、という問題だった。エミリー・デイヴィスは、このように適用範囲を「はっきり規定してしまう」ことを恐れ、既婚女性を含めることを明文化すれば、まったく不必要な騒動を起こすことになると指摘した。しかし、ミルは男女平等に制限を加えるつもりはなく、男女平等を要求し、さらに未婚、既婚の女性があわせて含まれるような表現を見いだした。それですべての支持者の署名が得られたのだ。

　二週間のあいだ、小委員会は活動し、著名人、有名人の署名が集まり喜びに沸きかえった。その前年にヘンリー・フォーセット(訳注4)と結婚したミリセント・ギャレットは若すぎて署名はできなかったが、フローレンス・ナイティンゲール、ハリエット・マーティノー、メアリー・サマヴィル、ジョゼフィン・バトラー、その他一四九八人が署名した。ミルの言葉通り、これは「誇りをもって世に示すことができる」ものだった。

六月七日、重大な日がやってきた。バーバラ・ボディションは病気で来られなかったが、エミリー・デイヴィスとエリザベス・ギャレットは、分厚い包みを抱えセント・スティーヴンズ［英国下院の俗称］へ向かって行った。彼女たちは中へ入ることを躊躇していたが、幸いなことにミルを探しに出てきたフォーセット氏に会った。二人の使者はウェストミンスター・ホールでしばらく待っていた。そこには女性といえば、りんご売りの女性がたったひとりいただけだった。彼女たちはおずおずとりんご売りに近づき、請願書を彼女の屋台の下に隠したが彼女は黙認してくれた。ミルが現れると、大笑いしながらそれを引っぱりだした。二人は喜々として、何人の名前が、そしてどんな著名な人物の名前が書かれているか、また彼女たちが見いだした支持者たちがどれほど広範囲にわたっているかをミルに語った。

ミルに請願書をわたすエミリー・デイヴィスとエリザベス・ギャレット

この小規模な請願書委員会が、初めて設立された女性参政権委員会であったが、まもなく他の委員会が次々にできた。その秋、最初の請願書が渡された後、社会科学学術会議がマンチェスターで開かれ、マダム・ボディションが女性に参政権を付与することについての論文を発表する機会を得た。啓蒙された聴衆の中には「「女性参政権」問題に目覚めた」人も多くいたことは疑いないが、そこには、厳しい表情ながら、物静かで地味なたたずまいの女性がいた。彼女にとってはこれが女性参政権問題との初めての出会いであった。この女性が、生来のフェミニストであり、並外れた政治的洞察力をもつリディア・ベッカー[訳注5]だった。彼女

風刺画に描かれたリディア・ベッカー（"Comus", Oct. 1877）

はこのときまで公の仕事について考えたことなどなく、やっとこの頃女性にも学ぶことが許されるようになった天文学や植物学その他、聞きかじり程度の科学知識を身につけることに余念がなかった。マダム・ボディションの論文に触れた日は「ベッカーの知的人生における記憶すべき日」となり、このときから死ぬまで彼女は女性参政権運動に自分のすべてを注ぎ続け、やがて明らかになってくるように、この運動のまさに中心人物となっていった。

社会科学学術会議がマンチェスターで開かれた頃、ロンドンの最初の請願委員会は一三人からなる女性参政権暫定委員会となった。そこでは、レスター〔イングランド中部の市〕の国会議員の妻、ピーター・テイラー夫人(原注2)が常任会計担当委員となり、エミリー・デイヴィスが書記となった。

しかし、エミリーは女性参政権運動に自分の名前が挙げられていることで、自ら唱道している女子教育運動によくない影響を与えるのではないかと恐れた。そのため、ほどなくギャレット姉妹の長女、J・W・スミス〔ギャレット家一二人の子どもの長女〕を説得して書記を頼んだ。一八六七年に彼女が死去した後は、マダム・ボディションがその仕事を引き継いだ。

この委員会はさらに多くの署名を集めることに奔走した。そのため、一八六七年一月にミス・リディア・ベッカーを書記とする同じような小さな委員会がマンチェスターに設立され(訳注6)、その活動を援助するようになって初めてもとの委員会は機能し始めた。エディンバラでも、組織だった委員会は数ヶ月間設立されなかったが、署名を集める積極的な女性参政権論者《サフラジスト》たちがいた。そして、選挙法改正法案が審議される五月までには、ミルの改正案が通過すれば有権者となるはずの一六〇五人の女性の自家所有者の署名のほか、三〇〇〇人以上の署名を添えた二通の請願書が提出された。

女性参政権に対する初めての国会討論を引き起こしたミルの行動は、彼自身の意見では下院において彼が成し得た「何にもまさる重要な公共の仕事」だった。それはたしかにもっとも注目すべき功績だった。というのも、ミルはこの重大な改革の審議順位に疑問を投げかけただけでなく、女性参政権についての彼の演説は、下院で女性に関する議題が取り上げられるときにひんぱんに見られる、程度の低いくだらない関連演説などとはまったく別物であったからだ。(原注3) 実際彼の冒頭演説は、それ以後議会では、常に一目置かれるようになったほど、誠実で熟慮された演説であった。もっとも思慮に欠け敵対する傍聴人でさえ、これを聞くと、はっとして敬意を抱くようになったものだった。ミルが正義と英国憲法の基本原則に基づき、女性参政権請求の主旨を語った後、彼は問題をより人間的な側面へと移した。ミルは次のように語った。「何かもやもやした感情が存在していることを私は知っている。それをあからさまに表わすことが恥となるような感情――たとえば、まるで女性が、ある特定の男性にとってもっとも役に立つ献身的な召使になるにはどうすべきかということ以外、何事にも関心をもつ権利がない、と感じていること……。人類の半分の人びと［男性］に不便が生じる可能性があるとして、もう半分の人びと［女性］の全存在を認めないという主張は、その不公平さを別にしても特にばかげていると思われる。人間社会のふつうの営みを経験し、その経験から学ぶだけのふつうの能力をもつ男性なら、いったい誰が、男性に仕える以外無知である者［女性］が自分のつとめを立派に果たせると思うだろうか。……また常に男性より劣っていることを望み、この世の楽しみが強制的に家庭の囲いの中に限られていて、男性がもっとも重要な任務として取り組んでいる知的関心を呼び起こすものに対し、無知と無関心こそを美徳として身につけようとする女性と考えや感情をすべて共にしながら生きていくことが、男性にとって果たして本当によいことなのだろうか。……」。

「女性は間接的ではあるが、ひじょうに大きな力をもち、それを通して男性の身内や知人に影響を与えるから、直接的な力は必要としていないと言われている。私はこの議論を少し先へ進めてみたいと思う。裕福な人びとは間接的な力を多大にもっているが、このことが選挙権を与えない理由になるだろうか。……議員諸君、女性が大きな力をもっていることは本当である。彼女たちが大きな力をもっているということが、私がここで言いたいことのひとつだが、女性たちはその力を最悪の状況のもとでしか使えないのだ。なぜならその力は間接的であり、そのため主体的に関われないものだからなのだ。……だが、女性は選挙権をもっていないからといって女性として実際上の不都合はないと言う人もいるだろう。全女性の利益は、同じ利益を共有する夫や兄弟たちの手によって安全に確保されている。……議員諸君、この状況はまさに立法府に代表を出していない下層階級について言われることと同じなのだ。たとえば職人たちにとって、雇い主は実質的には自分たちの代理となっていないのではないか。……農場経営が成功した場合、農場労働者は農場主と同等の利益を受けていないのではないか。……一般的には、夫と妻が家庭外の世界から同等の利益を得ていないのとまさに同じように、雇い人と雇い主も外部から同等の利益を得ていないのではないか。さらに、すべての雇い主が、雇い人を愛し、雇い人のために一番良いことを常に行いたいと望んでいる善良で親切で情深い人物だとは限らないのではないか。これらの雇い主対雇い人に関する主張は、男性対女性に関し対応する主張と同じように真実で的を射たものである。諸君、われわれは理想郷《アルカディア》に住んでいるわけではない。……労働者には雇い主から受ける保護以外の保護が必要であるし、女性には男性から受ける保護以外の保護が必要である。私は毎年、保護者である男性によって殴られ、蹴られ、踏みつけられ、死に至った女性の数についての報告書をこの議会に提出したいと思う。そして、この報告書の反対側の欄には、これを行った卑劣な犯罪者が結局何らかの罪に問われた判例がいったいどれほどあったのかを報告したい。三つ目の欄では、この犯人が、ひとりの判事が担当する裁判または巡回裁判の期間内に、女性の死によって不法に手にした財産の額に相当する量刑を受けるに値するという判決が下された場合がいったいどれほどあったのかを報告したい。われわれは女性の殺害に対して、男性が作った法や男性が作った罰則規定によって割り出された罪の重さを数値で明示すべきだ。そしてわれわれに恥じることがあるのなら、われわれ男はうなだれて恥を知るべきであろう」。ミルの演説を聞いた者たちは、このまったく新しい女性に関する考えが実際何を意味しているのか、初めて身にしみて考えることになった。また女性の地位の変革を求める考えの基となっているミルの決意と情熱を初めてかいま見た。さらにミルが問題にしていることは冗談ではなく、大きな社会変革なのだということも初めて理解した。ほとんどの議員たちはこの問題全体を嫌い、恐れた。そして、一時間のあいだこの問題に向き合ったが、彼らは自ら考えることをやめ、それをもう一度考えてみようとすることは決してなかった。そして、票決の時が来ると、修正案を支持するのは八〇票のみであった。（訳注7）それにもかかわらず、この討論は大きな勝利として認められていいものだった。つまり、最初の第一歩が踏み出され、挑戦が始められ、女性参政権獲得運動が政治問題の一覧表に加えられたのだ。

初期の女性参政権協会にとってこの結果は大きな弾みとなった。八〇人の推進派議員と、あらゆる方面からのすばやい反応によって、彼女たちは最終的な勝利はそう遠くないと信じた。来年、せいぜい再来年には事は成し遂げられるだろう、と一八六七年の時点では確信していたのだ。

しかし、この楽観的な考えはまったくの誤りであった。ミルや政治経験がある者には同調できない考えであったが、女性たちがこの予測を信じて疑わなかったのも当然だった。というのも彼女たちは以前に政治的な仕事をしたことがなく、知的で私心もなかったので運動がどの面から見ても正しいものならば、すぐに成し遂げられるにちがいないと思ったのだ。さらに、彼女たちはほとんどみな選り抜きの急進派と親しくしていた。そこにはひどい反対意見も見当たらず、お互い同士が常に顔を合わせていたので、接触のない外側の大きな世間の存在をむしろ忘れてしまっていた。女性参政権運動に賛同した多数の女性があらたに加わったが、この女性たちが社会のほとんど同じ階層から集っていることに気がつかず、彼女たちは大きく前進しつづけていると思いこんでいた。もちろん、『サタデー・レヴュー』誌のような雑誌の嘲笑や反対意見の底にあるものに気づいてはいたが、この嘲笑や反対意見を載せる雑誌の価値をひじょうに低く考えていたので、それを重要視することができなかった。現実に存在していた恐るべき敵意の塊は彼女たちには見えなかったのだ。英国中の人びとが、正直なところこの運動を不信心で不道徳なものと見なしていることを彼女たちは知らなかった。彼女たちが女性のための新しい自由な世界についての展望を明らかに示せば示すほど、男性の中でも自己中心的で私利をむさぼる者や、女性の中でも守られながら怠惰に暮らす者が、彼女たちに確実に敵対していった。自分たちの構想全体がいかにばかげたもので破壊的に見えるかを認識していなかった。そして、これは正しいことなのだからほどなく世間に浸透するにちがいないと信じて疑わなかった。だから、彼女たちは希望に満ちていたのだ。

しかし、短期間の遊説活動も全国的に組織することが重要だったので、暫定的なロンドン委員会は解散し、より広い基盤をもとに六月に再編成された。この解散と再編成の実際上の理由は政治的なもので、活動を通して何度も繰り返し起こりそうになった内部闘争が初めて表ざたになったことによるものだった。女性参政権修正案が国会に提出され、いろいろな党の男性から支持されたことで、委員会のメンバー同士の意見の相違が明らかになった。常に思慮ぶかく慎重なエミリー・デイヴィスは、保守党の支持を得ることにもっとも重点を置き、一般市民を動揺させないように一歩ずつ前進したいと思っていた。しかしながら、活動的なサフラジストの女性のほとんどは急進派の最たる者たちだった。ミス・デイヴィスの方針は彼女たちの路線とはまったく合わなかった。そこで、別々に活動することが賢

フランシス・パワー・コッブ

明だと考え、友好的な同意が交わされた。ミス・デイヴィスはケンジントンに女性参政権委員会を設立し、しばらくそれを統括していた。その委員会は活動を重視する方向性をとらず、その年の末まで活動を差し控えるという条件で寄付金を受け取ったこともあった。ほどなく、教育問題の仕事に没頭していたミス・デイヴィスはこの委員会から身を引き、ケンジントンの女性参政権委員会は弱体化した。

しかしながら、他の者たちはみなピーター・テイラー夫人に呼び集められ、一八六七年七月五日に再編成された委員会が、ケンジントンのオーブリー・ハウスで会議を開いた。そこではフランシス・パワー・コッブが議長を務め、メンバーのなかにはヘンリー・フォーセット夫人〔ミリセント・ギャレット〕がいた。夫人は、エミリー・デイヴィスと姉のエリザベス〔エリザベス・ギャレット〕に、子どもの頃割り当てられた仕事をはじめて行うことになったのだ。〔第五章参照〕

この協会のために選ばれた初めの名称は「ロンドン女性政治権利獲得協会」であったが、まもなく「ロンドン女性参政権全国協会」(訳注8)に変更された。協会最初の仕事は、マンチェスターとエディンバラに設立されたばかりの協会と、さらにバーミンガムとブリストルに設立する予定の協会との綿密な協力体制をうち立てることだった。

ミル自身が書いた彼の人柄を表す興味深い手紙が、このときの議事録に載っている。

ミルは以下のように書いていた。「私は（名前の変更や全国的な仕事を）高く評価していますし、これはひじょうに重要なものだと思っていますが、協会を起こすことに私は一切関与しておらず、それは私の娘〔義娘ヘレン・テイラーのこと〕が独力でやった仕事だったのです。……この協会の議事録の中に、明らかに誤ったこと、特に男性の助けがなければ女性は重要なことは何ひとつできないといった卑下した考えをもたらすようなことが含まれないよう望みます。現在の運動に関してこのような想定をすることは、まったく誤っていることはおわかりでしょう。……」。

男性を委員会に一人も入れるべきではないというのがミルの考えであったようだが、彼女たちはミルが高く評価していた自立を当然のことと考えながらも、彼のこの意見には同意しなかった。そしてはじめから、かなりの数の男性が活動に参加した。当時、男女で構成されていた委員会の場合、男性がすべて代表者として話すことが普通であった。しかし、これら初期の女性参政権を求めるグループにいた男性も女性もこのような考えをもっていなかった。彼らは、自分たちの運動にひじょうに有利になるように男女平等を信じると同時にそれを実践した。

男性の協力に大いに助けられたが、細部にいたる仕事や執行部の仕事の大部分は当然、女性のメンバーがしなければならなかった。しかし、彼女たちの経験不足が多くの難事を引き起こした。ほとんどの者が、継続的、あるいは規則的な仕事ができず、いつも危機に陥るたびに協会を去って行くのだった。委員会のいくつかは大きすぎて何の成果もあげることができなかった。他方では、小さすぎて「一〇月に委員会の会議が招集されたとき、たったひとりの女性しか来なかった」と議事録に記されている。しばしば、彼女たちは有効な結論に達する方法がわからず、そのため「討論が続くばかりで、なんの結論も出なかった」との記録もある。また、ほかの時には前回の会議以来、事務局から送ったり送られてきたりした通信文をすべて読むことを書記に頼むので、すっかり仕事が遅れてしまった。議事録にあるように、「公職に就いている男性委員たちには、このようなことが無分別でばかげていると思われていた」が実際その通りなのだった。にもかかわらず、このやり方をめぐって会議は紛糾し、委員会の方針についてさまざまな問題がもちあがった。もちろん、方針について彼女たちの意見はそれぞれまったく違っていた。一八六七年に真剣に討論された提案は、選挙権の付与が家庭内の騒動に発展しないように女性の独立した選挙区を要求することだった。「千人の女性のうちやっと一人が夫の考えに反して投票する勇気がある程度なのだから、女性だけの選挙区を設ける計画で問題は解決できるでしょう」と計画の支援者は述べた。

この件に関して深刻な反対が起きる危険性は大きくなかったが、お互いが協力しようとした時に、様々な場所のいろいろな協会からさらに重要な意見の相違が浮上した。このような問題が起こった時、ロンドン委員会は設立からまだ二ヶ月もたっていなかった。「ほかの協会から利益を得ることは、同時に他の協会の無分別な行動によって生じる不利益をも必ずこうむることになるということなのです」とその委員会のメンバーの中の二人は書き、このなぞめいた発言とともにその二人の女性は脱退した。彼女たちの不安が誰に、または何に向けられていたのかは議事録にも明らかにされていない。しかし、このことはやがて女性参政権運動を二つに分裂させることになったジョゼフィン・バトラーの運動をめぐる騒動の最初の兆しだったといえる。

これらの組織内部の問題は、これに直接かかわっていた人びとにとってはもちろん大きな問題だったようだが、実際の仕事の核心ではなかった。おかしなことだが、組織が初年度に行った実際の活動は、後になって腰をすえて取り組んだ女性参政権運動推進のためのプロパガンダや討論会とはかなり違ったものだったことは興味深い。最初の活動は、女性はもともと選挙権がなかったわけではないことや、現行の法律にのっとれば、女性が選挙することは完全に合法であるということを証明しようとすることから始まった。

この希望に満ちた考えの発案者は、チザム・アンスティー氏(訳注9)だった。彼の信念は、国会法令において「人間」("man")という言葉が現れた場合は女性を含むと解釈すべきだと定めたブルーム卿条例に部分的にはよるものだった。しかし、過去の時代における女性の法的権利に対する歴史的調査によるところも大きかった(原注4)。彼は、封建時代には国会の代表者を指名する権利は、性別に伴うのではなく財産に伴うものだったと主張した。彼は、女性の地主やある町の女性自由市民がこのような権限を行使していたという、興味深くおもしろい記録を数多く発見した。ドーセット、ペンブルック、モンゴメリー伯爵夫人であり、ウエストモーランドの女男爵で有名なアン・クリフォード(訳注10)は、彼女の称号に付随する昔からのすべての権利を主張し用いただけでなく、国務大臣の提案に反抗し、一六六七年に孫息子を国会議員に推薦していた。また、エリザベス・コプリー令夫人は一六二八年に契約書に署名をしていたし、ほかにもこのような女性が多くいた。これらの事例を聞き知って女性参政権委員会は興奮に沸いた。ことは、単純な司法の問題だった。つまり、権利はすでに女性たちの手にあったのだから、やるべきことはその権利をよみがえらせて、すぐに実践に移すことだった。

このことについて討論が続いている間に、彼女たちみなをひじょうに勇気づけ、刺激する事件がマンチェスターで起こった。それは、リリー・マックスウェル夫人の事件だった。ある偶然から議会で制定した有権者の登記簿にこの女性の名前が載り、補欠選挙がその時(一八六七年)行われ、彼女は投票に行って票が記録されたのだ。サフラジストたちが選ぶことをまかされたなら、試験的事例として選んだに違いないような女性だった。彼女は未亡人で小さな瀬戸物店を営んで生計を立てていた。そして、ひじょうに積極的ではっきりとした政治信念をもち、それを明確に述べた。また、この信念に従って、女性参政権運動の重要な支持者である下院のジェイコブ・ブライト氏（訳注11）に投票した。それゆえ、ミス・ベッカーは彼女の冒険に同行したことにひじょうに満足していた。そのとき投票ブースにちょうど居合わせた男性たちによる「渦中のヒロイン」のための「万歳三唱」以外は、実際騒ぎもなく、事は終わった。しかしもちろん、サフラジストたちはこの事例をできるだけ効果的に利用しようとし、自分たちの運動にとってよい兆候ととらえた。

　この事件のすぐ後、ミス・ベッカーは多くの女性に選挙人名簿に登録請求をするよう求める仕事にとりかかった。

ジェイコブ・ブライト

そして、女性の自家所有者を戸別訪問することが計画された。その結果、選挙人名簿修正委員たちは、自分の当然の権利を請求しようと押しかけた女性の集団への対応を迫られた。チザム・アンスティー氏は、自身が選挙人名簿修正委員として、直接提出された請求が、他の何箇所かの場所で提出された登録請求も含めて有効であることを認めた。しかしながら、ほとんどの場所でこの請求に異議が唱えられたので、女性たちが裁判所に訴えたのは当然で妥当な結果であった。

　この措置によって、女性の請求を支持していた者たちは、膨大なトラブルを背負い込むことになった。そして、この件が重大な結果を招きかねないということで、この審議は国中の注目を集めた。

　五三四六人のマンチェスターの女性の自家所有者が、まず最初に審議されることになった。「チョールトン対リングス」として知られるこの事例は、一八六八年一一月七日に民事訴訟裁判所に提訴された。女性たちの弁護士は、サー・ジョン・コールリッジ（訳注12）とパンクハースト博士（訳注13）であり、『タイムズ』（訳注14）紙はその報告の中で、「その問題に興味をもっているように思われる幾人かの女性たちが傍聴席にいた。ミス・ベッカーだと伝えられた女性が陪審員席に座っていたが、当然ながらみなの好意的まなざしが注がれていた」

パンクハースト博士

と記していた。

　この件についてどういう議論がなされたかをここで繰り返す必要はないが、議論は長く続き、学識を示すものだったが効果はなかった。翌日、月曜の朝、裁判官は請求を退け、（法的に）「すべての女性は個人として（法律上の）権利を有さない」という判定を下した。問題が公的重要事項のひとつだったという事実から、訴訟費用の支払いはどちらにも課されなかった。地方選挙における女性の参政権、不動産を保有する女性、女性からの選挙登録請求を選挙管理官が受諾した事例、などを扱う多くの訴訟が残っていた。パンクハースト博士はこれらの訴訟が審議されるように必死に努力した。「これはひじょうに大きな課題です」と彼は言った。「主張すべきことがたくさんあります。……そして、検討すべき材料がその中に膨大にふくまれています。」しかし、「裁判所では嘲笑」が聞こえ、裁判官たちは彼の言い分を聞こうとしなかった。判決は下され、この件は終わりとなった。

　翌朝の『タイムズ』紙は、その問題についての社説を載せたが、それは何年かのちに書かれた多くの記事よりはずっと不快感の少ないものだった。

「このような結論に対して、慎み深い遺憾の意を装うことができない以上、無言を押し通したほうがふさわしいと思われるかもしれないが、この場合、沈黙は勝利の叫びよりもっと相手の気持ちを逆なでするかもしれない……」。

「納税責任のある女性は議員代表制への参加の権利がなければならないという主張は、現行の選挙制に反逆している女性の立場を正当化するかもしれないが、習慣法であれ制定法であれ法律によって定められていない女性の特権を認めるような裁判を正当化することはできない」。

　論説委員がプリンティング・ハウス・スクエア〔『タイムズ』紙のロンドン本社の異名〕で前述の記事を書いているときには、ミス・ベッカーは記者が言及している反逆の計画をすでに立てはじめていた。しかし、それは平和的で合法的な反逆計画だった。

「私はあることを計画していました」と彼女はこれらの出来事について書き、説明した。「判決が下されたらすぐに、イングランドとウェールズのすべての志願者に女性参政権を確立する法案を支持するよう頼む通知を発送する計画でした。われわれの委員会や別の委員会の女性たちは、八〇〇通の通知を書くことを引き受けました。私は法廷を出るとすぐに、ウェストミンスター・タウン・ホールから『手紙を投函せよ』と電報を打ちました。ほとんどの手紙がその夜送られたので、最初の通知は判決の発表と同時に国中に届きました」。

しかしそれでもまだ、委員会のメンバーたちは、希望を失わなかった。彼女たちの中でミス・ベッカーとフォーセット夫人は、闘いは長く困難なものになるだろうと予測していたが、ほかの多くのメンバーは、法案が通過するためには国会に議案が提出されればそれですむものだといまだに思っていた。彼女たちは、そのとき選ばれるであろう新しい議員たちが判決を翻すことを期待した。

ジョン・スチュアート・ミルが議席を失ったことは、希望を打ち砕く大きな打撃であった。しかし、新しい下院にはほかの支援者たちが残ったので、彼女たちはこれらの議員を頼った。一八六九年のはじめミス・ベッカーはジェイコブ・ブライト氏に、ラッセル・ガーニー氏(訳注15)と連絡をとり議会の状況を考慮してほしいと頼んだ。それは望みどおりに行われたが、プロパガンダをより広めるように協会に差し戻される結果となった。

「いまやわれわれの運動は、これまで成し得た以上の大きな努力が求められる段階に入りました」とミス・ベッカーは書いた。「われわれは、今すぐの成功などはもちろんのこと、早い時期の成功すら望むことはできません——最終的な成功は、組織立った長期間の辛抱強い情宣活動によってのみ成し遂げられるのです。われわれは、反穀物法同盟や選挙法改正運動のようなほかの進歩的運動が以前通った道を再び歩まなくてはいけないのです。……」。

このことは幾分失望することではあったが、真実であることは間違いなかった。しかしながら委員会の若いメンバーたちは勇敢に重荷を背負い、計画を立てはじめた。彼女たちは全国的に組織を広げ、委員会の基本的な考えを知ってもらうことが第一の段階であるに違いないと考えた。マクラレン夫人(訳注16)、エディンバラのミス・メアア、バーミンガムのオスラー夫人、ブリストルのプリーストリー姉妹、ほか十数人の女性が真剣に活動を始めた。一八〇〇〇部以上のパンフレットが刷られたが、まもなく彼女たちはもっと直接的に訴えるものが必要だということに気がついた。そこで、集会を開くという提案が浮上した。

その頃まで女性が公の場で演説をすることはほとんどなかった。ごく少数の大胆な女性が「講演」を行い、ほんの二、三人の女性が社会科学学術会議で論文を読んだくらいだった。ミス・ベッカーは前年、マンチェスターのフリー・トレイド・ホールで実際の公的集会を計画し、そこで市長が議事を進め、彼女自身は演説者の一人だった。しかし、勇敢であった彼女でさえ「おじけずいた」ことを認めていた。さらに、他の女性はみな熱心であったが、政治集会の荒々しく、混乱した場所へ入って行くことを想像しただけでもぞっとしてしまった。しかしながら、彼女たちに課された個人的な苦しみや悩みがどんなものであろうとも、それはしなければならないことであった。そして、これは実行に移された。

最初の一歩は居間での集会であり、これでも十分おじけづかせるものだったが、すぐに公の場での集会が続いた。一八六九年七月に、第一回ロンドン集会がコンデュイット・ストリートの建築協会の会館で行われた。その集会自体はそれほど萎縮させるものではなかった。というのもホールは支持者でいっぱいで、その部屋にいるほとんどみなが顔見知りだったからだ。ピーター・テイラー夫人が議長席に座っていたが――女性が議事を取り仕切ることは今までにない驚くべきことであった――彼女を応援するために、著名な演説者が一団となって出席していた。今日われわれが考えれば、その演説者たちによって六回ほどの集会が十分に行えると思えるくらいの大物ぞろいだった。そこには、ジョン・スチュアート・ミル、チャールズ・キングズリー、(訳注17)フォーセット教授、ジョン・モーリー、(訳注18)サー・チャールズ・ディルク、スタンスフェルド氏、(訳注19)ほか六人の演説者がいた。その六人のうちの一人がフォーセット夫人であったが、彼女はその時、生まれて初めて公の場で演説をした。集会はすべてうまく運び、集まった人はみなすっかり満足した。新しい活動が始まったのだ。

実際その出来事は喜ばしいことではあったが、この新しい集会のやり方に好意的でない意見も確かにあった。新聞はだいたいのところこの特殊な集会をまじめに報告していたが、多くの人びとは男女がともに演説を行うという考えに正直なところひじょうに驚いていた。ある国会議員の男性は、「下院議員の妻である、二人のご婦人がた」が最近、公の場で演説をして自らを辱めたという話を機に乗じて自分の演説の中に盛り込み、ご親切にも「名前を口にすることでさらにお二人を辱めたくない」と、付け加えた。渦中の婦人たちは、彼の非難を受けてもまったく気にせず落ち込みもしなかった。フォーセット氏やピーター・テイラー氏は、その議員に闘いを挑むこともなかったが、議員の言葉が表している考え方は当時、ごく当たり前のものであった。その考え方に笑いを抑えられないサフラジストもいれば、怒りをあらわにする者もいたことはたしかだが、この議員の発言は、女性に演説をするという新しい役割をわざわざ奨励しようとしたものでは決してなかった。実際、初めのうちは女性の演説者を探しだすことは難しかった。

集会や建築家会館に集まった仲間の中で演説をすることは、困難なことのひとつであったが、地方に出て演説をするという新境地を開くことはもっと難しいことだった。しかし、今やそれにとりかからなければならず、多くの志願者がこの気の重い仕事にも応じた。

一八八四年の選挙法改正法案以前の当時、選挙区がただひとつの小さな町で成り立っていることが時々あった。その結果、一度集会が成功すれば、その選挙区選出の国会議員に影響を与えるのに十分なこともあった。極端に臆病な人が敬遠する以外は、公の場で女性が演説する目新しい光景を見ようと大挙して人びとが集まったので、観衆不足で集会が失敗する恐れはなかった。議長は不安を隠せず神経質になり、演説者たちは女性らしく慎み深いことを観衆に言っておく必要があると思っても、議長役がいなかったり、舞台の席に座ってくれる女性が誰もいなかったりした。集会そのものは、観衆が期待したものとはまったく違っていたことは疑いない。集会の最後に提出される即席の謝意票決は少しばかりおかしなことが多かった。彼女たちは演説者の「英雄的行為」にふれ、さらには妻が遠く離れたこの集会に来ることを認め、演説することを許可したりっぱな夫たちにまで言及した。

このような最初の演説者の仕事はひじょうに厳しいものであったし、また緊張を強いられる仕事でもあった。彼女たちは、大きなホールで女性の声が通るかどうかほとんどわからなかったし、ひじょうに特異な状況なので緊張も強かったにちがいない。それに、成功するかどうかの不安も大きく、聴衆の反応に神経をすり減らした。しかしその一方で、以前行われていた公の集会よりずっと楽しい集会であったに違いなかった。以前にも増してものめずらしさと興奮、本物の冒険をしている感覚を味わった。集会は常に成功し、彼女たちの声もじゅうぶん聞きとれる大きさであったという結果を得て、喜びもひとしおであった。

つらい仕事に対するもうひとつの大きな見返りは、演説した女性たちに各地で友人ができたことだった。女性が演説することが依然としてひじょうに目新しいことであったので——実際、この運動の最終時点までそうだった——世間では不評な運動であったにもかかわらず、支持者から湧き上がった理解と共感はたいへんな励みになった。そして、この大胆な女性運動家たちは心が通じ合い、居心地もよい家庭に快く受け入れてもらい、彼女たちの初期の講演旅行はひじょうに楽しい思い出になった。思い出には、冒険旅行を続けながらこの「ヒロイン」たちが楽しんだ多くの冗談もあったし、お互いに語り合ったおかしな話も数多くあった。彼女たちの中には若く、美しい女性もいたが、若くもなく、ましてや美しくない女性も多くいた。そして、すさまじい女性たちの行儀作法や外観を少しでも良いものにしようとひじょうに巧みな方法がとられた。これらの勇敢で熱心な女性の中には、見た目に地味なだけでなくひどく野暮な女性も何人かいたことは否定できない。彼女たちは容貌についてまったく無頓着であった。そして他の人たちが外見で自分たちを判断しがちだということにも気づかず、ずんぐりした深靴をはき、くしゃくしゃな髪でしわくちゃなドレスを着て現れたら、彼女たちのひじょうに説得力のある優れた主張もだいなしになってしまうことにもまったく気がついていなかった。このような女性がたくさんいたわけではないが、実際に一人、二人いただけで、めがねをかけ大きな足の強気で毛ぶかい女性という伝説を作り上げるのに十分だった。そして四半世紀またはそれ以上の間、風刺雑誌では勝手にその姿が描かれていたのだった。この伝説は、女性たちの「大義」にとってありがたいものではなかったが、そのことがかえって伝説とまったく逆の容貌をもつより多くの演説者の成功をきわだたせることになった。たとえば、愛らしいアッシュワース姉妹、フォーセット夫人、ミス・ローダ(訳注20)、ミス・アグネス・ギャレット(訳注21)、レディ・アンバリー(訳注22)、などの女性たちがいた。聴衆は、けんか好きの口うるさい女の登壇を予想したが、そのかわりに声もドレスも行儀作法もしとやかなうえに美しく若い女性を見いだしたのだった。そして、実際、聴衆は驚いて注意を向けた。これらの若い女性たちが、たとえばローダ・ギャレットのような力強さと雄弁さを備えた講演が行われたり、フォーセット夫人のような幅広い考えからテーマを発展させたとき、講演の内容は聴衆の心にしみわたった。初期の集会の記憶は、出席した者の心に生きつづけ、聴衆が感じた一すじの光がしっかりとした確信へと変わっていった。開催されたあらゆる集会から新しい支持者が現れ、努力は大きく報われた。

　しかしながら、すべてが成功したわけでも、平坦な航海であったわけでもなかった。新しい委員会が不安を抱えながらも慎重に形づくられたとき、ミス・ベッカーはそれを見守っていた。彼女は「新婚の夫婦のように彼女たちにまかせておけば、仕事が定着するだろう」と期待したにもかかわらず、時々有望な新メンバーが彼女の手からすり抜け

レディ・アンバリー

ていった。「この問題を解決するためにコヴェントリーで人を探す努力をしたが、うまくいきませんでした。私が最後に問い合わせた女性は、われわれの熱意を急進的すぎると思ったと書いてきました」とバーミンガムの書記は報告し、レディ・アンバリーも似たような話を時々した。アンバリーがストラウド〔グロスターシャーの町〕で開いた集会の後、彼女はヘレン・テイラーにひどく浮かない手紙を書いた。(原注5)「私に共感する人は誰もいません。夫のアンバリーだけが私の本当の支持者です。人びとは女性が講演をし、それでもまだレディのように見えることを目の当たりにして、あとから私に驚きを表すのです。……私が努力をしてきたこと、この運動を支持する多くの女性たちが受けたあざけりを私も同じように経験していることを知ってミル氏が喜こんでくれたらと思います。私がカールトン〔ロンドンにある英国保守党本部〕でからかわれていたことも聞いていますし、幾通かの無礼な匿名の手紙が私たちのもとへ届いてもいました。しかし、人は自分の意見のためには、不愉快なことにも覚悟して対処しなければなりません」。結局、その集会はうまくいった。二週間後にレディ・アンバリーは次のように報告することができた。「この集会がストラウドの人びとを奮起させたことがわかりました。そして私は、女性参政権委員会のために一二人の人たちを獲得しました」。しかし、それはたいへんな仕事だった。

「あなたにお会いできるなんて、本当に楽しみです」とまた別な時にレディ・アンバリーは書いている。(原注6)「私の貧弱で小さな委員会がどういうわけか、ロンドンの新聞に出たので、この間の晩、グラッドストンのパーティで私はすっかり笑いものにされ、ひどく気持ちが落ち込んでしまったものですから。女性というものはいつでも嘲笑をかわすことぐらいできるのですから、私自身、気にすべきではなかったのかもしれません。でも、私のせいで夫のアンバリーが笑いものにされ、彼がもっているはずの影響力が損われたと言われたのです。さらに彼の名前が出るといつでもみなが、にやりとしたり愉快そうにするのだとも言われました。……私は、あなたとあなたの友人以外のどなたにも会いたくありません」。

このようなことがあっても、彼女もアンバリー卿も世間の評判にとらわれることはまったくなかった。「私は、委員会にヘンリー卿を迎え入れようとしたのです」と彼女は同じ頃に報告した。「しかし彼は、彼の家族の誰かがそのようなことを認めてくれるという夢のような話をなぜ私が考えつくのかといぶかしがりながら、私をただ鼻であしらっただけでした。そして女性参政権という言葉は彼に吐き気をもよおさせる言葉であり、実際、私がからかっているのに違いないと思っていたのです。もしも彼らが今の状況の進展に対応できなければ、女性参政権という言葉は、雷鳴がとどろくように、さもなければもっといまわしい響きをとどろかせて、彼らに襲いかかるでしょう」と自らを慰めるかのように書いた。

不幸なことに、状況の進展に対応しなければならなかったのは、サフラジストのほうだった。地域の情宣活動が大いに発展する前の一八七〇年に、議会の感触を試す二度目の機会が訪れた。その試みの結果は、即時成功という彼女たちの望みをまったく失墜させるものだった。ジェイコブ・ブライト氏は女性参政権法案の提出のための日を確保した。そして、パンクハースト博士は注意深く、法案を起草した。五月四日、真剣に堂々と繰り広げられた議論のあと第二読会を一二四票対九一票で通過した。しかし、そこまでだった。委員会の段階で、グラッドストン氏は断固とした反対意見をもち出した。そして過半数は崩れた。「この法案を法として成立させることは、重大な間違いとなろう」と彼は言った。そして理由をあげなかったが、これにより、下院全体の風向きがただちに変わり、二度目の投票が行われると敵は一〇六票をとり、過半数を超えた。

議会での成功への初期の望みは、このように断たれた。女性たちは自分たちが勝ちとった個人的な支持の微力さや、打ち負かさなければならない反対勢力の大きさにやっと気がついた。このため、彼女たちは懸命に世論を変えようとし、新たな熱意で自分たちの組織を立ち上げた。しかしそうは言っても、次に支持票が下院で過半数を確保するまで(原注7)どのくらいの時間がかかるのかということや、要求の最初の部分が認められるまでさえ四〇年間待たなければならなくなるなどといった現実認識は、彼女たちにはなかった。

(1) 第七章参照。
(2) 一八四二年、ジョン・ドウティの娘クレメンティアは、ピーター・アルフレッド・テイラーと結婚した。夫妻はユニテリアン派の信徒でマルソン家やコータウド家のいとこにあたり、W・

J・フォックスやマッツィーニや当時のあらゆる急進派の人たちの友人であった。彼らが住んでいたケンジントンの「オーブリー・ハウス」は、さまざまな運動の拠点であった。テイラー夫人は特に、黒人奴隷解放に興味をもち、黒人の少女を養女にして教育し、少女は最終的に医者となった。彼女をJ・S・ミルと結婚したテイラー夫人［ハリエット・テイラー］と混同しないこと。

(3)　ヘンリー・フォーセット氏は、事前にこの法案について国会議員たちが、討論が実に面白いことになりそうなので、討論に出席するため夕食会をとりやめたという話を耳にした、と語った。

(4)　これらの件についての詳細は、C・C・ストープスの『英国自由女性』参照。

(5)　一八七〇年五月二六日のミス・ヘレン・テイラーへの手紙。

(6)　一八七一年二月のミス・ヘレン・テイラーへの手紙。

(7)　次の議会での成功は一八八五年で、そのとき第二読会は採決なしで通過したが、法案はそれ以上先まで進むことができなかったという事実がある。その後、一八九七年まで過半数が確保されることはなかった。

第七章　無知の露呈　一八四八—一八六八

パイオニア的女子校——ミス・バスとミス・ビール——エミリー・デイヴィスによるオックスフォード大学とケンブリッジ大学での女子の地方試験受験実施——一八六八年　学校調査委員会の報告

ジョン・スチュアート・ミルが女性参政権運動の大義を急進派の思想家たちに強く印象づけようとした頃、バーバラ・ボディションと彼女の支持者たちは既婚女性の保有財産の自己管理を求め、また女性の雇用機会拡大の推進を主張していた。その一方で、女性運動全体のよりどころとなった幅広く、強力な基盤がゆっくりと構築されつつあった。これらの土台というのはもちろん女子の中等・高等教育のことだった。

女子教育運動が組織化された運動に発展していった足跡をたどるには、一八四八年と一八四九年の時点に逆戻らなければならない。というのはこの両年に女子のためのクィーンズ・コレッジとベッドフォード・コレッジがそれぞれ開校されたからである。

クィーンズ・コレッジには初年度に二〇〇人の女子が入学してきたが、彼女たちの出身と年齢は種々さまざまだった。コレッジを卒業した後、教師以外の職業に就いた先駆者も多くいたが、大半はコレッジの課程に応募する前に教鞭をとっており、課程を終えた後もまた同じ職業に就いた。たとえば、ジョージ・エリオットとバーバラ・リー・スミスはベッドフォード・コレッジに、ソファイア・ジェクス－ブレイクとオクタヴィア・ヒルはクィーンズ・コレッジに在学していた。しかし、これらのコレッジは主に教員を養成することが目的で、生徒たちを教職に就かせようとしたのは他の仕事が少なかったという理由だけでなく、講師たちが意図的に奨励したからである。そのうえ、生徒たちにはその刺激もほとんど必要なかった。女子教育の嘆かわしい実態を知ることによって、問題意識が生まれ、女性運動の新しい理想をほんの少しでも垣間見たものは誰でも容易に熱い使命感を抱くようになった。そして自分で新しい知識を享受した若い女性たちは、高い志をもって社会に羽ばたき、女子教育推進運動の光を広げていった。

女子教育がこれほど当然のことになり、すべての人たちの教育が以前にも増して十分に組織化された近年においては、女子教育がどうしてパイオニア的問題になりえるのかを理解することは難しい。しかし、これらの初期の学生たちが卒業後、実際に女子中等教育の学校を設立したとき、さまざまな困難に直面したのは事実である。

その第一の問題はもちろん、有能な教師が足りないことだった。これは次第に問題でなくなっていったが、最初はひじょうに重大な問題だった。第二の問題は設立に必要な資金がほとんどないことだった。実際、この問題が新しい動きの妨げとならなくなったのは何年も後のことだった。しかし、あらゆる問題の中でもっとも困ったことはおそらく、両親たちが娘に教育を受けさせることに対して、強い反感こそなかったにしても、臆病だったことである。女性の数が過剰だった厳しい結婚市場において、結婚をするためには若い娘たちはその準備をしなくてはならないということが依然として当時の世間一般の考えだった。算数がどうして結婚することに役に立つのか。娘をこれらの学校に入れるように強く勧められたとき、ある母親が言ったように「九九の掛け算表を繰り返して暗記させるような部屋に娘をやることはできない」。つまり、どうして女の子がそんなことをわざわざ覚えなければならないのかと人びとは思ったのである。

最新流行の学校が建った地域では、初代の女性校長たちの熱意や気転と生徒たちの熱心な支持によって、このような障害は次第に打ち破られるようになった。しかし、それらの学校は小規模で始められたので、学校を創立した大胆な婦人の肩に不安と過酷な仕事が重荷となってのしかかってきたのは避けられないことだった。それにもかかわらず、女性運動の中の女子教育問題に取り組んだ若い女性たちは、心配や過酷な仕事をものともしなかった。彼女たちは学校を成功に導くだけの十分な熱意とエネルギーをもっていた。

　これらの危険を伴う学校のうち最初に誕生したのは一八五〇年にミス・バスによって創設されたノース・ロンドン・コリージエイト・スクール（訳注1）だった。二番目にできた学校は一八五四年に創設されたチェルトナム・コレッジで、これは一八五八年にミス・ビールによって引き継がれた。

フランシス・メアリー・バス

　ミス・ビールとミス・バスの二人は、イギリスの女子たちから無知や無能さから生じる弊害を取り除くことに生涯を捧げた数多の有能な女性たちの筆頭に挙げられる女性たちだった。女性運動におけるこの二人の位置はひじょうに重要なものと言える。

　この二人の女性は、根っからの教師であった。思い切った事業を成功させ、運動を発展させるために彼女たちに課せられた学校の運営と公務は膨大なものであった。しかし、それにもかかわらず、二人ともほとんど教室から離れない毎日を送った。そのような二重の仕事を達成できたのは、ただ余暇をすべて犠牲にし、ありとあらゆる力をすべて残らず仕事に捧げたからであった。ミス・バスは「余暇というものを私は味わったことがない」と書いたが、実際、それは本当だった。彼女は年をとるまでおそらく、取り立てて用事のない三〇分の時間さえも見つけられなかったのである。

　フランシス・メアリー・バスは一八二七年に生まれた。そして、わずか一四歳のときに母親が経営していた学校で教えはじめた。一八歳のときに、この学校の経営の責任を任され、後にノース・ロンドン・コリージエイト・スクールを創立した二八歳まで、その経営を続けた。彼女がまだ最初の学校で教えていた一八四八年、つまり二一歳のときに、自らクィーンズ・コレッジの生徒として入学したが、もちろん夜のクラスにしか通えなかった。その頃、夜は乗合バスは走っていなかったので、通学するのに長い距離を往復、歩かねばならなかった。しかし、どんなことがあっても、彼女の熱意はくじかれなかった。毎晩、ハーリー・ストリートまでとぼとぼ歩き、毎晩、学問に魅せられて真夜中過ぎまで本を読み、やっと自分の進むべき学問の道を見つけはじめていた。また、朝は朝で毎朝早く起き、生計を立てるための仕事をほとんど一人でこなした。後に彼女の新しい学校が設立された時も、単に時間だけでなく、その学校から得られた自分の収入もすべて学校の発展のためにつぎ込んで、同じように猛烈に働いた。エミリー・デイヴィスは「その問題に個人的な関心しかもっていないとしたら、忍耐強く目的を達成することは不可能だろう」と言っているが、バスも同じ考えで、仕事はときには「ひどくいやなものだった」と感じていた。また、デイヴィスの「しかし、私たちは自分では戦えない人びとのために戦っているのです」という考えに、ミス・バス自身も同感している。「私と同じ階級の女性たちが、基本的訓練を十分受けていないためにひどい苦難をこうむっています。彼女たちが『結婚して保護される』ように育てられた結果、窮乏状態で世間に取り残されているのを知って、彼女たちの惨めさをほんのわずかでも減らしたいという熱烈な思いが以前よりもいっそう強くなったのです。たとえ、近所の一区域だけのわずかな範囲であっても、この悪弊を減らしたいという私の確固たる決意は言葉で表すことはできないほど強いのです」。

自分を奮い立たせようとして、ミス・バスは女子の学校の水準を押し上げる仕事に身を打ち込んだ。そして教師の不足、資金の不足、疑い深い両親たち、敵意に満ちた報道、世間のあざけり、妨害や邪魔をするような雰囲気などを前にしてもひるまなかった。彼女は生徒たちにしっかりとした授業、体操、野外の調査などを施すつもりだった。そして、世間がそれらすべてを危険で男勝りで、女性には不必要なものと思い、あざ笑っていた中で、実際にそれを実現したのである。

その当時のもうひとりの偉大な先駆者のドロシア・ビールはフランシス・メアリー・バスよりも何歳か若かった。彼女が教えはじめた時、メアリー・バスほど若くはなかった。彼女自身が施された教育は「不健全な教義問答」と彼女が呼ぶものに基づいたものだった。彼女は兄弟たちの宿題を手伝うことで、ラテン語とユークリッド幾何学を独学で勉強した以外には、クィーンズ・コレッジに入学する前

ドロシア・ビール

はあまり勉強していなかった。しかし、一年後にはそこで、彼女は数学の教師《チューター》の一人となった。六年間、彼女は数学を教えたが、これは彼女自身にとって大いにためになった。女性の視察官や教師《チューター》たちの学校運営への参加が許される比率があまりにも少ないと彼女は抗議した後、一八五六年にそこを辞めて、カスタートン〔ランカシャー、カンブリア、北ヨークシャーなどの境界沿いにある村〕にある牧師の子女のための学校に移った。これはシャーロット・ブロンテとその妹たちが学んだ学校で、『ジェイン・エア』の中に、ローウッド・スクールという名前で、容赦なくひどい学校として描かれた。ドロシア・ビールがそこで教えはじめたときは、悲惨な学校環境はおそらく、ブロンテ自身が学んだ三二年前よりも少し改善されていただろう。しかし、そのシステムは本質的には変わっていなかった。そこにあるものすべてはミス・ビールが見るに耐えないものばかりだった。退屈で、単調な教え方、罰ばかり多く、褒美を与えることもないひどい規律。学校の体質すべてが彼女にはまったく容認できないものだった。教育水準は決して高いとは言えなかった。彼女自身は不可能と思えるほど多くの科目を教えることを求められた。聖書、算数、数学、古代史、近代史、教会史、自然地理学、政治地理学、それと共に英文学、文法、作文などを教えるだけで十分すぎると思えたかもしれないが、これにフランス語、ドイツ語、ラテン語、イタリア語が加わったので、ミス・ビールがうまく教えられないと思って、落胆したとしても不思議ではない。しかし、ミス・ビールは急進的な改革者であったので、全体の問題を変革しようと試みることもしないまま、そのような場所と地位にとどまることはできなかった。その結果、彼女が経験したのは学校との摩擦、苦悩、そして最後は解雇だった。「それは大きな苦痛を伴う緊張の一年だったが、すばらしい経験だった」と彼女はずっと後になって述べているが、それはつらい訓練だったのである。

　しかし、ミス・ビールにとって、実際のチャンスがやってきたのはこの後すぐだった。それは四年前に創立されたチェルトナム［イングランド南西部グロスターシャー中部の町］の女学校の校長の職を受け入れたときだった。彼女がその職を引き継いだときは学校は衰退の一途をたどっていたところであり、就任した最初の何年かはひどく不安な思いで時を過ごした。彼女が自分の考えに固執し、仕事の基準を高くすれば、築き上げてきたすべてのものがまったく消えてしまうかのように思えた。しかし、彼女は自分の信念を捨てることはできなかった。彼女は教えたいと思っていたユークリッド幾何学の授業のやり方と同じように、回り道を見つけなければならなかった。「下手なことをすれば、コレッジが無くなってしまったかもしれません。だから、好機を待たなければならなかったのです。私は系統だった教授法を導入して授業を刷新しはじめました。そして自然地理学という名目で多くのことを教えることができたのです。ほとんどの男子は地理を学ばなかったので、この科目には異論はありませんでした」。

ミス・ビールがやりたいと思ったことはどれも危険なことに思われた。そして時間割や授業の時間数、試験などを彼女がかねてより考えていたように変えることができたのは何年か経ってからであった。しかし、結局、この件に関しても彼女は成功し、次第に彼女の学校は発展し、ひじょうに繁栄しはじめた。一八六四年にチェルトナム・コレッジと提携して最初の寄宿学校が設立され、その日以来、その学校はイギリスでは主要な女子校のひとつになっている。彼女が一八七七年にチェルトナムに開いた教員養成のためのコレッジは後にオックスフォードに移り、セント・ヒルダズ・ホールに発展した。

これらの二人の女性たちが女子の近代中等教育《モダン・セカンダリー・エデュケーション》を始めていたのと同時に、一方では他の多くの影響力がそれと同じ方向に働いていた。そして他の多くの先駆者たちは同じく女子教育問題の他の分野を押し進めて、取り組んでいた。

いくつかの教育上の実験があったが、それらは相互のつながりがなく、長い間ばらばらに行なわれていた。そして女子教育を含む実験の数は、この時ひじょうに増大した。これらの実験の一つはバーバラ・リー・スミスによってロンドンで精力的かつ熱心に始められた。その運営の一部は彼女も担ったが、主として、彼女の友人のミス・ホワイトヘッド(訳注2)（後のフランク・マレソン夫人）によって運営された。そして数年間この学校は、のちに女性運動の別の方面で第一歩を推し進めることになるグループの人びとの思想の、まさに中心的存在となった。

この学校は特定の宗派に属さず、共学で、きわめて近代的だった。生徒たちを博物館や美術館に連れて行ったり、覚えることよりも考えることを重視する教育を行った。その慣習にとらわれない方針はひじょうに多くの注目を集めた。ガリバルディー[訳注3]の息子たちが一時在籍したことがあり、ミル、カーライル、マッツィーニを含む急進派のあのグループ全員はその学校の計画を知って議論したこともあった。また、ミランダ・ヒル[訳注4]も一時、その学校の教師になることを考えた。彼女の妹のオクタヴィアは「マダム・ボディションやマレソン夫人たちのもとで勤めたら楽しいと思うわ。そこではあなたが一番よいと思ったことを実行できるような力を持つことができるのよ」と確信して姉に手紙を書いた。しかし、ミランダはその学校には勤めなかった。というのはこの道で彼女の指導者であったフレデリック・モーリスはそこに宗教的な教えがないことを不満に思っていたからである。結局、彼女と姉妹たちは、自分たちで別の教育上の実験を始めた。すなわち、貧しい家の子女たちのための仕事場と学校を兼ね備えたもので、それなりにホワイトヘッドの学校と同じくらい奇抜で、面白い実験であった。

ここで、ロンドンのクィーンズ・コレッジとベッドフォード・コレッジに関わった人たちによって一八五〇年から一八六〇年の間に始められていた、このようなかなりの数の試みについて述べることもできる。しかし、女子の学校の設立を何よりもまず第一の目的としていた真剣で教育ある女性たちが着実に増えていったこと、そしてその人たちはあの大義を発展させるための原理原則を打ちたてようとしていたということを思い出すだけで、本書の目的としては十分である。

時間的な順序からいうと、女子教育の問題における世間のかたくなな偏見に対する次の明確な攻撃目標は、女子に医学教育を受けさせるための闘争と、医学教育とともに発展してきた大学に女子の入学を認めさせるための闘いだった。この運動は早くも一八六〇年に始まった。その運動が発展するにつれて、必然的に中等教育問題に対し重要な影響を与えた。しかし、その運動はある意味で、まったく別個の運動なので、九章で扱うことにする。

もちろん、女子の中等教育に対する需要があるということは、彼女たちを教える人たちのための高等教育が必要であることを意味した。しかし、初めは中等教育に好意を示しても、高等教育に対しては恐怖の目で見る人がひじょうに多かった。したがって、中等教育と高等教育に関する運動は、実際には相互に依存した関係であったが、戦術的には別個のものになった。通常のコースが確立され、学校が大学に学生を送り込み、今度は大学が学校に教師を送り込むようになるまで、その二つの運動は横並びに進められた。

しかし、一般の人たちは学校と大学はひと続きのものとは見なさなかった。わずかではあったが、先見の明のあった人たちは当時の状況を理解していたので、この二つの運動の戦術に関して、不安で難しい決定を数多くしなければならなかった。

教育に関するあらゆる問題において、主に戦術を決めて運動のまとめ役をするのは、まもなくエミリー・デイヴィスの役割となった。当初から、彼女はこの大義をもっとも広い視野で見ていた。この問題について考えれば考えるほど、彼女はますますはっきりとこれは一つの巨大な社会的変化であることを理解し、運動全体との関係を考えて適切な順序で個々の運動を進め、処理していかなければならないと悟った。このように全体を見わたした結果、運動の発展のために何よりも必要で本質的なことは、よりいっそう広く質の良い女子教育を行なわなければならないことだと彼女は考え、それを実行しようと心に決めた。彼女が生来、学者であったとか、若い人がひじょうに好きだったという理由ではなく、ただ熱烈なフェミニストであったという理由で、さらにこの決意のために、自分の能力を運動のために捧げた。

最初にデイヴィスが力を尽くしたのは、仕事の初期の段階にあったエリザベス・ギャレットを助けることだった（原注1）。どんな科目であれ、大学の試験を受けたいという女性に対して、あらゆる大学が反対を表明したが、デイヴィスはエリザベスを助けるために、その固い壁に立ち向かっていった。彼女はこの壁を打ち砕くために揺るぎない決意を固めていった。一八六二年にデイヴィスと母親がロンドンに居を構えるようになったとき、彼女は真剣に仕事に取り組むことができ、多くの援助に恵まれた。ミス・ギャレットの学位取得のための様々な試みが挫折したことから、大学への女性受け入れの問題がすでに多く議論されていた。そしてこの年一八六二年、フランシス・パワー・コッブが社会科学振興全国協会の会議で発表した論文で、その問題を再び取り上げた。彼女が書いているように、彼女は一、二週間「世間のもの笑い」の的になった。この笑いは次に起こったセンセーションを前にして消えていったが、まじめな人びとが抱くその問題への真剣な思いは消えなかった。女性が大学入試を受ける許可を得るための支援委員会が創設され、エミリー・デイヴィスがその書記を務め、組織の推進力になった。この委員会は予想したよりも教授陣に多くの支持者がいて、特に、いくつかの大学の若い男性教員たちの中には彼女たちを支持してくれる人たちがいることがわかった。

エミリー・デイヴィスは極端で頑固な考え方をする人物

だったが、行動は用心深く、如才なかった。彼女は自分の最終的な意図を人に押し付けることはせず、大きな動きは恐れても、少しだけなら動いてもよいと思う人たちすべてを自分と一緒に行動させる名人だった。そのため、その頃組織されたオックスフォード大学とケンブリッジ大学の地方試験（訳注5）の受験許可を女子も手にしようとする考えが出てきたとき、彼女はそれを熱狂的に歓迎した。

「私は（試験）それ自体にはあまり関心はありません。なぜなら、学問の奨励がもっとも必要なのは十八歳以降と思われるからです。しかし、もしこれらの試験を女子が受けられるようになれば、ロンドン大学に入学するという目標に向かって、大きな一歩を踏み出すように思われます」と彼女は腹心の友に書いた。彼女はこのことについては公には何も言わなかった。一八六三年に数多くの面接をし、手紙や覚書を書いたりした後、ケンブリッジ大学理事会は実験的なプランを試みることに同意した。試験問題はデイヴィスたちの支援委員会に渡されることになっていて、支援委員会は業務の取り仕切りや試験問題の修正のために試験委員たちと自由に打ち合わせをすることができた。

　このことを許可する通知は、試験が行われるほんの少し前に支援委員会に届いた。

「土曜日に私たちの申し込みに対してケンブリッジ大学理事会から予想外に好意的な返事を受け取って、私たちは言いようもなくびっくりしました」とデイヴィスは手紙を同じ友人に書いた。「私は彼らが、『我々にはできません』と言って、申し出を慇懃に断るものとてっきり思っていました。申し込みが受け入れられたことで、私たちはひどく興奮しました。志願者を募る期間はわずか、六週間でした。そのような短い予告で、志願者が出てくると誰が予想できるでしょうか。……誰も志願者が出てこなければ、私たちは言いようもないほどばかに見えるでしょう」。

　このような困難な状況の中で、猛烈な努力がなされた。女子校に通達が広く出されたが、女性教師から奇妙でがっかりさせるような多くの返事が返ってきた。

「女性教師の手紙の中には、ほとんど理解できない、たいへんこっけいなものがあります。女子に試験を受けさせたら、今日の女子の中に共通して見られる自信と独立の精神をさらに助長するのではないかと心配しています。私は女子は生来ひじょうに反抗的だという思いを強くもっています。そうでなかったら、学校での教育的訓練を終えた後、女子にはほんの少しの元気も残っていないでしょう」。

　しかし、結局、九一人の女子が志願してきた。それだけの人数のための宿泊施設、付添い人、通りを歩くときの付き添いを見つけるという新たな問題もまた乗り越えることができた。試験官たちはとても親切で、友好的で、問題を修正することも拒否しなかった。友人と支援者たちは必要なお金を出すと申し出てくれたし、組織の中でできることはすべてなされた。しかし、ことの核心、つまり試験自体が残っていた。女子たちはこうした状況にどう貢献するだろうか、そして彼女たちはどのように義務を果たすだろうか。

その結果がしきりに期待された。そして、結果が出ると、それは女性運動にとってひじょうに有益なものであることがわかった。女子はいくつかの科目ではかなりよい成績を収めたが、数学はほとんど駄目だった。その科目の試験官は「この成績が悪いのはよい教授法が欠けていたからである」と書いた。ミス・バスの学校の志願者たちもこれと同じ欠陥を示した。学校を評価する外部の基準が欠如していることがはっきり示された。良い中等教育を提供しようとする運動は大変な刺激を受けた。そして、たくさんの新しい強力な支援者たちが大義のために結束した。

もちろんその次の段階はこの試験を受ける特権を永久的なものにして、それを非公式ではなく、正式な基盤に据えることだった。この目的のために委員会は社会科学振興全国協会の特別委員会を開いた。そして、そこにロンドン・センターの書記のトムリンソン氏が呼ばれ、デイヴィスの言葉を借りれば「実験的に行われた試験において全員が礼儀正しく振る舞い、驚くような、あるいは問題になるようなことは何も起こらなかったことを（もし、あなたが良心に照らしてそう言えるのだったら、）証言した……」。ケンブリッジ大学の何人かの教師たちが招かれたが、それは「特に敵である彼らの気持ちが変わる機会を与えるため」だった。この機会をより有効にするために、デイヴィスは身なりの良いきれいな若い女性が前列の席をいっぱいにするようにとりわけ注意を払った。聴衆の女性たちの誰かが「気が強そうに見えなかったか」と彼女は友人たちに心配してたずねた。ともあれ、ミス・ギャレットは、生来、言われるがままに物事をする普通の女の子のように見えたと指摘した（もっとも、ここでは見かけと実際とはまったく異なっていたのであるが）。この会はうまくいった。その後、出版界と学術界でかなりの議論がなされ、いくつかの特別講演が行われ、また、パンフレットも出された。高等教育は男子と女子にとって、同じ形のほうがよいのか、それとも形を変えたほうがよいのかという問題が出てきたが、これはのちに重要な問題になった。ケンブリッジの地方試験が通常行われる一五歳か一六歳になるまでは、とにかく基本的なことはまったく同じように徹底的に教え、全般的には同じプログラムが望ましいという見解を支持するよい案が出てきた。しかし、この案はどこでも認められたわけではなかった。案を認めたところでさえ、公開試験によって結果を出すことはまだ反対されることが多かった。女子に試験を受けさせることは「ひどく物笑いの種になる」と言って、ケンブリッジでは強い反対意見が出た。そして、リヴァプール・センターは試験があまりにもあざけりの的として人目にさらされると、もっとも有望な男子の志願者も受験をやめるのでないかという心配を表明した。もし試験が行われれば、また、男子と女子との間で危険なライバル意識が生まれるのでないかという反対意見も広く支持され、運動の実際の支持者たちの何人かが、同じようにこの点を心配した。ミス・ビールもその一人で、彼女は当時のどんなフェミニストも同意しないような言葉で意見を述べた。彼女は一八六五年に社会科学振興全国協会の会議で発表した論文に次のように書いた。「私は男女の知的能力の比較をしたくはないとまず言わせてください。私はただ、これまで女子の使命とされてきた（私はそう信じますが）従属的な役割を、一番良く果たせるように女性を訓練する正しい手段と思われるものについて、述べたいだけなのです」。この信念に基づいて、ミス・ビールは最初の試験の志願者に彼女の生徒を送り込むことを拒否した。これに関して女性校長のもう一人のパイオニアであるミス・ハナ・パイプ（訳注6）が彼女の行動を支持した。ミス・パイプは別の危険性を危惧していたのである。女子というのは興奮しすぎたり、働きすぎたり、詰め込みすぎたりして「健康や心の平静さ」を損なう傾向があると彼女は考えた。しかし、大方の意見は逆だった。大量の陳情書がミス・デイヴィスによって集められた。彼女は署名者の中に教育の専門家だけでなく、たいへん多くの「しとやかなレディ」を入れることに気を配った。一八六五年にフォーセット教授、マークビー氏（訳注7）、ほかの支持者たちによって、大学内においてひじょうに切々と支持を訴える運動が行われた後、大学評議会は理事会の報告書の内容を五四対五一の票で承認した。そこで地方試験は女子に正式に門戸が開かれることになった。

このようなことが起こっている間、同じ方向を目指すほかの運動が進められていた。エミリー・デイヴィス自身は試験の実施それ自体と同じくらい重要な新たな拠点を見つけ、それを確保していた。つまり、学校調査委員会（訳注8）が対象とする範囲の中に女子教育を入れることだった。その委員会は一八六四年に「中産階級の人びとの教育全般」を調査するために政府によって設立されたが、最初、女子教育はこの中の対象には入っていなかったように思われた。委員会が企画した元の計画では、女子教育は除外されたというよりは見過ごされたのだった。エミリー・デイヴィスが委員たちと折衝を始めると、彼らは非協力的ではなかったが、少々驚いていたようだった。彼らは骨が折れる割には、大して重要でない仕事をわざわざ抱え込むことになりそうで、少なからずうんざりしているようだった。

ミス・デイヴィスは委員の人たちと個人的に時間をかけて接触した後、何かもっと正式な手続きを踏まなければならないという結論に達した。それで、彼女は早速、影響を及ぼしそうな、えりぬきの請願書の一つを作った。そのおかげで彼女は望み通りの結果を得ることができ、調査するために送り込まれることになっていた委員補佐がこの請願書に興味を示したことと、また委員会の書記のロビー氏(訳注9)が調査を成功させるのに彼女の援助と協力を確実に得たいと強く思っていると聞いて、さらに満足した。

そのときまで、女子校の実態がどんなものか誰も知る手立てがなかった。誰もが自分たちで行った観察から、女子校は「空虚で、中身のない」、役に立たなくて、もったいぶっている傾向があることは知っていた。しかし、正確な情報は存在しなかった。「そのような学校を訪ねることはきわめて難しい」とマダム・ボディションは一八六〇年に行われた社会科学振興全国協会で発表した論文の中に書いた。「女子校は秘密主義です。女性教師たちは調査されることにきわめて用心深く、知らない人間に(それはまったく当然のことですが)学校のどんな教科書も見せることも、どんな質問にも答えることもひじょうに嫌がったのです」。しかし、この困難に打ち勝たなければならず、女子校を徹底的に調査して、完全な知識に基づいた報告をする権利が委員補佐にはあると思われた。ミス・デイヴィスはある程度、舞台裏に回ることが許されたので、根気強くいろいろと提案した。J・S・ミル、ハクスリー〔トマス・ハクスリー〕、マーク・パティソン(訳注10)が証人として呼ばれたのは彼女の骨折りのおかげだった。「ハクスリーに脳について証言してもらいたいのです。なぜなら、女子のことが問題になると、必ず生理学的な議論が持ち出されて、人びとはそれを信じてしまうからです」と彼女は書いた。そして、証言をたのんだ他の著名人たちについては次のように付け加えた。「私は彼らが有識者だとは思いませんが、予備知識を与えておくことはできるかと思います」。彼女の提案で、ミス・バスとミス・ビールが呼ばれた。ミス・デイヴィス自身は一八六五年の一一月にミス・バスと同じ日に証言した。

この二人の女性たちは勇猛果敢で、積極的だったが、このときはひどく神経質になっていた。どのような種類の王立委員会であれ、女性が話をするのはほとんど初めてといってよかった。そのため、二人は失敗することをひどく心配していた。しかし、ミス・デイヴィスはすぐに落ち着きを取り戻した。「七人が質問するのと一人だけが質問するのはほとんど同じようなものです。彼らはやさしくて、この上なく私たちを元気づけてくれました」と彼女はつづった。「私たちは二人とも、神経質になっていましたが、私はある程度はそれをうまく隠しました。……私が証言を終えてロビー氏の部屋で、クラレット酒とビスケットを頂いているときに、アクランド氏(訳注11)が急いで入って来て、『今、証言している人は前の人ほどの落ち着きがありません』と述べて、私にミス・バスを支えるために委員会に戻るように言いました。彼女はほとんど物が言えないほどに神経が高ぶっていましたが、何とか質問にうまく答えることができました」。

いかにも奇妙なことだが、ミス・バスがこのように神経質になっていたことはミス・デイヴィスが落ち着いていたことと同じくらい、それなりに効力を発揮した。「私たちは皆、彼女たちの完璧な女らしさに強く心を打たれました。なんと、ミス・バスの目に涙が浮かんでいましたよ」と委員の一人が言った。彼女たちをこれほど安心させる言葉は他にはなかっただろう。

試験の手はずをうまく整えることと同じように、委員会をうまく運営することは大切だったが、報告書を作成することはまた別の問題だった。もちろん、ミス・デイヴィス自身は委員ではなかったので、この報告書の作成に関しては彼女の力ではどうすることもできなかった。しかし、まもなくそれがうまくいきそうなことがわかった。彼女はすぐに「女子教育の問題については活発な動きが起こっている」こと、そして「委員補佐の人たちを使って女性校長たちを奮起させ、勇気づけることはひじょうに有益だ」ということに気づいた。もし、報告書がうまくできなかったとしても、価値あることが多くなされたことだろう。ところが、報告書はうまくできていたのである。委員たちの多くは「思慮分別」があり、彼らの前に出された証拠は議論の余地のないものだったので、唯一残された実際的な問題は委員たちが正しい方向に向かってどれだけうまくやってくれるかということだった。

報告書が一八六八年についに出たとき、それは仕事をうまく続行するうえでまさにうってつけだった。その報告書ではまず、女子教育はもっとも重要であるということが主張された。批判者たちを警戒させるような男女のどんな比較も注意深く避けながら、教育を受けるに足る能力が女子にはあること、そして教育指導を受けたいという熱意が強いことを信じさせる証拠を示した。続けて、現在の制度のひどい状況が報告された。

「次のことは否定できない。私たちの前に出された中流階級の女子教育の姿は全体として見ると好ましくないものであり、……綿密さや基礎が欠如している。体系も欠如していた。そしていい加減で、見かけだけで深みがない。基本の軽視、女性としてのたしなみに時間を多くかけすぎ、理性的また科学的な方法で教えられていないこと。また、組織性の欠如、専門的技術の乏しさ、授業用テキスト一式の質の悪さ、無味乾燥で面白くない大量の勉強、原理の説明もなく、丸暗記させられる公式、その名にふさわしい試験制度の欠如、いくつかの種類の習得技能・知識について相対的評価が著しく誤っていること、実質的な価値よりも結果ばかりを考慮すること、精神を鍛えるというよりも詰め込む傾向等など……」。これはすべて明白で、否定できなかった。そしてその原因も明らかにされた。「女子校の先生たちの致命的な二つの欠点は次の通りである。先生たち自身が人から教えを受けたことがなく、したがって教え方も知らないということだ」。

このように彼女たちははっきりと自分たちの考えを述べたが、委員たちはそれに対してあまり厳しいことは言わないつもりだった。彼らは、「男子とまさに同じ試験」であるケンブリッジ大学の地方試験を女子に受けさせることを大胆な一歩と言ったが、結局、女子にその受験を認めた。しかし、女子に対しての高等教育や教師の訓練を男子のための教育と同じ方針にするか、それとも女子用に修正したものにすべきかどうかについては一切触れないように注意を払った。彼らは新しい考えを支持する人たちに過大な成功を期待しないように言った。

「女子教育そのものにも、そしてまた、男子教育と比べてみた場合の女子教育に対しても、一般的に親たちが女子教育に無関心であることを示す多くの証拠がある。そのため女子教育に対しては男子教育の場合に比べて、十分な教育費をなかなか出そうとしないという結果になる。女子は男子よりも精神的な教養を身につける能力がなく、またその必要もないという古くからの根深い偏見がある。たしなみや人目を引く外面的な魅力が女子にとって本当に必要なことであるということ、そして、特に男性との関係や結婚の可能性から考えると、もっと確固とした学識を身につけることは不利であるという根強い偏見がある。そうした考えが人間性の中に深く根付いていることを十分に認めなくてはならない。……」。

女子教育に関心をもつ人びとは「失敗する確率が高いことを覚悟」しなければならないとしても、それに耐えるようにという忠告を受けた。その報告書全体の調子は教育の先駆者たちには実に役に立つと思えるものだった。さらに募金について委員会が実際的な申し出をしたのはもっとも重要なことだった。後にそのことがきっかけとなって、基金立学校法(訳注12)が通過した。

「奇妙だが歴然とした次のような事実がひとつあり、これは、決して簡単な説明だけでは済まされない。すなわち、ほんのわずかな例外を除いて、中流階級の教育のための募金から集まった多額な基金の一部たりとも、過去から現在にかけて長らくずっと、女子や若い女性の教育という重要な目的に当てられなかったのである。……国のほとんどすべての教育募金が男子教育に当てられていることは、ひどく不公平だと男女を問わずだんだん多くの人びとが感じるようになっている(原注2)」と委員たちは言った。

このような報告書が発表され、そしてその報告書が示した改革が次第に紹介されると、驚くほど短期間に女子学校の中だけでなく、女子学校に対して人びとが持つ全体的な見方にも完全な変革がなされた。前方にはまだ、困難や障害になることはあったし、大学教育について激しい議論が控えていた。しかし、一八六八年に出された報告書の発表によって、前哨戦には勝利したのであり、そのほかの部分は後からついてくるはずだった。その一〇年間に何もほかのことが行われなかったとしても、それで十分だったと言ってよいかもしれない。というのは新しい方法で訓練された女子が成長したときに、そこから徐々に多くの仕事をする人や熱中して働く人が必ず出てくるはずだからである。しかし、実際にはこのあとの章で見るようにこのほかに多くのことが実践された。そして新しい世代が大義の運動を引き継いだとき、自分たちの行く手にある道の多くを、ミス・デイヴィスとその仲間の先駆者たちが地ならしをしてくれたとのだということを知ったのである。

(1)　九章参照。これの冒険についての詳細についてはバーバラ・スティーヴン『エミリー・デイヴィスとガートン・コレッジ』参照。

(2)　女子は慈善学校に入学を認められたが、グラマースクールには入学できなかったことをサー・フィッチは示し、その例として、クライスツ・ホスピタル〔一五五二年、ロンドンに設立され、貧しい家の子供を教育し、多くの有名人を出した男女共学の慈善学校〕を挙げた。そこでは一一九二人の男子は大学に行く準備をしていたが、一八人の女子は家事奉公をする準備をしていた。サー・ジョサイア・フィッチは奨学金として一万ポンドの寄付を申し込もうとした人に対して、その人が出すお金は男子だけのために使われることになるということを注意したと述べた。それに対して、その人は意図的に女子を奨学金の対象から外したのではなく、女子たちが高等教育を望んでいるとは思いもかけなかったのだと答えた。

第八章　ケンブリッジ攻略　一八六六―一八七三

一八六七年ロンドン大学入学への試み――エミリー・デイヴィスによる女子大学設立計画と準備委員会の設置――女子高等教育推進のため北イングランド協議会の設立――ミス・アン・ジェマイマ・クラフ――二種類の計画案の衝突――一八六九年一〇月、ミス・デイヴィス、ヒッチンで校舎を取得、女子学生六人入学――当初学生が抱えた問題と試験実施に関する不安――一八七〇年初頭、ケンブリッジにおける女子学生対応の講義――一八七一年、シジウィック氏、他からの学生用に校舎を取得――ミス・クラフが校長に就任――一八七〇年　ヒッチンの第一期生、第一次試験合格、一八七三年　非公式に優等卒業試験受験許可――三人全員合格

女性参政権獲得運動が進みはじめ、その準備段階で様々な挫折を経験する一方で、女子の大学教育制度導入の働きかけにおいて生じた問題も世間の注目を浴びはじめ、参政権獲得運動と同様、困難ではあるがやりがいのある「運動」へと発展していった。

詩人テニソン（訳注1）は一八四七年の時点で、すでに「プリンセス」を出版していたが、翌年設立されたクィーンズ・コレッジは、彼が詩の中で創りあげていたイメージとは奇妙に異なるものになっていた。プリンセス・アイダが強く望んでいたもののうちのいくつかは、コレッジの講義に押し寄せた若い女性たちが実際心に抱いていたものと重なり合ってはいたが、当初は、期待された全寮制のコレッジのような画期的なものは何もなかったし、テニソンの詩に見られた優しく感傷的な雰囲気は、実際のクィーンズ・コレッジには見られなかった。このときに限らず、男性社会から女性を切り離したいと思っているフェミニストは誰ひとりいなかった。そういうことを考えるのは、お上品ぶっている奥様や若い女性の付き添い役をあずかる因習的な女性たちぐらいだった。とはいえ、一八五〇年代の初頭においてさえ、いつかは女性のための大学生活や真の大学基準を備えた本物の大学が生まれるという思いをひそかに抱いている者たちもいた。バーバラ・ボディションはそのひとりであった。しかし、残念ながら、普通の女子教育がひじょうに難しい状況にあって、そのような大学教育など到底達成できないように思えたので、ボディションが何年もの間その設立に向けて真剣な取り組みをすることはなかった。ロン

ドン大学へ女子を入学させようとする試みが、クィーンズ・コレッジ関係の人たちによって個々に一、二回なされたものの、まったくうまくいかず、女子大学教育問題が注目されるようになったのは、やっと一八六六年になってからのことだった。

この年、地方試験の受験が女子学生にも許可されたばかりで、エミリー・デイヴィスが女子大学教育制度導入のためにはもっとも重要だと内心考えていた本当の意味での女子高等教育について、本腰を入れて考えはじめた。何ができるだろうかとまわりを見まわしてみると、さらに一歩を踏みだす時期がそこまで来ていることを彼女は肌で感じとった。準備段階での働きかけで多数の新たな支援者がいることがわかり、最初の入学試験資格を求める働きかけに対して多くの支援があったので、デイヴィスはロンドン大学にもう一度接触し、女子も入学試験を受験できるようにならないかを打診した。しかし、ロンドン大学側はこの要望に応じる用意がなかった。この件が大いに取りざたされ、まじめくさってもったいぶった論議が交わされた後、大学評議会は、大学側が提供できる最善策は、通常の入学試験より難易度を下げた女子学生専用の特別入学試験を実施することだという決定を下した。(ただし、もちろん、これには、本当の入学試験に合格した男子学生に与えられるような大学生資格は何も含まれていなかった)。ミス・デイヴィスと支援委員会は即座にこの申し出を拒否した。デイヴィスは評議委員の一人にあてた手紙に次のように書いている。「女子の高等教育に関心を持って、それを推進しようとしている仲間は、残念ながらちょっとしたことでありがたいと思うような人たちではないと思います。……この者たちは女子学生専用の特別入学試験が恩典だとはまったく考えておりませんし、これを受け入れるつもりもありません。……『魚』を要求した私たちに、『へび』の提供を申し出ていただいた大学評議委員会のご親切なお志には本当に感謝いたしております。しかし、その『へび』が私たちにとって、『魚』よりよいと思いこむ振りはできません」。

エミリー・デイヴィスと支援委員会がこの大学側の申し出を「へび」と見なすにはもっともと思われる理由があった。もし女子大学生が女子専用の特別入学試験や特別の評価基準を適用されることになったら、これらは、周囲からは低いレベルのものと見なされるであろうし、実態もそういうことになるであろう。そうなると、世の中で通用している本当の基準の下で自分を試す可能性は消え、女子学生がどれだけ優れた学業を修めても、「たかが女子学生のやること」というレッテルを貼られるのは目に見えていて、実績に応じた本当の評価を受けることは決してないだろう。

当然のことながら、「へび」の提供を申し出た大学側が避けたがっていたのは、男子学生一般に用いられる評価基準の下で女子学生が自分の力を試す可能性を与えることだったのである。大学側が恐れていたのは、女子学生間の競争ではなかった。問題はまったく別のところにあった。大学という知的環境の中で、男性との荒っぽい交流が女性たちに与える影響を危惧したのである。こういう環境におかれると、彼らが女性の最大の魅力と考えているあの女性ならではの特別の輝きはすっかり失われ、女性がもつ、形ではあらわせない大切なすばらしさが訳もなく軽視され奪われてしまうことを恐れていた。女性は、計算のような味気ないものや医学の発見などから隔離して保護されるべき存在である。たとえ、本人が望んだとしても、これらのものに汚染されるのを見逃すべきではない。実際、女性が今まで許されていたものより、よい教育を受けることはできるかもしれない。そういう教育を受ければ彼女たちも満足し、間違いなく女性のためにもなるだろう。しかし、その教育も、男性並みの実際的なものにならないようにするべきである。なぜなら、そういう教育は、女らしさを損ね、危険なものになりかねないからである。

このような見解はエミリー・デイヴィスにとって耐え難いものではあったが、女子高等教育を擁護する者たちの間には、男女共にこういう考え方にそれほど激しく反対しない人たちもいた。この人たちは、今よりも改善された教育制度ならどういうものであっても、より多くの女性たちから望まれる結果になるという信念を抱いていた。さらに、彼らは、現在の教育制度を全体として認めておらず、明らかに廃れつつある従来のやり方を踏襲し、新たな犠牲者を生み出すようなことは間違っていると信じていた。こういう人たちは、純粋な意味での教育家で、他のいかなる理由にもとらわれることなく、学問のための学問をすることに価値があると考えていた。彼らが若い女性たちのためにしたいと思っていることは学問を教えることであり、教える範囲をどんどん広げて、できるだけ広範囲のことをやってみようという方針を採っていた。今より改善される望みがあれば、どんなことでも試してみるのが正しいことだと彼らは感じていた。したがって、これらの人たちは、女子専用の特別入学試験を受け入れ、それがもたらすであろうものに対する危惧の念は抱いていなかった。結果はなるようにしかならないからだ。

こういう二つの考え方は、必ずしも相容れないわけではなかったし、それぞれ独自の努力によって双方が、多かれ少なかれ、うまく歩調をあわせて進んでいった。一方の考え方をもつ人たちも、もう一方の考え方の人たちの仕事を支持できることが多く、深い部分では折り合いがつかない点があることはよくわかっていても、外部の人の目にそのひずみはそれほどはっきりと現れてこなかった。なぜなら、女子教育の分野は気がめいるほど広く、誰もがかちあうことがないほどの空間があったからである。

ロンドン大学への門を女性に開放することができなかったとき、エミリー・デイヴィスは落胆したが、それでくじけたりはしなかった。もし大学側が協力してくれないのであれば、自分たち主体でやってみるしかない。そこで、彼女は、別に独自のコレッジを設立する計画に向けて活力と英知を傾けた。この大学は、本当の意味で、学際的で自立したものにするが、教授陣や試験実施の都合上から、できれば現在ある男子大学と提携するという計画を立てた。一八六六年の時点でこの夢は形をとりはじめ、同年デイヴィスは、この計画を説明することから始め、最初の段階として、支持者として適任だと思われる人たちの反応を慎重に探った。この計画を彼女が考えはじめたころ、新しくできるコレッジは、オックスフォード大学やケンブリッジ大学が男子学生に提供するのと同じものを若い女性たちに与える教育施設となる計画であった。この新しいコレッジは、「教育と躾」、上級向けの講義、普通卒業・優等卒業試験などを取り入れることにした。女子学生たちに対する「賢明な母親と同様の」監督と管理は校長と住み込み教員の手にゆだねられることになり、競技（あまり激しすぎず、きつすぎないもの）と、郊外の散策が取り入れられることにより、女子学生たちは団体生活やひとりになれる時間を持つ機会が与えられ、それぞれ小さな個室が与えられた。「本当に勉強したがっている学生にとっては、ひとりになれる時間がかなりあることが一番の魅力だといえるでしょう」と、ミス・デイヴィスは言っている。

デイヴィスから、女子大学設立の夢を最初に打ち明けられた人たちは、「この計画の壮大さ」に本当に驚いたが、この人たちは、概して、ひじょうに好意的だったようで、その年の終わりまでにはこの趣旨がパンフレットに印刷され、この計画が具体化した。一八六七年一月には、エミリー・デイヴィスはこの計画の全容をマダム・ボディションに書き送ることができた。

その手紙にデイヴィスは次のように書いた。「計画がやっと雲の上から地上に下ろされようとしている今、これについて少し申し述べておく必要があるように思われます。……私たちの計画が確かに健全であることを示し、実務に携わる幹部役員を確保するための一番良い方法は、著名人で構成する、比較的大きな総合委員会を設置することだと思われます。……どちらかというと高教会派だといわれているリトルトン卿に委員長、レディ・ゴールドスミッド（訳注2）に財務委員になっていただければ、この計画の人脈に横の広がりがかなりうまく確保されると思います。次の問題は、いかに募金活動を始めるかということになってきます。この計画を実行するには少なくとも三万ポンドの募金をする必要があるといわれています。この額は、英国、アイルランド、英国の植民地にとってこの種の唯一の女子大学となるということ、男子校のための巨額の募金は実に容易だということを考えれば、たいした額ではありませんが、女性が教育を受けることを望んでいる人がいかに少ないかを考えると、かなりのものだといえるでしょう。すべては、どう始めるかにかかっていると私は考えています。もし少額の寄付を呼びかけると、低い額の募金にとどまるでしょうが、みなが自分に見合った額の寄付金をしてくれることになるでしょう。……他の人たちを先導してもらう意味で、多額の寄付を約束してくれる人たちが何人かいてくれたらと、私たちは願っています。……校舎はできるだけすばらしい建物にするべきだと私は強く思っています。女子大学は伝統も人脈も持っていませんから、私たちに開かれているそのほかのすべての点で、威信を保てるようにしたいと思います」。

この手紙はミス・デイヴィスの方法論と計画をひじょうにはっきりと示している。しかし、実際の進展は彼女が当初望んだほど速くはなかった。それでも、ことは前進して行った。なかでも女性教員は、ひじょうに協力的だった。

「若い女性は大学進学を希望するだろうし、もし、いったん心を決めたら、両親の説得はおおむねうまくいくだろう、というのが女性教師たちの意見です」と、ミス・デイヴィスは書いている。

「私たちは、（試験委員会に関して）大学教育計画をめぐり活発な論議を行いました。欠席したレディ・ゴールドスミッドは、今のところ、この計画に参加するかどうか決心しかねている旨を書面で伝えてきました。女性参政権獲得運動の盛り上がりが一段落するまで待つべきだと夫人は考えています。ガーニー氏は、女子学生の家庭内の話し合いの様子、および大学側が若い女性の面倒をどのように見るのか、もっとはっきりわからなければ徹底した支援はできない旨を伝えてきています。ヘイスティングズ氏（訳注3）は、できる限りの支援をするといって席を立ちました。（訳注4）（彼には他の約束があったので）。……ミス・ボストックは、反対意見を述べ、ウェッジウッド夫人は、躊躇していました。トムキンソン氏とクレイ氏（訳注5）は、ひじょうに強く支持してくれました。ウェッジウッド夫人は『女子学生たちは自宅通学を希望しているとお考えですか』と聞いてきました。若い女性たちは、大学に来たがっているが、自宅通学は嫌がっている点が、私たちの計画の弱点であることを自ら認めるべきだと言っています。クレイ氏とトムキンソン氏は、強力すぎるほど私たちの計画に賛同していて、この女子大学を本当に居心地のよい場所にするのだという強い決意を抱いています。彼らは、あたかもすべてがその一点にかかっているかのように、（全員一緒に食事をとる学校とは異なり）女子学生はそれぞれの自室で朝食をとるべきだと主張しています。試験に関して彼らが述べた意見はおもしろいものです。彼らは明らかに、私たちが求めている普通学位卒業試験をあまり重要だと考えていないようでした」。

この後まもなく、ミス・デイヴィスが総合委員会を召集しはじめ、この委員会は「女性の権利」獲得運動の支援者として知られている人たちの参加を最小限にとどめようとした。彼女は、「一般の人々の信頼を得ることができそうな」人物の名前だけを前面に出したかったので、マダム・ボディションは、当初この委員会には参加していなかった。ケンブリッジ大学の何人かの教授たちがこの委員会に加わるべきだという提案がなされたときミス・デイヴィスは、もちろんこの教授たちを心から歓迎したが、彼らの年齢が若い点がどうしても惜しまれた。彼女はトムキンソン氏への手紙に次のように書いている。「ケンブリッジ大学からの先生方が、皆さん若い男性でいらっしゃるので、私どもの委員会が、年齢と経験のバランスに少々欠けるのが心配です。六人の成人したお嬢さまをはじめ、たくさんのお孫さんをお持ちの、オールダリーのレディ・スタンリー(訳注6)のような年配の女性がもう少し入っていただけると、ケンブリッジ大学の若手の教授たちの物足りなさを補っていただけるのでしょうが」。

一八六七年の終わりまでには、このように慎重に選出された総合委員会が成立し、幹部が基金の募集作戦を開始した。ミス・デイヴィスが、ぜひ名前を連ねてもらう必要があると考えた著名人や有力者を確保することにはある程度成功したが、断られた場合も多かった。サー・チャールズ・ライエルは、若い女性が「親元からまったく離れる」という案には反対してきたし、ピュージー博士(訳注7)はこの計画全体に「激しく反対」し、この計画への賛同者を増やすために大いに貢献してくれたかもしれなかったガティ夫人(訳注8)やミス・シャーロット・M・ヤング(訳注9)は、「この提案にあるように女性が世間にさらされることになると、彼女たちの態度や口の利き方に及ぼす」結果を恐れていた。「もし大勢の若い女性が一堂に集められると、態度や口の利き方でお互いを傷つけあうことが常で、それ以上に、優れた女性は独力で勉強するだろうし、劣った女性は家庭生活で必要以

アン・ジェマイマ・クラフ

上のことを学ぶことはまずないから」、何も新たにする必要はないのだと言った。一方、ジョージ・エリオットはこの案を心から応援した。しかし、このジョージ・エリオットの支援もこの計画がきちんとしたものであることを大衆に納得させるための役には立たなかった。この総合委員会の開催にもかかわらず、女子大学設立案というだけで、レディ・オーガスタ・スタンリー(訳注10)の言葉を借りれば、この案は各地で「怒号」とともに迎えられた。しかし、それにもかかわらず、この計画は続行し、小額の募金が集まりはじめた。ミス・デイヴィスが最初に目指した三万ポンドとはいかなかったが、あちらこちらでわずかずつ集まり、一八六七年の夏までには、総額二〇〇〇ポンドになった。その年の秋には、ミス・デイヴィスは社会科学振興会議の席上で、女子大学設立に関する論文を読み上げ、新しい企てにはいつも付き物のスタートを切った、すなわち、保守層の笑いをねらう大衆紙が、軽蔑的で敵意に満ちた記事をすぐさま掲載した。他の新聞各紙の注目も集め、これには、総合委員会の構成員が立派であることが功を奏した。『タイムズ』紙が、「この提案に名前を連ねている人たちの顔ぶれを見れば、この計画は少なくとも考慮に値するものであるといえる」と載せているように、実験がなされたのだから、継続されるべきだというのが一般的な結論であった。

　これらの準備に手がつけられた二年間に、同じ目的、すなわち、女性の大学教育推進準備という目的をもったもうひとつの実験がスタートしていた。そして、一八六八年ごろ、この二つの計画はかなりぶつかり合い、互いに混乱を引き起こしていた。このもうひとつの動きはロンドンではなく、北イングランドに中心を置き、ミス・デイヴィスが「へび」と呼んだやり方を多かれ少なかれ受け入れようとする人たちで運営されていた。この思い切った方法をとる人たちのリーダーは、ミス・エミリー・デイヴィス自身と同様、女性の高等教育推進運動を組織し、運動の中心的推進者をつとめるミス・ジェマイマ・クラフであった。

ミス・デイヴィス、ミス・クラフとも、女性の権利を断固として要求するパイオニアという一般的なイメージにはほど遠かったが、ミス・デイヴィスは、いずれにしてもそういった資質を幾分もちあわせていた。ミス・デイヴィスに会った人なら彼女の的確さ、強い決意、断固とした意思を感じずにはいられなかっただろう。一方、ミス・クラフは、まったく異なった印象を与えた。第一印象では、この女性は自分の考えていることがよくわかっていないのではないかと思わせるところがあったが、これは実際、とんでもなく間違った見方であった。ミス・クラフはたくさんの独創的で興味深い計画をもっていて、自分がやりたいことも自らよくわかっているのだが、「主張」を掲げた運動や理論偏重になる事柄を好まず、自分の見解を一般に向けた意味を持たせて表現することにまったく関心がなかった。彼女が教育のために力を尽くしたのは、教育そのものの重要性を信じていたからであって、それが女性運動の一環であったからではなかった。したがって、ミス・デイヴィス以上に実験的で、従来の伝統から離脱する心構えができていた。それに加え、ミス・クラフは、世の中を理論や運動という点からとらえるのではなく、個々の人たちの集合体と考え、この人びとに対して強く限りない共感を抱いていた。したがって、彼女の目の前に生じた問題を個人的かつ実際的な意味でとらえていた。他の人びとの関心を呼び起こし、新しい事業を打ちたてるためにそれぞれが貢献できることをしてもらうのが自然なやり方だとミス・クラフは考えていて、そのためには彼女自身のやり方を押し通すよりは、その過程で少々変更が生じたとしても、他の意見との折り合いをつけながら自分の原案を進めていこうとした。

アン・ジェマイマ・クラフは一八二〇年にリヴァプールで生まれ、少女時代の大半をアメリカで過ごした。一家は南部のチャールストンに住んでいたが、イギリスに帰国することを常に念頭に、アメリカに根を下ろすことはなかった。また、少女時代、アンは家族からの影響を多く受けた。彼女が一六歳のとき一家はイギリスに帰国し、再びリヴァプールに住みついた。(訳注11) これ以来、兄アーサーの影響は、彼女の成長の大きな要因となった。

アーサー・クラフはラグビー校のアーノルド博士(訳注12)のお気に入りの教え子の一人であり、その当時の自由主義に傾倒していた。これが、彼の持つ実直で誠実な性格とあいまって、アンが容易に共感できる人生観を生みだした。この兄が若くして死んだ後、彼女は次のように書いている。「誰にも知られていない秘密の場所に、たくさんの賢く優れたものの礎が依然として残っています」。そして、彼を知り、愛した彼女は確かに「その上にしっかりとした建造物を構築」できたのである。

妹のアンはひじょうに優れた人物であって、独自の理想を追求し、その実現へ向けて大きな努力を払った。彼女は正規の知的訓練を受けたことはなく、多くの教育を受けた兄に批評やアドヴァイスを求めた。だが、彼女の意見は独自のものであって、彼女自身の思索の産物である。アンは物静かで、一見控えめである。論理力を養う訓練を受けたこともなく、もともと論理性にたけているわけでもなく、明晰な表現力もない。しかし、彼女の時代の他の人たちのように、個人的な経験から、世の中で女性が仕事をできるようになるには職業と教育がいかに必要かということを知っていたし、あまり言葉に出して言わないが、女性に職業や教育をもたらすために人生を捧げてきた。

少女時代から女性のための大学講義を開講する努力を始めた一八六六年まで、アンは、自ら教師としてかなりの経験を積んでいる。彼女は両親とともにはじめはリヴァプールに住んでいた。父の死後、アンブルサイド〔イングランド北西部湖水地方の入口にある町〕に移ったが、両方の場所で小さな学校を開校した。できる限り効率よい方法をと考え、一時はロンドンに出て、英国・英植民地学校で実習をし、機会があればどこででも教育方法論を勉強した。アンの教え方は、あまり体系的ではなかったが、彼女はひじょうに活気あふれた教師で、教えることに深い興味を持っていた。母親の死後、南部地方に移り住み、自らの経験から思いついた改善策を実現するための計画に取り組みはじめた。一八六二年から一八六六年の時期に、彼女はマダム・ボディション、ミス・バス、その他、この方面の仕事にすでに取りかかっている人々と知りあい、一八六六年三月に、ミス・デイヴィスがひとりで働いている女性教師の孤立化を打開しようと設立した、女性教師協会の第一回会議に出席した二五人の女性の一人となった。

これらの出来事がすべて彼女自身の深い関心とあいまって、ミス・クラフは、自分がもっとも有益な貢献を果たせるのは教育機関を組織することではないかと考えるようになった。そして同年、『マクミランズ・マガジン』誌に論文を掲載した。その中で彼女は、男性の大学関係者で主に構成される、女子教育を指導監督するための特別委員会の設立と、この委員会主導により、若い女性および高年齢の女性のために大学教授による講義を各地で開講する方法を提案した。（訳注13）この提案は、もちろん、ジェイムズ・スチュアートが一年ほど後に男性労働者に関して持ち出したものと同じで、最終的に大学公開講座運動で具体化されることになった。

ミス・クラフは、誌上に自分の意見を載せるだけでは満足しなかったが、一八六六年にリヴァプールに戻り、この案を実現する手助けをしてくれる旧友がいないか探した。最初に打診した人物は、バトラー夫人で、彼女の夫は当時リヴァプール・コレッジの校長であった。そして、夫婦とも即座に関心を示してくれた。バトラー夫人は、実に強力ですばらしい支援者であり、彼女とミス・クラフは北イングランドでともに女性の教育の問題にとりかかることになった。彼女たちが推し進めたいと思っていた計画は、女性のための大学講座を定期的かつ体系的な形で開講することであった。しかし、障害があまりに多く、とても太刀打ちできないかのように見えた。しかし、ミス・クラフもバトラー夫人もこの反対にまったくひるむことはなかった。そして、翌年中には、かなりの数の人びとを集めることができた。このほとんどが新しい実験に加わる用意のある女性教師たちであった。経済的効率と運営の簡素化という理由で、同じ講座を隣接する複数の町で行うことに決め、一人の講師でそれを全部まかなうことにした。それで、北部イングランド評議会が組織され、バトラー夫人が会長、ミス・クラフが書記となって運営を取り仕切り、必要な資金を集めた。

多くの先駆的運動に見られるように、この計画はまだ実験段階であって、最初は何が起こるか誰も予測できなかった。その当時、ケンブリッジ大学の若き講師であったジェイムズ・スチュアート氏は、一八六七年一〇月に天文学の講義をするために来ることを承諾してくれた。この何ヶ月も前から、運営にかかわった女性たちは心配のあまり、氏が行くことになっていた四つの町を巡り、内心では、これらの講座への出席者が自分たち以外にもいることを証明できないのではないかと思いながらも、女性教師やその他の女性たちを勧誘した。しかしこれはまったくの取り越し苦労であった。講義室は五五〇名の勉学意欲に満ちた熱心な学生で混雑していて、貸本屋もまったく新しい委託図書を注文しなければならなかったし、数冊の科学の本は、突然売り切れになったりした。スチュアート氏は、講義の後、質問に答えるために時間を余分に取ると申し出ていたものの、若い女性が若い男性に質問したり、質問されたりするのは「不適切である」と考えられているとわかったので、彼からの質問は印刷して渡し、紙面に書かれた答えを添削することを申し出、こうして、彼の言葉を借りれば、「個人的な接触に伴うすべての危険性」は避けられた。しかし、スチュアート氏はせいぜい三〇部くらいの答案が出されると見込んでいたのだが、三〇〇部を受けとって、次の講義まで間に合うように全部を添削するのは困難だった。(原注1)

このような講座を開講するというアイディアは斬新であ

ったが、講座の人気と成功に驚いた人はいなかった。なぜなら、高等教育に対する需要は本物であったし、これらの講義は、本当に切実だった要求を満たしたからである。これらの講義は、家を離れて三年間の大学課程をどうしても履修できない女性たちが受講することができ、また、すでに教職についている教員も受講することができるというこの大学制度の利点を備えていた。したがって、いったん開始すると前進するのは容易だったので、この講座は急速に拡大していった。この講座に対する需要は広範囲にひろがり、この企画はまもなく最初の面影もないほど発展していった。まもなく、これは男女両方を対象とする大学公開講座制度に統合された。

　地元での講義に加え、北部イングランド評議会は女子学生向けの上級試験を何とか実現させようと奮闘していたが、ミス・デイヴィスの言った「へび」には特別不安を感じていない人たちであったので、ケンブリッジ大学に対し、自分たちが教えている女子学生の資格にふさわしい女子学生向けの特別試験を実施してくれるよう要請した。この要請は、一八六九年に受け入れられ、ひじょうに短期間のうちに、地方講義の場合と同様、当初の形を大きく変えたものになっていった。女子学生向けの試験が導入されてから五年後、男性の志望者にもその受験が許可され、「高等地方試験」という名称になり、各大学が組織、推奨しようとしていた大学公開講座構想の一環となった。

　しかし、女子学生向けの試験実施の要請が受け入れられた一八六九年の時点では、その発展の兆しはまだ現れておらず、結果として、ミス・デイヴィスはこの状況全体をとても懐疑的にとらえていた。地方講義と女子学生向けの試験実施は彼女が計画している女子大学設立への支援を妨げる可能性があり、さらに悪いことには、将来女性に学位をとらせるための要求をする際に、これらが障害になるという危惧を彼女が抱いていたことには一理あった。

　ミス・デイヴィスは、友人への手紙に次のように書いている。「私は（ミス・クラフが女子学生向けの試験の）計画導入を、これが特に女性の要望に適しているとしてあからさまに押し通そうとしていると聞きました。私はこの計画をすべて知っておりましたが、今まではそれについて異論を唱える必要もありませんでした。しかし、今となっては、次のような問題が生じてきます。すなわち、実務的かつ思慮深い働く女性たちは学位や男女共通の成績基準を求めているのではないでしょうか。それとも、これは少数の狂信的な人たちや女性の権利を求める人たちがただ騒ぎたてているだけなのでしょうか。おわかりと思いますが、あいまいな音でトランペットを吹いても役に立ちません。たださまざまな誤解を招くだけです。この誤解がケンブリッジ大学でふたたび持ち上がるのです」。ミス・デイヴィスは依然として「へびの歯」を恐れていた。そして、彼女が主催する委員会のほとんどのメンバーの気持ちが揺らぎ、男女平等へつづく、まっすぐではあるが狭い道をとろうとする知恵に対する疑問が出はじめていることを知ったとき、彼女は少なからず動揺した。

「(女子学生向けの試験は)ひとつの言い訳として使われるだろうし、結局要求のすべてを実現できるわけにはいかなくなるだろうというのが私の印象です。そうこうするうちに、これに関心や活力を吸いとられ、この試験がもめごとの種になって害を生じるのは目に見えています……私たちの最大の支援者たちが間違った計画に力を注ぐことになれば被害甚大になります。人びとが自ら従事していることに愛着を感じるようになり、それが最上のものだと考えるようになるのは簡単なことですから……」。

しかし、ミス・デイヴィスは疑心暗鬼になった仲間たちが何人いようと、彼らの気持ちを独力で覆すのに十分な決意と技量を持ち合わせていたし、ほかの運動がひじょうに強力になり、自分たちの仲間の引き抜きを始めたときには、すでに自分の夢を実現させ、仲間の忠誠心と支持を結集した具体的で確固とした組織を作り上げていた。

これが実現する前に、当然のことながら、理論の食い違いに関してだけでなく、運営資金や細々とした実際上の事柄をめぐって時間をかけて熱心な協議が行われた。校舎を建てる資金はあるのか、あるとしたら場所はどこにするのか。ケンブリッジのような大学町で、物議をかもして女子大学設立計画を失敗させることなく若い女性の一団の住居を確保することは可能だろうか。この人一倍大胆な人たちは解決できない問題が行く手にあるなどとは考えていなかったし、委員会のメンバーのうちケンブリッジ在住のほとんどすべての人たちがケンブリッジの町に校舎を構えることに賛成だった。しかし、ミス・デイヴィスは彼らの案を退けた。彼女は女子大学設立の最終的な成功に関しては誰よりも野心的で自信をもっていたが、その最初の一歩に関しては他の人たちよりいっそう慎重で注意深かった。デイヴィスが新設の女子大学がトリニティ・コレッジ〔ケンブリッジで一、二を争う高水準のコレッジ〕のレベルと同等のものを目標としたい旨を表明しようとしていたことは事実であるが、(『タイムズ』紙に、「あまり謙虚な態度だとはいえない」と論評されたように)彼女は第一期生たちが少々行き過ぎているとか女性らしくない振る舞いがあるなどといわれることを心から恐れていた。もし新しい実験が成功することになるなら――成功させなければならないのだが――世間の批判を浴びる可能性がほんのわずかでもあることは避けなければならない。大学に来る若い女性たちは少なくとも家庭にとどまっている若い女性と同様、付き添いをつけ、慎重に保護されなければならない。「女子学生のほんのわずかな軽率な行為も最悪の事態を引き起こしかねない」。それに、ケンブリッジの町では、どうやってその軽率な行為を避けられるだろうか。未婚の若い女性がいるということだけで一八六〇年代のケンブリッジ――レズリー・スティーヴン(訳注14)が学部学生として過ごした年月にベッドメイク係の女性を除いて、一度も女性と口を利くことなく過ごせたそのケンブリッジ――では、コレッジの特別研究員《フェロウ》は結婚と同時に退職しなければならず、教授夫人と各コレッジの学長夫人たちの交際もばかばかしいほど堅苦しく厳格であった。もし彼女らがそのような環境の中で女子大学の一歩を踏みだしたら、失敗は目に見えていた。親たちは決して娘をそこに行かせないだろうし、もし行かせたとしても、監督や付き添いをつけるという条件を課されることになり、それは自由でゆったりとした環境をすべて台無しにすることになる。何かにつけての招待、男子学生の存在、ありとあらゆる種類の弊害に対する心配の種は尽きず、静かに勉学に励む時間は失われることになるであろう。こういった状況は、一瞬たりとも想定されてはならなかった。

ミス・デイヴィスは委員会にこのような考え方を採らせることに成功したが、ケンブリッジ大学との接点を持つことが必要だとの認識も持っていた。なぜなら、もし授業がすべて順調に行われれば、試験実施や、ひいては学位授与もケンブリッジ大学から受けることになるからであり、この点から、彼女は委員会を説得して、女子大学の設置場所を、思い切ってロンドンとケンブリッジの中間にあるヒッチンに定めた。しかし、驚くほどの資金不足から、彼女が希望した校舎の購入はできず、賃貸で済まさざるを得なかった。そして、ベンスロー・ハウスを借りて、一八六九年一〇月に新学期を開講するための準備が整えられた。

最初の地方試験実施時期とふたたび同じ時期に、ミス・デイヴィスは女子大学設立という事業に向けての準備と実施運営計画を完了した。女子大学の中身の充実、意義、成功の行方はこれから学生となる若い女性たちにかかっていた。ぬぐいきれない不安はあったが、それ以上の希望に満ちて、ミス・デイヴィスは入学を希望する女性教師や、それとは別にすでに情報を得ていた数人の志願者に連絡を取りはじめた。大学入学を希望する女性たちの動機は何なのか、どれぐらいやる気があるのか。それに、ここに入学するための大きな困難を彼女たちはどうやって乗り越えるのか。デイヴィスが、「大学入学への固い決意をもった本物の女性」に最初にめぐりあった日はひじょうに意義深い日となった。

入学を希望する学生たちはミス・デイヴィス以上に、自分たちの前に待ち受けているものが何なのかはっきりとわかっていなかった。もちろん、彼女たちの大学進学の動機もみなそれぞれだった。ミス・デイヴィスがそうであったように、自分たちの後に続く女性たちの状況を改善したいという思いに駆られた者もいれば、もちろん、勉強が好きでその気になったという者、生来旺盛な知的好奇心を満たそうと応募した者もいた。しかし、もっとずっと多く見られた動機は、現在の生活のいろいろな制約に我慢できないという気持ちがあり、大学に入学すればそれから逃げられると思ったというものであった。しかし、これらの動機にかかわらず、彼女らは皆、ヒッチンに来るに際して、反対されたり、思いとどまらせようと説得されたり、馬鹿にされたりした。一八六九年当時は、娘をよろこんで大学に進学させる親はいなかったようである。女子大学設立計画の支持者でさえ、自分の娘を大学に進学させて女子大生という変わり者に仕立てようと申し出る気はなかった。「本物の女性」をなんとか実現するのは困難をきわめた。「この若い女性たちのことを聞けば聞くほど、彼女たちが味わった良心の葛藤が思いやられます」と、ミス・デイヴィスは書いている。「彼女たちは親の希望に逆らって自分の希望を押し通そうとするべきではないと考えています。親はそれほどまでしてする勉強の意味を認めていませんから」。それ以上に、経済的な問題が立ちはだかっており、支援者たちが二人分の奨学金を申し出たが、奨学金を必要としている学生は二人どころかひじょうに多かった。とはいえ、さまざまな障害があったにもかかわらず二一人の志願者が入学試験を受けに来た。そのうち一六人が合格し、収容定員いっぱいの六人が実際に入学した。ミス・デイヴィスは次のように書き記している。「学生たちの様子を見る機会が増えましたが、私はとてもいい学生たちだと思っています。年齢は全員二〇歳を超えていますが、慎みのある若い女性たちのようです。また、寮の風紀もきちんとしているようです。これはありがたいことです。寮内の規則は間違いなく厳しくしてありますから。……学生たちからとてもうれしい手紙をもらいました。何か困ったことをするのではないかと心配する必要のある学生は一人もおりません」

おそらく、この最後の文は少々楽観的過ぎるものであったろうが、とにかく、女子大学は大きな希望に満ちて開校され、最初の学生たちが全寮制の学生生活を始めた。意義深い試みが始まった。

苦労と熱意に満ちた二年間の取り組みが続いたが、この苦労は学生たちが起こした思いもかけない問題のせいではなく、大学教育を進めるうえで発生した特殊な問題によるものであった。ケンブリッジから汽車で通ってくる教授陣の授業は回数が多くなく、また、日帰りのため十分な時間も取れず、学生の要望を満たしていなかった。優秀な学生もおり、普通の男子学部学生よりずっとしっかりとした考え方をしている学生もいたが、すべての学生が、自分が勉強したいと思っている科目の基礎知識にまったく欠けていた。教師も学生も同様に、第一次試験の準備に必要な猛勉強はほとんど時間の無駄だと思っているようだったので、ミス・デイヴィスが正当な勉強方法を守って続けさせるのはひと苦労だった。しかし、彼女は教授陣も学生も断固とした態度で監督し、一八七〇年の一二月、五名の二年次学生はケンブリッジ大学の第一次試験の受験準備を整えた。

ここで、例のごとく、また新たな心配の種が生じた。すなわち、ケンブリッジ大学は女性の受験を認めるだろうかという不安であった。もし許可が下りなければ、この女子大学の全体制が崩れることになるだろうが、ケンブリッジ大学がどういう態度に出てくるかこの時点ではわからなかった。その回答はいつもながらどっちつかずのもので、ミス・デイヴィスにはおなじみのことだった。ケンブリッジ大学の言い分は、女性を試験する権限はケンブリッジ側にはないが、女子大学側が試験官と個人的に取り決めをすることに異存はないというものだった。試験官に申し込むと、非公式ならば試験の採点を喜んで引き受けてくれることがわかり、この時はすべてうまくいった。——少なくとも、ほとんど期待どおりに運んだ。緊張に身を震わせる女子学生と、同様にかなり緊張したミス・デイヴィスはケンブリッジに出かけていった。そして、数日後、結果を待つ身の苦しい試練も終わりを告げた。五人全員がラテン語とギリシア語の試験に合格し、そのうち数学も受験した二人はそれにも合格した。大きな安堵を得たときであった。

しかし、すべてが新しい試みであったヒッチンという小さなコミュニティーでは、勉学面だけが難題となっていたのではなかった。ミス・デイヴィスは校舎の敷地内に住み込んでいたわけではなかったが、大学運営の中心人物であり、本物の大学体制を作り上げるという固い決意で、女子学生たちの反発が予想されることも取り決めていった。シェイクスピア劇から抜粋した場面を上演した当日は、この均衡をすっかり台無しにしかねない大変な一日となった。このとき、何人かの女子学生が男装をし、——もちろん、学内の女子学生以外の観客はいなかったわけだが——ミス・デイヴィスはこれを強い危機感をもって受けとめた。女子学生たちにはとてもできないだろうとミス・デイヴィスが高をくくっていた浅はかな行動に、彼女たちは突き進もうとしていた。その結果、女子大学の評判は危機にさらされた。

さんざん気をもまされた後、このとんでもない事件も沈静化した。学生たちは女子大学を軌道に乗せるという大義のために自分たちの権利ともいえるものをあきらめることに同意した。しかし、委員会は現在のやり方をある程度変えるべき時期が来ていることを感じはじめていた。学生数は毎年ゆっくりと増えつづけ、ヒッチンの校舎は――庭にトタン屋根の簡易校舎を増築したにもかかわらず――狭く、住み心地の悪いものだった。そのうえ、ほかでもないあの上演騒動から、女子学生たちにはもっと外界からの関心事や現在以上の外界との接触をもたせることが必要であるということが明らかであった。そして、校舎の問題が再び持ち上がった。以前と同様、ミス・デイヴィスを説得して、ケンブリッジに校舎を移転する案に彼女の同意を取りつけようとする努力が周囲一丸となって強く推し進められたが、彼女は以前と同様、それに頑として応じなかった。しかし、ケンブリッジからこれほど遠く離れていることで生じる経費と不便という点から、移転強硬論が沸騰し、長い議論を経て一種の妥協案が生まれた。ケンブリッジから二マイルのところにあるガートンに校舎移転用地が購入された。資金はみじめなほど少なかったが、校舎建設は即座に始まった。

一八七〇年にこの移転が決定されたとき、この二マイル〔三・二キロ〕というケンブリッジからの距離は、かなりのものに思われた。この距離は講義や勉強という点ではたいした障害にはならないし、学生の親に安心感を与える必要条件は十分満たしているとミス・デイヴィスは確信していた。女子大学の所在地はケンブリッジではないことは依然としてそのとおりであったが、その上、女子学生たちが求めているであろうケンブリッジ大学での生活に一部触れさせるには十分近い距離であった。そういうわけで、なかなか集まらない資金面以外のすべては満足のいくものであった。とはいえ、ミス・デイヴィスは手紙を書いたり、会って嘆願したりし、ついに工事を始めるための借入金が集まった。その間学生たちは、ベンスロー・ハウスの狭く窮屈な校舎に依然として詰め込まれたまま新しい校舎の完成を待っていた。

この生まれたばかりの女子大学が必死に前進しているあいだ、また、ミス・デイヴィスが彼女の理想と目的をこの女子大学の制度にはっきりと刻みつけようとしているあいだ、もう一方の教育者たちの陣営から重要な展開が生じてきた。彼らが主催する地方講義は盛況で多くの要望があった。そこで、もっとも強い支援者の一人であるヘンリー・シジウィック氏[訳注15]は、ケンブリッジの町そのものがこれらの地方講義の開催地となるべきであるという案を抱いていた。リーズやリヴァプール同様、ケンブリッジにも受講したい若い女性がいることに彼は気がついていた。それに、これらの女性たちのために地方講義を設置することはひじょうに容易なことだった。こういうことで、一八六九年に、彼はそのときケンブリッジに住んでいたフォーセット夫人にこの件に関する話し合いを彼女の家でできないか打診した。この案にフォーセット夫妻ともども快く賛成し、最初の話し合いはフォーセット家の居間で行われた。お茶が出され、同時にフォーセット夫妻の幼い娘のフィリッパも部屋につれてこられた。フィリッパは、お客の間を何も言わずとことこ走り回っているだけであった。このとき、自分たちが女子大学の設立にむかっていること、また、将来、この少女がその大学でもっとも優れた成功を収めてその名をとどろかせることになるなど、誰ひとり思いもかけていなかった。

　ケンブリッジでの地方講義の企画は即座に多くの賛同を得、ヒッチンで女子大学が開講したわずか一学期後の一八七〇年春学期から開始された。八〇人の女性が最初の講座に出席し、その年の終わりまでにはケンブリッジから離れたところに住む女性たちから講座参加の問い合わせがあった。

　ジョン・スチュアート・ミルやヘレン・テイラーを含むこの運動の支援者の何人かはこれらの若い女性への奨学金を与えるために寄付を承諾したが、彼女たちにどのような宿舎を提供するかが難しい問題であった。寮の設置が提案されたが、それを備えるための資金がなく、講座委員会はこの案の実行は難しいと考え、さしあたっては何の措置もとられなかった。しかし、毎学期ごとに講座への参加申し込みは増え、一八七〇年には三人の若い女性が実際ケンブリッジにやって来て、講義に出席するために友人の家に寄宿した。ケンブリッジの外に在住する女性からの要望は増え、一八七一年の夏ヘンリー・シジウィックは自らの責任において、その女子学生を宿泊させるためにケンブリッジ内に何らかの設備を整える決心をした。彼は自分の夏期休暇にあてる予算を返上し、その資金でケンブリッジの町なかに小さな家を手に入れ、ミス・クラフにその宿舎の管理をしてくれるよう説得した。秋学期には、五人の女子学生を受け入れ、このように小規模で地味ながらニューナム・コレッジが始められた。

この家は込みあっていて快適とはいえなかったし、そこでの暮らしは実に質素であった。学生は家事も分担し、居間も一部屋しかなかった。庭はなく、もちろんスポーツ科目はなかったし、彼女たちに喜びを与えたものは勉強――それが彼女たちの来た目的ではあるのだが――と教授陣やこの大義に賛同してくれる支援者たちとの親しい交流だけであった。これらの喜びも若い女性にとってはおごそかな雰囲気に浸るのがせいぜいで、これらに関してさえも厳しい制約があった。女子学生に宿舎を提供するという試みに対して向けられる批判や敵意すべてを意識していたので、ミス・クラフは女子学生たちの態度や素行には極度と思えるほど慎重だった。彼女たちがケンブリッジに到着したときは、駅に出迎えの人と待ちあわせ、ケンブリッジを発つときには見送りの人をつけなければならないとした。これは、もちろん、若い女性が独りで旅をするという場合のみのことで、ケンブリッジに着いてからここを離れるまでの期間は、常時付き添いがいて気を配るのである。講義中は、ミス・クラフか別の献身的な女性がじっと編み物をしながらそばに付き添い、その他社交上のすべての招待に関して最大限の注意を払って監督する。要するに、こういった体制に反抗する学生も何人か出るくらい、これらの女子学生たちは、極端ともいえる「女性らしさ」という規範で縛られていたのである。しかし、彼女たちは、勉強に対する情熱を持ち、彼女たちの成功いかんに女性の教育の将来がかかっている先導者であることをわかっていた。結局のところ、若い女性がほとんど個人的な自由を期待しない時代に生きていたといえる。だから、少々の摩擦と大きな不安があったにもかかわらず、何も問題は起きず、彼女たちが「分別」を持っていることは立証された。若い女子学生が数人ケンブリッジに居住しているということはスキャンダルも引き起こさなかったし、ケンブリッジ大学に混乱も起こさず、すべてはうまく進んだ。

しかし、翌年の秋学期には学生数は倍増し、ケンブリッジ大学の「ケム川に沿った裏手の敷地」に、古いけれども趣のある校舎が創設された。そこでは、前よりずっと快適な設備が女子学生たちに供給された。今度は庭もあり、広さと学生数の増加によって、学生生活に新たな変化がもたらされ、大学らしい雰囲気がおのずと育ちはじめた。ケンブリッジ大学と接触をもつということに関しての制約は当然保たれたが、ミス・クラフは女子学生たちにとっぴな服装や振る舞いを控えるよう彼女たちを何とか説得しようとし、勉強する喜びと知的興味に満たされた学生たちも、こういったことは楽に我慢できた。学生数は依然として増えつづけ、さらに七名の学生が第二校舎に受け入れられたが、ケンブリッジの町中にある知人宅に寄宿する学生の数はさらに多かった。

さらに校舎を増やす必要があることは明らかであり、一八七四年にニューナムに校舎を建設する決定がなされた。

しかし、この建設を始める前に、シジウィック氏はミス・デイヴィスに申し入れをした。このとき、大学委員会でヒッチンからの移転が検討されており、シジウィック氏は、これら二つの計画を統合することを提案した。しかし、当初からあった理念上の違いは依然として立ちはだかっていた。ミス・デイヴィスは、以前と同様「へび」を恐れており、ケンブリッジ・グループ側も、ミス・デイヴィスの条件には同意することができなかった。彼らは学位第一次試験におけるギリシア語の必修と男子学生に課される現在の卒業学位試験の必要性はまったくないと考え、これに反対した。また、この制度が女子学生を締めつけるのを甘んじて見ていることはできなかった。そのうえ、特に優秀な女子学生を対象に、特別な取りはからいをしたり特別講座を推進することは、初期段階のその時点では、ひじょうに理にかなっていると考えていた。彼らは最終試験の受験資格を得るために必要とされる厳格な在学期間規定に準じることにはこだわらなかった。(この件に関してミス・デイヴィスは一貫して、ケンブリッジ大学の規則を慎重に遵守する方針を採っていた)。教育をまともに受けた経験がない学生に関して、期間を延長して準備コースを受けさせるのはまったく理にかなったことであり、ラテン語やギリシア語をまったく知らないのに、古典の優等卒業試験を目指している若い女性たちには当然必要であるというのが彼らの感じていることだった。彼らはまた、優等卒業試験を目指さない学生も進んで受け入れた。たとえそれが正規の教育路線を逸脱するとしても、女子学生たちがしっかりと勉強し、その勉強が彼女たちのためになれば、一年あるいはそれ以下の期間であっても、学生を受け入れる用意があった。このように、両者の見解の差は大きく、溝も深かった。そのうえ、両者とも妥協することをその良心が許さなかった。ミス・デイヴィスはシジウィック教授に宛てた手紙に次のように書いている。「教授が提示されるやり方をとると、私どもの生命を左右する五体に歯をむく『へび』を受け入れることになるというのに、喜んで私どもの支援をしたいとおっしゃられたのは、私たちをあざけりの的にしようという残酷な気持ちからではなく、教授の広いお心から生じたすれ違いによるものだと確信しております。この種のへびは、あらゆる場所に忍び寄ってきます。何かの関心が呼び覚まされるとすぐさま、ほかにいいものがあるとか、いや、それにもまさるものがあるとか、そのうえ、費用もかからない、といった話が女性たちの耳に入ってきます。私が思うに、女性たちがいろいろな講義を受けても結局たいしたことも得ず、女子大学生になっても、学位など手に入らないようにさせておくには十分です。私たちは、ことあるごとにこのような障害に見舞われます。最近では、私たちの計画を頓挫させてしまうのではないかと思われるほどです。しかし、私たちは、まだそれに屈するつもりはありません」。

こういうわけで、これら二つの女子大学は、お互いの足を引っ張る形で、それぞれ独自の道を進んだ。確かに、同じ人から寄付や支援を得ようとすれば、妨害しあうことになったが、現実には、彼らは協力しあったのである。というのは、大学教育課程を受け、こんどは高等学校の教員たちは、が急増したのだ。そして、こんどは高等学校の教員になる女性生徒を大学へ送り込んできた。そこで、大学側は、次に、正規の大学課程への道をひらくことになった。両方の女子大学に対し、多くの入学希望者があり、両大学ともそれを受け入れる余地があった。

二つの女子大学のそれぞれの構想が実質的な展開を見せはじめたころ、優等卒業試験《トライポス》という最重要問題の決定が迫られた。一八七〇年の末にヒッチンから初めて学位第一次試験を受けにきた学生たちは、一八七三年に卒業試験を受けることを願って、そのための受験勉強をしていた。このとき、何人かの支援者たちが、ケンブリッジ大学の評議員会において女子学生にも優等卒業試験《トライポス》の受験を正式に許可すべきであるという提案をした。しかし、これは却下され、この状況下では、どういう形であれ、女子学生の受験そのものが疑わしくなった。ケンブリッジ大学側との書簡のやりとりはひじょうに大変であったが、ミス・デイヴィスは断固とした態度をとるかと思えば、相手をなだめ、また議論を戦わせるという方法で、結局、学位第一次試験のときと同様の妥協案を取りつけた。すなわち、女子学生に対し、男子と同じ試験問題で非公式に試験を施行し、試験官と個別の取り決めをして試験の採点結果を出してもらうという許可を大学側から取りつけたのであった。全体として、すべてが試験官個人の好意にかかっており、ひじょうに不安定な取り決めであった。ほとんど試験当日ぎりぎりになるまで、志願者が本当に受験できるのかどうか、コレッジ当局は確信がもてなかった。しかし、極度の緊張と不安に悩まされながらも、女子学生たちは受験準備を着々と続けたが、国中の注目が彼女たちの試験結果に寄せられていることを痛いほど感じ取っていた。受験者は三人だけだった。数学の優等卒業試験を受験するミス・ウッドヘッド、古典で受験するミス・クックとミス・ラムズデンであった。(訳注16) ミス・ラムズデンは、この年にやっと学位第一次試験に受かったばかりであったため、専門的な勉強をするための時間が実質的に無に等しかった。しかし、それにもかかわらず、教員たちは一か八かやってみる価値があると考えていた。そのときの様子を述べる彼女の言葉にはこの時抱いた恐怖感が表れている。

「最初の朝の様子は鮮明に覚えています。私たちは手にペンを握って、居間に座って試験問題が届くのを待っていました。ミス・デイヴィスは暖炉の脇に座ってせっせと編み物をしていらっしゃいました。その編み針がカチカチすれあう音がいまだに聞こえてくるようです。ところが、時は刻々と過ぎ、一時間がたってもまだ試験問題が届きませんでした」。

「ミス・デイヴィスは一言もおっしゃいませんでした。でも、きっと絶望的な気分になっていらっしゃったに違いないと思います。なぜなら、私たちにはほとんど隠していらっしゃいましたが、試験官の何人かは私たちに受験させることを頑強に反対していることをミス・デイヴィスはご存知でしたから。私はというと、もし、試験官たちが土壇場になって試験を拒否したらどうしようと、いてもたってもいられなくなってきました。やっと係りの人が到着しました。この人は、間違った場所に最初行かされていたようでした。私はあまりの緊張のため、試験問題にまともな解答ができるどころではありませんでした。……その朝は、その週の最悪の日になりました。それで、私の試験結果は決まってしまいました。『可』でした。ミス・クックは『良』を取りました」。

ミス・ウッドヘッドも「良」を取った。この結果がよかったので、女性が高等教育を受ける素質を持っているということがついに認められたようだった。ケンブリッジ大学との取り決めは非公式なものであったことは事実であり、学位取得はできなかったが、前例ができたことで、さらなる進展への希望のとびらを開いたといえた。ケンブリッジ地方試験も、非公式に認められた後、正式許可が下り、年々受験者の数が増えていった。こうなると、学位取得試験についても同様の経過を期待するのは当然のことであるし、この後ガートンもニューナムも財政上可能な限り、増え続ける志願者に対応して学習意欲旺盛な女子学生を受け入れ、急速かつ活発にその規模を拡大していった。

（1）ジェイムズ・スチュアート『回想録』。

第九章　女性医師　一八五八―一八七三

一八五九年、エリザベス・ブラックウェルによるロンドンでの講演――エリザベス・ギャレットの医師資格取得の決意――ギャレットの初期の苦労――一八六五年、薬剤師試験による資格取得――英国における女性の医療資格取得の全面停止と国外医師資格者の認可停止――ソファイア・ジェクス‐ブレイクによる現行打破の決意――一八六九年、エディンバラ大学への入学申請――エディンバラ大学との長い戦い――ホープ奨学金――外科棟での暴動――名誉毀損の法的措置――大学評議会と女子学生の訴訟、女子学生の勝利――ソファイア・ジェクス‐ブレイクの試験失敗――学位授与を求める訴訟の敗訴――医学留学生の苦労

女子の大学教育を確保するための運動に密接に関わっていたのが、医学教育を勝ちとるための運動で、これはさらに困難をきわめたが、この二つの戦いは同時に進行した。それぞれが進行するにしたがって互いに影響しあうところがあり、当然ながら、それぞれ共通の支援者たちから熱心な応援を受けた。とはいえ、二つの戦いは明らかに個々の切り離されたものだった。人びとが、女子の大学教育は認めるが女性が医師になるという発想を毛嫌いすることは、じゅうぶんありえたことであり、実際に多くの人びとがそう考えていた。つまり逆に、女子大学の設立は認めないが女性の医師は認めるということは、ほとんどありえないことだった。このため、医学の道を歩む女性たちのほうがより険しくより孤独な道のりを歩んだのは明らかである。

女子の医師養成については、支援者が少ないばかりでなく、さらに激しい反対があった。利益の上がる職業の既得権への執着は、歴史の古い大学の由緒ある伝統への執着よりなお強く、これらに初めて立ち向かった大胆な女性たちは、危険で難しい問題を抱えることになった。その上、社会的慣習を打ち砕く最終的な審判を下す世論を動かすことは、この問題ではことのほか難しかった。女性が医師になるという発想は新しいというだけでなく、あらゆる意識に反するもの、つまり、非道徳的で、危険で、あつかましいものとされていたので、進展に時間がかかったのも不思議ではない。

中世には、ヨーロッパ諸国にも医学の道を歩む女性はいたが、ヴィクトリア朝のイギリスではこの発想はまったく

なじみのないものであり、初めてこれに光を当てたのは、エリザベス・ブラックウェル（訳注1）だった。パイオニアとなったこの女性は、一八二一年、ブリストルに生まれ、幼い頃アメリカに渡り、そこで天職を見つけ訓練を受けた。（原注1）彼女の医学教育とその初期の葛藤や困難の物語は、自叙伝に綴られているが、イギリスではなくむしろアメリカでの運動に関わっているのでここでは触れない。ただ、彼女の手紙から数行引用しておくことにする。というのは、医師という職業を初めて目指した女性たちの将来の見通しが、どのようなものであったかを垣間見ることができるし、今日のその後継者たちとの間に大きな隔たりがあることが、この手紙からわかるからである。

「なぜ、いままで誰もこの道を歩まなかったのかがわかります。高い志をもちながら、支援を得られず、社会のあらゆる反対に立ち向かって生きるのは難しいものです……。わたしもたまには人生を楽しみたいと思います。このような人生ではおもしろみがなさすぎます」。

一八四九年、エリザベスはアメリカで学位を取得し、その後すぐにヨーロッパへ渡り、浮き沈みをへて、ロンドン、パリで学んだ。ロンドンでは、概して好意的に受け入れられ、医学に携わる多くの男性が支援しようとしてくれていることがわかった。その中にパジェット氏（訳注2）（後のサー・ジェイムズ）がいた。彼女はセント・バーソロミュー医学校への入学許可を得て講義に出席し、様々な方面で快く受け入れられた。とりわけ、バーバラ・リー・スミスやその友人のベッシー・パークスらはエリザベスに親交を求めた。彼女たちの間には、当然のことのように友情が生まれ、その交友を通し、興味深いさまざまな集まりに参加することができた。ファラデー（訳注3）やハーシェル家（訳注4）のような科学者だけでなく、レディ・バイロン、ジェイムソン夫人、ラッセル・ガーニー家の人びととも出会った。また、この時期にフローレンス・ナイティンゲールとも親しくなり、ナイティンゲール家のエンブリー邸（訳注5）に滞在することもよくあった。フローレンスは、付き添いに伴われてしばしば町へ出ると、エリザベスのロンドンの部屋を訪ね、二人は暖炉の前で、人生や仕事や医学について語り合った。若いフローレンス・ナイティンゲールが希望や志を打ち明けたのは、エリザベス・ブラックウェルにほかならなかった。

フローレンスが、良家の子女として家で悶々と過ごした最後の年月の間、エリザベスはニューヨークに戻り診療所を開いて経験を積んだが、後に重要な展開をとげることになるある計画を言い残してイギリスを後にしていた。

しかし、そのとき事態はもっとも見込みのない状態にみえた。当然世論は、女性医師は不愉快な女らしくない生きものであると考えていたし、女性の主義主張に啓発された支援者たちのあいだにさえも疑念があった。フレデリック・モーリスは、ミス・ブラックウェルを認めているのではないかという疑惑に対して、クィーンズ・コレッジでの自分の立場と仕事は、彼女とは無関係であることを示す必要があると感じていた。彼の一八五五年の「女性のための実際的問題についての講義」には、このことがはっきりと表れるように配慮した。

「我々男性が従事している職業につかせるために女性を教育している、と疑われていることに対し、この講義が身の潔白を示してくれることを願います。アメリカでは、女性は学位を取得して内科医として開業すべきだと言う人もいます。私はこのような方針をとるつもりもありませんし、私が関係しているコレッジがこのような路線をとるとは思っていません。それより、医者になりたいなどと少しでも考える女性に、より健全な方向づけを与え、学位や開業を望まないようにすることが、コレッジ設立の理由にほかなりません。それぞれの性に特徴的に備わった能力を呼び起こし、それを使おうと努力を重ねれば、慣習ではなく神の意志が他方の性［男性］に与えた領域に、押しかけることは少なくなるでしょう」。

おそらく聴衆の中にいた多くの優秀な女性たちは、教育が、「我々男性の職業」に足を踏み入れたいという女性をしめ出すための安全弁だと考えてはいなかったはずである。その神の意志というものをまったく逆の観点でみていただろう。これまでモーリスから受けた多大な支援に心から感謝こそすれ、「恥を知れ」などと言って騒ぎたてるような不作法もなく、このような呆れるほどの男性側の感情論も彼女たちは受け流した。モーリス自身もまもなく考えを変え、女性が医師になるための運動の支援者となった。しかし、一八五五年には、まだこの運動を起こす時期は訪れておらず、ミス・ブラックウェルがイギリスを訪問したことで起きた問題への関心は弱まっていった。

しかしながら、三年後には、エリザベス・ブラックウェル医師はロンドンに戻り、一八五九年、彼女の名前は英国医師登録簿（訳注6）に登録された。

これが、彼女の名前が記載され得た最後の時となった。というのも、次の年には外国で取得した学位をもつ者すべてを英国医師登録から除外するという新しい権限が医師会に与えられたからだ。それ以降、法的に認められた開業医は英国の学位をもつ者に限られることになり、こうなれば、アメリカとパリの学位のみをもっていたエリザベス・ブラックウェルが英国医師登録を認められることはなかっただろう。

この新しい法的権限は、当時とくに注目されていたわけでもない女性医師を排除することを目的としたものではなかったが、それでも彼女たちの行方に大きな影響を与えた。というのも、女性にとっては、アメリカのいくつかの医学校だけでなく、フランス、ベルギー、スイス、イタリア、スペインで医学を学び資格を取得することは可能だったが、新しい法律により、これらの機会は英国女性にとって無意味なものとなった。大英帝国で開業を認められた医師として、エリザベス・ブラックウェルに続く唯一の方法は、イギリスの医学校を一校でも、そしてイギリスでの医学の学位を一つでも女性に開放することにかかっていた。

この新しい法律が女性の大義にもたらした意味は、すぐには明らかにならなかった。というのも、英国の様々な試験から女性を除外する範囲については、まだ調査されておらず、世間の反感も以前よりはずっと弱まったようにみえたので、ブラックウェル医師と彼女の仲間は、一〇年前にイギリスにいた時よりもう少しやっていける自信を抱いた。

女性運動についての二つの講演を成功させたジェイムソン夫人に励まされ支援され、ミス・ブラックウェルは、一般の人びとに向けて、女性の医師としての適性について一連の講演を行った。

「寛大なお父様の支援を受けて、友人ミス・リー・スミス姉妹とミス・ベッシー・レイナー・パークスは、私の最初の講演の準備のため積極的に働いてくれました。メリルボン講堂が確保され、私たちの若い仲間がプリムローズや愛らしい花や緑のリースをヘイスティングズから持ち寄って机を飾り、私は暖かい思いやりに支えられました。一八五九年三月二日、最初の講演は、知的で見識のある聴衆に向かって行われ、暖かい関心が寄せられました。目の前に座っていたミス・アナ・ゴールドスミッド(訳注7)の慈愛に満ちた顔に涙が流れていたのをよく覚えています。けれども、もっとも重要な聴衆は、そのとき医学への興味を駆りたてられた、若くとても聡明な女性、ミス・ギャレットでした」。

エリザベス・ギャレットにとって、医師になる決心をすることと、そのための道をさぐることはまったく別のことだった。彼女には、通常乗り越えなくてはならない家庭の問題はまったくなかった。彼女の父親はあらゆる可能な手段で彼女を助け励まし、必要な費用すべてを用立てた。しかし、アメリカにたったひとり女性医師誕生の前例があるだけだったその世界は、彼女たちにはとても冷たかった。すべての病院に願書を出し、すべての学校と審査機関に頼んで回ったが、門戸を開いたところはまったくなかった。こうして医師会の新たな法的権限の重要性が明らかになりはじめた。エリザベスは落胆することなく、一八六〇年、ミドルセックス病院に看護婦として入った。彼女はそこで学ぶだけでなく、彼女の能力を疑っていた多くの人たちに、長時間のいやな仕事に耐えられることを証明しようと思った。

病院当局は、授業を受けたいという彼女の申し出を馬鹿にしつつもおもしろがり、それを受け入れて彼女にできることをさせた。「女性特有の巧みなやり方すべてを使って医者に取り入ろうとしているなんて、恥ずかしく思います」と彼女はエミリー・デイヴィスに宛てて書いたが、おそらく、しかるべき目的のためにならば、彼女のやり方は法的に認められただろう。ともかくその「巧みなやり方」あるいは彼女の静かな忍耐が身を結び、徐々に講義出席への道を獲得し、解剖室へ出入りする道をも勝ちとった。

しかしながら、彼女の苦労はここから始まった。というのも、彼女があまりに熱心に勉強し、成果をあげ、ある重要な試験で最高点を取ったからだ。このやり方のまずさが原因で男子学生に抗議文を出させる結果を生み、そののち、彼女が講義へ出席することは止められてしまった。彼女が志願した他の病院も同じように拒否してきた。エリザベスはそのやり方で進むことをあきらめ、ふたたび病院外で学ぶことを考えた。最初に必要だったのが開業免許を与えてくれる審査機関を探すことだった。そしてすべてをあたったのち、とうとう薬剤師協会〔訳注8〕が、その設立認可状の条項により、法的に彼女を拒否することができないということがわかった。これは医業に携わるための最低限を満たす手段でしかないが、とにかく正規の免許であり、エリザベスはこれを取得しようと決意した。しかし同時に、もしチャンスが訪れたら、医学博士号のための試験受験資格が与えられるよう、ロンドン大学への入学を希望した。そのため彼女は一般科目をせっせと勉強したが、その努力の甲斐もなかった。ロンドン大学は彼女が女性だという理由で入学を認めようとしなかった。ロンドン大学の新しい設立認可状は女性の入学を認めていないと解釈され、エミリー・デイヴィスはグラッドストン、コブデン、F・D・モーリス、サマヴィル夫人、そのほか多くの人たちが署名した請願書を集めたが、大学側は譲らなかった。そして一八六五年、エリザベス・ギャレットは入学の望みを断念し、易しい薬剤師試験を受験して合格した。

試験が終了したとき、エリザベスはエミリー宛ての手紙にこのように書いた。「二人の試験官がC氏に、点数の順に名前が載らなかったのは幸いだと言いました。もしそうだったら彼らは私を最初に載せなければならなかったからです」。これは本当に幸いなことだった。

エリザベスはこれで開業する資格を得て、ロンドンに女性と子どものための小さな診療所［エリザベス・ギャレット・アンダーソン病院の前身］を開いた。また彼女の父親の援助で、さらに上の学位を外国で取得する決意をした。パリに住まずにパリの医学博士号取得のための試験を受ける許可を得て、その準備を始めた。「実務をこなしながらの試験勉強は容易ではありません。夜を勉強の時間にあてるために、あらゆるお付き合いを断わり、時間とエネルギーを節約しています」と、一八六八年、ヘレン・テイラーに宛てて書いた。その一年後、その努力が報われた。

六月には、彼女はこのように書いた。「パリの第二次試験を今週合格したと知ったら、あなたは喜ばれるでしょう。科目は外科と病理学でした。受験者が一人ひとり、試験官と多くの人の見守る前で二つの手術を行わなければなりませんでした。そして長い口述試験に進みました。二人の男性が私と一緒に試験を受けました。そのうちひとりは私がそうだったように「優等」で合格しました。もうひとりは三段階下の「可」でした。長い休みに入ってしまうので一一月までもうこれ以上は進めませんが、第三次、第四次試験の準備ができると思います。合間に卒業論文も書きたいと思っています。テーマに「頭痛」を選びました。解剖所見をせずに研究できるテーマを選ばなくてはなりませんでした。解剖所見は私的に行う診療を通しても診療所の実務でもほとんど学ぶことはできませんし、また、大きなテーマ、主たる生理学的機能のバランスを研究するようなものを選びたかったのです」。

エリザベス・ギャレットは、第三次、第四次試験に合格し、卒業論文は認められ、一八七〇*年までにパリの医学博士号を取得した。しかし、これによってではなく、薬剤師免許により英国医師登録簿に名前が登録された。

この結果に至るまでの長期にわたる奮闘の間、エミリー・デイヴィスはエリザベス・ギャレットのもっとも重要な相談相手だった。彼女はロンドン大学への申し立てを計画し、友人としてできる限りのことをして助けた。また、エリザベスの振る舞いに厳しく目をみはり、彼女の行動の「軽率さ」について何度も忠告した。一八七〇年、医師資格を取ったばかりのエリザベスにこう書いた。「実際、あなたは冗談が多く、無謀です。それはあなたが思っている以上に損になるのです」。

常にお堅く因習的に振る舞わなければならないことは、このような大胆な女性たちには重荷だった。本来、同年代のどんな人びとよりも時代の拘束を嫌ったが、よりよい結果を得るためには服装や振る舞いなど小さな事柄は言われる通りにしなくてはならないとよくわかっていた。彼女たちはたえずお互いが枠からはみ出ないように心がけた。エ

エリザベス・ギャレット、パリ大学医学博士号取得のため口頭試問を受ける（1870）

リザベス・ギャレットは、自分も冗談が多すぎると批判を受けたにもかかわらず、他の女子医学生の服装に気をもんだ。エミリーに宛てて「女子医学生たちがもっと上手に服を着こなしてくれればいいと思います」と書いた。「普段着を着るとひどく男勝りに見えます。……短かめのスカートをはいてぴっちりとしたラウンドハット、ひどくみにくい装飾品の数々……。これは言語同断で、この女性の医師資格獲得という大きな目的に最も害をおよぼします」。

しきたりに従った服装が大切なのは、疑いもないことだったが、エリザベスがパリで学位を取得したときのように、イギリスの医学校を驚かせたのは、おそらく女学生の服装ではなかった。彼女たちの存在そのものが、十分に驚異であり、一八六七年、ほかの四人の女性が薬剤師協会の予備試験を通過したことが知らされると、これは何か悪いことの前兆だとして、この侵略を食い止めるための手段がとられた。そして彼女たちが薬剤師免許取得の準備を整えた時には、その取得が法的に無効になっていた。こうしてエリザベス・ブラックウェルとエリザベス・ギャレットは後にも先にも英国医師登録簿に名前が載せられたたった二人の女性となった。英国のすべての門戸が閉ざされ、海外の試験には何の効力もなくなった。

ほとんどの望みは絶たれたようにみえた。同じ道に乗り

ソファイア・ジェクス－ブレイク

だしてしまった多くの女性たちにとって、英国の資格を得る望みはなくなった。彼女たちは、フランス、ドイツ、イタリア、スイス（この国々の女性たちには学位を求める人はいなかった）で学位を取得することができたが、母国へ帰ると役に立たなかった。しかし彼女たちの中の数人は、外国で資格取得の道を選び、一八六〇年代前半に海外で研修を積み、イングランドでの免許がないにもかかわらず開業しようと帰国し、その要求を突きつけた。このような状況は、彼女たちにとってはまったく不満なものだった。

　このとき並行して力が注がれたのが産科学専門の女子医学校だった。ロンドン、エディンバラ、バーミンガムに設立された女性医師会がこの計画を支援した。彼らは、女性に完全な医師資格を与える運動との関係を公に否定したが、助産婦がきちんと訓練され、女性の出産補助員として開業の機会を与えられるべきだと主張した。女性医師推進運動の支援者の何人かはこの計画を承認し、婦人科の訓練が正式な医学の学位に至ることを願った。しかし彼女たちの大多数はこの中途半端な規準に強い疑念をいだき、フローレンス・ナイティンゲールなどは、女性医師に対して特に同情的ではなかったものの、十分な水準に達していないという理由で産科の訓練計画案に反対した。

　この運動は成果が上がらず、女性医師たちは行き詰まったままだった。しかしエリザベス・ギャレットの成功と、その火を絶やすことのなかった運動によって、何人かの優秀な闘士が新たに現れた。二人の正規の女性医師は仕事を続け、女性に医師がつとまることを実践で証明し、まもなく、資格取得のための奮闘が再開された。

　この二度目の戦いは、ヒッチンにコレッジが初めて開校された年に始まり、先頭に立ち上がった闘士は、ソファイア・ジェクス－ブレイクだった。

　この注目すべき女性は、一八四〇年に生まれ、子どもの頃から騒がしく激しい気性で手に負えなかった。一八五八年、クィーンズ・コレッジに進学し、その翌年、そこで数学講師になった。その頃、フレデリック・モーリスを囲む熱心な博愛主義の一団に出会い、医学を学ぶことなどとうてい考えていなかった。彼女は教育が生涯の仕事であると感じていた。どんな女性もまだ資格を得られないでいるときに彼女は資格を取り、それまでにないよい学校をつくろうとしていた。その仕事に身をささげ、ドイツで一年間教え、その後単身アメリカ合衆国に渡り、その国の学校や大学について学んだ。しかし、この旅が彼女の計画を変えることになった。というのも、ボストンで、エリザベス・ブラックウェルの若い頃の弟子で、その町に女性と子どものための病院を開いているルーシー・スーウェル医師と出会ったからだ。ソファイアは、すぐにこの若い医師の家族と親しくなり、仕事を見たり会計や経営を手伝うなどして夢中になった。両親の同意を得て、独学で医学を学ぶ決意をし、ニューヨークに居を定めた。この地で、エリザベス・ブラックウェル医師が支援を約束してくれた。しかし、彼女が勉強を始めるやいなや父親が亡くなり、母親と家族に呼ばれ、自分の将来や友人たちをあとにすぐに帰国した。

　ソファイアは、成功の見込みはなかったかもしれないが、医師の仕事をあきらめることはできなかった。帰国後、ただちに医者の職業という堅固な要塞に戦いを挑んだ。

　まずはもちろん、受け入れてくれる可能性のもっとも高い大学をみつけることであり、調査の途中で多くの協力者を得た。ケンブリッジ大学のシジウィック博士、リヴァプールのバトラー夫人、また高等教育運動の支援者たちのほとんどが彼女の計画に興味をもった。彼女はその支援を受けて「どこか入り込めるところがないか」と各地の情勢を調査した。もっとも好意的な地、言いかえるともっとも反感の少ない地はエディンバラで、マッソン教授（訳注9）が力強い支援をしてくれた。そして一八六九年三月、この若い女性は、不安を抱えながらも断固たる決意で、たったひとり初めての地に乗り込み、エディンバラ大学という由緒ある大学を学びの場として獲得しようと立ち上がった。

　大学側にははじめ、彼女はおとなしく物静かに見えた。教養があり冷静で、感じのよい低い声の黒い髪をしたこの若い女性は、自分が何を求めているのかをはっきりと理解していて、悪い印象はまったく与えなかった。彼女はちょっと奇妙なこと、つまり、医学生が受ける講義への出席の許可を求めたが、すぐにそれに飽きるだろうと、大多数の医学教授がひとりずつ折れて、彼女の求めた許可が与えられた。

　しかし、彼女の苦労はそのとき始まった。というのも、エディンバラ大学の組織は複雑で、少なくとも三つの上部組織が決定をくつがえす力をもっていた。第一に、大学評議委員会は、実際には一八六九年*に、彼女の要求に賛成した。しかし、学生の申し出にしたがう大学審議会はこれをくつがえし、ひとりの女性の利益のために一時的な措置をすることに賛成しなかった。

　この後退は一時的なものだった。事実が知れわたるやいなや、イザベル・ソーン夫人、ミス・イーディス・ピーチイを先頭に、他の学生たちが進み出た。これらの学生たちは、ひじょうに真剣に、また謙虚にこの仕事に取り組んだ。

　ミス・ピーチイは次のように手紙に書いた。「私は成功を確信したいのです。それは私自身のためではありません。いま失敗すれば大義そのものを傷つけるでしょうし、少なくとも初めの何人かの女子学生たちが、試験で男子学生の平均以上の成績をおさめることが大切だと思います。成功するためには、ほどほどの学力とかなりの忍耐力を持つこと以外に何があるでしょうか。医学という学問への情熱に加えてこれらの権利を主張できると信じていますが、いまその専門科目の知識が完全なものであるかどうかといえば、あらゆる点で不完全で心配です。残念ながら、相当の勉強を積まなければ予備試験に合格しないと思います。私のラテン語の知識は乏しく、ユークリッド幾何学はなおいっそう乏しい、とあなたはおっしゃいました。もしこれらの科目の広範な知識が要求されなければ（医者は一般的にこれらの知識は少ないようですが）おそらく次の試験までに準備ができるでしょうし、同時に、カーペンター〔メアリー・カーペンターのこと〕についての勉強が気晴らしにもなるでしょう。もし、わたしの持ち合わせですべての費用をまかなうことができないとしたら残念に思います。とはいっても男子学生の通常の授業料の倍以上も支払うことはとてもできないだろうと不安です」。

　ソファイア・ジェクス＝ブレイクは、このような手紙に励まされ、女子学生のための別クラスの編成を提案し、大学講師らの二重負担の埋め合わせとしていくら要求されても支払うと約束した。そして、そうすれば、女子学生が大学に入学し学位試験を受けることを許可するかどうかを、大学評議会に尋ねた。

　一八六九年一〇月、エディンバラ大学が女子学生を受け入れる法的な力をもつと思われる大学というだけの条件で、この要求が認められ、五人の若い女性は大喜びで入学試験に向けてラテン語とユークリッド幾何学の勉強を始めた。五人全員が合格し、本格的な勉強に取り組む冬を迎えて、親切な教師や講師に付いて必要な指導を受けた。

　三月まではすべてがうまく進んだが、「ほどほどの学力とかなりの忍耐力」を持ち合わせたミス・ピーチイは、エリザベス・ギャレットがミドルセックス病院で犯した過ちと同じ過ちを犯してしまった。定期試験が行われたとき、彼女は三位になり、その上位二名は二年生の男子学生だった。もし、上位三名に大学の実験室の使用許可が与えられるという奨学制度がなければ、三位に入ってしまったという彼女の過ちは気づかれなかったかもしれない。あらゆる実験室の使用を厳しく制限されていたミス・ピーチイにとって、この特権は大きな意味をもっただろうが、大学にとっては明らかに命とりとなる事態で、結局彼女をとび越えて、彼女より下位の男性にその奨学制度が適用された。

この問題は、新聞紙上で恰好の話題となり、スコットランドのみならずイングランド全土で論議の嵐を巻き起こした。世論は、一致団結してこの若い女性の味方をしたが、この場合、これが大きな障害となった。というのも、あらゆる面で非難された大学側は、女子学生らがどこかよそへ行くことを願いはじめ、ほんの少し門戸を開いた日のことを後悔しはじめたからだ。

若い女子学生らがこの状況を楽しんでいたことは認めざるをえないことだが、行く手に嵐が待ち受けていたので、少しでも楽しむことができたのは幸いだった。

丸一年の勉学を終え、予科は大体のところ問題なく終了し、いよいよ最大の難関、つまり解剖学の授業と病棟実習が彼女たちの目前にあった。解剖学の授業を受けることは認められたが、病棟実習については困難な問題が次々と浮上した。彼女たちの申し出は委員らによって検討され、しばらくの間その決定は保留となり、票のひらきがあまりにも僅差で何度か賛否に揺れ動いた。この申し出によって浮上した議論が進行する間に、男子学生は女子学生の存在に反対する請願書を用意した。この請願書が議論に加わったことで、揺れ動いていた票が結局反対派に傾いた。

男子学生は、このように干渉したことで得た成功を喜び、女子学生を解剖の授業から追い出すことをも決意した。この干渉行為は、女性医師という考えそのものに反対した医学講師陣によって直接けしかけられたものだと広く信じられていた。

そうであったかもしれないのだが、男子学生は、ただひたすらに、ある「いたずら」の機会をとらえ、一八七〇年一一月一八日、「外科棟での暴動」を起こした。

若い紳士たちの目的は、女性たちが建物に入るのを妨害することだった。彼らは講義の時間になると道を大挙してふさぎ、五人の敵が現れると、歌い叫び、押しあって泥を投げ、最後には彼女たちの面前で中庭の大きな扉をバタンと閉めた。若い女性たちは——彼女たちの気持ちがどんなものであったにせよ——完璧なまでに冷静な態度を保ち、まるで何も気づかないかのように振る舞った。彼女たちは静かに門に向かって歩き、やがて守衛が小さなドアを開けることに成功すると、そこを通って無言で教室へ入った。

外だけでなく内でも大混乱が起こった。教室中がすさまじい騒ぎで、教授が強引に押し入ってきた侵入者の一団を追い出すのにしばらくかかった。さらに、彼がこれを追い出すことができて講義を始めるとすぐに、再びドアが開いて、外の叫び声や笑い声とともに一頭の羊があわただしく押し込められた。怒った教授は「そこにいさせておきなさい。それをここに送り込んだ者よりはまだましだ」と言った。女子学生がこの時いつものように授業に集中できたかどうか疑わしかったものの、解剖の実演は進んでいった。もっとも、ソファイア・ジェクス‐ブレイクは「私たちは難題をうまくこなした」と日記に書いてはいたが。

騒ぎが終わると、教授はその若い女性たちを後ろのドアから出て行くようにせきたてたが、彼女らはこれを拒否し、親切な若い男性の一団と、やじうまや警官や浮浪児たちに守られながら、静かに歩いて家へ帰った。

この事件は、ホープ奨学金［エディンバラ大学でミス・ピーチイに適用されなかった奨学制度のこと（前出）］の事件以上に世間の同情を女性たちに集め、大学は信用を失った。男子学生は、下等動物は締め出されるべきではないとわかったと言ってその羊事件を釈明したが、理解はまったく得られず、ことはいよいよ感情論となってきた。女子学生は道を歩くとき、何ヶ月ものあいだ、いやがらせに苦しんだ。ときには、「うんざりするような内容を、医学用語を使って知的に聞こえるようにし[原注2]」たり、侮辱的な言葉を叫び散らしたりする攻撃的な男性の集団に後をつけられたが、これらの苦痛は、ただ彼女たちをさらに真剣に学業に向かわせたにすぎなかった。「これまでにない侮辱のひとつひとつが、始めた仕事をやり遂げるための大きな励みとなりました。私は単に個人的な目的で医学の勉強を始めましたが、いまはこの乱暴な若者たちから女性を解放したいという願いにも駆られています」とミス・ピーチイは書いた。これらのいやがらせに気をとられない意志と彼らを無視する強さは彼女たち全員がもっていたが、その苦しみはひじょうに大きいものだった。というのも、彼女たちはみな進歩的で自立していたが、その時代のまだうら若い女性だったからだ。三〇年後、そのなかの一人は、その時の恥辱と屈辱をいまだに覚えているので、外科棟の門をくぐるよりは何マイルか遠回りしたい気がすると告白した。

この暴動後の次のステップは、病棟実習を受ける許可を確保するというもうひとつの挑戦だった。委員選挙が行われ、女性に好意的な候補者リストが提出されていた。ソファイア・ジェクス‐ブレイクは、この機関への他の出資者たちと同様に、投票のために出席し、他の人びとと同様に発言の権利を主張した。

彼女は、はっきりとした声と勇敢な態度で立派に発言したが、賢明な発言ではなかった。妨害、侮辱、反対をあびせられ、憤りをあらわにしてしまうといった過ちを犯した。「暴動者たちが誰かの命令によって行動していたとは言いませんが、私の知るかぎりでは、暴動のすべての原因が、あるいは主な原因が外科の学生にあったわけではありません。クリスティソン博士の授業の助手がその暴動者のリーダーの一人で、彼が使った汚らわしい言葉は、彼が酔っていたと考えられるときだけに許されえる言葉です。私は彼がそこにいたことをクリスティソン博士が知っていたとか、認めていたとは言いませんが、クリスティソン博士がそれに強く反対するだろうと思ったら彼は参加しなかったと思います」。

クリスティソン博士はすぐに立ち上がった。「……学長、いかなる人に、このような発言が許されましょうか。委員会を見回しても、この場にいない者に関してこのような言葉をつかう紳士はいないと私は確信しています。この汚らわしい言葉が二度と発せられないことを願います」。学長は汚らわしい言葉が使われたとは判断しなかったが、ミス・ジェクス-ブレイクに「酔った」という言葉を撤回するように要求した。ミス・ジェクス-ブレイクはそう言われることを承知していた。「私は、それが彼の振る舞いを弁解する唯一の言葉だと言ったのです。彼がしらふでその言葉を使った、と申し上げる方がよいとクリスティソン博士がおっしゃるのでしたら、わたしはこの憶測を取り下げます」。

これですべてのうっぷんは晴らされたが、大義を前進させたわけではなかった。女性に好意的な委員は選ばれなかったし、女性の願書は再び拒否され、挙句の果てにクリスティソン博士の助手は名誉毀損で訴訟をおこした。

裁判は一八七一年五月に行われ、法的助言に従ってソファイア・ジェクス-ブレイクは弁明しなかった。そのため、助手が暴動に参加していたことを証明するすべての証拠が却下され、陪審員は彼女を有罪としたが、損害はほんのわずかだった。しかし、これに対して裁判官は、総額一〇〇〇ポンド近くの訴訟費用〔敗訴した側が勝訴した側に支払う費用〕を加算した。陪審員はその判決で決められた訴訟費用を特別に免除しようとしていたことがあとでわかったが、結局彼女にはこの多額の請求が残された。

だが、彼女を支援する者たちがあらゆる方面から立ち上がった。イングランド、スコットランド全域の見ず知らずの人びとから、少額、多額の資金が寄せられたおかげで、ごく短期間に十分過ぎるほどの資金が寄付された。

一般の人びとから寄せられた同情や協力はすべて好意的なものだったが、この事件の核心、つまり大学での地位は後退した。そのようなとき、最初の専門試験がせまってきた。規則に厳密に従うと、公開講座または個人授業のみに参加を許されていた女性は、その試験を受けることは認められていなかった。この変則的状況の撤回を大学評議会へ申し出たが、それを撤回する法的権力がないという理由で拒否された。試験が行われるまさに前日、女性たちに受験料が返金され、受験が認められないと告げられた。ソファイア・ジェクス-ブレイクは、嵐を切り抜けてきたばかりだったにもかかわらず、それに臆することはなかった。彼女は学部長に弁護士の手紙を送り付け、損害賠償を求める法的措置をとるといって脅し、それで彼はしぶしぶ譲歩した。このような状況の中、彼女たちのうち三人が試験に取り組み、三人全員が合格した。

さまざまな問題が、その少数の女子学生一団にふりかかった。というのも、リーダーを絶望させたことには、五人中三人もが婚約し、同じ一八七一年秋に結婚するということだった。そのうち二人は、彼女たちが選んだ専門職の道に後に戻ってきたが、この中断は痛手であった。三人の新入生が同時に現れ、とても歓迎されたが、新しい厄介な問題を持ち込むことになった。つまり、そのとき個人授業を二組準備し、その支払いもしなくてはならず、さらに三つの戦いに着手しなければならなかったからだ。それは、［学位取得を目的とする］入学資格試験、第一次専門試験、そして大学病院で働く権利のための戦いだった。

エディンバラ大学ではまったく見込みがなさそうにみえたので、ソファイア・ジェクス-ブレイクは、他の大学に再度あたってみることを考えたところ、気がかりな投票の機会が再び訪れた。票が何度も詳しく調べ上げられ、法的権力へたびたび上訴され、大学病院の理事らとの二度目の長い闘いの後、念願の許可がおりた。そして、一八七二年一二月、残された第一期生たちに病棟実習が事実上認められた。

初めての卒業試験がせまり、正式な請願書が大学評議会へ提出され、評議会は女性たちに、「修了証書」は喜んで与えるが、学位を与える権限はないと親切に返答した。「修了証書」では開業はできないわけで、この申し出は単なるあざけりでしかなかった。しかし女性たちは苦い経験を乗り越えた知恵があり、正規の授業と試験に対する取り決めを進めるという条件で、学位授与を前提とした卒業の問題は放棄して控訴を保留にすることを提案し、受け入れられた。

そこで、彼女らは率先して争点となっていた問題を解決するために必要な法的処置をとり、一八七二年七月、裁判が行われ、女性たちは勝訴した。

しかし、大学評議会はこの判決に反対し、秋の試験の時期が再び訪れたとき、事態はまだ変わっていなかった。

講義の手配、授業料の値上げ、得られるはずの大学の支援を取りまとめるだけでなく、訴訟を起こす時も全面的に矢面に立ったのはソファイア・ジェクス－ブレイクだった。彼女は日夜、心配と苦労に見舞われ、選挙、判例、医学の難解な専門知識を頭につめこんだ。それにもかかわらず、これ以上自分の試験を延ばすことはできないと感じ、その年の一〇月、受験した。そして結果は不合格だった。

今日の医学生にとって、資格取得という大仕事を成し遂げるうえでは、多少の失敗は避けられないことのように思えるかもしれないが、初期のパイオニアたちにとって、失敗は恐るべきことだった。それは、いわば決定的な打撃であるようにみえた。ソファイアは自分の答案が公平に評価されたとは信じられなかったので事態はより深刻だった。しかしどんな逆境にあっても、彼女は決して自分の目的を見失うことはなかった。

この試験の失敗は、当然のごとく世間に広く知れ渡ったが、奇妙にも女性医師の運動に拍車をかけた。それまで以上に多くの支援者たちが彼女の周囲に集まり、その中のひとりで、女性参政権運動に力を注いできたジョン・ブライト[訳注10]の姪、アグネス・マクラレンが、そのとき医学生たちと運命をともにする決心をした。

［資格取得のための学位授与を求める］訴訟は、しばらくのあいだ保留となったが、事態はそれほど見込みがあるようには見えず、ほかの可能性をうんざりするほど探りつづけた。彼女たちは、ニューカッスル、ダラム、バーミンガム、セント・アンドリュース、その他の大学でも試みたが、成功のかけらも得られなかった。そして何人かは、医師登録をされなくても母国で開業することをめざして、海外で資格を取る決心をした。

その道のりにはそれなりの問題があった。第一に、どこへ行くかという難しい問題があり、パリ、ベルン、モンペリエ、ボローニャ、あるいは、ほかのどの場所でイングランドで通用する学位を与えてもらえるのか、見当もつかなかった。次の問題は言語の問題だったが、これを克服するのはただ彼女たちの努力次第だったので、これについては問題視しなかった。しかしながら、より深刻だったのは、彼女たちのほとんどが悩まされた家族の反対という問題で、このことが緊張と不安を何倍にもふくらませた。これに加えて物質的な問題もいくつかあった。異国の町で、清潔で安心な住まいをさがす困難、過労や不安にともなう病気の心配、資金不足、異郷での疎外感や孤独といった問題だった。

一八七七年、アグネス・マクラレンがヘレン・テイラー宛に書いた手紙には、(原注3)典型的なケースが書かれている。「私が試験に合格したことを知って、喜ばれるでしょう。けれども、残念ながらあまりよくできなかったと言わなければなりません。試験の科目についてはすっかり理解していましたが、もしこれが筆記試験だったら、受験者全員に出題された問題に答えられたでしょうに。でも実情はというと、極度に緊張しました。声が震えてしりごみしてしまって、残念なことにその緊張が態度に出てしまいました。不運にも試験官の中には、見たこともない、また彼らの授業に出たこともない男性たちがいて、彼らが言っていたことはあまり理解できませんでした。誰もが私に失望しているると思います。試験会場は言うまでもなく混雑していて、私が最初に呼ばれたのには驚きました。秘書が、私の名前はリストの最後に記載されていて他の受験者の試験を聞くことができるので有利だと私に言ったからです。いつも私があなたに言っていたように、私はうまくはできないと思っていましたが、でもこんなに緊張するとは思っていませんでしたし、それをこれほど顔に出してしまうとも思っていませんでした……。彼らが私に対して不公平であったとはまったく思いません。こわがってはいけないと言ってくれたことは親切心からだったとは思いますが、そのことが余計にわたしを緊張させてしまいました。私を最初に呼んだのも、やはり親切心からだったのでしょう。自分自身より、むしろ他の女性に申し訳ないと思います……。私の父は、多くの男性と同様に、医学を学ぶことは他の人びとにふさわしくても自分の娘にはふさわしくないと思っていたので、私が医学の勉強をすることを認めませんでした」。

場所によっては、ますます大きな試練を課されることになった。なかでもブリュッセルの医学試験官たちは際立っており、故意に下品な問題を女性の受験者に公の場で問いかけた。いたるところで男子学生が同じ類のいやがらせをした。女性たちは、この手の迫害にとても苦しめられたが、こうしたことに大きな憤りを感じて、よりいっそう前進していく決意を強くした。そして、いかなる障害も彼女たちを完全にひるませることはなかった。彼女たちは、自ら目指した勉強に集中し、一人、また一人と資格を取得した。そして母国へ帰ると、そこでの少数の闘士たちと力を合わせ、固く閉ざされた医学教育という扉を押し開けようとした。

けれども、彼女たちの協力は実らなかった。［資格取得のための学位授与を求める］訴訟は、エディンバラ大学側の言い分がとおり、一八七三年、女性側の申し出は否決され、英国国内には入学許可を申し出る他の大学が見当たらなかった。他の手段も試されるべきだっただろうが、第一三章で取り上げるように、その後、その他の手段が適宜適用され、目標達成はそれほど遠い先のことではなかった。さまざまな分野の高等教育運動が、世論の反対を打ち負かすことでそれぞれ強化されていった。大学や他のすべての既得権はほぼ揺らぐことのないように見えたが、一般の人びとは新しい考えに慣れてきていた。そしてひとたびこの世論という大きな味方が彼女たちに加担したとき、この若い女性たちを止めるすべはなかった。正義とともに時が彼女たちに味方した。

(1)　エリザベス・ブラックウェル『医学を女性に解放するための初期運動』(*Pioneer Work in Opening the Medical Profession to Women*)。
(2)　一八七〇年七月二日、ミス・ピーチイより『スコッツマン』紙への投書。
(3)　ヘレン・テイラー書簡（ロンドンスクール・オヴ・エコノミクス）。

第一〇章　性病予防法　一八七〇、一八七一

一八七〇年一月一日、売春規制に対する女性の抗議——ジョゼフィン・バトラー——この改革運動を行うことへの彼女の決意——改革によって起きた激しい抵抗——一八七〇年コルチェスターでの選挙——一八七一年　王立委員会

これまで見てきたように女性の権利の思想は実際、一八七〇年までに多方面で動きはじめていた。まだほとんどの人が新しい動きの全体像を理解していなかったし、理解していても、そのなかの一部の人はそれが意味していることをひじょうに恐れていた。しかし、それでもはっきりした著しい進歩があった。博愛主義が興味の対象である人びとの間では、女性には個人的な慈善活動だけで十分だという古い考え方がなくなり、五〇年代、六〇年代に現れた小規模な個人的慈善事業や非公式の組織でさえ今のままでは不十分に思われはじめていた。新しい世代の夢はもっと責任のある仕事に向かっていたし、女性が政策や行政に影響を

与え、地方政治に仲間入りすることさえ可能かもしれないという認識が、新しい方向に彼女たちの考えを先を争って進ませた。もちろん、これらの希望がはっきりと広く認識されるには何年もかかったが、年を経るにしたがって、王立委員会（訳注1）や国会に出された法案や地方自治体の条例といったことに、博愛主義の女性たちは関心をもちはじめた。その時を境に、貧困の問題は、個別のケースが唯一の関心事であった段階から、大規模な防衛策と集団的な救済策が取り上げられる段階へと変わっていった。教育に興味を抱いていた人びとの間では、さらに大きな変化が起こった。女子生徒の存在というものが認識され、たしなみ以上の何かを彼女たちに教えようとする学校が、事実急速に増えてきた。若い女性たちもまた、学生としてやっていけるのではないかと言われるようになってきた。こうして国中の多くの若い女性にとって学問に通じる魔法の扉が開かれつつあった。若い女性のためのより良く、より長い期間の教育を実現する方向をしっかりと見据えて世論が動いていたのは明らかだった。若い女性たちはその変化の恩恵を受けて育っていった。

　この時から若い婦人たちのうつろでものうげな時間や、フローレンス・ナイティンゲールが激しく抵抗したような日常生活は消えていく定めとなった。それでもなお、自由な成長から女性を押しとどめる、窮屈で偏狭でうんざりする因習はそれからも何年かはなくならなかったし、新しい考え方が邪悪で恥ずべきもの、淑女らしくないものだと信じるように教えられた何百、何千という若い女性がいなくなったわけではなかった。また、有閑階級の女性が過ごす薄っぺらで、うるおいのない怠惰な生活に逆らうことはひじょうに困難で、これは依然として変わらなかった。これらすべてのことは、女性の経済的依存に源を発していたことだったので、当時も根強く残っていたし、一九二八年現在でもある程度は残ってしまっている。しかし、一八七〇年には対抗する新勢力が現れたので、このようなことは消滅する運命の途にあった。年ごとに、学校が開かれるにつけ、また女性が現実の世の中で自分の場所を見つけるにつけて、古くばかげた因習は陰をひそめていった。というのも女性運動の歩みが明らかに始まっていたからである。

　こうしたことすべては、実のところ女性にとって喜ばしく有益なことだったが、問題の小さな部分だけにしか触れていなかった。女性の地位は、裕福な家庭の娘たちの教育や中流階級の女性のエネルギーのはけ口以外のことにも関わっていたし、参政権や経済的解放を求めることは大きな主張だったが、それ以外のものにも関連していた。というのはいままで問題にもされず、またほとんど口にされたこともなかったような道徳的に腐敗した状態が女性の地位にはまとわりついていたのだった。それは社会にとって恐ろしく恥ずべきものだったので、世間全体でそのことを沈黙し、隠していたのだった。そして、沈黙の仮面のもとで、数え切れないほどの女性たちの肉体的、社会的、公民的自由が無言のまま、事実上葬り去られていた。

今日の実情はどうであれ、一八七〇年には社会の美しい外面は、残酷さと圧制、つまりは悪徳、贈賄、酒浸り、そして汚い闇の世界の上にできあがっていたことは疑いのない事実であった。社会の一方には、神聖な家庭の団欒や冒すことのできない家族が存在し、そこにいる女性は理屈では守られ敬われているが、それは彼女たち自身というよりもむしろ彼女たちが家の中心にいて、夫たちの「名誉」の守護者だからであった。もう一方には、同様に必要とはされているが、まったく違った目で見られている女性たちがいた。これらの女性たちは個人としても他の役割を担う者としても、敬われることはなかった。彼女たちは搾取され、いじめられ、冷遇され、大都市の売春宿に閉じ込められ、荒れた生活を送り早死の運命にあったが、それは「黙認」され、警察の「保護」のもとに置かれていたのだった。

このふたつの世界は並んで存在していたが、一方の女性たちは他方の女性たちと接触することはなかった。男性たちは両方の女性の間を自由に行き来することができたし、実際そうしていたが、女性たちの間には動かしがたい深い溝が存在していた。もしも、「良家の子女」であるならば、売春婦の存在やそこから生じる問題を知ることさえもなかったであろう。というのも、これらの社会の犠牲者たちが貞淑な女性たちに向かって要求することもなかったし、つながりをもつこともなかったのだ。貞淑な女性にとって、売春婦に接触することや売春婦について知ることでさえ、汚れることになるのだった。それは売春婦というものが社会から見放された存在だったからだ。

しかし、社会の慣例とはいえ、売春婦も女性であり、さ

ヴィクトリア時代の売春婦

らに彼女たちの悪弊や不幸はまさにこの売春という事実から生じているのであった。彼女たちが社会から見放されたのは、実は女性という性のためなのであり、彼女たちの行いが原因なのではなかった。男性が同じように売春を行い、同じ悪徳と堕落の中に身を置いたとしても彼女たちと同じように扱われることはなかったし、同じように嫌悪されることもなかった。道徳上の二重基準が、女性には許さなかったことを男性には許したのだった。悪徳のきわみが育った根源はこの二重基準にあったのだ。

ほとんどの人はこの二重基準が悪徳の根源だとは認識しなかった。たとえば、レッキー（訳注2）は、著書である『ヨーロッパの道徳の歴史』（一八六九）の中で、（原注1）売春婦の存在が当然必要であることを明確に記述していた。彼は次のように書いた。「社会において、明らかにもっとも嘆かわしく、またある意味では、道徳家が目をはなすことのできないもっとも恐ろしい存在が出現している。その不幸な人間とは、まさにその名を語るのも恥ずべきもので、冷めた心で愛情の歓喜があるかのように見せかけ、男性の欲望の言いなりになる道具として自らを差し出すのである。さらに女性という性の堕落のきわみとして嘲笑され軽蔑され、ほとんどの場合、病気や救いようがないほどの悲惨な状態や早死の運命にあり、いつの時代においても人間の堕落と罪の永遠なる象徴として現れるのである。彼女自身、この上ない悪であるにもかかわらず、結果的にはもっとも世の中に役立つ美徳の守り手でもあるのだ。もし売春婦がいなかったら、数え切れないほどの幸せな家庭で大切に守られているゆるぎない純潔が汚されるかもしれない。また自分は固く貞操を守っているという誇りをもち、怒りにふるえながら売春婦のことを考える少なからぬ人びとが、かえって良心の呵責や絶望の苦しみを知ることになったかもしれないのだ。世の中を恥辱まみれにしたかもしれない情欲が、この堕落した下等な姿に凝縮されている。宗教心や文明が盛衰しても、売春婦は人間の罪をあがなうように呪われた、人類にとっての永遠の聖女であり続けるのだ」。

一八七〇年以前にも、このような考え方を不快に思う思慮深い男性や女性がひとり、ふたりはいた。ぞっとするような偽善や目に余る不正が彼らを悩ませたし、売春婦の境遇を改善しようとした人びとの小グループもいくつか存在していた。教会もまた、平等と不変の道徳の教義を教え、男性にも女性にも同様に徳を説いた。しかし、これらの人びとはすべて、「堕落した女［売春婦］」の更生を中心に努力を重ねていた。彼らは売春婦と国家の関係に根ざす問題に対処することもできず、進んで立ち向かおうともしなかった。売春に対するこのような体制とその背後にある考え方は当然のことと受けとめられ、やるべきことがあるとすれば、炎の中から燃えさしを取り出し、悪の勢力の手に落ちる者の数を減らすことだけだった。

それゆえ、このいまわしい問題に注意を向けていた少数の人びとは救済活動に忙しかった。世間全体は必然的かつ明らかに昔から存在している、ひじょうにうまく隠蔽された悪徳を忘れてしまっていた。総じて、社会はたいへん都合よくできていた。泥をかき回してことを荒立てたところで、どうしようもなかったのである。

しかし、一八七〇年一月一日に、この静けさは打ち破られた。この日、下院議員はほとんど予告なしに、売春婦の規制、管理に関する現行の法律に対して、真剣で厳粛な抗議を受け取った。著名な女性の名を多く連ねたこの抗議書は、驚くべき文書だった。そして、新聞でそれを公表すると、「性病予防法廃止女性全国協会」〔訳注3〕が設立されて、本当に深刻な事態となった。それは「女性の反乱」であった。そして、それにどう対処すべきか誰もわからなかった。

この新しい展開に対する政治的社会的な最初の反応は、憤りだった。社会は単に驚いただけではなく、憤慨したのだ。このような問題に関わり、このような「生き物〔売春婦〕」の主張を支持することができる女性は、彼女たち自身が不道徳であるか狂っているにちがいない、というのが大方の意見だった。改革者に反対する敵意の嵐は、このうえなく辛らつで、信じられないほど手厳しいものだった。

激怒の対象となった運動家の一群は、その猛攻撃に対して準備がなかったわけではない。彼女たちは軽い気持ちでその大変な仕事を始めたのではなく、犠牲をも承知していた。だから、彼女たちの最初の動きに対する反応や世間全体からの激しい抗議は、彼女たちをまったく驚かすことはなかった。彼女たちは辛いことに耐える心構えができていた。というのも自分たちの改革には正当な理由があることを認識していたからだ。

「女性の抗議」運動が、一八七〇年にイギリスで起こったのは突然のことだったが、それは長い年月にわたる準備の結果でもあった。この準備についてのいきさつは、後に続く改革運動と同様に、ひとりの女性の生涯と密接に関係していた。このふたつのことは一緒に取り上げるのが一番わかりやすいと思われる。同じ道を歩んだ人たちもほかにいたし、同じ目的に向かう別の動きもあったが、それでも彼女は疑いなく中心的先導者であり、運動家たちにもっとも大きな影響を与えた人物だった。最後に彼女が勝利をおさめることになったのだから、それは彼女の戦いであった。そして、彼女の存在なしでは、この運動は決して始まることはなかったであろう。

ジョゼフィン・バトラー（グレイ）

ジョゼフィン・グレイは一八二八年に、ノーサンバランド〔イングランド最北の州〕の辺境の田舎に生まれた。彼女は、少女時代をその田舎の健全な環境で過ごした。美しく、才能に恵まれ、愛情につつまれたジョゼフィンは、表面上は何の悩みもなかった。しかし、彼女自身の魂の中では、深く、時には痛ましいほどに、悲しみや苦しみや悪について考え、心を悩ませていた。彼女は自分の心の中で悩み苦しみ、しばしば祈った。人間の罪の謎をたやすく解くことはできなかったが、(訳注4)宗教的な信念が彼女を支えた。そして、ジョージ・バトラーと結婚したとき、胸のうちの苦しみや不安や信念を分かちあえる相手を彼の中に見いだした。表向きには二人の生活は平穏なものだった。オックスフォードに住み、友達や趣味をもち、子どもにもめぐまれ、やるべき価値のあることは山ほどあった。ジョゼフィンはひじょうに虚弱で、多くの仕事をこなす体力はなかった。それでも彼女は世の中にはひどい困難や恐ろしいことが存在し、まったく平和な気持ちではいられないといつも感じていた。世の中に必然的に存在する悪や不幸についての思いがいつも心のどこかにあって、彼女を苦しめた。彼女の体中の本能という本能が、性道徳の因習的な考えに反発し、心のなかで多くのことを祈った。彼女は苦悶し、このことに関して自分に課された義務は何なのかを知ろうと長い時間と精力を費やした。たまたま自分たちが何かの役に立てる機会に遭遇したときは一度ならず、夫とともに、奈落の底に落ちた女性たちをかくまい、守った。

一八六四年、恐ろしい不幸がバトラー家を襲った。彼らはチェルトナム〔イングランド南西部グロースターシャー中部の町〕へ引っ越し、バトラー氏はチェルトナム・コレッジ〔名門パブリックスクール〕の副校長に任命された。そこで、ひとり娘が母親の目の前で階段から落ちて死んだのだった。ジョゼフィンはこの耐えがたい災難にほとんど打ちのめされそうであったし、彼女の気質全体に消えることのない傷跡を残した。しかし、そのことで神への信仰が揺らぐことはなく、もっとも厳しく、身震いするような仕事に身を捧げなければならないと思う気持ちが弱まることもなかった。それどころかこのような衝動は高まり、夫がリヴァプール・コレッジ〔パブリックスクール〕の校長になりその町に移り住んだ時、彼女は社会から見捨てられた人たちを捜し出そうと、刑務所や感化院を訪ねはじめた。そして、彼女の言葉によれば、自分が味わった以上の苦しみを知り、自分よりもっと不幸な人たちに会いたいという気持ちに駆られて、「堕落した」女性の問題に取り組みはじめたのだった。

彼女が粗末な小屋や波止場や病院を初めて訪問したとき、みじめな思いを抱きながらも感謝の気持ちにあふれた女性たちがなだれのように彼女のもとに殺到したのだった。夫の大きな協力のもとで、ジョゼフィンはできる限り多くのこのような見捨てられた人びとに自宅を開放した。家はすぐに友だちもいない不幸な女たちでいっぱいになったが、彼女はそのうちの多くの女性の面倒を見、その死を看取った。彼女の家にやってきた人たちの数は、すぐに家に入りきれないほど多くなったので、バトラー家はすぐそばにもう一軒家を構え、「憩いの家」を開いた。しばらくして、この家は救われない人たちの避難所となり、町に管理が引き継がれ維持された。

この仕事すべては重要で、彼女に我を忘れさせるようなものであったが、それでもジョゼフィンにとっては問題の一端にしか触れていないように思われた。世の中の一般の道徳のあり方は、世間のどうしようもない無関心さをあらわしていたが、それは救済事業がどんなに広く行きわたり慈善の精神に満ちたものであっても変わることがなかった。バトラー夫人は、問題の全体像をより身近に知るようになると、より広い救済策が見いだされるべきであることをますますはっきりと感じたのだ。自分の義務だと思いはじめた道からしり込みし、神から命ぜられたと感じた仕事におびえながらも、なお彼女は祈り、苦しんでいた。それは心の準備に伴う苦しみのときだった。そして、ついに彼女は意を決し、一八六九年に前進する覚悟をした。これは神が命じた使命である、と彼女は信じた。たとえその神の声によって荒地にひとり連れていかれたとしても、彼女は出かけていき、だまされた者や堕落した者たちの主張を弁護しなければならないのだ。

ジョゼフィン・バトラーがこの決定を下し、夫の手助けによって、世の中の因習に猛攻撃を始めた時、彼女は社会からの中傷めいた憤りだけでなく、国の法律や警察の規制にも直面しなければならなかった。そして、彼女に改革の基盤を与えたのは事実、この法律や警察の規制だった。売春婦の生活を取り締まる法律がその頃導入され、急速に広がっていき、攻撃の具体的な目標となったのだった。そして、この法律に対する反対が彼女の改革に参加したすべての人たちにとってのスローガンとなった。

「売春国家規制」の制度はナポレオン時代のフランスに源を発していた。そして、一九世紀初頭に他の多くのヨーロッパの国々に広まった。イングランドはその制度を採用するのが遅かった。実際、ヴィクトリア朝の初期にこの問題は政府によって考慮されていたが、メルボーン卿はこのような法律に対する承諾の署名を若い女王に求めることなど考える気にもならなかった、といわれている。実際、女王が未亡人となったその年まで何の措置もとられなかったが、この時、夫を亡くした女王は、公務に以前ほどの関心を払わなくなっていた。これが本当であるのかどうか、またこれによって女王が女性の臣民の権利を無意識に守ったのか、あるいは英国人が強制や自由の制限を生まれつき嫌うことが理由だったのか、定かではない。いずれにせよ、売春を認可制にし、売春婦を強制的に法の管理下におく制度は、一八六四年以前には存在していなかったことは確かである。しかしながら、いったん着手され、いくつかの修正、というよりはいくつかの拡大解釈が行われた後、この法律は議会をうまく通過していった。[原注2]

バトラー夫人が初めて反対運動を始めたときに存在していたこの性病予防法は、陸海軍の駐屯地で実施されていた。その制度によって、ある地域内に住んでいるすべての女性は警察の告発により必ず「娼婦」という宣告を受け、娼婦として定期的に医療検診を受けることが規定されていた。黙って従えば状況のいかんにかかわらず「売春婦」として登録され、まともな生活への復帰を断たれることになった。これに対し検査を拒否すると、繰り返し投獄されることで罰せられた。当局の意見によれば、検診は性病の危険を調べるために必要なことだった。当然のことながら、これは女性だけに課せられるものであったが、この制度が強行される限り、兵士や水兵たちにとっては欠くことのできない買春行為が「安全」であると考えてもよい、と想定されることになったのだった。

この考え方を否定し、嫌悪したのはバトラー夫人だけではなかった。最終的に彼女を行動に駆り立てたのは、ある医師たちのグループから一八六九年に彼女に届いた訴えだったし、ずっと以前からほかにも抗議はあった。一八六〇年に、ある委員会が、インドの陸軍のために売春宿を提供することに関する問題を討議していたとき、フローレンス・ナイティンゲールはそれに反対する断固たる根拠を掲げ、その少し後でハリエット・マーティノーが『デイリー・ニューズ』[訳注5]紙に一連の憤りの記事を寄稿した。また売春婦救済協会や非国教派牧師のグループは（訳注6）、この性病予防法という制度が初めて導入されたときに抗議していたし、その適用範囲が拡大されるたびに抗議を繰り返していた。しかしながら、これらの力は世間の慎重な沈黙を打ち破るには十分ではなかった。そして、最初の制度ができてから五年間、この制度は施行されつづけたが、当然ながら当局のねらいはこの適応地域をどんどん広げることであった。そして、ついにこの制度は国中を網羅するといえるほどまでに浸透した。

ジョゼフィン・バトラーが決意を固めた時、事態はこのようなありさまだった。そして、その問題に彼女が足を踏み入れると、全体の形勢はがらりと変わった。性病予防法に不快感をもちながらも恐れている何百人という女性がいたし、また本能的にその考え方全体を嫌悪し、憂慮していた労働者も何千人といた。これらの人びとはいまや指導者を見いだしたのだ。彼女は、間違ったことに立ち向かう勇気があり、実践にもたけ、不屈のエネルギーをもち、さらには気高く清新さにあふれていたので、みな迷うことなく彼女についていくことができた。したがって、一八七〇年のはじめ英国内では、いままで前例を見ないほどの勢いで、この法律への反対運動が起こったのだった。

ジョゼフィン・バトラーがまず最初に実際に行ったことは、男性労働者に訴えてみることだった。彼女は一番近い大きな鉄道の中心地であるクルー［イングランド北西部チェシャーの市］に列車で行き、そこで事前準備もないままに鉄道員たちに演説した。彼女がどう受けとめられるかはわからなかったが、その反応は彼女の期待以上のものであった。鉄道員たちは彼女が話しているときに同意を示しただけでなく、そのあとで彼女のところへ来て、これから先の行動について話しあったのだった。そこには、パリで徒弟奉公の経験のある者たちの一団がいたが、そこでの経験から、この法律が国の道徳意識を脅かす大きな危険性をはらんでいることを彼らは知っていた。彼らの援助によって、男性労働者の組織が設立され、性病予防法に反対するための組織が北部一帯に即座に広がった。

ジョゼフィン・バトラーは、これに勇気づけられ、救われたにもかかわらず、満足することはなかった。彼女は「女性の反乱」に着手し、すぐさま下院に請願書を提出した。「女性の反乱」という改革運動に関しては、男性労働者の中で運動を進める以上の難しさがあった。まず、彼女が近づいた女性の大部分が、この問題に対してまったく無知で強い恐れを抱いていたので、話を聞こうともしなかった。彼女たちは、売春婦の問題がもちあがることに驚かされ、ひじょうに狼狽したので、問題のほんのわずかな進展も難しかった。もちろん、これに当てはまらない女性たちもたくさんいた。すぐに彼女のそばに来た勇気ある献身的な女性たちもいて、汚名をこうむることにたじろぐことなく立ち向かった。しかし、それよりもずっと多くの女性たちが、この問題から手を引いた。この運動に加わることで起こる結果を恐れる者、友人たちから絶交される成り行きを予測し、自分がこのような外聞の悪いことに関わることで夫が不利益をこうむるのではないかと恐れる者もいた。また他の者たちは、この問題全体を嫌い、そのことについて話し合うだけで害になると頑なに信じていた。彼女たちは、当局の措置は正しいはずで、売春婦を取り締まること自体はひじょうに不快なことであるが、自分たちには関係がないと思っていた。さらには、「女性の反乱」によってはっきりとした憤りを感じるようになった者もいて、彼女たちは、公にその問題を持ち出すこと自体、よこしまな考えだと感じていた。彼女たちを納得させようと真剣になればなるほど、反対する態度は激しくなるのだった。友情は壊れ、家族はばらばらになり、規律正しいこの国の社会に吹き荒れた嵐は比類のないものだった。もちろん、問題をいっそう難しくしていたのは、この論争のあらゆる痕跡をすべての若い女性たちの目から隠さなければならないことだった。手紙、抗議書、パンフレット、関係文書は、送りつけられたほとんどの家庭で明らかにみだらなものとして扱われた。それらのものは、誰かの手に渡らないようにすぐに燃やされるか、注意深く隠され、公の場でその改革運動の話が出るたびに、「ご立派な」方たちの憤りは燃え上がった。

従来の女性運動に参加してきた人びとの間でも、この問題をめぐって意見は分かれていた。実際に女子教育のための運動に関わるすべての人びとは、この新しい改革運動に手をつけることは絶対に不可能だと感じていた。バトラー夫人自身とジェイムズ・スチュアート教授は、二人とも従来の女性運動と新しい改革の両方に力を尽くし、そのことで不都合どころか、明らかによい結果だけがもたらされていたことは確かだが、同じ立場をとる者は多くなかった。女性の校長や様々な学科の教師たちは、細心の注意を払わなければならなかった。心の内に秘めた大義を進めるどころか、逆に損ねてしまう危険にさらされていると思われたからだ。女性参政権運動(原注3)のために働いていた人びとはこの難題を抱えて苦労した。なかには女性参政権という人気のない運動と、それよりもっと悪名高く嫌われている売春をめぐる運動を一緒に扱う危険性を顧みず、はっきりと性病予防法廃止論者を支持する人も若干はいた。だが大半の人たちはこの改革運動に手をつけないほうがよいと思っていた。

　二つの改革のどちらかを支持する人は、一般の人と比較すると、もう片方の改革を支持する確率も高いといえるので、それぞれの改革運動が別個の戦術を立てて支持者をそれぞれに分裂させてしまったことは、双方にとって重大な損失だった。性病予防法廃止運動初期の数年間、こうした分裂が原因で、バトラー夫人やその信奉者たちは、運動にとって大きな原動力やはずみをもたらしてくれるものを奪われてしまった。

　改革を支援することを希望していたにもかかわらず、結局はそれを実現しなかった人びとの中には、資格をとったばかりの女性医師がいた。この時、彼女たちは自分たちの存在を認めてもらうために奮闘の最中だった。エリザベス・ブラックウェル医師は性病予防法に強く反対していたが、他のほとんどの女性医師は当時の医学会の立場を踏襲し、その法律は喜ばしいものではないにしても地域の衛生上必要なもので、性病から身を守るうえで効果的だと考えていた。女性医師たちのこの発言は、問題の実態をほとんど知らないうえでのことだったといえる。というのは、彼女たちは病院での診療活動を許されておらず、ましてや性病が治療されているような病院で女性たちが働くことなどありえないことだった。また実習の過程でこうした医学の特別な分野を女性が研究する際には、いつもひじょうに大きな困難がつきまとった。それでも改革運動にとっては、女性医師たちの支持を得られなかったことは痛い打撃で、とりわけ意気消沈させるものだった。

　だがあらゆる困難にもかかわらず、ジョゼフィン・バトラーのまわりに集まる支援者は着実に増えていった。当初から貴重な援助をしつづけてきたスチュアート教授のほかにも、二人のマレソン氏(訳注7)、シェフィールドのヘンリー・ウィルソン氏(訳注8)、国会議員ホップウッド氏(訳注9)、ジェイコブ・ブライト氏など、そのほかにも多数の支援者がいた。(原注4)バトラー夫人は行く先々で友人ができる人物だった。そして、短時間でも彼女に会った人には、生涯忘れられないような印象を与えた。彼女は類まれな存在で、彼女の善良さと誠実さに触れて、誰もが即座に尊敬の念を抱くようになるのだった。彼女の機知や美貌、性格の魅力に加えてその論旨の通った話しぶりは、彼女と会った人たちに強力な印象を与え、みな、その魅力に引きつけられずにはいられなかった。男性も女性もひと目で彼女に引きよせられ、彼女に従うことで起こる迫害や追放にも、彼女への忠誠心や敬愛の気持ちを支えに耐えることができた。この人たちの多くは運動に反対する人たちの敵意に近い反応に苦しんだが、そのことでひるむことはなかった。任務が厳しいものであればあるだけ、彼女たちがそれを全うする必要性がはっきりと見えてきたからだ。

「女性の反乱」が表面化してほどなく、性病予防法廃止運動は、さらに世間を驚かせる新たな方法を取り、注目を集めることになった。バトラー夫人は、一八七〇年にコルチェスター［イングランド南東部エセックス州の町］で行われる下院補欠選挙で、この問題を提起する必要があると決意したのだ。性病予防法をめぐって選挙で争うことは前例がなく、うわさは国中に広まった。

政府側の議員候補者サー・ヘンリー・ストークス（訳注10）は、マルタの総督時代に性病予防法を自ら施行した軍事行政官で、このうってつけの経歴を持つ彼が選出されることを陸軍省は期待していた。ストークス氏が立候補したコルチェスターは陸軍の中心地で、性病予防法が施行されていた場所のひとつでもあり、選挙中にその法律の廃止問題を提起しやすい場所柄だった。ただ問題を提起することは簡単でも、引き起こされた騒動を静めることは難しかった。バトラー夫人の性病予防法反対運動が明るみに出るとたんに、彼女の支援者たちは激しい暴行にさらされることになり、結果的に何年間も宣伝運動を繰り広げる以上に、この法律が持つ本当の意味での危険性を国中に警告することになった。

その選挙の成り行きはきわめて劇的だった。バトラー夫人とその支援者たちは、暴徒に襲われ生命の危険にさらされた。彼女たちをかくまっていた宿屋は取り囲まれ、宿屋の主人は恐怖におののき滞在客たちを宿から追い出さざるを得なかった。そこで、彼女たちは変装して、追ってくる暴徒たちから辛くも逃げおおせたことが何度となくあった。彼女たちが集会を開いたホールは集団で襲ってくる暴徒に攻撃され、ある時などはバトラー夫人の演説中に屋根裏に火が放たれたこともあった。警察は彼女たちを保護できず、実際、保護を試みることも難しかった。事態はひじょうに深刻だった。しかしながら、騒動と混乱が絶えなかったことで、バトラー夫人が非難している問題の本質をコルチェスターの市民に痛感させるのに役立った。暴力が激しくなるにつれて、町のまじめな有権者たちは、はっきりと彼女の考えに同調するようになった。彼らは反対組織が自分たちの町にどのような影響を与えるか自分でよく理解し、組織が集めた支援者たちがどのような人たちかもわかっていた。選挙が進むにつれて、人びとは何が起こっているかをはっきりと理解しはじめた。男性労働者も女性労働者も性病予防法で取り締まられる売春婦の問題をそれぞれ真剣に論じはじめ、日に日により多くの人びとがこの問題を理解していった。サー・ヘンリー・ストークスは性病予防法がよい法律で役立つものだと本気で信じていた。彼は当選したあかつきには売春婦同様、兵士の妻たちも警察と医療規制の管理下に置いたほうがよいと言明して、自分の主張を決定的に不利なものにした。これを聞いてまだどちらの支持にもついていなかったコルチェスターの住民は危機感を募らせた。投票が行われると、この政府側の立候補者は完敗した。「性病予防法」というただ一つの争点のために惨敗したことに疑問の余地はなかった。

選挙結果は、ひとりの女性がこれまで達成できた中でもっとも注目に値する政治的勝利であり、改革運動史の変わり目となった。改革者たちが沈黙と暗がりの中に隠蔽されてきた問題を引きずり出し、この問題が立派な中流家庭の居間での話題にとどまらず、下院のロビーでまで取りざたされるほどの問題になったからには、何かしらの対応策が必要になった。数ヶ月のうちに性病予防法の運営と施行を調査する王立委員会が任命され、その報告を待つ間、その法律を拡大しようとするような提案はなされなかった。

その委員会は国会議員、軍人、医師、聖職者、行政官によって構成されていた。当然のことながら、女性も委員にすべきだなどという提案はなされなかった。しかし、廃止論に賛成する者と反対する者が公正に同数選ばれていて、証人も両陣営から呼ばれた。もっとも重要な証人のひとりがジョン・スチュアート・ミルだった。彼は議長の質問に対してきわめて明瞭に、この問題に関係する憲法上の原則について次のように述べた。「原則として、私は（そのような法律が）正当であるとは考えません。なぜならこの法律は立法の最大原則のひとつである個人の自由の保障に反していると思えるからです。私が考えるところでは、この種の法律はほぼ全面的に、ある特定の階級の女性たちから意図的に個人の自由を奪っています。もしかすると、それに付随して意図的にではなくとも偶発的に、階級にかかわりなくすべての女性の自由の保障を奪っている、ということなのかもしれません。というのは、この法律のもとで警察は嫌疑だけで女性を逮捕し、判事の前に引きずり出すことができるのです。そしてこの判事は女性を禁固刑に処することができるのです。健康診断の同意書への署名拒否は、たしか禁固六ヶ月にも及ぶ刑が課せられるようです」。

このように性病予防法がすべての女性の個人の自由をおびやかしているということが、現実に性病予防法廃止を訴える論拠となった。そしてミルのような人物によってこうした主張が表明されたことは、委員たちに大きな影響をもたらした。

バトラー夫人は一八七一年に証人として呼ばれた際に、性病法のもつ弊害をさらに強く印象づけただけでなく、それ以上の効果も付け加えた。女性が証人という立場におかれることはひじょうにまれであり、彼女自身が言っているように、身のすくむような試練の時だった。上院議員、主教、下院議員、海軍と陸軍の権威、医師などが大勢集まった前で、彼女はただひとりの女性だった。質問者の多くは彼女に対し強い反感を抱いていて、審議中の主題は深刻で難しいものだった。この時のことを、彼女は次のように書いている。「そこにいた何人かの男性が、哀れな売春婦や一般の貧しい人びとについて抱いている非情で残酷な考えに触れて、私は悲惨な気持ちになりました。……とても弱気になり孤独を感じたのです。それでも私の傍らに私を支えてくださるお方がおられました。恐れてはいけないと言ってくださるキリストの声を聞いたかのようでした」。この神の声を信じ、彼女は証言したのだった。

彼女の証言はミルと一致していたが、それ以上のことも述べていた。質問に答えて、一五年間自分の余暇をこうした恵まれない女性たちに捧げ、ある時には五人の女性を使用人としてではなく、友人や患者として自分の家に住まわせたことを述べた。昼夜を問わず、彼女はそうした女性たちを売春宿や彼女たちの家、路上、救貧院、性病専門病院などで探し出したのだった。そして労働問題がひじょうに重要であることを熱心に説いた。「経済的問題が、性道徳をめぐるこの実情の根底にあるのです」と彼女は述べた。職業訓練や良い就職口が足りないことが彼女たちの堕落の要因のひとつで、もうひとつの要因は子供が多すぎること、家庭内の道徳意識が欠けていることだった。彼女はいくつかの具体的改革案を主張した。つまり、性的誘惑は法によって罰せられうること、法律は男女を平等に扱うべきであること、非嫡出子に関する法律を改正し、性病予防法を完全に撤廃すべきだということであった。さらに、法律だけで悪行を是正することはできないという主張を展開した。路上での男または女による客引きを禁止する男女平等な法律が存在すべきことはもちろんだが、その法律には男女の良心に働きかける道徳的影響力の助けが必要だ、ということだった。

この時、バトラー夫人が委員会に与えた影響は大きなものだった。そしてこれは性病予防法擁護派の証人として来た人たちの幾人かと対照されてますます強いものになった。委員のひとり、ライランズ氏は彼女の証言を次のような言葉で評した。「私は、宗教的表現には慣れていませんが、神の御心がそこに働いていた、という言葉でしか彼女のもたらした印象を説明することはできません」。

委員会は一八七一年に任務を終えた。その報告書は、強制的性病検査および嫌疑をかけられた女性の投獄の即刻中止を満場一致で支持するものだった。そしてこの二つのことこそが、まさにその法規制のもっとも重要な点だった。委員会の数人の委員は、かつては性病予防法を擁護していたのだが、証言を聞いて意見を変えるようになり、報告書に署名するだけでなく性病予防法廃止派の支持を公にした。F・D・モーリス師はこうした委員のひとりであり、また国会議員チャールズ・バクストン氏(訳注11)やサー・W・ジェイムズもその中にいた。バトラー夫人やその支持者たちは、これは圧倒的な勝利だった。あらゆる点からみて、これは圧倒的な勝利だった。バトラー夫人やその支持者たちは、この勝利を、後のサフラジストたちがしたであろうほどには高く評価はしなかったが、この勝利は彼女たちを大いに励まし元気づけた。

委員会はまた、性行為同意年齢を現行の一二歳から一四歳に引き上げることを満場一致で支持したことを報告した。しかしこのことも、性病予防法に対する委員会の反対決議も、実行に移されることはなかった。実際に性病予防法が停止されるまでには一三年の年月がかかり、性行為同意年齢が変更されるまでには、さらに世間をあっと驚かせる運動が展開される必要があった。(原注5) しかし、王立委員会の報告書はこの改革に取り組む者たちに以前よりもずっと確かな地位と身分をもたらし、世論を変えていく仕事は着実に進んでいった。

ここでその運動全体を詳細にたどる必要はないし、その盛衰を追う必要もないが、この運動は本来道徳的なもので、政治的なものではなかった。政治的な目標をかかげ、最終的に国会制定法の通過で勝利を収めたのだが、(原注6)この運動は性病予防法廃止よりはるかに広範囲にわたる変化を実現し、その運動をきっかけとして起こった国際売春監察運動以上の広がりをもたらした。というのは、この運動が性道徳の基盤をがらりと変え、多くのごまかしを一掃したからである。バトラー夫人がこの運動に取り組みはじめたとき、性道徳の二重基準は黙認されていただけではなく、広く支持されていた。彼女の活動が一年にも満たないうちに、ご都合主義の考え方は覆されたのだった。そうは言っても、この二重基準を支持する多くの男女がいなくなったというわけではなく、また性病予防法が廃止されても社会の判断基準が変わったり、偏見がなくなったというわけでもなかったが、思慮深い真面目な人びとがその基準に支配されることはなくなった。社会の風習や慣例の保護者であった多くの女性たちが、古い思考の矛盾や悪弊や目に余る不正に目覚めた。そしていったん目覚めてしまうと、もはや後戻りすることはなかった。一般の人びとはあいかわらず不道徳で軽率であり、悪に傾きがちであったし、その傾向はいまだに見られるが、重い責めはもはや女性だけが背負わされるものではなくなった。この問題は、男女が正しいバランスを取る方向に向かいはじめた。そのゆっくりではあるが必然的な変化によって、性の問題に関する女性の地位がついに改善され始めた。従来の沈黙や遠慮は消えはじめ、率直な思考や自由な議論が可能になった。そして、あらゆる方面に及ぶ女性の自由や権利を求める運動は、そうした変化が実現するにつれて、より強固になっていった。

(1) 二巻、二九九頁（五章「女性の立場」）。
(2) これらの法律が施行されたのは、一八六四年、一八六六年、一八六八年、一八六九年だった。
(3) 第一四章参照。
(4) この運動に尽力した人名リストは膨大になるが、初期の運動に参加した次の女性たちに言及しておくべきだろう。ベルファーストのミス・トッド、ブリストルのプリーストマン家の姉妹、ミス・タナー、ミス・エストリン、コルチェスターのマリッジ夫人、エディンバラのブライト・マクラレン、リーズのフォード夫人とその令嬢たち、マンチェスターのブライト夫人とミス・ウルステンホーム、ニューカッスルのクラーク夫人。その後の運動におけるダイアー氏、ジレット氏。W・A・クート氏は運動に参加し、生涯を大義に捧げた。G・W・ジョンソン夫妻、シェルドン・エイモス夫妻、パーシー・バンティング夫妻は熱心で貴重な援助を行なった。
(5) 第一一章参照。
(6) 第一一章参照。

第一一章　初めての組織運営　一八七〇―一九〇〇

地方行政における女性参政権運動の進展――教育委員と救貧官――組織化された慈善運動の発展――救世軍――キャサリン・ブース――一八八三年、CD法（性病予防法）廃止［可決］――ステッド氏の改革運動――ステッド氏への禁固刑――女性救済運動にかかわる法の進展――一八八六年、未成年者後見法

――一八九一年、ジャクソン対ジャクソンの離婚訴訟事件

女性参政権運動の数々の団体が政治上の教訓を学び、女性の労働者たちが組合を組織しはじめ、女医や大学を卒業した女性たちが自分たちの手で勝ちえたものをさらに強化しようとしていた、そういった時期に、もう一つ別の公共活動の場が女性たちに開かれ、この運動全体をさらに前進させた。

一八六九年に、どこからの反対もなく政府の賛同まで得て、地方都市における選挙権が女性の地方税納税者にまで拡大された（あるいはミス・ベッカーが言うように、もと

あった状態に戻された)。ジェイコブ・ブライト氏がその修正案の動議を提出したのだった。ミス・ベッカーはマダム・ボディションに次のような手紙を書いた。「この問題は何の異議もなく下院を通過し、この運動の真の仲間たちに、静かな驚きと興奮、そして多くの喜びを与えました」。上院については多少の不安があったために、彼女は、道理をわきまえ筋の通った何通かの手紙をソールズベリー卿(訳注1)と政府の有力者たちに宛てて書いた。その後、この法案は可決されて法律となったが、これが将来、重大な結果をもたらすことになる「小さなきっかけ」だとは誰も気づかなかった。

翌年、フォースター氏の(訳注2)「教育法」により教育委員会が成立し、女性たちがこの委員選出に投票できるだけでなく、自分たちが選出されることも可能となった。女性参政権論者たちは、この公の場で実務活動をするチャンスにすぐ飛びついた。マンチェスターのミス・ベッカー、エディンバラのミス・フローラ・スティーヴンソン(訳注3)、ロンドンのミス・デイヴィスとミス・ギャレットはみな最初の選挙で当選した。ミス・ギャレットにいたっては、当時まだ危険でとんでもない存在と思われていた女性の開業医であったにもかかわらず(あるいは、たぶんその理由で)四七八五八票も得て、ロンドンや地方都市の立候補者たちがかつて獲得した票をはるかに上回った。

新しい教育委員会の仕事はたいへん重労働で、骨の折れるものだったが、これこそ女性運動のこれらの先駆者たちがひじょうに強く興味を抱いた仕事だった。数年後、ミス・デイヴィスとミス・ギャレットが他方面の仕事で忙しくなったために再び選挙に立候補することができなくなったとき、彼女たちの代わりに立候補しようという女性たちも現れた。実際、一八七〇年から、細分化した活動の長い歴史が始まるのである。この活動に携わった、私心のない献身的な女性たちは徐々に数を増し、初めは地方自治関連の教育委員や救貧官(一八七五年に初めて選出されたのは、ミス・M・C・メリントンだった)として、その後(女性が被選挙権をもつようになると)州《カウンティー》や自治都市《バラ》の議員として活動に従事した。

女性運動が果たしたこの役割は、多大な努力と労力なくしては推し進められなかった。毎月『イングリッシュウーマンズ・レヴュー』(訳注4)誌と『ウーマンズ・ジャーナル』〔『ウィメンズ・サフリッジ・ジャーナル』(第一四章訳注1参照)〕誌(この運動の二大「機関誌」)が、この問題についての記事を載せ、世論へ訴えかけたため、こういった運動をあまり好まない、ひじょうに多くのじっとおとなしくしていた婦人たちまでもが、自分が忌み嫌っていたこともしなければならないという公的な義務感に目覚めて、容赦なく前面に押し出されるようになった。選挙に立候補するということだけでも――その選挙が救貧官の選挙と同様に盛り上がりもなく、退屈なものでも――ヴィクトリア朝の女性たちをひどく狼狽させるのに十分なものだった。そのうえ、選挙に伴う付き合いや、選挙に関する仕事や知識は、最初はひじょうに嫌がられた。それでも立候補する女性は増えてゆき、自分たちが成し遂げようとしている仕事には、やりがいと満足があることをすぐに理解しはじめた。しかし、どんな官庁にも女性の数が十分ではないので、望むような結果を出せたことは一度もなかった。ミス・デイヴィスは退職する際に次のように述べた。「私たちは最善を尽くしたいのは山々なのですが、委員会が四七名の紳士と二名の婦人で構成されているのを考えると、その二人の婦人で仕事の半分もこなせなくても驚くことではないでしょう」。しかし、実際ほんのわずかな人数であっても、大部分の地方税納税者や多くの男性同僚たちからの強い偏見によって不利な立場に立たされていても、これらの女性たちは明らかに、地方行政の組織、特に当時進行中だった教育組織の改革を早め、前進させたのだった。小役人が大手を振る時代は過ぎ去り、新しい地方官庁はほとんどが当時の活発な人道主義精神に触発されていた。官僚的形式主義や古い因習、腐敗体質が前進を阻んだが、当選者の中の有能で私心のない、やる気に満ちた女性たちの存在が改革派の刺激となった。もちろん、彼女たちは政治的駆け引きにおいては、たえず「前進あるのみ」というわけにはいかなかった。その方向性は認められたが、どちらかと言えば思想において独創的で進歩的な傾向があるというくらいだった。つまり党派的な感情に束縛されず、争議や虚偽の陳述にまったくひるまず、地域社会の福祉に貢献すると信じるものには全身全霊を捧げて臨んだのである。数から言えば、彼女たちの影響はわずかだったと思われるかもしれないが、国民生活の発展にとって女性運動の果たしたこの役割は、かなり重要な価値をもつものだった。

一八七一年に地方行政委員会(訳注5)が創られ、その二年後にナソー・シニア夫人(訳注6)が最初の救貧法視察官に任命された。一八八八年になってやっと地方議会が成立したが、その年、レディ・サンドハースト(訳注7)とミス・コブデン(訳注8)が大差をつけてロンドン市議会《カウンティー・カウンシル》に選出され、ミス・コンズ(訳注9)は上級議員に選ばれた。その法令では明らかに女性地方税納税者の投票権の行使を認可していたが、被選挙資格については何も明記されておらず、すぐに彼女たちの議席獲得についての異議申し立てが行われた。この申し立ては裁判に持ち込まれ、裁判延期や上告が何回も繰り返され、結局、彼女たちの議席取り消し判決が下された。その後、女性の議席を

オールドバラの町長に就任したエリザベス・ギャレット・アンダーソン

合法的なものにするための法案が提出され、さらにロンドン市議会も女性議員を認めてもらうように議会に五回も請願したが、どれもうまくいかなかった。一九〇七年になってようやく「女性の資格についての法令」が可決され、それによって州議会や地方都市議会、また議長と市・町・村長職の被選挙資格が女性に与えられた。――ただし、これらの官職に女性が就くと、治安判事への女性選出を禁止することが明記されていた。この法令のもとに任命された最初の女性町長は、三七年前に女性で初めて教育委員に選出された、この職にもっともふさわしい人物だった。一九〇八年、ギャレット・アンダーソン夫人を町長に選出したとき、彼女の故郷オールドバラ〔イングランド南部、サフォーク州東部の港町〕は初代女性町長を誕生させた町として、町長になったアンダーソン夫人とともに大きな栄誉を受けた。反フェミニストの人たちも、これを喜ばざるを得なかった。

　女性運動における地方自治体でのこのような著しい成果は、何の苦労もなく自然に生まれたように思われたが、しかし、実際は以前から続いていた長年の闘争の結果だった。一八八四年から一九〇六年にかけての女性参政権運動の低迷期においてはずっと、世論を喚起させようとする女性運動が活動の中心とされていた。だが、さらに熱心な女性参政権運動の煽動活動が以前からあった同様の活動を影の薄いものにしてしまい、その結果それを背後に押しやってしまった。もちろんこれは、ごく自然な成り行きで、予想されたことであり、女性参政権反対論者たちが遅まきながら現れた一九〇九年に、彼らが大変な勢いで選挙権問題を取り上げることがなかったら、たぶんほとんど触れるに値する問題ではなかっただろう。参政権反対論者は、ますます大きくなる女性参政権論者たちの要求を否定する自分たちだけが、すでに開かれてきた、女性が「お役に立てる」機会を実践できる分別を備えていると考えていたようだが、この時点ですでに彼らは時代の流れに遅れをとっていた。初期の女性運動の支持者たちはすでにドアを開けて、新しい世界に足を踏み入れていたからである。

　数名のより大胆で果敢な女性たちが公の仕事に向かって奮起していたとき、それよりもはるかに多くの女性たちが一八六〇年代、七〇年代、八〇年代の間に急速に増えてきたさまざまな慈善運動をはじめていた。社会科学振興全国協会［第五章訳注8参照］は順調に仕事をこなしていた。というのも協会が細分化されて団体の数も多くなり、今では頭文字だけですぐわかるような多くの協会が国民生活に浸透しはじめていたからである。

　一九世紀の初頭以来ずっと慈善運動は、今まで見てきたように、女性を解放するための活動だった。そして今や組織の拡大と人道主義運動の広がりに伴って、この活動の影響力はさらに強まっていった。本書では、社会とその因習を改革するために成立した新しい組織をすべて列挙する必要はないだろう。それらは、兵士、水夫及び家事労働者などのための福祉から異人種や異教徒の改宗にまでわたり、さらに懸賞金目当ての格闘家や孤児、精神異常者までもその対象とされていた。それらは「人間性と宗教をきちんと維持するための助成」に向けられ、高い目標を掲げた。しかし、そのほとんどは今見ると奇妙に制限された慈善のように思われ、実際に、社会の発展に寄与した重要な役割をみると、それらの組織のねらいや目的に表明されたものとはかなり異なっていた。慈善団体の増加やそれに伴う改革への幅広い関心は、社会全体の直接的な改善には至らなかったが、それによって初めて慈善団体同士が協調したり、調整したりするようになり、そこから貧困問題の系統立った調査が行われるようになった。

　この発展はとても興味深いものであるが、ここではそれをたどることはしないでおく。私たちに関係があるのは、慈善団体の発展から生じた男女同権運動という副産物なのである。それを社会の指導者たちはたいていは見過ごすか、あるいは嫌うが、それはまったく思いもよらぬところで静かに成果を積み上げていたのである。

たとえば「女子支援協会」は、そのよい例である。この協会は、働いている女子、特に家事手伝いとして雇われている女子を保護する目的で一八七五年*に創設された。「英国国教会のしもべ」と自称する団体で、国中の牧師の妻や信心深い婦人たちをその仕事に引き入れていた。会員の多くは女性運動の考えそのものを嫌っていたのは間違いなく、女性運動推進派の女性たちが公職に就くことを不安な面持ちで見守っていた。実際、集会でのスピーチや挨拶の言葉には、男女同権主義の思想全体に対する理路整然とした批判や、女性が服従し隷属することを別の間接的な表現でうまく言い換えたものがあることがわかる。だが、「女子支援協会」の初期の指導者でさえも、規模が拡大し、巨大化していく協会の運営問題に直面したとき、昔ながらの個々に頼るやり方を変えなければならないことを悟った。一八七九年にこの協会にはすでに三万人の会員がいたが、公共事業を運営するための規則が必要であることがわかった。この協会員の一人が私たちに次のように言った。「この頃、男性たちが運営するすべての会合に『議事進行の規則』というようなものがあることがわかりはじめました。私たちは男性の友人たちにこの規則はどういうものかと尋ねましたところ、驚き、ひどく困惑もしたのですが、同じ返答をする人は二人としていませんでした。この規則はきわめて古いものでしたが、不文律で記録されてはおらず、慣例的に守られてきただけのものだったのです。……この規則の作成がどれだけ重要であるかを日ごとに認識する一方で、あの時のしかかってきた絶望と困惑を、私は忘れることはないでしょう。規則の草案を作る『専門家』のような人がいる、とどなたかがおっしゃっていましたが、探しても見つけることはできませんでした」。

「女子支援協会」と同じ目的をもつ非宗教団体「ロンドン若年使用人援助協会」でも、男性が初めて委員会のメンバーに起用された一八七七年に同じような混乱が起こった。「それは何人かのもっとも協会に貢献してきた古くからのメンバーたちの気持ちにまったくそぐわないことでした。……私たちの中で、評議会に男性を入れることをもっとも強く主張していた人びとは、『繁文縟礼省』〔手続きが面倒で事務が少しもはかどらない官庁をチャールズ・ディケンズが『リトル・ドリット』の中で皮肉ったもの〕からもってきて、時間を消耗するためにでっち上げられたような書類、つまり官僚的形式主義から受けた愕然とした思いをいまだに忘れることができません。しかし今では、男性を起用したことの賢明さを疑う者は誰もいないと私は思います」。

このような苦労は、今の世代の人びとには少々ばかげたことに思われるかもしれないし、たぶんちょっと退屈で無駄なことにも見えるかもしれない。決議案や修正案、以前の懸案事項、議事規則、議事手続きといったことであれこれ心を悩ませてじっとしていられない婦人たちは、時間を無駄に使っていただけで、止めていた手芸や貧しい人たちを訪問して過ごした午後にでも同じようにのめりこむだろうと想像したくもなる。しかし、そうではなかった。これらの無味乾燥な問題でさえも、当時の婦人たちにとっては緊張と興奮で胸が高鳴るものであり、それらから彼女たちが感じる喜びは果てしないものだった。というのも、手芸や午後の訪問とは異なり、慈善活動はやりがいを感じさせたのである。具体的で世の中のためになること、とりわけ個人を越えたところに究極の目的があった。そして、社会を良くするために働くことは、女性たちにとって目新しく、緊張感もあり、しかも満足を得られる経験だった。

　このような組織の人気と成功は実際、たいへん大きかったので、七〇年代の終わりまでには、裕福な女性たちが慈善の仕事に携わるのは、ほとんど欠かせないと言ってもよいほどの流行となった。思慮深い人たちが真剣かつ組織的に継続的な改革に力を尽くせば尽くすほど、その一方で、流行を追うだけの人たちも「貧民街を訪れること」に熱狂した。哀れな者への救済活動は当時、真珠のネックレスとほとんど同じように、おしゃれな婦人たちが身に着けなければならない装飾品のひとつだった。つまり、自分専用の「かわいそうな」もの——呼び売り商人、孤児、新聞売りの少年、花売り娘、マッチ売り、交差点掃除夫、等々——をもたねばならなかった。そして、慈善を施す者に対する善行の量がわずかであっても、そこからの見返りがあった。つまり、その慈善行為が浅く限られた範囲のものだとしても、この仕事をすることで、女性は自分の経験の場を家の外に広げることができた。

　このような活動は裕福な人たちの見解を修正し、視野を広げていったが、その一方で、ある宗教的な慈善運動が貧しい人たちの間で勢いを増していった。つまり、これが救世軍(訳注10)であり、これについてはさらに詳しく考察しなければならない。

　救世軍は一八七五年に正式に成立し(訳注11)、女性の社会的立場にひじょうに強大な影響を与えた。そこに表わされた男女平等を実践した実例こそ、貧しい人びとがもつ疑いと偏見を打ち砕くのに、何百万回の議論を重ねるよりも有効だった。

　この団体の創立者、ウィリアム・ブース(訳注12)とキャサリン・ブース(訳注13)の生い立ちを抜きにして、救世軍の仕事のさまざまな面を考えるのは不可能なことである。彼らはひじょうに情熱的な信念に基づいてこの団体を考え出し、創りあげた。そして彼ら自身のたどった人生と救世軍の歩みは、まったく同一の歴史と思えるほどきわめて密接に結びついていた。

この傑出した二人の人物は一八五五年に結婚した。しかし、それ以前にすでに女性の立場についての問題は二人の間で解決しており、進歩的な考えは彼らの中に浸透していた。ウィリアム・ブースは自ら「人間としての女性の平等」を認めていたが、実際の成り行きについては、わずかばかりの躊躇があった。しかし、キャサリンはそれを打ち砕いた。彼女はこの問題について、自らの立場を十分共有できない男性とは決して結婚はしないと断言していた。彼女は、神への祈り、議論、説得によって、ついにこの若いメソディスト派の伝道師を完全に自分の味方にしてしまった。それから彼は一度も後ろを振り返ることはせず、彼女と同様に誠心誠意、二人の共有する信念を最後まで極め、実現するために歩みつづけた。

キャサリン・ブース

キャサリン・マンフォードは一八二九年*に生まれた。彼女は虚弱体質で、脊椎、心臓、肺の機能が弱く、精神力以外なんの活力もない、ひどい健康状態にあった。しかし、その精神力だけは有り余るほどもっていた。というのもキャサリンは感情が激しく情熱的で、神の意思を知ってそれに従おうとする強い決意をもっていた。彼女は神の義に憧れる情熱家だった。多くの苦闘と祈りを経て自分の信仰に明確な確信を得、それが彼女のもつ揺るぎのない絶対的な信念となった。そのとき以来、進むべき道ははっきりとしたものとなった。世間の人びとの眼には、彼女は多くの苦労を抱え、数々の大きな問題や困難を背負っているように見えたが、心の奥底には疑いやためらいはまったく存在しなかった。神の意思を知り、あとはそれを実践するだけだった。

キャサリンは二五歳のときに結婚し、八人の子どもを次々と生んだ。四人の子どもが生まれ、一番上の子がまだ五歳になる前に彼女は伝道の仕事を開始した。それ以来、三〇年後の死に至るまで、彼女の人生は信仰復興論者としての仕事のあわただしい活動と組織的な運動に明け暮れた。身体は、彼女の言葉によると、常に「あわれで古びた、厄介なもの」で、残酷にも意思だけで持ちこたえていた。病床から説教壇に出向き、力強く、信念をもって何時間も説教を行ったあと、緊張のあまり気絶して倒れたこともあった。しかし、このようなことで彼女がくじけることも、熱意が弱まることもなかった。不信心な人びとに向けた彼女の厳しい性格の刃は、自分自身にも向けられた。というのも神は彼女がなすべき仕事を用意されていたからだった。

キャサリン・ブースは、公の場での聖職者の務めを難なくこなせるような人ではなかった。彼女は何年間も生来の引っ込み思案の性格を克服するために全力で取り組み、やっと最初の祈禱会を行う心境になっていった。彼女は自分の名前を初めて掲示板で見たとき、ひどく激しい苦痛を覚えた。もちろん長年の福音伝道の仕事で、このような気の進まない思いはだんだん少なくなっていったが、肉体の虚弱と衰えもあり、多大な努力と強い緊張感抜きには説教を行うことは決してできなかった。これに加えて、救世軍が規模においても重要性においても大きく発展し、信じがたい量の仕事が彼女にのしかかってきた。書簡は莫大な量となり、彼女だけにしか解決できない組織の問題もますます増え、仕事の規模も年々拡大していった。しかしそれにもかかわらず、キャサリンは意気消沈してはいなかった。母親として子どもたちに注意深く気をつかい、妻として夫を献身的に助け、家事の上手な主婦であると同時に、快活で、親しみやすく、ユーモアのある、ひじょうに実務的な女性だった。

このような特質が一人の人間の中に結集することは、ほとんどありえないことのように思えるかもしれない。しかし、情熱に満ちあふれた精神がこの世に生を受ける限り、このような「ありえないこと」が今までもよく起こり、これからも起こりつづけるであろう。

ここで、キャサリン・ブースの宗教的活動の基盤についても、彼女の神学の全般的傾向についても、考える必要はないだろう。個人的な過ち、文字通りの地獄の苦しみ、そして突然起こる「信仰への目覚め」は、すべて彼女の信仰のもっとも重要な特質だった。このようなことは、見捨てられた人びとや浮浪者の心にわかりやすく訴えかけた。救世軍は主にそういう人たちのために活動していた。救世軍の信念や成功はここでは話題にはしないが、私たちの目的にかかわる部分は、救世軍のまさに一番上から一番下までのそれぞれの階級において、徹底して絶対的な男女の平等が常に信じられていたということである。

規則には次のように記されている。「救世軍は、階級、職権、職務に関して、男女間のいかなる差別も否定する。しかし、男性と同様に女性にももっとも高い位が開かれているので、『女性、彼女は、彼女の』といった言葉は命令においてほとんど使用されず、それが明らかに不可能でなければ、『男性、彼は、彼の』という言葉が、常に男女両方の人間を意味することと理解される」。

この教えの中で輪郭を成している男女平等の原理は、もちろんキャサリン・ブースによって規則に盛り込まれたものであるが、以来、信念と誠意をもって受け継がれてきた。もちろん、それは初期の時点から多くの反対があり、激しい抗議が繰り返され、多くの者たちにとって障害となるものだった。しかしブース大将と妻キャサリンは断固たる姿勢をとったので、それにいかなる修正も加えられることはなかった。最悪の問題が、実際に救世軍自体の兵士たちから起こった。下位の男性士官たちがある女性士官の指揮下に置かれたことに憤慨し、世間の慣習からすれば、男性の威厳を損なうような屈辱的なその地位から抜けだそうと万策を講じた。しかし、救世軍の規律は堅固なものだった。そのやり方を好まない者が救世軍から去るのは自由だった。しかし残る以上はその規則や原理を無視することは許されなかった。それを受け入れるか、そこを去るかのどちらかだった。そして、たいていはそれを快く受け入れたのだった。

仮にその原理が悪いものであって、実際問題として効果がないことがわかったとしても、キャサリン・ブースはおそらくそれに執着し、はためく軍旗とともに自らも、そして救世軍も零落させたであろう。しかし事実はまさにその反対だった。彼らに加わった女性たちの活力を解放することにより、そして彼女たちの奉仕と才能を役立てることにより、救世軍はその力を倍以上のものにした。その成長と繁栄は驚くべきものであった。W・T・ステッド(訳注14)は次のように記している。「単なる偶然だったのかもしれません。しかしそうであっても、それは奇妙な偶然でした。つまりその年（この原理が取り入れられた一八七五年）は、救世軍の驚異的な拡大の始まりを表しているのです」(原注1)。たしかに、それは驚異的な拡大だった。一二年のうちに五万人近くの士官が雇われ、五〇万ポンド以上の年収が支出された。

男女平等の実質的活動のこういった具体的証拠が女性運動の進展に与えた影響を、議会の制定法や他の何らかの目に見える形で測ることはできなかったが、それは「巷の男たち」と「路上の」女性たちの両方に影響を与えた。正規のフェミニスト組織は、政治家、教育者、慈善家、そして専門職の人びとに集会やパンフレットや議論などによって対応していたが、救世軍はさらにもっとわかりやすい実地教育をスラム街に持ち込んでいたのである。救世軍の女性士官たちは、意識的に男女同権論を説いてはいなかった。

彼女たちは罪や破滅から救われる人たちを探し、酒浸りや非行や堕落と戦っていた。しかし、彼女らはその務めを行いながら、もっとも説得力を発揮する、あの静かで実質的なやり方でもう一つの教訓、つまり男女同権論をも教えていた。

したがって一八七〇年代、八〇年代、九〇年代を通して、この運動は好意的な世論の高まりによって着実に普及していった。金切り声を上げている女性団体の勝ち気で、女らしくない青踏《ブルー・ストッキング》派的な会員について口にすることは、依然として面白い冗談だったが、これらの女性たちのほんのわずかな理想が、実際にこの国の法や慣習の中に入り込んでいった。そして、一般大衆はゆっくりと無意識に一般的なフェミニストの考えに慣れていった。

各参政権委員会がジョゼフィン・バトラー夫人とどの程度の繫がりをもつかという問題をめぐって意見の相違が生じたちょうど一八七〇年に、彼女の推し進める運動のために働いていた人たちは、この運動をもっと国際的なものにしようと活動しはじめた。バトラー自身もヨーロッパ大陸を訪問しはじめ、こうしたことからより広い組織が生まれることになった。しかし、彼女は国内での仕事もおろそかにすることはなく、性病予防法に反対する遊説は以前に劣らず精力的に続けられた。一八七四年にグラッドストン内閣が退陣し、その内閣の一員だったジェイムズ・スタンスフェルド氏が「性病予防法廃止論者」の演壇に公に立つことができるようになった。大胆にも彼は議会で彼女たちの側に立ち（これによって彼自身の政治家としての将来が永遠に断たれたのだったが）、それ以降、性病予防法の適用範囲の拡大が発議されることはなかった。その拡大を阻止することは第一の課題だったが、もっと難しい課題は性病予防法自体の廃止を勝ちえることで、会期ごとにスタンスフェルド氏らは議会での強い反対勢力と闘った。ついにこの案件を修正せずに採択に持ちこむ機会が得られ、一八八三年にスタンスフェルド氏は、強制的な性病検査と、売春制度の国家規制全体を糾弾する決議案を提出した。

バトラー夫人とその協力者たちは、この結果に関してひじょうに悲観的だった。彼女は息子に次のように書いている。「私たちは成功を祈願する大集会を計画しています。討議の間、私たちも下院の近くでその集会を行おうと思っています。もしその討議が一晩中続くなら、私たちの会も同じように一晩中行うつもりです。支援してくれる議員の中に、私たちがどんな武器を使い、またどんな名目で戦っているのかを世間に知らせたほうがいいと、このような方法を勧めてくれた人がいました。たとえもの笑いの種にされたとしても（実際そのような人が多いのですが）」。その夜、この祈願集会は予定通り行われ、それはひじょうに奇妙ではあったが、感動的な光景だった。ウェストミンスター・パレス・ホテルの大ホールは女性たちで満員となった。――イヴニング・ドレスを着た婦人たちもウェストミンスターのスラム街から来た宿無しの女たちと並んでひざまずき、その多くは涙を流し、神が法律を作る人たちを正しい道へ導いてくれるようにみなで懇願した。バトラー夫人はこの集会と下院の間を行ったり来たりしていた。「私は泣きだしそうでしたが、泣きはしませんでした。というのも随分前に私は『男は働くもの、女は泣くもの』という男女の役割分担に関する古い理想像を否定していたからです」と彼女は言った。言いたいことや祈りたいことがまだあるうちは、涙を流している暇はなかった。集会室でアメリカから来た一人の女性が言った。「涙も結構、祈願もさらに結構。だけど涙を流すことで、それが性病予防法廃止の票に変われば本当に結構なことなのですが」。その部屋にいた女性はみな彼女の言葉に同意した。

ついに採決の時が来ると、結果は改革派の勝利となり、その日から性病予防法の施行が中止された。三年後の一八八六年には、この法律が正式に廃止され、売春に関する国家的規定は法令集から消えた。つまりこの改革運動の明確な目的は達せられたのだった。

しかし、この性病予防法の廃止によってすべてが解決し、是正されたわけでは決してなかった。性に関する問題において、女性の地位はまったく満足のいくようなものではなく、特に少女に対する法的保護は嘆かわしいほど不完全だった。一八七一年の王立諮問委員会は改正を勧告したが、性行為の同意年齢はいまだにわずか一三歳で、売春「斡旋」業は大っぴらに行われ、法的に訴えられることはなかった。仮に一三歳の少女が自分から売春宿に足を踏み入れたら（たとえその場所がどういうところか、あるいはその存在や目的について本人が何も知らなかったとしても）、その子が売春させられても何の賠償も要求できなかった。つまり、そのドアの中に足を踏み入れたという行為が、その中で起こるかもしれないことに対する彼女の同意の法的な証拠なのだった。こういうことを行っている売春宿や売春斡旋を職業としている人びとについて警察は十分把握していたが、このようなやり方はまったく合法的なことだったため、商売を止めさせる試みはできなかった。

下院の諮問委員会は一八八一年に強制売春についての報告を行い、それに関わる刑法を改正するための法案〔刑法改正法案を指す。原注2参照〕の起草に至っていたが、それは形だけの提出に終わっていた。この問題について、法の規定を設ける試みは害悪以外のなにものでもなく、これを支持するものは非現

W. T. ステッド

実的、非実際的で、世間を知らないと論じるある一派は、この刑法改正法案に強く反対した。一方、下院におけるこの法案の支持者たちは——もちろん奴隷制廃止論の支持者たちと同様——影響力がほとんどなく、この件に関しては、バトラー夫人が性病予防法廃止において起こしたような世論の後押しも得られなかった。この問題は実にひどいもので、特にその詳細は人びとに不快感を与えるものであったため、このことをあえて考えようとする者はほとんどいなかった。会期のたびにこの法案は阻止され、売春という社会悪は法規制を受けることなく続けられた。

　一八八五年の夏、支持者たちはこの刑法改正法案が通過するチャンスがまた消えるのを目の当たりにし、これを通す最大限の努力をすることに意を決した。彼らが選んだ方法は新聞紙上への掲載だった。ロンドン市収入役のベンジャミン・スコット氏とバトラー夫人は、当時『ペル・メル・ガゼット』[訳注15]紙の編集長だったW・T・ステッドに会いに行き、実情を新聞紙上で公にすることによって、この法案が阻止されるのを救ってほしいと頼んだ。ステッドは状況がひじょうに切迫し難航していることを理解すると、すぐにこの仕事を引き受けた。彼の取った方法は劇的なものだった。彼は最初に下層社会の売春と犯罪について調査し、事実と法律の現状について明確に認識すると、そのあからさまな実情を露呈する計画を考え出した。彼は宗教団体の指導者たちに会って賛同を得、ブース夫人には救世軍にまさに打ってつけの実際的な支援を求めた。それから彼は自らの計画を実行しはじめた。かつて売春宿を営んでいたが、救世軍によって改心し、更生した女性の助けをかり、一三歳になったばかりの娘を五ポンドという安値で喜んで売ろうとした母親を見つけた。彼はその売春宿に自ら出向き、自分のそばに娘を一晩留めておいた。もちろん少女は終始細心の注意のもとに保護され、危害が加えられることはなかった。翌日、その娘はパリに連れて行かれ、救世軍の女性士官の保護下に置かれた。この仕事は細心の注意を払って行われたが、この措置は合法的であるということが、これによって明白に示された。

次の日からステッドは、「現代版バビロンの少女の貢物」という見出しで、『ペル・メル・ガゼット』紙に告発文を掲載しはじめた。その反響は彼自身の予想をはるかに上回るものとなった。ロンドン中の人がこの記事を読み、次の日までには英語圏のすべての人がこれを読んだ。その一週間はこの記事でもちきりとなり、もっとも関心を集めた話題となった。辻馬車の御者は高い御者台でこの新聞を広げて読み、新聞の売り子はこの記事を掲載した新聞の部数を確保しようと争いになった。新聞社にはかなりの数の人びとが押し寄せ、需要があまりに多いため新聞の供給が間に合わず、急いで調達しなければならなかった。誰もが「少女の貢物」を読んだが、ほとんどの人がそこに書かれてあることを認めず、その記事の掲載に反対の声をあげた。他の新聞社は激しく憤慨したが、それはこの記事やステッドが暴露した売春に対してではなく、それを言葉で表現したステッド本人に対してだった。世間の人びとはショックを受けて動揺した。公衆道徳という大義をかざしてこのようなことが行われ、語られるようになると、品位全体が揺らいでしまうように思われたのだった。

しかし、この記事は毎日連載され、熱心に耳を傾ける人にも、ぞっとして反感や嫌悪感を抱く人にも、そして真剣に受け止める人にも同じように事の重大さを痛感させた。五年も日の目を見ずにいたこの刑法改正法案は、連載五日目にして異例の速さで第二読会を通過した。このことは真剣に考える一般大衆の関心を呼び、その威力は抑えきれないほどで、第二読会を通過しても留まることを知らなかった。イギリス中の善良で秩序を重んじる一般市民たちが集会を開き、この法案がすぐに可決されることを要求した。それから一ヶ月のうちに、残されたすべての手続きが終了し、この刑法改正法案は可決されて、ようやく正式に法律となった。(原注2)

一八八五年のこの制定法の条文は、ステッドが主眼としたものを盛り込んでいたが、彼が引き起こした騒ぎはこの勝利で終わったわけではなかった。彼は、悪い噂を嗅ぎまわるやつ、猥褻文の提供者、このセンセーションを巻き起こして一儲けした男と呼ばれ、あらゆる方面から攻撃された。しかし本当に彼の足元をすくい、告発者が彼に対する禁固刑の判決を勝ち得る結果となったのは、次のような事実があったからだった。彼の代理をした売春斡旋業者は、少女の母親の承諾を得、金銭も母親に支払っていたが、法律上は母親には親権はなく、合法的にその取り引きを成立させる資格をもつのは父親のみだった。だが奇妙なことに後になってわかったことだが、その少女は私生児であり、したがって親権は父親ではなく母親にあったのだ。(原注3)しかしこのことはステッドが捕まったときには知られていなかった。ステッドは不法な契約を母親と交わしたという容疑で告発されたのである。彼と彼を手伝った仲間たちは少女誘拐の罪でそれぞれ異なった刑期の禁固刑が言い渡され、彼の「刑罰」は三ヶ月だった。これはその法案が通過した数ヶ月後のことだった。

ステッドの判決が下った日に、フォーセット夫人は次のように彼に書き送った。「女性の中でもっとも弱く、助けを必要としている者たちにあなたがしてくださったことに対して、私がどれほど尊敬と敬意を抱いているかは言葉では言い表せません。あなたは、いわば法律にかなった詭弁で陥れられたと私は終始思っております。しかし、こんなことは取るに足らないこと、あなたの仕事はしっかり息づいていくでしょう。……私自身や何百何千というこの国の人びとからの感謝と敬意が難局にいるあなたを助けることができるのなら、この助けをお受けとりいただきたいと思います」。この言葉とそれが伝える人びとの感謝の意が慰めとなったのはもちろんのことであり、それは彼が大いに必要としていたことだった。ステッドは、友人たちが彼をミルバンク刑務所から待遇のよいホロウェイ刑務所に移すよう取り計らってくれるまで、獄中で苦汁をなめた。彼は、この計画をもっとうまく推し進めていたら、仲間たちに科された裁判や刑罰を避けられたかもしれないという思いに苦しんだ。しかし重大なことは、大衆がこの事件にまつわる悪弊と危険性に対して目覚め、真のしっかりとした改革が成し遂げられたことだった。同年には、全国売春監察協会(訳注16)が設立され、W・A・クート氏(訳注17)が書記官となった。これ以降、確かに、世界の大都市に潜む犯罪を重苦しい沈黙のベールが完全に覆うことはもう二度となかった。

今ここで取り上げている時期において、女性の立場に関して注目を集めていたのは、女性の安全と純潔を重んじ、女性を売春斡旋業と彼女たちに不利な法律から保護することだけではなかった。女性は被害者や売春婦になることも、妻や母親になることも可能であり、このような可能性はすべて女性であるという事実から生じるのである。既婚の母親と未婚の母親の立場、また妻と「妾」の立場は、法のもとで大きく異なる。しかし、女性運動は女性すべてを網羅し、これらの寄る辺のない不幸な女性たちが中心的関心事と思えるときでさえも、「保護され、守られた」女性たちを忘れることはなかった。

ステッドが有罪となったのは、法の厳密な解釈から生じた落とし穴からだったが、そのことは母親に関する法律の現状を浮き彫りにした。しかし、嫡出子に対して母親には何の権利もないことは一般的に当然のこととされていたが、一八八六年にわずかではあるが有利な条件を彼女たちは勝ちとり、未成年者後見法が可決された。この法律により父親死亡の際には母親が後見人となることができるか、少なくとも子どもの連帯後見人になれることが規定された。それ以降、父親が子どもをまったく母親から遠ざけることはできなくなり、母親は子どもの養育権を求めて裁判所に上訴できるようになった。キャロライン・ノートン夫人が始めたこの仕事〔第二章参照〕は、こうしてまた一歩前進し、母親の立場もかなり改善された。しかし、事態はまだ満足がいくものでも正当なものでも決してなかった。

今まで見てきたように、既婚女性は一八八二年まで彼女たちの独立した財産権をもたなかったが、(訳注18)結婚生活に関した他の不利な点は、それまでに部分的に改善されていた。一八五七年の離婚法〔婚姻訴訟法を指す。第四章訳注15参照〕では、夫の側の不貞行為に加えて遺棄〔配偶者、被扶養者に対する義務の意図的放棄〕あるいは虐待行為があった場合、妻のほうから離婚ができるようになり、一八六九年に裁判所は初めて、「拘束と監禁」は離婚成立を認める法的虐待に相当するとした。(原注4)婚姻によって妻は夫の所有物になるという古い論理はこの判決によって大きく揺らぎ、その後数年のうちに拡大解釈された判決が続き、さらに従来の考え方を弱めたのだった。一八七八年には、夫が妻に対して加重暴行〔婦女子に対する暴行など、普通の暴行より刑を加重される暴行〕を加えていると判決された場合、妻は一〇歳以下の子供の養育権を得て、夫と別居もできるようになった。虐待に関する夫の法的権利の制限がこのように定められたのだった。

一八八四年には、事態はさらに進展し、婚姻訴訟法は夫婦同居権請求の判決を（当事者の一方が）拒否した場合も禁固刑とはならず、このような拒否は遺棄に相当するという便宜上の法的擬制〔性格の異なったものを同一とみなし、法的効果を与えること〕を適用した。

一八八六年の既婚女性法(訳注19)（遺棄の事例における扶養の問題）は、女性が初めに救貧院に行くことなく扶養の負担金について訴訟手続きを取ることができるようにし、婚姻関係における虐待に対しての法的救済の骨組みも作り上げた。

しかし、これらの状況はまだ完璧と言えるものではなく、古い因襲はなかなかすたれなかった。一八九一年になって初めて、既婚女性の身体的自由がようやく守られることになった。その年に、妻に去られたジャクソン氏という男性が、夫婦同居を請求する判決命令を手に入れた。妻はそれに従うことを拒否したが、ある日曜日、妹と教会を出るとき夫に捕らえられた。夫はほかの二人の若い男に手伝わせて、妻を無理やり馬車に押し込んで家に連れて帰り、監禁した。妻の友人たちは、人身保護令状を求めて訴訟を起こした。多くの判決例を引き合いに出しながらの長い議論ののち、妻に有利な判決が出された。(原注5)それ以降、女性は既婚、未婚にかかわらず、現実においても、法的においても一個の人間として認められ、行きたい所に自由に行けるようになった。

こうなっても、既婚女性たちには、小さいが不利な点がまだ多くのしかかっており、それは時間と参政権獲得だけが是正できるものだった。しかし、昔ながらの悪弊の最悪のものは消え去り、一九〇〇年までには英国女性は概して、身体と財産において、精神と良心において、肉体と魂において自由となった。とはいえ、まだ女性は政治的には締め出されたままで、経済的には抑圧されていた。多くの女性はまだ無教育でいることに何の疑問も感じず、ひどく蔑まれるか、褒め称えられるか、だった。しかし、新たな道を探り求めていた女性たちの数は増加し、女性運動はその頂点に達しようとしていた。

(1) W・T・ステッド『キャサリン・ブース伝』。
(2) 一八八五年の刑法改正法は、性行為の同意年齢を一六歳に引き上げ、売春斡旋を犯罪とし、一三歳以下の少女への暴行に対する刑罰を、むち打ち刑あるいは重労働の懲役刑とした。また、売春目的で使用されている宿を捜査する権利が認められ、裁判所から任命された保護官が子供たちを保護することができるようになった。
(3) 婚姻関係において生まれた子供は全面的に父親の権限のもとに置かれた。婚姻外に生まれた子供は「非嫡出子」と言われ、母親の管理下に置かれ、母親ひとりでその養育の責任を負った。
(4) 一八六九年のペンザンス卿の判決。
(5) 一八九一年のジャクソン対ジャクソンの離婚訴訟事件。

第一二章　女性労働の必然性　一八六〇―一八九〇

女性雇用の拡大――女性低賃金の慣例――男性労働者の抵抗――専門的な職業――女性の工場労働――フェミニストの反応――男女差別に抗議してフェミニストが国会に圧力――一八八七年、クレイドリー・ヒース釘・鎖製造業者の代表団――労働組合の態度――女性労働組合の結成――エマ・パタソン夫人、労働組合会議の反応――男性による女性労働組合への支持――一八八九年　女性労働組合連盟の設立

女性参政権問題は、希望に満ちあふれた状態から一時的に停滞期に入ったが、その間に女性運動のより複雑な側面が浮かびあがってきた。そして、そこから新たな問題や危険性が顕わになった。女性の雇用は一八五七年には劣悪な状態で、ちょうどこの時期にバーバラ・ボディションがバーナーズ・ストリートに小さな事務所を構えた。しかし、この問題は少しずつであれ進展をみせる兆しがあった。当時、女性が経済的に自立する道の多くは閉ざされていた。その閉じられた扉を何度もたたいて中に入れてもらうというのがそれまでのやり方だった。しかし一八九〇年までには、その問題はより広範囲になっていた。多くの職業選択の可能性は依然として閉ざされたままで、扉をたたき続けることは依然として必要だった。だが、もう一方で新たに対処しなければならない問題、つまり給与基準という問題が生まれてきた。そしてこの問題に取り組むのはたやすいことではなかった。

女性雇用促進協会(訳注1)が設立され、その後の三〇年間に大きな変化が生じた。看護職は大きく進展した。一八九一年には五三〇五七人の看護婦がいて、その大多数はきちんとした専門的な訓練を受け、経済的な自立を果たしていた。教育の場でもひじょうに多くの女性が雇用されるようになった。一八六一年の国勢調査によると、女性教員の数は八〇〇一七人だった。ところが一八九一年にはその数は一四六三七五人に増大した。この頃までには教員の資格基準がかなり厳しくなっていたことを考えあわせると、この数値は教員数の増加だけでなく、女子教育がいちだんと普及したことを示している。

しかし雇用の拡大がもっとも際立っていたのは商業の領域であった。一八六一年には女性店員の数は一七五六八人だったが、その数はたった一〇年で二九一六六人にふくれ

あがり、それ以降も加速度的に増していった。事務職ではその数の増加はいっそう著しいものだった。一八六一年、一八七一年の国勢調査では、女性の事務員または秘書の数は報告されなかったが、一八八一年には五九八九人、そして一〇年後にはその数は一七八五九人にはねあがった。

こうした数値に示された女性の雇用の分野の拡大は、これらの職業に限定されていたわけではない。あらゆる分野において——産業界ではそれほど急速ではなかったが——女性の雇用は増加しており、減少を示す数値はどこにもみられなかった。

このような女性賃金労働者の拡大の一因は、急激な人口増加や国家の経済的繁栄、好景気にあった。だが一方でこの現象は、教育や女性運動に刺激を受けて、若い女性の間に芽生えた野心や自立心とも深く関係していた。つまり働きたいという欲求と雇用の機会がうまく重なったのだった。ただ、こうした新しい女性労働者の自らの職業に対しての評価や、彼女たちの望む自立の程度は、それほど高いものではなかった。一八七〇年代、八〇年代、九〇年代には、少額の賃金やわずかな自由を手に入れることで満足していた。経済の知識に欠けていたので、女性たちは言われるがままに、低い賃金相場をありがたく受け入れてしまうことが、後にどれほど面倒な状況をもたらすことになるか、わかっていなかった。新しく職に就いた女性の多くは、働きはじめたときには自宅に住んでおり、自立しなくても生活できた。娘は家計に負担をかける存在だと考えられていたため、少額でも家に入金すれば大いにありがたがられた。タイピストや店員の給料は、家計への入金を可能にしただけではなかった。わずかながら金銭的ゆとりがうまれ、それを自分自身の生活や、彼女たちが望んでいた「楽しみ」のために使った。しかし、このような家族の保護の下にない女性たちは、基準どおりの給料では生活必需品さえ満足に揃えることができなかった。ぎりぎりの節約をして、かろうじて生活していけるというのが実態だった。「コップ一杯のミルクとパン」を常食としていたことから、女性は男性ほど食べる必要がなく、男性の賃金の何分の一かでも手にすれば安楽に暮らしていけるなどという悲しい誤った風評ができあがってしまった。

このようなたちの悪い習慣がはびこっていくなか、働きはじめた女性たちに助言する人はいなかった。労働組合運動はさまざまな産業界の懸案に対処することで精一杯で、別の問題に取り組む余裕はなかった。フェミニストたちは、閉ざされた扉をたたきつづけていたが、女性たちが新しい仕事に就くのを見定めるのに必死で、その労働条件を問題にする余裕はなかった。とはいえ、フェミニストたちは男女平等の賃金を要求し、またこれを推進していく努力も払った。だが、明らかに拒否されてしまう額の賃金を要求することを女性労働者に促すのは、彼女たちの本意ではなかった。たとえそうしたとしても、女性労働者たちは耳を貸そうとしなかっただろうが。一八七二年に、ミス・デイヴィスやギャレット・アンダーソン夫人は、ロンドン市議会に対して学校視察員の賃金基準を男女平等にするように働きかけたが、その試みは全くの失敗に終わってしまった。当時の男性の学校視察員の初任給は八〇ポンドから一〇〇ポンドで、女性の基準は五〇ポンドから七〇ポンドだった。この給与基準のもとで仕事を請け合う男性はほとんどいなかったが、多くの女性たちがその仕事を受け入れた。

女性に開かれるようになったすべての職種において、彼女たちの雇用を大いに促進させたのは、明らかにその低賃金と「従順さ」だった。雇用者側もこのことを公言している。中央郵便局のある幹部は一八七一年にはっきりと次のように述べている。「われわれは、男性と同賃金で彼らよりずっと優秀な女性を雇用できる。彼女たちは男性よりも日々の仕事を辛抱強くこなし、徒党を組む傾向もなく、昇給しそうになると結婚退職してくれる」。雇用者側から見れば、これほどありがたいことはなかった。

しかし男性労働者側には別の言い分があった。繁栄と発展に恵まれていた時期だったので、すぐに失業の危機に直面するという状況ではなかったが、それでもあからさまに、侵略者である女性たちを排斥しようとした。フランク・スキューダモー氏(訳注2)が初めて女性を中央郵便局に採用し、一八七二年に彼女たちが貯蓄銀行課に配属されると、セント・マーティンズ・ル・グランドの中央郵便局は大騒ぎになった。管理者も一般職員も一致団結して、彼らが言うところの「言語道断の方針を採択することで生じる職場倫理上、業務上の重大危険性」に激しく抗議した。怒りに満ちた職員集会が開かれたので、結果的にこの実験的な試みは断念された。すでに採用が決まっていた四〇人の危険視された女性たちは、採用を取り消されてしまった。だが翌年に中央郵便局長は再度女性を雇用しようと試みて、一一人の職員を募集した。週給一四シリングの初任給という条件に二〇〇〇人が志願した事実は、状況が改善されつつあったとはいえ女性の雇用への道のりがまだまだ険しかったことを示している。

教員にも女性の「侵略」に対して抵抗する傾向がみられた。一八六七年には教区学校の男性教員の代表が、当局に対して女性教員の給料を減額し、その額で男性教員に特別手当てを支給するように申し入れた。一八七九年に女性教員が男子生徒を担当すると、男性教員が生徒の「不道徳を助長」するなどと言って激しく抗議したので、バーミンガム市教育委員会は一時的に女性教員の雇用を見合わさざるをえなくなった。

　こうした男性の敵意はこれ以外の多くの職業でもみられたが、中産階級の専門職においては女性を締めだす効果的な反対意見を出せなかったといってよい。弁護士や医者のようにしっかりと組織された職業では、女性参入反対の態度がはっきりと示された。しかし、他の職業では男性側の反感を表現する方法がなかった。個人的レベルでは、経済的に自立している女性をあざけり、自分たちの娘をしっかりと家庭に縛りつけて就職させないようにした。だが女性たちは着実に商店や事務所での職を占めていき、男性たちもこの流れをくいとめることはできなかった。

　医者や弁護士といった知的専門職では男女の論争はいっそうすさまじいものだった。すでに見てきたとおり、医学界において女性は激しい抵抗を乗り越えながら活路を見いださなければならなかった。女性であるという負い目に加えて低賃金労働をも受け入れてしまっていたら、彼女たちはもっとひどい状況に追いやられていたことだろう。だが幸いなことに、彼女たちはそのような過ちを犯さなかった。当初から、平等な基準にのっとった賃金を要求しそれを獲得した。そして対等な条件のもとで、うまく自分たちの立場を堅持してきた。医学界の女性には彼女たちの要求を裏づけてくれる特別な論拠があり、何をすべきかがはっきりと決まっていたので、この論争に打ち勝つことができたのだ。しかし弁護士界では、女性弁護士はそのような明確な地位にはおかれていなかったため、法廷弁護士や事務弁護士は容易に彼女たちを締めだした。一八七九年には、実際に「法律の理解を深め、女性が諸分野で法律を実践する能力を備えているか否かを検討する」ための研究会が設立されたが、その活動は進展しなかった。男性は法学院〔法廷弁護士、裁判官の任命権を専有している機関〕で自分たちの既得権に固執し、女性を排除した。陸軍、海軍、教会では、女性の進出など論外だった。進歩的なフェミニストでさえもこうした男性の要塞を攻撃しようとはしなかったので、この領域は手つかずのままだった。しかし他の分野では、女性雇用協会の尽力もあり、また自発的な動きも出てきて、わずかながら前進が見られた。スレイド美術学校(訳注3)は一八七二年に女性に門戸を開いた(ただし、ヌード(訳注4)の制作はしないという条件付きだったが)。同年、薬学協会の受験もできるようになった。女性ジャーナリストも増加した。ステッド氏は一八八二年に『ペル・メル・ガゼット』紙のスタッフとしてひとりの女性を雇用し、重要なポストに配属して彼女に男性と同じ給与を支給した。一八九五年までには、六〇名の女性がジャーナリスト協会（訳注5）の会員となった。新しい高校では、女性補助教員が年収八〇ポンドから一〇〇ポンドを稼ぎ、このことからガヴァネスの賃金に新たな基準がもたらされた。看護職は拡大し大病院の養成学校はいつも定員に達していた。リヴァプールでは救貧病院（訳注6）で働く看護職員育成事業が始められ、こうした動きは国中に広がっていった。助産婦協会（訳注7）が一八八一年に創設され、この職業の基準を改善する努力がなされた。助産婦が第一に望んだ改革は公認登録の導入だったが、この提案は英国医師会（訳注8）の激しい抵抗にあった。結果として協会は、それ以降長年にわたって助産婦側の提案を食い止めることに成功した。助産婦が訓練され公認登録を許されれば、自分たちの仕事が減ってしまうことを医師は危惧したのだった。彼らは大きな権力としっかりとした組織をもっていたので、冷酷極まりない妨害のやり口だったにもかかわらず（当然、もっともらしい論議の影に隠されていたが）思惑通りに事を進めていった。それでも多くの方面で雇用の場は拡大していった。造園を学ぶためのスワンリー・コレッジ（訳注9）が一八九二年に女性に開放されたが、非肉体労働者である女性の仕事の選択肢は限定され、かろうじて自活できる程度の賃金しか支給されなかったとはいえ、かつての悲惨な状況は間違いなく改善されていった。

この一方で、若い女性の大部分が職業訓練も受けることもなく、自活することは半ば恥ずかしいことだと感じており、重要で責任ある仕事をまかされることを期待もしないし望んでもいないということも、依然として確かな真実だった。低賃金基準を女性の宿命として黙って受け入れ、女性は今以上の報酬には値しないと主張する人びとに半ば同意して、同僚の男性からの反目にたちむかうこともしなかった。しかし、経済的な必要に迫られて女性たちは社会に仕事を求めて出て行った。古くからの偏見、タブーはゆっくりと静かに崩壊しつつあったのだ。

中産階級ではこうした動向が一九世紀最後の三〇年間続いたが、労働者階級は異なった状況におかれていた。もちろん同じような難題はあった。産業革命が起こって以来、女性を常に工場労働へと追いたてたのは、経済的な必要に迫られていたからだった。彼女たちの従順さや男性労働者の反目や何世代にもわたる慣習が、彼女たちを縛りつけ、彼女たちの可能性を狭めていた。雇用者側は低賃金ゆえに女性を求めていた。こうした女性労働者の一般的状況に関しては、職種がなんであれ、変わりようがなかった。しかし一八七〇年までには産業界の状況は前ほど流動的でなくなった。なぜなら、法律や慣習の熟練工に対する締めつけが厳しくなりはじめたからである。組合は労働者の個人的な取り決めを廃止させたので、商業界や準専門的職業に比べると、あらゆることが厳しく監視され細かく規定されることになった。

一八七〇年代、八〇年代、九〇年代の女性工場労働者の地位、人数、賃金相場について、この場で詳細に述べることはできない。細かな部品の種類の多さや製造工程上の絶え間ない変更、賃金のわずかな変動は歴史的には取るに足らないことかもしれないが、こうしたことに直接影響を受ける女性たちにとっては、はかりしれないほど重要な事柄だった。しかしこうした事柄も今では、その当時の女性労働者がおかれていた状況を示す指標としての役割を果たしている。

この当時、女性工場労働者をめぐる情勢は三つの要因で決定されていたと考えられる。第一の要因は、法的規制の施行や、国の管理・保護政策の実施であった。第二には、労働組合の方針や意向によって、様々な業種で仕事の縄張りやその他の慣習が押しつけられていたことがあげられる。そして第三には、雇用者側が女性には低賃金しか払わないのが慣例化していたということである。このような重要な三つの要因が、当事者である女性の願望や見解を考慮することなく、女性の労働に課せられていた。それは、国にとって最大の利益だと考えられていたことを推し進めるためであった。組織ももたず、意見を主張することもできなかった女性労働者は、たとえ彼女たちが自身の見解をもっていたとしても、それを表現する術がなかっただろう。

ところが組織をもつフェミニストたちはそうではなかった。彼女たちは女性の雇用問題についてはっきりとした見解をもち、それを自由に表明した。彼女たちの組織の仲間に多くの女性労働者がいたわけではなかったが、この懸案について国会の下院議員や男性労働者にひけをとらない意見を述べることができる、と自負していた。実際に、彼女たちは下院議員のように雇用者や男性労働者のもつ選挙権の圧力にさらされているわけでもなく、また労働上の規則や制約の対象となっている女性労働者の競争相手でもなかった。だからそうした一連の人びとよりも適確な判断を下せる立場にあると自負していたのだ。

女性の雇用問題に対処するうえで、フェミニストは右に述べた三つの要因のうち最初の二つ——法律の制定と労働組合の組織——に限定して、この問題に介入することにした。というのは、賃金問題は、手のつけようがないほど難題に思えたのだ。フェミニストを擁し二つの方向に沿って活動は進んだが、ほとんどが不成功に終わってしまった。それでも彼女たちの試みとその失敗は、とても興味深く意味あるものだ。

フェミニストは女性労働に関する法律に一八七三年に介

入しはじめ、(方法はかなり変わったが）その試みは一九二〇年代のいまも続いている。三章で考察してきたとおり、一八四七年の一〇時間労働法（これは一八五〇年に厳しいものになり一八五三年に完結した）は、女性や若年労働者の労働時間を規定した。しかしその必然的帰結として男性の労働時間に影響が及んでいくようになるまでは、この法律は男性の雇用とは無関係だった。法律が最初に可決されたとき、それに意見できるフェミニストの組織はまだ成立していなかったし、女性労働者の組合もなく、自分たちの見解を表明する手段もなかった。もし意見を言える立場にあったとしても、改革によって自分たちの賃金を稼ぐ時間が削られることを恐れて、沈黙していたことだろう。とはいえ、時間短縮による労働軽減措置を望んでいる部分もあっただろうが。どちらにしても彼女たちには発言の機会が与えられず、その法律は可決されて国の産業構造の要となったのである。夜間労働、あるいはそれを伴う職種では、女性を試験的に雇用することはできなくなった。政府の視察が現実に実施されてからは、夜間の女性雇用はもはや試みられることもなくなった。そしてこの法律を推進してきた人びとの思惑どおり、この法律の影響は男性の労働時間にも及んでいった。多くの例外はあったにせよ、法律が女性に義務づけているのと同じ基準で男性を雇用することが、次第に慣習化していった。労働組合は無制限の超過勤務の可否を調査し、交渉事項として取り上げた。組合はますます力をもち、同様に男性労働者の保護策を確立した。しかし男性と女性の保護には大きな相違があった。女性労働者の保護策は彼女たちの同意なしに押しつけられたものだった。融通がきかず、その保護策に違反すれば法廷で処罰を受けることにもなり、どんな特別な事情もそれを緩和する正当な理由にはなりえなかった。一方男性の団結の賜物である保護策は、ずっと融通のきくものだった。様々な職種で働く男性労働者は、それぞれの職業事情にあわせて自分たちの要求を調整することが可能だったし、現実にそうしていた。協定は法的には強制力をもたず任意に基づいているという理由から、労使それぞれが自由に修正することもできた。男女どちらの保護策にも不都合な点はあった。しかし労働時間協定をいっそう強化するための法律制定に対して、男性の側からは反対運動が起きなかったことは、どちらの保護策が好ましいものだったかを示唆していよう。

もちろん、女性のおかれた立場は違っていた。第一に彼女たちは女性であって、そのことが彼女たちに関わる問題の重要度を下げた。さらに彼女たちは組織をもたなかった。当初から女性の立場が強かった織布工業界を除けば、女性工場労働者が労働組合運動に参加することは容認されていなかった。それゆえ女性は自らの意志による保護策を求められない状況におかれていた。この時期の労働界の見解では、女性労働者が期待できることといえば法律による保護だけだった。

一八七三年に内務省が工場労働時間に関する調査を実施し、女性の労働時間を週六〇時間から五四時間に短縮するように進言する旨の報告書が採択された。この提案は法案としてまとめられ、同年に国会に提出された。しかしその時点で「フェミニスト」からの反対意見が提示された。フォーセット教授は、この法案に強硬かつ執拗に反対を唱えたので、これは却下され日の目を見ることはなかった。翌年、現行法を修正するための小さな修正案が提出され、あらためて彼が反対の立場を表明する機会が訪れた。フォーセット氏はこの法案に網羅されている事項に、ある条項を付加すべきだという動議を提出した。すなわち一〇時間労働法による労働時間の規定から女性を解放し、労働時間に関して男性労働者と対等の立場におくという趣旨の条項である。彼の議論は徒労に終わったが、ここであらためてその議論を取り上げてみよう。というのは、そこには女性運動が、組織全体で掲げていた見解がはっきりと示されているからである。彼は、ある限られた労働者だけに与えられた保護は、結果的にその人たちに対しての差別となることを主張した。さらに、女性は競争相手である男性と同時間の労働をする自由を奪われているので、そのために雇用の機会から締め出されているという議論を展開し、女性の職業選択や契約の自由が不当に制限されていることを指摘した。もちろん彼は労働時間における悪弊を廃止しようとしているのであって、女性の長時間労働を擁護しているわけではなかった。彼は、女性も男性のように組織を作ることで自己防衛できると考え、そのことが一方の性だけに法的規制を適用するよりも、より公正で効果的で弊害の少ない保護形態だと考えていた。

こうした見解になじみ、それを根底から支えていたのは、もちろん個人主義の教義である。七〇年代、八〇年代の急進派の人びとは、個人の自由が侵害されることを心底嫌っていた。そうした理由から、労働法制定に際して彼らがよしとした平等とは、すべての労働者が等しく国家干渉から解放されることだった。しかし、世論の動向はますます労働条件の国家管理へと向かう傾向にあった。当時、男性にも女性と同じ規制を課すことによって男女平等を押し進めていたら、この目的は達成できていたのではないかと推察される。しかし現実には、残念な結果に終わってしまった。フォーセット氏の修正案は一八七四年に続いて、一八七八年にも再び否決されてしまった。そして女性の労働時間の法的規制は、一九二八年の今日にまでおよんでいる。

フェミニストたちが手にした唯一の譲歩は、[訳注10]「家内工業」が、一八七八年制定の工場および作業場法の対象から除外されるということだけだった。しかしこの例外措置も、家内工業労働者の間でいきわたることもなく、不首尾に終わってしまった。「家内工業」に従事する女性は別の分野の女性労働者よりも組合化が難しく、自らを保護しにくい状況にあった。彼女たちのために勝ちとった自由は、現実には限りなく搾取され酷使されることにほかならなかった。すべての修正案が承認されていたら、このような結末になっていたかどうかは定かではない。しかし最近の情勢に照らして考えてみると、結果的には同じ経緯をたどっただろうと推測される。さらにフェミニストの基本的要求を達成するための最善の道は、女性労働者に課せられる制限を取り除くことではなく、当初から男性労働者にも同じ制限を課すことだったのではないか、と考えられるのだ。

工場および作業場法が議会で敗退してしまってからは、労働時間について動議を提出する機会は訪れなかった。だが「フェミニスト」が再び産業労働者問題について介入した折には大きな成功を収めた。すなわち、一八八七年の炭坑業規制法修正案をめぐってのことだった。

女性の坑内労働は一八四二年に禁止されたが、[原注1]禁止令は採掘坑口での労働には及んでいなかった。相当数の女性が依然として、石炭の積み出しや選別、貨車への積み込みに従事していた。一八七四年には一二〇〇〇人近くの女性や少女の労働者がいたが、その数は減少の一途をたどり、一八八六年にはたったの五五六八人になっていた。

一八八七年に炭坑業で施行されていた規制を修正するための政府法案が提出されると、こうした女性たちを炭坑業から締め出そうとする動きが表面化した。表向きの理由は、その仕事が「不健康で不道徳」であり、「女性には望ましくない」ということだった。当事者の女性たちはこうした言いがかりに猛烈に反発した。彼女たちの健康状態は平均よりもずっと良好で、一番の健康体の女性はこの上なく頑強だった。この問題はさまざまな参政権協会で大きな共感をもって取り上げられた。協会は従来どおり抗議集会を開いたり新聞に投稿したりと、あらゆる方法を使って圧力をかけた。同じ頃、鎖・釘製造業の女性労働者が持ち上げてよいハンマーの重量を法律で規制しようという動きも見られた。もしそれが実現すれば女性の仕事は軽い仕事に限定されてしまい、多くの女性労働者の雇用に重大な障害を与えると考えられた。多くの女性が雇われていたバーミンガムにある工業地帯クレイドリー・ヒースでは激しい動揺と不安が広まった。参政権論者はこの件に真摯に取り組み、女性代表団が上京して内務大臣マシューズ氏（訳注11）に申し立てをすることを望むと、レディ・ルイーザ・ゴールドスミッドがその旅費を負担した。

彼女たちはフォーセット夫人やレディ・ゴールドスミッドに案内されて内務省に出向いた。部屋に通されるとすぐに、内務大臣はある著名な医師から、規定よりも重いハンマーを持つと彼女たちの健康、特に出産年齢にある女性の健康に危害を及ぼす可能性があるという研究報告を受けたことを話しはじめた。頑強そうな女性が、即座に遺憾の声を上げ、「大臣、わたしは一四人の子どもを産みましたが、それでもこの上なく健康です」と言った。マシューズ氏は納得した旨を丁寧に述べ、続けて医者の意見を引用しようとしたので、鎖・釘製造者たちからいっせいに反発の声があがった。「その医者はもう死んでますよ。お大臣様」。彼女たちは「その医者は死んでるけど、私らは生きているんですよ。死人の意見など気にしちゃいられませんよ」と言わんばかりだった。そして内務大臣が彼女たちの仕事の実態を正確に話してほしいと丁寧に要請すると、さきほどの頑強な女性が意見を述べはじめた。「朝、現場責任者がやってきて、昼までに一四スウェット〔一スウェットは五〇キロ程度〕の鎖を製造するように指示するんです」。ここでマシューズ氏が発言をさえぎった。「失礼ですがおっしゃっていることがよくわかりませんが?」。すると別の女性が説明した、「一四ハンドレッドウェイト〔ハンドレッドウェイトは約五〇キログラム〕のことですよ、大臣、百・ウ・エ・イ・トのことです。スウェットっていうんですよ。わかりますですか」。彼女たちは今度は中断されずに説明を続けて、折々に彼女たちの使うハンマーが軽量のものに制限されたら、稼げるはずの賃金の額が減ってしまうと主張した。彼女たちはこのことに大いに憤慨していたのだ。マシューズ氏は一貫して丁寧で親切な応対をした。代表団が内務大臣室を出て議論を続けていると、そのうちの一人がフォーセット夫人に内務大臣の印象を総括した、「わたしらの現実の生活もなんもわからんのに法律つくらにゃならんのだからきつかろう、あん気の毒いおかたも」。

代表団の面会が功を奏したのか、あるいは彼が議会で「あん気の毒いおかた」個人としての判断を主張してくれたおかげなのかは定かでないが、女性を採掘坑口の仕事から締め出す修正案や、重いハンマーの使用を禁ずる規制は、それ以降は議会で進行しなかった。女性たちは当面は妨害されずに仕事を続けることができた。

フェミニストはこのようにして、法律によって女性労働者の立場を改善しようとしたのだった。だが女性労働者を援助しようとするフェミニストの努力はこれだけにはとどまらなかった。というのは女性労働者の法的立場は説明しやすい問題だったが、彼女たちの労働者としての生活を決定するもっとも重要な要因ではなかった。慣習的な規制や、産業界が男性と女性の領域にはっきりと分化していることのほうが、ずっと重要な問題だった。だがフェミニストがこの複雑で難解な領域に踏みこもうとすると、男性労働組合の全体意見を代弁する男たちの激しい怒りの応酬を受けて追い払われるのが落ちだった。

事の真相は、「フェミニスト」と労働組合が話し合い考えていたことが、まったく食い違っていたということだ。フェミニストは産業界の現状ではなくて、本来あるべき女性の立場を考えていた。慣習や女性労働者の差別待遇、その低賃金が、熟練を要する仕事から女性をはじき出していると認識していた。こうした状況は女性を窮地に陥れるだけでなく生来の能力を無駄にし、労働力や才能を非生産的に消費することにもなると考えていた。一方、男性は産業界の現状維持を望み、変化を受け入れることで生じるかもしれない危険性ばかりを気にかけていた。彼らは女性を必然的に熟練技術のない臨時の労働力として位置づけ、彼女たちの存在は彼らの不安定な生活基盤を脅かす驚異だとみなした。彼女たちは男たちの身を危うくするスト破りで、産業界に女性労働者を受け入れること自体が誤りだと感じていた。このような相容れない前提から始まった二つの政策が衝突しないはずはなかった。フェミニストは男性の心からの不安を男性の単なる利己的考えだと斥け、一方男性は女性の求める理想が中産階級の無知にすぎないと揶揄した。このような男女の立場に和解の兆しが見えはじめたのは最近、一九二〇年代のことである。

現実に二つの見解にはそれぞれを正当化する弁明があり、それが対立を加速させた。こうした潮流にあった一八七〇年から一九〇〇年の産業界では、あからさまな男女間の衝突が見られた。伝統的な慣習や男性の敵対意識、一見従順に見える女性労働者の無関心さにもかかわらず、男性の職場への女性の「侵略」がたえず起こっていた。すべての軽金属業（サイクル、鎖、釘、ボルト、リヴェット等）、煙草産業、その他いくつもの産業で、熟練技術のない女性たちが男性の熟練工に取って代わり、半分、時には半分以下の賃金で雇われていた。

こうした急激な変化は生産体制に変動のない業種では起こらなかった。労働条件に変化がなければ女性は「男の仕事」を拒み、たとえ彼女たちが望んだとしても男性側が女性と肩をならべて働こうとはしなかった。しかし仕事自体が変化したり、新たに機械や生産の細分化、製品製造が導入されるとき、雇用者側は慣習に楔を打ち込む機会を得て従来のやり方を巧みにすり抜けた。(原注2)ほとんどの場合、雇用者側はこうした動きに積極的だった。そうなればすぐに賃金削減が実践できたからである。(原注3)

このような状況が着実に絶え間なく進んでいき、男性側は抵抗して応戦するしかなかった。確実に賃金カットされてしまうことに怖れおののき、経済的に追い詰められていたこともあって、あらゆる手を尽くして女性の雇用に反対した。女性が成功しそうな職種では同じ職場で働くことを拒否した。彼女たちの雇用の場を何とか最少限にとどめようと画策し、彼女たちが従事する生産部署をも最少限に食い止めようとした。そうした行動に彼らを駆りたてた動機はよく理解できるが、残念なことに男性はその動機をきちんと説明しなかった。自分たちの必要性を正当化するかわりに、倫理的な理由をもちだしたのだ。女性に「ふさわしい場所」は家庭であって、職場に進出など「すべきではない」という説を熱心に説いたのだ。そうした抽象論をめぐっていかなる主張があったとしても、それを一九世紀末の女性労働者に説くのは無益だった。すでに時の流れや社会情勢の変化から、約四〇〇万人の女性が働かなければ餓死するような世界になってしまっていたのだ。説教など何の役にも立たなかった。

フェミニストは当然のことながらこのような理屈に激怒した。女性は自らの望みどおりに行動する機会を与えられるべきで、家庭と職業は二者択一しなければならないものではなく、少なくともその選択を強いられるのはおかしいと反論した。そしてどのような場合にあっても、選択権は男性にではなく女性自身にあると主張を展開していった。また彼女たちは男女の労働者数の不均衡も心に留めていた。彼女たちが男性側の主張の真意を知っていたならそれに共感したかもしれないが、彼らの説教にはただただ軽蔑を覚えるばかりだった。

このように状況が進展するなか、彼女たちは結果的にもっとも賢明な方針を選択した。すなわち女性の組織化にとりかかり、女性労働者の間で労働組合運動を推し進めていったのだ。

最初に女性労働組合の組織に着手したのは、自身も女性労働者でフェミニストでもあった人物だった。当初、この女性への支持は主に労働組合以外から寄せられた。エマ・パタソンは一八四八年に生まれ、若い頃は製本業で見習いをしていた。二五歳で家具職人と結婚した。男性労働者クラブと女性参政権協会で書記を務め、ある時はエミリー・フェイスフルとともにヴィクトリア・プレス社関連の仕事をしていた。一八七四年に渡米して女性労働者組合の存在を目の当たりにし、このことに刺激されて英国でも同様の組織を創りたいと希望に燃えるようになった。帰国するとチャールズ・キングズリーやハリエット・マーティノー、その他多くの「中産階級」の人びとや、数人の「真の」労働組合員に、この構想への関心を広めていき、一八七四年*に彼らの支援を受けて女性保護共済連盟(訳注12)を設立した。この総称のもとで多数の小規模の組合が苦労して設立された。婦人服仕立て屋、いす張り職人、製本職人、造花職人、羽飾り職人、れんが・レース・紙箱・かばん製作工、ガラスやタバコ、ジャムやピクルス製造者、合金細工職人、くず拾い、売り子やタイピストの組合が結成されたのだ。こうした組織の小さい組合はとても不安定で、結成されたかと思えばまたたくまに消滅してしまうというありさまだった。パタソン夫人やその仲間たちは、ほどなく自分たちがひじょうに困難な仕事に着手したことを思い知った。当時も現在と同様に、女性の組織を必須なものにしている状況そのものが、女性労働者の組織化を至難のわざにしていた。彼女たちの低賃金、熟練技術のない立場、若さや無力さ、過密な雇用状態、短期労働のみに従事する傾向、こうしたすべての原因から女性は不安定な人材になっていた。そしてこのような要因のひとつひとつが、まさに女性たちの組合を作る必要があることを示していた。

　組合の設立に取り掛かった当初から、男性労働組合の対応がパタソン夫人に取り組んだ問題の難しさを実感させた。彼女は労働組合会議(訳注13)への出席を数年来要求し続けてきたが、その要求は「中産階級のレディ」からの申し込みという理由で拒絶された。要求が認められてからは、彼女個人はこの上なく丁寧に扱われてはいても彼女の見解を支持する人はほとんどいないことに気づいた。彼女はフォーセット教授が下院に要請していたものと同じ見解をいだいていた。すなわち、女性労働者は彼女たちに課せられた保護法ゆえに阻害され、不利な立場に立たされているという見解である。パタソン夫人は女性が男性の享受している自由を獲得するために、工場法を修正したいと思っていた。この論点に関する彼女のスピーチが労働組合会議で公聴され、工場法の決議案に彼女の修正案を盛りこむことが認められた。ところがいざ投票という段階になると、夫人と二人の同行者は賛同者もなく孤立してしまった。一八七七年に議会委員会の代弁者は次のように発言した、「どんな時にも女性が制約を耐えがたく思うのは当然です……（けれども男性は）この国の将来や子どもたちの未来を考えており、力を尽くして状況を整えていくことは男性としてまた夫としての義務なのです。女性は強大な男性の世界を相手にして、生活費を得るための競争に引きずりこまれたりせずに、家庭という妻たちの本来の場所にいるべきなのです」。

このような発言を聞いて、そしてまたそれを熱烈に支持する割れるような拍手を聞いて、パタソン夫人はどれほど打ちひしがれたことだろう。男性と同じように女性も「この国の将来や子どもの未来を考えている」ことをわかってほしいと切望したにちがいない。彼女が女性労働者の過密状態や搾取、規制を撤廃したいと奔走していたのは、まさにそうした理由からだったのだ。だが彼女の考えは男性労働者に理解してもらえなかった。彼らは、バトラー夫人やスチュアート氏が女性参政権論者に転向させようとした初期の労働組合会議の代表者のひとりと同じ態度だった。その折に夫人たちは女性に参政権を与える論拠が、男性労働者に参政権を与えるときの論拠とまったく重なることを説いたのだった。その労働組合会議の代表者はウィガン〔マンチェスターの地名〕から来た採鉱者だったが、注意深く耳を傾け、そして言った、「女性のための議論が男性のための議論と同じだということには賛成だ。ひとつだけ違うのは、男性労働者にはこうした議論が当てはまるけれども、女性には当てはまらないということだ」（原注4）。

そうした男性労働組合の冷淡な態度にもかかわらず、パタソン夫人はこの難題に苦労しながら取り組んだ。女性労働者の興味をかき立てる機会をとらえては、協同の理念を説き聞かせた。労働組合会議ではフェミニストの信条を持ち込む突破口を見つけては粘り強くそれを訴えつづけた。しかし一八七八年に女性の労働時間を短縮する法案が可決されてからはこの法律の改正には期待がもてなくなったため、要求を変更した。彼女は法的規制や保護策が施行される際には、女性の内閣監査官の設置が必須だと述べて、労働組合会議がその任命を要請するべきだと提議したのだ。このような提議がつけ加えられると肝心の要求事項が物笑いの種にされるかもしれないという理由から、この提議は多少反対にあったが、次第に多数の代表者の賛同を得て一八七八年に会議を通過した。翌年会期がめぐってくると、同じ決議（女性の出席なしで）が協議事項になり、パタソン夫人が修正動議を提議して再び会議を通過した。一年後もまったく同じことが繰り返され、そしてその先何年も同じことが続いた。つまり委員会は毎年その修正動議を決議案から削除し、女性代表から毎年修正動議が提議され、会議はそれを再び提出することを認め、ついに委員長が業を煮やして発言した——驚いたことに、彼は頑固な委員会に対してではなく、執拗な女性に向かってこう言ったのだ、「女性の無分別や執拗さが、いやというほどわかりました」。しかしこうしたことにも女性はひるまなかった。一二年の歳月を経てついに委員会が譲歩し、女性の要求を正式な決議案に盛りこんだ。

パタソン夫人はこうした出来事や彼女の尽力の結果を見届けることはなかった。一八八六年にこの世を去ったからである。彼女は規模も小さく歴史も浅いうえに、苦労のたえない運動を後世に遺していった。しかしそれは時代がこの時とばかりに求めていた運動でもあった。低賃金で働く女性が男性に取って代わる状況は続いていたし、製造工程の細分化が果てしなく続いていくことを感じとると、男性は本気で憂慮するようになった。そして女性を組織化しようとする取り組みが一四年にわたって進められた後、一八八九年にはついに女性の組合設立を支持したほうが得策だという結論が出された。その年のうちに女性の労働組合を支援する方針が可決され、その目的を達成するための計画や協約が作成された。女性保護共済連盟は女性労働組合連盟に改組され、従来の女性保護共済連盟組合員は多くの労働組合の支援を受けて、新しい組織に移行していった。男性労働組合の地方支部は女性だけの組織を作る機会が生じると、それを女性労働組合連合の事務局に報告し、組織化に向けての進展の兆しが見られた。ただ男性側の本当の動機には女性を多少失望させるものがあっただろう。事務局に届いた連絡は次のような類のものだったからだ。「オルグ（組織者）をこの町に派遣してください。ここで女性の組合が組織されなければ、彼女たちはとても生きていけません」。それでもかつてのような断固とした敵意よりはずっとましだった。新たな協定が結ばれて、女性たちにも多少なりともそれに加わる機会が芽生え、いくつかの職業では仕事が男女に振りわけられた。女性は、こうした協定では常にひじょうに不利な立場におかれたが、組合がなければもっとひどいことになっていただろう。彼女たちは団体交渉という新たな道を歩みはじめて、危機的状況になるとあちこちで組合を結成して闘争し、事態は少しずつ進展していった。闘いが終わると、多くの場合そうした組合はばらばらになり、また振り出しに戻るように思われたが、それでも一歩ずつ確実に前進し、女性労働組合の運動は活発になっていった。

パタソン夫人の仕事はマクドナルド夫人(訳注14)に継承され発展していった。彼女は英知と思いやり、熱意をあわせもった非の打ち所のない女性だった。マーガレット・マクドナルドは、女性運動のためにひじょうに重要な働きをした先駆者のひとりだった。実際には、いくつかの方針において「フェミニスト」に反対し、彼女自身は女性労働者の状況の改善と労働党内での立場の強化を中心として力を尽くした。だがその目的と理念や参政権運動の熱烈な支持という点において、フェミニストと一致していた。しかし一九一一年に彼女が亡くなってからは、フェミニストと女性労働者の指導者たちの溝は深まっていった。両者は互いの目的を容認し、究極的には同じ理想をわかちあっていたが、そこに向かっていく道程は違っていた。労働者階級の女性は気心の知れない中産階級の女性と友好関係を保つことよりも、男性労働者と同盟を組むことのほうが、より力強くまた安全だと感じていた。そこでこの時期から二つの女性運動は正式には別々に進められていったのだ。とはいえ、一方の勢力が増せば他方の勢力をも強化できたし、両方が女性の政治的地位向上の指標になっていたが、それにもかかわらず二つの組織は明らかに別個のものであって、両方の組織にまたがって積極的に活動した人はほとんどいなかった。

（1）　三章参照。

（2）　「通常女性は、男性が放棄して女性にあけわたした職種に従事する。彼女たちは自ら進んで、あるいはそうではないにしても、競争相手の男性によって独占されている職種に従事することは差し控えた。男性労働者と女性労働者の仕事の境界線はひじょうに微妙なもので、地域差がある。さらに、ある時期、ある場所での分離線がどのようなものであれ、それは産業界のあらゆる変化にともなって移り変わっていく。そしてほとんどは、女性をより広大な産業の場で労働させる方向に向うのだ」。シドニー・ウェッブ『近代産業の懸案』。

（3）　「賃金の調査において、引き合いに出される顕著な事項のひとつは、女性が男性にとって代わって労働するようになっても、女性のほうがずっと低賃金しかもらえなかったということだ。しかもその賃金はその仕事に要される技術や知力に比例するわけではなく、おおよそ定められた基準にのっとっていた。つまり週給一〇シリングから一二シリングということだ。前任者の男性労働者の賃金は、女性の賃金を定めるうえで何の参考にもされなかった」。キャドバリー、マシソン、ショー『女性の労働と賃金』一九〇六年。

（4）　ジェイムズ・スチュアート『回想録』。

第一三章　女子教育における進展

一八七〇―一九〇〇

女子教育の拡大――ロンドン女子医学校と女性医師の勝利――ロンドン大学による学位拒否――ロンドン大学による学位授与とケンブリッジ大学による学位拒否――一八九〇年、フィリッパ・フォーセット、卒業試験において最高位を獲得――オックスフォード大学における進展

一八七〇年以降の三〇年間は、その前後の時期と比べると、それほど激しい動きも、世間を驚かせるようなこともなかったが、この期間についてもある程度の詳細は述べておく必要があろう。なぜなら、この三〇年間は、女性運動が初期の段階から脱して、次の発展段階に入り、その意味で、この運動の原動力と健全さが真に問われる時期となったからである。革新的な考え方に少数だが熱心な賛同者が集まり、初期段階の運動が展開し支持を確保することは比較的容易だが、その運動が発展拡大する段階を切り抜けてはじめて、政治的、社会的に認められるための十分な力を備えたことになろう。このような運動の拡大と定着が、女性の自由という問題に関してこの時進行しつつあったのである。この運動はひじょうに多くの側面をもっていたので、そこから交錯する支流がひとつの大きな本流へと流れ込んでいた。女性たちの要求の一部を受け入れた人々は、ほかの要求に関しても寛大な措置を講ずるか、少なくとも、その要求に耳を傾ける用意があり、これによって、女性運動の進展はますます加速しはじめた。

この点では、ごく当然のことながら、女子教育が最も効果をあげ、一八七〇年以降、急速な進展を見せた。先駆けとなった女子校や女子大学が受けた激しい反対は次第に影をひそめ、いまや、女子教育の拡大のために、派手ではないが地道な作業が求められた。これを達成するため、女子教育改善全国連合(訳注1)という名の協会が設立され、これに加え、女性教師協会、ガートン・コレッジ、ニューナム・コレッジの存在が、お互いに何かと利益を及ぼしあうこととなった。

女子教育改善全国連合というこの新しい組織の中心的役割を果したのがグレイ夫人(訳注2)と妹のミス・シリフ(訳注3)であった。この二人の女性は、女性のための教育という実験全体が成功するためには、この新しい型の学校が数多くなければならないということを実感していた。そこで、一八七二年、

通学制女子学校会社(訳注4)を組織した。この方法によって、新しい女子校の校舎建設と設備購入のための資金を確保した。高い経営能力と教育に対する熱意の両方を兼ね備えたこの教育事業は、収支が引き合うよう設定された。最初の五年間に、この会社は一五の女子校を建設、設備を整えた。この後さらに一七校が同様に建設され、一年約一五ポンドの費用で、内容の充実した本物の教育が可能になった。これらの公立女子校が設立された地域では、当然のことながら、地元のすべての私立学校に大きな影響を及ぼすことになり、この設立は容易ではなかった。まず、近隣の住人たちによる学校設立に対する反発、地主の反対、生徒の父兄からの戸惑いと不安があった。教員を探すのも容易ではなかったし、資金面での問題は常につきまとっていた。しかし、この計画の支援者たちは献身的で、経済的援助をいとわなかった。ミセス・グレイ自身も趣旨をきちんと説明することにたけており、関係方面に対し、ひじょうに効果的な手紙を書いた。そのうえ、聞く人の心を打つような表現で自らの考えをあらわす術を心得ていた。古い教育制度のもとでは、「女性たちは妻になるためというよりむしろ、夫を得るための教育を受けていたのです」というグレイ夫人の言葉を聴いた親たちは、これをあとでじっくりと考え、それによって、親もグレイ夫人の考え方に共感を抱くようになるのだった。そのうえ、彼女には多くの強力な支援者がおり、ハクスリー、F・D・モーリス、マーク・パティソン、レズリー・スティーヴン、シーリー教授(訳注5)、クーパー・テンプル氏(訳注6)、ブライス氏(訳注7)のほか、何十人もの支援者たちをこの計画に引き入れた。これらの人びとの支援は計り知れないほどの価値があった。当初から委員会のメンバーであったオールダリーのレディ・スタンリー未亡人《ダウイジャー》の支援も貴重なものだった。また、彼女の友人のミス・メアリー・ガーニーは、経済的、精神的支援をしてくれたばかりでなく、自ら毎日、学校設立業務に献身的に尽くしてくれた。これらの女子校とその成功を受けて、当然のことながら、これを真似て作られた何百という学校は、最初にこの仕事を手がけた人びとの仕事を推し進め、女子教育を現実のものにした。最初の山を越えたあとは、当初のような盛り上がりはまったくないといっていいほどの歩みとなった。古くからある偏見をゆっくりと取り除き、繰り返し襲ってくる困難な問題に常に精一杯取り組み、新しい考え方を徐々に広げていく作業は、劇的な展開が期待できるようなものではなかった。しかし、この運動全体によってもたらされた確かな結果は事実上、ひじょうに重要なものであることには変わりなかった。なぜなら、健全な女子教育の拡大と、夫を手に入れるためではなく賢明な人生を送るための教育を受けた女子の世代が成人していくにつれて、女性に対する社会の態度が変わりはじめたからである。女性運動が一般大衆の支持を受け、成功にこぎつけるまでにはまだ長い道のりがあったが、女性運動全体が基本的に一般の平均的な女性の生活向上を目指したものであり、これらの女性たちは急速にその恩恵を受けはじめていた。彼女たちは、長い間心身の自由を拘束していた薄暗く感傷的な世界から外への一歩を踏み出しはじめ、男性と同じ世界へ足を踏み入れていったのである。いったん女性たちがこの行動に出てしまえば、くさびの細くとがった先端がぴたりと適所に打ち込まれることになった。

　優れた女子中等教育が普及したことをもっとも直接的かつ即座に示すことになった結果のひとつは、より高い女子教育を求める声が増えた点に見られる。このような教育を受けられると知った若い女性の数が増し、ますます多くの女性たちがやる気をかき立てられたが、それよりもさらに強力だったのは、自分の娘がコレッジで教育を受ければ、教員として働き、生活費を自分で確保する手段を手にすることになると悟った親が増えたということであった。F・D・モーリスとその支援者たちが一八四八年に考え出した改善策［ロンドンのクィーンズ・コレッジのこと］は、ついに効果を発揮しはじめ、ガヴァネスという職業の基準は上がっていった。ガヴァネスの給料はよくなかったが、以前と比べれば著しく増額された。これらの要素がすべて効果的に働いて、女子コレッジへの入学の志願者数は次第にコレッジの寮の収容人数を超え始めた。

　ケンブリッジでは、一八七三年に初めて優等卒業試験《トライポス》に女子学生が受かった後、微妙な状況になっていた。毎年、女子学生は試験官の好意で優等卒業試験を受験することができていたが、時には受験を拒否されることもあった。とはいえ、これ以上の挫折を防ごうと多くの支援者たちの協力があった。講師たちの多くも実に協力的で、女子学生を支援するために労力をいとわなかった。一八七三年までにケンブリッジ大学の三四名中、二二名の教授が自分の講義への女子学生の出席を許可しており、時には男子コレッジの教室での講義にも（もちろん、きちんとした付添い人同伴で）女子学生の受講が許可されることもあった。科学を履修する女子学生の教育にはより大きな困難を伴った。というのは、もし若い男性と同じ時間に同じ実験室で女子学生が学ぶとなると、ヴィクトリア朝の社会通念からすると、常軌を逸しているという強い非難を受けることになったであろうから。しかし、セント・ジョンズ・コレッジのフィリップ・メイン氏が救いの手を差し伸べた。彼は必要な許可を取りつけ、朝、たいへんな早起きをして、朝食前に女子学生を教え、同じ講義を男女別々のクラスで行うことを可能にし、女子学生も実験系の講義を受けることができるようになった。女子学生の授業参加に対する妨害よりも、女子大学に対応するこの種の特別クラスが設けられることのほうがずっと多く、この状況は人びとの気持ちをひじょうに明るくした。このような尽力がなければ、女子教育における実験的な試みが成功にこぎつけられることは決してなかったであろう。女子高等教育という大義の実現を可能にした人びとを載せた「後援者」名簿には多くの名が記されているが、それ以上に、女子学生からの授業料を受けとらなかったり、または、その金額を女子コレッジの基金に返金したり、あるいは、公私にわたる時間をこの新しい教育事業を確立するための仕事に割いてくれた教授たちの貢献が大きい。

実際の女子コレッジ建設において、設備の調達は依然として進んでいなかった。ヒッチンの校舎にいた学生たちは一八七三年の秋にガートンの新校舎に移ったが、この校舎は学生の受け入れ準備ができているとはとてもいえない状態だった。校舎のドアに扉がつけられている箇所は少なく、ほとんど窓ガラスも入っていない状態だった。地面は建築中に出たがらくたの山になっているだけで、樹木も植えられていなければ塀もなく、校舎全体が未完成で、整備も行き届いておらず、居心地よく過ごせるどころではなかった。この時期、ミス・デイヴィスは寮監の職に就いていたが、不屈の情熱をもつ彼女でさえも、この場所に幻滅せざるを得なかった。また、女子学生たちは不平や不快感を示した部分もあったが、彼女たちの勉学に対する意欲のほうが強く、しばらくすると、この新校舎も住むのに適した状態になった。しかし、ガートン・コレッジにおいてもニューナム・コレッジにおいても資金はひじょうに不足していた。その上、わずかな手元資金も寮の設備に次々とつぎ込まなければならなかった。一八七六年、ニューナム・コレッジでは三〇名の学生が学内の寮に住んでいたが、その他に、町中にある臨時の建物に住んでいる学生が二〇名おり、さらに二五名の学生が知人宅に寄宿していた。節約してかき集めた額も一銭も無駄にすることなく、寮建設のために蓄えられ、その他の学校整備は後回しにされなければならなかった。

女子コレッジ設立初期において、このようになされた努力と計画すべての対象であった女子学生たちは信じられないほど申し分のない学生たちだった。コレッジに楽々と入学した学生は一人もいなかったので、全員が例外なく、このチャンスを最大限に生かしたいという強い思いに満ち、熱心で誠実であった。彼女たちの多くは学部男子学生の平

ニューナム・コレッジの勉強部屋（1877）

均年齢よりも年上で、すべての女子学生が様々な教育を受けていた。まったく独学の学生もいれば、少々偏ってはいても、特別に優れた教育を受けた学生もあり、ひじょうに多種多様な経験と能力が集まっていた。彼女たちの研究は独創的で優れていることがしばしばで、予習にも授業中の勉強態度にも因習的な要素はまったくなかった。また、彼女たちの成績はひじょうに高い平均に達していた。事実、初期の医学専攻の女子学生の実例が示すように、それは、できすぎると思われるほどの成績であった。だから、一八七四年、ミス・クリークが古典と数学の優等卒業試験にパスしたとき、その成績に対する反発はどうにも収拾がつかなかった。

しかし、当然のことながら、女性はよくやっているという事実が全体として女子高等教育の推進を助けた。女性が高等教育を受けることは女性のためになるという事実に異議をさしはさむ人はいなくなり、この時点で、反対論者たちは、女性の高等教育に反対する新たな攻撃路線を採った。それは、女性は大学教育を受けてもよいし、彼女たちの精神を高め、開拓することはできるが、こういうことをすると、健康を害し、自らの手で「女性としての機能を果たすこと」をできなくしてしまう結果は避けられないというものだった。

この攻撃路線は一八七四年に初めて採られ、有名な精神科医、モーズリー医師によるある記事の出版がその始まりだった。これは、女子教育推進派に大きな不安を巻き起こした。ミス・ギャレット・アンダーソンがモーズリー医師(訳注8)に対する反論を書くよう求められたが、これは彼女にとってはかなりの難題だった。というのは、「一般の人々の良識と現代人の品性に不快感を与える」文章は書けないし、とはいえ、性と身体にかかわる問題には当然触れなければならなかったからである。彼女は他の若い女性の同志と協力して、ひじょうに巧みな言い回しを用いて論拠をすり替えた。彼女たちの言い分は（実に正当な言い分だが）女性に害を与えるのは脳を働かせることではなく、身体の発達が不十分な場合であり、したがって、野外スポーツや屋内の体操を推奨するという一種の反撃を始めた。これは女性の高等教育に対する反対派の矛先をそらしただけでなく、これ自体で、次に続く時代の若い女性たちの身体の健康と発達にまで及ぶ結果を生み出した。

一八七〇年代前半にこの運動が始まったとき、女性の服装はばかばかしいほど非健康的だった。きつく紐で上半身を締め上げるコルセットと長いスカートという装いで、すばやい身のこなしなどは到底不可能だった。それに女性が屋内・外でスポーツをすることを禁じる風習も、ブーツや袖、細いウエスト周り、ひだをたっぷりほどこした服装の流行によってますます強化されることになった。一八七六年以前は、新設の女子校においてでさえ、屋内・外の競技スポーツは取り入れられていなかった。もっとも粗野で向こうみずな人たちだけが「柔軟体操」という名前くらいは耳にしたことがあるという状況だった。しかし、女子教育にも運動を取り入れることが必要だという考え方がいったん取り入れられると、急速に広まっていった。この動きが次々と成功を収めていく中で、勉学と体操は女性らしさを失わせるというばかげた概念は一掃された。

女子中等学校での状況がそれなりに順調に進みつつあったとき、ケンブリッジ大学において女子医学生が置かれた状況はあまり進展していなかった。エディンバラ大学での事件で高等裁判所に対する上訴(原注1)に敗れた後は、有志の教授たちによる医学部への女子受け入れはほとんど見込めない状態であり、ソファイア・ジェクス‐ブレイクとその他の女子医学生たちは医師資格を取る方法を他で探らなければならなかった。女子学生の多くは英国で医師資格を取る望みを捨て、課程を修了するために国外の大学に移っていった。しかし、この方法は、ミス・ジェクス‐ブレイクには納得がいかなかった。彼女は英国内にあるこの障害を取り除くことを決意したが、これは並々ならぬ決意であった。

もし、大学側が自発的に正しい措置を取ろうとしないならば、その意思に反してでも、無理やりにそうさせなければならない。唯一大学側に強制力を持つ国会だけが望みの綱であった。したがって、彼女は国会へ働きかけることにした。

ソファイア・ジェクス゠ブレイクが、一八六九年に単身でエディンバラに行ったときと比べると、この国会に対する攻撃においては影響力を持ち、支援も受けていた。それにもかかわらず、これは困難を要する仕事だと思われた。大学の自主性は、今日同様、一八七〇年代においても、侵害されることを嫌い、慎重に守られており、大学に対する正面切っての攻撃はほとんど成功する見込みがないように思われた。しかし、何かしらの効果が期待できるかもしれない、やや間接的な方法が二つあり、ロンドンにおけるこの運動の支援者たちと相談の結果、この両方を試してみることになった。第一の方法は、女子学生入学を許可する決定権を大学に与える法案を通過させることであり、第二の方法は、女性医師に関しては、国外で取得した医師資格を認定するという法案を通過させることだった。この二案ともソファイアが望んだとおりの内容ではなかったが、このうちのひとつでもうまくいけば、彼女が望む方向への一定の前進となるであろうし、これがきっかけとなって、さらなる前進につながるかもしれなかった。こういうわけで、最初の方法による草案が作られ、直ちに国会に提出された。この案は、スタンスフェルド氏、ラッセル・ガーニー氏、クーパー・テンプル氏、キャメロン医師、オール・イーウィング氏らの支持を受けた。

国会審議に時間がかかることはいつものことであったが、何かしらの結果を待つ間、ソファイア・ジェクス゠ブレイクは、またもうひとつの活動に取り掛かった。それは、女子学生のための特別医科大学を自ら設立することだった。

この事業は、彼女がエディンバラ大学に対して行った最初の攻撃以上に人びとに警戒心を抱かせ、とんでもないと思わせた。エディンバラ大学のときと同様、ほとんど一人でとりかかった仕事だった。ほんの数百ポンドの資金と、この計画に賛同してくれる少数の男性医師がいるだけだった。医学雑誌『ランセット』(訳注9)は、「医学における女性の領分は男性医師の要望を実行に移し、黙ってその指示に従うことである」という従来の立場を変えておらず、ほとんど何の支援も受けられそうにもなかった。ロンドンで医師として開業していたギャレット・アンダーソン夫人とミス・ブラックウェルは、今がそのように大胆な一歩を踏み出す時期かどうかについて疑問を抱いていた。ますます悪いことに、ソファイア自身が再び重大な失敗を犯してしまい、この本当に重大な局面で、彼女の大義名分を傷つけてしまった。

　この時起こったことは、ひじょうに典型的な出来事だった。新聞・雑誌は、女子医学生に関する論評を日刊紙に小さくではあるが連続的に取り上げていて、ミス・ジェクス‐ブレイク自身が試験に落ちた事実を事あるごとに容赦なく引き合いに出していた。このような非難を受けることを彼女はよく承知しており、これを気に留めることはなかったが、彼女を尊敬し支持する人たちの中には、それほど平然としていられない人たちもあった。そのうちの一人がこの扱いに憤りを感じて、ジェクス‐ブレイクのために弁解と説明を投書し、一方で取り組んでいる女性医師問題という大きな重荷を背負いながら、彼女が本当に困難な状況の中で試験勉強をしていた事実を指摘した。ソファイアは、悪口には耐えられたが、同情には耐えられなかった。そして、彼女を弁護しようとするこの思慮に欠ける試みに取り乱してしまった。『タイムズ』紙に掲載された彼女自身の投書で、試験で落第点を付けられたことが正当な評価だったとはどうしても思えないこと、彼女の答案が公正に採点されていないという疑念があることを公表した。試験官の一人であったハクスリーが彼女の投書に答えた。ハクスリーは、もちろん女子教育の強い支援者の一人であり、これは大きなスキャンダルとなった。かわいそうに、ソファイアは味方からも敵からも非難されることになった。彼女が自らの手で巻き起こした批判の嵐はすさまじく、ロンドンで独自に医学校を設立するという機会を得るためには好ましくない状況であった。

　しかし、ソファイアはこういう状況もほとんど気にすることなく、そういう敵意をいっさい気にせず自分の計画を急いで実行に移した。一八七四年九月、ハンター・ストリートにロンドン女子医学校（訳注10）の前身となる建物を購入し、直ちに引っ越した。水道工事や左官工事がまだ終わらない中、最初の授業を行った。

　エリザベス・ギャレット・アンダーソンは、事がこのように進んでいるのを見て、直ちに彼女にできる限りの援助をすることを決心し、最初の秋学期にはこの学校で教鞭をとりはじめ、この大胆な事業が始まった。

　女子医学校はすべてたいへん順調だったが、実習を行うための病院の確保はさらに肝心であり、なかでも、女子医学生に学位を授与する用意のある審査機関を見つけることが最重要課題であった。しかし、医学校が開設された時、この二つの機関の備えはできていなかったのだ。一八七五年に、学位授与のための審査機関の問題に希望を持たせる抜け穴がみつかった。助産婦の免許——これに関しては、

ロンドン女子医学校実験室での学生たち

当然のことながら、女性が取得する道を閉ざす状態にしておくことはできなかったが——これが、王立外科医学校が与える医師免許と法的には同じ資格をもち、この資格をもつ者は医師登録されるということがわかった。これは、いまだかつて使ったこともない手だったが、その法的基盤はしっかりとしていたので、翌年には、三人のねばり強い女子医学生が審査の申し込みを提出した。三人の審査申し込みは受理されたが、受理と同時に審査委員会の全員が辞職し、審査委員不在のため、審査が実現することはなかったのだった。このような措置によって女性は再び阻止され、ひいては、助産婦委員会が完全かつ永久に廃止される状況を引き起こしたが、当局がこれは代償としては安上がりだと思っていたことは明らかだった。

しかし、これぐらいのことでソファイアを止めることはできなかった。事実、これは、彼女が味わう敗北の最後のものとなった。国外医師資格取得法案に関しては何の進展もなかったが、この一八七五年の八月、大学が希望すれば女子学生の受け入れができるという法案が政府に承認され、国会を通過し、勝利がまじかに見えはじめた。女子受け入れが可能になっても、エディンバラ大学は依然として厄介な女子学生を入学させることを望まなかった。しかし、エディンバラ大学が英国唯一の医科大学というわけではなかった。アイルランドのキングス医科大学およびクィーンズ医科大学が、女子医学生の審査をし、女性に医学の学位を授与することに同意した。これによって女性の医師資格取得のための闘争は終結した。

ソファイア自身は一八七七年にスイスのベルンで最初の学位を取得し、同年、アイルランドのダブリンに進み、そこで再度、試験を受けた。このときはうまく試験に受かり、感謝の念とともに、少々誇らしげに英国医師登録簿に自らの名前を記載できた。まるでこの世の中ですべての仕事を成し遂げたかのような思いを彼女はそのとき味わっていたのではなかろうか。

これ以後突如、すべてが楽に進むようになった。グレイ法曹院通りにある王立施療病院（訳注11）が女子医学校からの学生の受け入れに同意したが、このように前例のない措置をとったことで生じる収益の損失を補償するために、かなりの年数分を前倒しして実習費用を支払うしっかりした約束を取りつける必要があった。医師のジェイムズ・パジェット卿は、すべてにおいてたいへん力になってくれ、他の多くの支援者たちも援助を申し出て、将来の見通しがつきはじめた。ロンドン大学も女子医学生の資格試験受験を承認し、英国における女子の医師資格獲得への道が開かれた。戦いは終わり、勝利が獲得された。

ロンドン大学に快く受け入れられるようになったのは女子医学生だけではなく、他のすべての専攻に関しても女子の受け入れが可能になった。一八七八年には、この大学特別法に新たな特別認可が加えられた。この権限は、女子高等教育に関してもっとも楽観的な見方をしていた人びとの希望的観測をも上回るものだった。ミス・ソフィー・ブライアント（訳注12）は、学長のグランヴィル卿がこれを公表したとき、ミス・バスとともに大学評議員会館の二階席にいて、身が震える瞬間だったと言っている。「このような特別許可は思いもかけないことであっただけでなく、これは非の打ち所のないほど完全なものでした。これには、まったく何の制限もついておらず、すべての門戸は開放され、大学行政上の権利取得やいろいろな職位就任への除外もいっさいありませんでした。私たちの実験段階は終わり、この試みは承認されたのです。中途半端な措置をとる時期も終わりました」と書いている。先駆けとなった女性たちの信念は、彼女たちの成し遂げた仕事において正しかったことが認められたのだった。

しかし、「中途半端な」措置がロンドン大学で撤廃されつつあるように思われたちょうどその頃、より保守的なオックスフォード大学ではそれがやっと始まりつつあった。一八六六年にニューナム・コレッジの設立を導いた動きとかなり似た動きがいくつかの講義において現れていた。しかし、この動きもいったん途切れたが、一八七三年になって再び始まった。二度目の時には講義においてたいへんうまくいった。この大学町のレディたちはこれらの講義を聞きに殺到し、ひじょうに大勢の有能で前途有望な男性たちがこれを支持した。マーク・パティソンとT・H・グリーン教授[訳注13]がおそらくもっとも精力的にかかわった人物だった[訳注14]が、そのほかにも多くの男性支持者があり、ジャウエットからの支援のほか、ラスキンはこの計画に賛同したし、ネトルシップ教授[訳注15]、キャノン・スコット・ホランド、アーサー・シジウィック、アーノルド・トインビー[訳注16]らがそろって揺るぎない支持を続けた。一八七〇年代、オックスフォード大学でイタリア美術、労働者階級運動、セツルメント、ラファエロ前派[訳注17]、詩人ブラウニング[訳注18]、高度な聖書の研究・批評などが話題に上っていた頃、女子教育に関しても取り上げられており、クレイトン夫人、ハンフリー・ウォード夫人[訳注19]やアーサー・ジョンソン夫人などのオックスフォードの若いレディたちは、意気込んでこの戦いに身を投じてきた。一八七七年には、若い女性のためのコレッジの可能性をまず論議しはじめ、まもなく、このようなコレッジの運営方法についてふたつのかなりはっきりした考え方が出てきた。このような事業は是非とも、英国国教会と関係したものにするのがまず先決であるという考えの、強い影響力を持つ強力な支持者グループがあり、また、これは明らかに、宗派とは無関係にするべきだと考えるもう一方の支持者グループがあった。この二つのグループはいわゆる、「不自然な同盟」と呼ばれるものを作った。すなわち、彼女たちは、お互いにけんかをしないという協定をし、二つの全寮制女子コレッジが同時に着手され、そろって進行した。宗派に無関係の学寮は、女性天文学者、メアリー・サマヴィルの名前にちなんで、サマヴィル学寮《ホール》と名づけられ、その初代校長にミス・ショー・ルフェーヴル[訳注20]を選出し、ケンブリッジの女子コレッジがとった路線とひじょうに似た方針をとった。もう一方は、レディ・マーガレット学寮《ホール》と呼ばれ、同じ路線をとったが、最初の段階ではより慎重で気配りに満ちた方針をとった。後に、ウィンチェスターの主教となったE・S・トールボット師[訳注21]はこの女子コレッジ設立のために力を尽くした中心人物の一人だが、初代の校長にはリンカンの主教の娘でソールズベリーの主教の妹にあたるミス・エリザベス・ワーズワース[訳注22]を推薦した。この女性以外には「われわれのあわただしい計画に対するあらゆる批判をうまくかわせる人物はいません」というトールボット師の言葉は真実を物語っていたが、その上、彼女ほどたくみにこの企てを推し進めることのできた女性もいなかったであろう。ミス・ワーズワースはミス・デイヴィスやミス・クラフとはまったく違うタイプの女性であった。彼女は「女性の権利」に対する熱意はほとんど持ち合わせていなかったし、宗教的な問題に対する関心のほうがはるかに強かった。この申し出を受け入れるかどうかを思案していたとき、彼女は兄から奇妙とも言える励ましを受けた。「もし、お前がこの申し出を断れば計画すべてが立ち行かなくなるようならば、『やめときなさい』と言うべきだろうが、それはないと思われるので、おまえはこの話を引き受けるべきだと思うよ」。ソールズベリーの主教の妹、エリザベスが、こういう意図でレディ・マーガレット学寮《ホール》の仕事に就いたとしても、彼女の不安はすぐに消えたに違いない。というのは、彼女の指揮下で、このコレッジはひじょうな成長と発展を遂げたからである。当初は、当然のことながら、女子学生たちは様々な制約に取り囲まれていた。パン一個を買うためだけであっても、町に一人で出かけることは禁じられ、付き添いがいなければ、特別指導や講義に出かけることも禁止であった。また、女子学生たちが「気配りの行き届いた服装をし、上品な身のこなし」をしているかをまわりじゅうが気にかけるので、彼女たちも自分たちが不安に満ちた目で看視されているということを思い知らされていた。しかし、時間と経験がこれらすべてのことを緩和し、このコレッジもほかの女子コレッジにならって同じ方針を採ることになった。

一八七九年秋、最初の女子学生たちが入学したとき、大学での講義受講は彼女たちには許可されていなかったし、彼女たちが試験に合格するための事前の基礎固めもまったくなされていなかった。しかし、この第一期の女子学生たちの優秀さと品行のよさに確証を得た大学当局は、一八八四年、（学位取得はさせないが）ほとんどの学部の授業と試験科目を女子学生に開放した。(原注2)

女子学生が（実際の学位取得なしに）学位取得課程を履修する権利は、この数年前にケンブリッジ大学でやっと正式に認められた。女子学生に関するこのおだやかな前進も一八八〇年中断された。このとき、ガートン・コレッジの学生ミス・スコットが、女子学生がつい起こしてしまいがちな不用意な失敗をまたやってしまい、数学の優等卒業試験一級合格者名簿で八位の男子学生と同位の成績をあげた。このこと自体はそう悪いことではなかったはずだが、大学側の正統派は内心では、女子学生をかつてなかったほど上位においたことから生じた当然ながら不幸な結果ととらえていた。ケンブリッジ大学におけるこの異常な状況に世間の注目が再び集まり、女子学生に対し、試験だけでなく、学位取得も認めてもらいたいという評議委員会宛ての請願書がまずニューカッスルで出された。女子コレッジ当局は少々驚いた。特に、学位に関する嘆願に対しては、まったく成功の見込みはないと感じていたが、もちろん、この騒ぎが持ち上がった以上、女子コレッジ側の見解を世間に知ってもらうことを拒否するわけにもいかなかった。そこで、一八八〇年の初夏に、この問題を検討するための委員会が設置された。この委員会は、非公式であった試験制度を正式なものにするよう答申したが、学位授与の答申は行わず、この試験制度の件は、一八八一年二月の評議会での投票により決められることになった。

女子教育の支援者たちは当然、学位授与に関するこの決定にがっかりしたが、この答申の主旨は歓迎した。そして、できる限りの慎重を期してこの成功を確保しようとした。重要な採決に国会議員でもある評議員を参加させるため、彼らを地元に連れ帰る特別列車が貸し切られた。あらゆる種類の反対派の意見を広めるのに適したチラシ、新聞、請願書が発送された。投票日が近づくにつれて、支持者たちの不安は消え去った。彼らの力は、自分たちが思っていたよりも強く、実際の投票が行われる前に、反対派の形勢が不利であることが明らかだった。投票の当日、反対派のほとんどは棄権し、三五一票対三二票で評議会決定がなされた。この後、女子学生の卒業試験受験資格に関する曖昧な状態は解消され、優等学位取得にのっとった基準で学生たちを試験する権利を得た女子コレッジは、次に学位授与を実現するための取り組みに向けて新たな勢力を傾けることができた。しかし、新たな試練が彼女たちを待ち受けていた。こんどは、原因は自分たち自身にあった。一八八七年、ガートン・コレッジの学生ミス・アネッタ・ラムゼーが、古典の優等卒業試験で一級を獲得した。その年の男子学生には二級以上の成績を上げた者は誰もいなかった。したがって、もし彼女が男だったら、「古典文学最優秀学生」になっていたであろうが、ここで再度、女性の地位という問題に世間の注目が集まった。ミス・デイヴィスは、今が女子教育の学位問題を再び持ち出す好機だと考え、シジウィック博士やその他のニューナム・コレッジ関係者からの強い反対にもかかわらず、それを実行した。一八八八年、この問題は大学評議委員会に提出されたが、八対七の僅差で検討委員会を設置することさえ却下され、この問題は立ち消えになった。この結果を予期していた人びとにとってさえ、この敗北による落胆は大きかったが、二年後、このときの痛みを和らげることが起こった。とはいえ、これによって即座に女子学生の置かれた状況が変わるわけではなかったが。一八九〇年、ヘンリー・フォーセット教授夫妻の娘でエリザベス・ギャレット・アンダーソンの姪にあたる

ニューナム・コレッジのホッケー・チーム。最前列右側がフィリッパ・フォーセット（1889）

フィリッパ・フォーセットが数学の優等卒業試験を受験した。女性運動の真の産物として、また、新しい世代の女性運動を代表するのに申し分ないと思われる女性は彼女のほかには誰もいなかった。だから、彼女が試験に成功するか失敗するかは特に重要であった。ケンブリッジでは、彼女はかなりの好成績をとるであろうという前評判はあったが、女子コレッジ当局がどのくらいの好成績を期待しているかをあえて表明することはなかった。しかし、試験結果が公表されたとき、コレッジ側の期待は十二分に満たされた。なぜなら、フィリッパ・フォーセットは、男子の「最優秀学生」のさらに上位を占め、したがって、この分野でもっとも名誉ある最優秀数学賞を獲得することになった。女性は高度の抽象的思考に対する能力がないという議論は今となっては過去のものであったし、数学は女性にとってはあまりに荷が重過ぎるという考え方も過去のものとなった。女性運動にとってこれほど願ったとおりで満足のいくできごとはとうてい起こりえなかったであろう。ニューナム・コレッジの庭に焚かれたかがり火に表れた喜びの声は、イギリス国内中に響きわたった。

この最高の出来事にさらに花を添えるように、同年、ガートン・コレッジの学生ミス・アルフォードが古典文学最優秀学生になった。こうして、ガートン、ニューナム・コレッジが勝利をともに手にし、数学と古典の二大大学科目が征服され、女子学生の能力が十分に証明された。

これらの決定的な成功にもかかわらず、ケンブリッジ大学で女性の学位獲得問題が再び持ち上がることはなかった。ニューナム、ガートン・コレッジ当局は両方とも、この問題に関して、時期を見て完全承認を得ようと考えていた。しかし、この時点では女子大学教育の内容に満足しており、先駆者たちが描いた夢が実現に向かうしっかりとした軌道に乗っていることを認識していた。一八八〇年、ロンドン大学は女子学生に学位取得の認可を与え、地方で次々と設立されつつあったすべての新生大学はこれに追随した。これで、オックスフォード大学、ケンブリッジ大学もやがては同じ方向をとらなければならないことになったであろう。あまり早急にまた戦いを挑むより、苦しい思いや苦々しい思いをしないで時期が来るのを待ったほうがよさそうだった。(原注3)

女子高等教育の原則はこのとき容認されたが、ひじょうに多くの実務的課題への取り組みが残っていた。教育を受けることができるようになった女性の実際の数は、依然として気の毒なほど少なかった。一八八二年、オックスフォード、ケンブリッジ両大学をあわせた女子学生の数は二〇〇人に満たなかった。同年、ロンドン大学は女子学生用の寮、コレッジ・ホールを開設し、実質上の女子学生受け入れ数を増やすためにあらゆる種類の努力がなされた。とはいえ、すべての女子コレッジにおいて資金はひじょうに乏しく、できる限り切り詰めるためのあらゆる措置を講じなければならなかった。高い理想に満ちてものごとが運んでいるときには質素な暮らしぶりも何の害も与えないが、奨学金の数も額も少ないことはより深刻な問題であった。そのうえ、親たちの偏見が消える気配もなかった。大学に入学する若い女性は「えらぶっていて、一般の衛兵に対する口の利き方も知らない」から、その結果、結婚しようともしないと考えられていた。それで、父親たちは、自分の娘が一般の人たちとかけ離れ、若い男性に警戒されるように仕向けるために金をかけることをあからさまに嫌がった。さらに、大学で勉強することで娘たちが健康を害さなかったとしても、服装や外見が普通ではなくなり、全般的に、彼女たちの地元の環境にあわない行動をとるようになると信じられていた。

これらの心配には、時として十分な根拠があったことは認めておくべきであろう。大学に進学するというだけで女性たちが直面しなければならなかった嘲笑から身を守るため、一八八〇年代の女子学生たちの中には、少々度が過ぎるほど懸命になっていく者がいた。彼女たちは両親の願いもむなしく、ちょっとしたお付き合いに対して苛立ちを示すようになった。彼女たちの服装にも、時として驚くほどの変化がみられた。「緑と黄色」を好む唯美主義運動の頃には、地元出身の娘が大学という古式ゆかしい学問の場から、大きな黄色のひまわりが刺繍された派手な制服で帰郷したときに、地元の人びとの多くが受けたショックは大きかったにちがいない。これより少し後、紳士服のような堅い襟やかっちりとした帽子という女子学生の服装も同じようなショックを与えた。ほとんどの学生はこのような極端なことはしなかったし、まわりが望んだように、できるだけ人目に付かないようにしていたことは確かであった。だが、少数の変わり者の存在が語り草の種になるには十分であり、いったんそうなると、根が深かった。それでも、卒業生の数が増えるにつれ、彼女たちが世の中に出て仕事をこなしていくうちに、このような語り草を次第に打ち消していった。女子大学生は、ためしに見てみると、普通の女性であるばかりでなく、以前の女性と比べてより広い関心をもち、よりきちんとした教育を受けているようだが、他の女性と比べても衛兵たちにも警戒心を抱かせるようなことはないとわかった。ひじょうに勉学に励んで優秀な成績を収めた女子学生もいるが、とても家庭的で控えめになった学生もいる。国内外で新しい分野に進出した女子学生もいるし、慈善事業などの社会的活動に身を投じた学生もいるが、大多数は、自分が獲得した知識を今度は広く普及させるために教師になった。しかし、自分の生計を立てるために何をしようとも、彼女たち全員が教育を受けたことに喜びを感じていた。こうして、女子大学生の数が増えていくにつれて、彼女たちに対する偏見は消えていった。

一八九〇年代の初頭、昔ながらの反対や軽蔑によって小さな騒動が実際起こったが、そのときでさえ、もうそういう時代は終わった感があった。この小さな騒動の原因になったのは、その当時たいへん流行していた、きつく締めつけるコルセットとすその長いスカートであった。大多数の「進歩的な」女性たちは、批判を避けるために必要に迫られて、できるだけ流行のファッションに近い服装を維持しようとたいへん苦労したが、このコルセットのような苦痛を伴う服装に反抗した女性たちもおり、男っぽい服装をしたので、これが世間の目に初めて触れたとき、風刺誌にさんざん取り上げられた。紳士服仕立てで作られたコートやスカート、硬い襟、丸くかっちりとした帽子は、きつく締めあげるコルセットとほとんど同じくらい着心地は悪かったにちがいないが、いずれにしても、彼女たちは長い丈のスカートに反対運動を推し進める気持ちはなく、まもなくこれも世間で目に付かなくなった。

一九〇二年、ハーサ・エアトン夫人(訳注23)の名前が王立協会に提案されたとき、学会へ女性の参加を認めるかどうかという問題が起こった。評議会の意見が取り上げられ、新たな特別認可を受けずに彼女を会員に選ぶことは違法であるという結果となり、この件は見送られた。しかし、翌年、リンネ協会〔動植物の研究団体〕が新たな特別認可を申請、受理されて、女性の参加が認められた。一八九五年に同様の問題が王立内科医学校と王立外科医学校で持ち上がっていた。王立内科医学校は女性の受け入れを拒否したが、王立外科医学校は女性の受け入れを歓迎したため、女性の立場の異常さがますますあらわになった。女性を例外として認める事例が起こるたびに、女性のおかれた立場をより不合理なものにした。それでも、全般的で大規模な変化が起こる見込みはほとんどないと思われた。女子学生の優等卒業試験を認めたオックスフォード大学は、神学、医学、法律（大学教育が直接専門職への就職に結びつくと考えられる主要三専攻）をその除外科目とした。しかし、一八九五年、インドで法律職(訳注24)に就くための準備を進めていたミス・コーネリア・ソラジのためには例外的な措置がとられた。こうして、女性を排除する理由は、これらの学問が本来女性にふさわしくないということと同様、競争相手を減らしたいという理由であったことが明らかになった。しかし、相変わらずの状況は続いた。わずかな前進はあちこちでみられ、個人レベルでの勝利は勝ちとられ、全体の流れに即した進展があることは疑いようのない事実であったが、その速度はひじょうに遅いように見えた。

（1）第九章参照。

（2）この年、優等卒業試験における一級合格者のうち八位にミス・スコットを置いたのは、このときすでに女性運動の強い信奉者であったジョージ・W・ジョンソンで、ジョンソン氏はこの時点でもこれ以後もバトラー夫人の運動に積極的に加わった人物であった。また、彼は女性運動のそのほかの様々な部分においてもすべて支持を繰り広げた。妻と共著でジョゼフィン・バトラーの伝記を書き、一九二六年に死亡する直前に女性運動史の著作を完成させた（「原著者による文献ノート」参照）。彼は、ミス・スコットのその後の数学研究活動を関心を持って見守り続けたが、自分自身と比較して、女性のミス・スコットが置かれた不利な立場に強い憤りを表明した。一八九六年に『デイリー・ニューズ』紙に投書し、ミス・スコットを次のように擁護した。「拝啓、本日の『デイリー・ニューズ』紙掲載の、貴殿が書かれた女性一級合格者に関する記事は正確さに欠けています。ガートンおよびニューナム・コレッジの学生たちが、大学の『好意』で試験を受けていた一八八〇年までさかのぼりますが、ガートン・コレッジの学生だったミス・スコットは上位八位を得ました。ですから、ミス・ロングボトムの今年の順位より高い順位をとった、最初の女性優等卒業試験合格者なのです。現在渡米中のミス・スコットに公平を期するために投書させていただきました。　敬具　ミス・

スコットの試験官本人より」

（3）　この学位取得問題がオックスフォード大学で持ち上がった一九〇九年が、女性参政権反対同盟の会長であったカーゾン卿（訳注25）その人が同大学長に就任した年であったことは、ひじょうに興味深い。カーゾン卿はこの改正を好意的に支持したが、「女性により多くの機会を与え、彼女たちが生まれながらに持っている能力を伸ばすことと、政治的な主権を分かち合うことは社会的には大きな違いがある」という点をあえて強調した。このとき、学長の勧告に対して、オックスフォード大学では何の動きも起こらなかった。この少し前、ダブリン大学がオックスフォード大学、ケンブリッジ大学で優等卒業試験に合格した女子学生に学位授与を申し出ており、かなりの数の女子学生がこの機会を得て学位を取得した。

第一四章　行政の欺き　一八七〇―一九〇〇

サフラジストたちによる本格的な宣伝活動の開始――下院議会における反対論――バトラー夫人による大改革の影響――サフラジスト同士の最初の口論――J・S・ミルの死――既婚女性の投票権の問題――一八七五年、一八七六年、第二読会での敗北――女性参政権団体の再結成――一八七〇年、既婚女性財産法の一部改正――一八八二年、全面改正に向けての宣伝活動の継続と既婚女性財産法の完全成立――一八八四年　女性参政権を無視したグラッドストンの選挙法改正法案――サフラジストたちに対する改正法案の影響――女性による政党支援団体の結成とその政治的影響――サフラジストたちの二回目の口論と自由党派と無党派への分裂――一八九〇年、ミス・ベッカーの死――行き詰まりと落胆の時期

一八七〇年に女性参政権法案の通過が完全に妨害されると、女性参政権運動家たちは自分たちが何をすべきかをようやく理解した。彼女たちは自分たちの主張の正しさを知

識人たちに立証し、国会議員の過半数を味方に引き入れてきたと思い込んでいた。それでも、彼女たちの法案は覆されたので、自分たちの仕事が本当に難しいことを実感したのだった。これは、この事柄が大きな重要性をはらんでおり、この変革は実に根本的なものなので、世論を真に目覚めさせなければそれを行うことはできないということなのだった。このことをやっと理解すると、彼女たちは本腰を入れて組織的な宣伝活動にとりかかった。地方都市参政権は一八六九年に地方税納税者の女性にまで広げられていた(原注1)が、その後の数年間は女性参政権運動の本筋に劇的な効果をもたらすようなことはほとんど起こらなかった。ミス・ベッカーが月刊『ウィメンズ・サフリッジ・ジャーナル』(訳注1)誌を創刊し、編集していたので、反発の多い女性参政権問題を扱う論文・パンフレット、ちょっとした議会対策はおそらく、毎月続けて掲載された。数の上では集会や請願は着実に増え、支持者の数も増していったが、議会の行き詰まり状態は続いた。下院議会には常に女性参政権の支持者がおり、それらの支持者たちは考えうるあらゆる方策を用いてこの問題を前進させ、正式な議論に持ち込もうと努めた。しかし歴代の政府からの暗黙の抵抗と一般大衆の一貫した反感があり、気の重い仕事であった。実際、一八七〇年以後、法案にせよ決議案にせよ、下院の一般議員が機会をとらえてこの問題を前進させようとするたびに、議会全体が敵意に満ちるというよりもむしろ冗談をとばす雰囲気になっていった。反対演説は、女性が問題にされると飛ばされるやじに対して起こる、特有な笑いの渦を巻き起こした。それらのやじは、議会の品位を欠くすれすれのものもあった。しかし、下院議長(原注2)が感情に任せて描いて見せた、「取るに足らない男」と駆け落ちする女性法務次官もいれば、出産でおおわらわの女性の総理大臣もいるといった未来図は、面白半分に受けとられただけだった。また、ほかの議員も一八七〇年の演説の中で次のように述べた。「私は、能力を示そうと躍起になった女性が、女だてらに、男たち相手の競争に鳴り物入りで参入してくるのを見たくない」。そしていつもはもっと友好的な『パンチ』誌でさえも、「女性の権利を望む者たちは、女性の魅力に欠けている(原注3)」と論評することになった。

　このような雰囲気にさからって進行するのは難しかった。たとえ、これが唯一の障害であったとしても、これだけで十分深刻なものであっただろう。もちろんほかにもっとまともな反対要因があった。「男は初めから女を支配するように神に定められており、これは私たちが変える権利も力もない神意なのだ」とある議員は述べた。たとえどのようなものであっても、この信念にさからえば前進は期待できなかった。女性に投票権を与えることはイギリスの家庭を崩壊することだと信じ、それは「社会の良識を根こそぎにするとは言わないまでも、それを揺るがすこと」、また、投票権を与えることは、女性を「男性化し」「汚染し」「自分たち男性の粗雑で粗暴なレベルに彼女たちを引きずり下ろし」「彼女たちのつつましさと純粋さを損なわせる」ことへつながるという確信をもつ多くの実に愚かで正直な紳士たちも同様に、この信念をもっていた。これらの紳士たちの意見は『サタデー・レヴュー』誌と同じ立場であった。『サタデー・レヴュー』誌は「人類の半分を占める女性が常に、汚れ役をしなければならない男性よりも純粋で感傷的な考え方をしているのは、重要なことだ」と断言した。「感傷的な」考え方をしているのは、女性参政権論者《サフラジスト》ではなく自分たち男性であることに、彼らは気づいていないのだ。

しかしながら、こういった理屈論議はさておき、この提出議案には女性参政権法案にひどく不利に働いている側面が実際あった。それは、女性の投票権獲得が政党政治にどのような影響を与えるのかまったくわからないという点だった。自由党は女性が保守党に投票するだろうと確信していたし、保守党は女性たちが自由党に投票するのは確かだと感じていた。そしてどちらの党も、重大な危険をおかしてまでこの問題を取り上げる気はなかった。

これらすべての様々な反対が頂点に達した一八七〇年代初期に、バトラー夫人の改革運動の存在がもうひとつの反対要因となった。このふたつの運動は別個の異なるものであるが、ひじょうに多くの人びとが両方を同時に支持したことは知られている。特に、ジェイコブ・ブライト氏のような女性参政権を擁護する議員たちは、下院の性病予防法廃止に賛成する演説を公然と行った。しかしこの問題を口にするだけで、因習的な議員たちを刺激し激怒させるには十分だった。議員たちは次のように述べた。「このような扇動行為はわが国にとって不名誉なことである。忌まわしい文書が紳士の朝食の食卓にあふれるほど届けられ、この宛て先が彼らばかりか、その妻や娘たちにも向けられているからである（原注4）」「徒党を組み、狭量で世間を騒がせ、節度もない一握りの過激派の意のままになって」「自分たちの男らしさを犠牲にし」、社会改革を起こし、「天地創造の法則を修正する」つもりは彼らにはなかった。だから、バトラー夫人の大改革が人びとの話題になればなるほど、女性参政権への反対はより辛らつになっていった。

もちろん、様々な女性参政権委員会はそれぞれ、十分この困難な現状に気づいており、これは女性たちを本当にうんざりさせていた。全員ではないが、大多数の会員たちは新しい運動の目的に賛成していたが、彼女たちはこの運動にまつわるひどい評判が自分たちの参政権運動の妨げになると考えずにはいられなかった。そのうえ、女性参政権運動の支持者の中にバトラー夫人の立場に賛成しない者もかなり多かった。そして数は少ないが、このことを口にするのは、道徳的にも心情的にも論外であると考える者さえいた。したがってこの二つの運動は、表向きは別個のものにしておかなければならず、このような状態の女性参政権委員会がバトラー夫人の改革運動に加わるべきでないことは明白であった。

この決定は当然のことであったが、事はそれでは終わらなかった。というのは、同じ人びとによって支持されている運動を分離したままにはしておけなかったからだ。たとえば、ミス・ローダ・ギャレットは初期の女性参政権演説者の中ではもっとも感銘を与えた演説家であるが、同時に性病予防法廃止協会の幹事でもあった。どちらの運動も彼女を必要としており、どちらか片方の運動から彼女を引き離すのは難しかった。そのうえ、女性演説家が二役をこなすことができたとしても、議会での推進派議員が、救いようのない混乱を引き起こすことなく、同時に両方の運動のために働くことができるのだろうか。この難問には委員会全員が頭を悩ませた。そして、両方の運動の中心地であるロンドンでは、事態は重大な危機に直面した。協会が実際別々に分かれている以上、同じ人が両方の運動を支持しても差し障りはないと考えるサフラジストがいる一方、この成り行きは女性参政権運動に破滅をもたらすと考えるサフラジストもいた。そこで、委員会の役員の間でおびただしい数の手紙のやりとりが始まった。緊迫した会議の連続、不信任投票、会員個人の家での抗議集会がもたれ、激しい議論の応酬や騒ぎが起こった。ヴィクトリア朝の婦人《レディ》たちの言葉づかいは厳しく抑制の効いたものだったとはいえ、彼女たちはひじょうに感情的になり、まもなく分裂は避けられなくなった。こうして、二つの女性参政権団体が生まれることになった。一方のグループは次のように公式議事録に書き付けている。「私たちが立脚してきた運動原則は、たとえ表面的であっても、他の運動と交わることを細心の注意を払って避けることである……。現在進行中の他の運動に――その活動について暗に言及するのは差し控えるが――役員または講演者として人目を引く活躍をしている者は、女性参政権運動では目立った地位に就くべきではないということを重くとらえている」。このように、「これ以上暗にほのめかすことを差し控える運動」から目をそむけて、このグループは自分たちの改革のみに固執し、女性として恥ずかしくない体裁を保つことで以前の仲間がとった受け入れがたい行動に対抗しようとした。

両者の大義が成就し、あの熱気と憤怒が両方から消え去った今、時の経過という距離を置いて振り返ると、二つの運動をめぐるこの危機はそれほど重要なことでもなかったように思える。しかしながら、この運動の歴史を記録に残しておこうとする時、運動の実際の展開上、年々大きな重要性をもつことになった作戦や手続き上の要点を軽々しく見過ごすことはできない。性病予防法の廃止と女性参政権付与のための世論喚起運動は両方とも女性運動の主要な要素であり、この二つの運動が当然、深い本質部分では互いに依存しあっていることは、その当時と同様今日でも変わらない真実である。とはいえ、二つの運動が密接にかかわることでは得るものはなく、分離したことでより強力になったことも事実である。ジョン・スチュアート・ミルとフォーセット夫人の二人はバトラー夫人の意見にも強く賛同していたが、この分離論は彼ら二人とミス・エミリー・デイヴィスの意見でもあった。これは一般の会員と社会全般の意見でもあったが、この意見に賛成しない活動家も多く、二つの考え方はそれぞれに多くの支持者を得た。

サフラジスト内部の最初の分裂は一八七一年に起こった。従来のロンドン女性参政権全国協会の二つのグループは両方ともそれぞれ独自の道を進んだ。バトラー夫人を支持していた者たちは脱退し、女性参政権全国協会中央委員会と名乗り、一方の残った者たちは元の名前を名乗った。世間の関心は薄く、二つの団体の区別もつかないほどであった。一八七四年までは重大な局面を迎えることはなかった。しかしその年、議会での推進役議員を再選する必要が生じ、二つの派の意見は食い違い、後味の悪いあからさまな決裂の方向へ進む様相を帯びた。従来のロンドン女性参政権全国協会はすでに総選挙のさなかであるにもかかわらず、ジェイコブ・ブライト氏を代表とすることに同意しない旨を表明した。その理由は、性病予防法撤廃運動という「自分たちが今後話題にしない運動」にブライト氏が深く関わっているとみられるようになったからである。もし彼が選ばれれば、自分たちは公式に抗議しないわけにはいかなくなるだろうと委員会は述べた。この事態がもう一方の陣営を狼狽させたことは容易に想像できる。恩知らずとか、愚かだとか、政策的にまったく間違っているといった非難の応酬があった。しかし運動の和を保つには幸いなことに、ジェイコブ・ブライト氏は議席を失い、嵐はおさまった。

一八七三年のジョン・スチュアート・ミルの死は女性参政権活動家にとって恐ろしい打撃であった。彼は女性たちの信条の中心的な唱道者であり、彼女たちの難問すべてに判断を下してくれる人であった。彼の信念と支援がこの運動を政治という海に乗り出させてくれた。彼の教え導く手を失ったとき、女性参政権委員会はまったく途方に暮れた。彼女たちは擁護者として、相談相手として、そして友人としてのミルを惜しんだ。以後、ミルに代わる人物が現れることはなかった。

それでも、この運動を推し進めなければならなかった。ブライト氏の代わりに新しい議会の指導者を選ばなければならなかったし、委員会は最善を尽くして自分たちの難局を乗り切らなければならなかった。まもなく、彼女たちはその難局に直面することになった。メリルボーン代表の議員、フォーサイス氏(訳注2)が新しい議会指導者となった。この紳士はれっきとした女性参政権論者であったが、この運動に深く関わってきたというわけではなかった。支援を引き受けた法案をあらためて読んでみた時、彼はその中に意図的に書き入れられた既婚女性の投票権に関する記述の曖昧さに我慢がならなかった。フォーサイス氏は弁護士で、保守党員でもあった。そこで、彼が何をしようとしているのかを委員会が気がつく前に、たとえその法律が成立しても、この法律の運用から既婚女性を明確に除外する但し書きを書き込んでしまった。女性参政権論者たちの間に沸き起こった動揺は大変なものだった。この動揺は、以前起こった委員会同士の仲たがいの際、沸き上がったまま昇華しきれず残っていた熱気によってますます激しさを増した。不誠実だとなじる声――当時の言葉で言うと「あるまじき中傷」と呼ばれた非難――が法律や戦略に関する議論のあとすぐに続いて起こった。それを聞いた哀れなフォーサイス氏は自分がスズメバチの巣をつついたような大変な騒ぎに巻き込まれたことをはっきりと知った。これら全体の騒動に関しては少々脚色された感がある。というのは、法案の条件がどのようなものであろうと、妻は夫の保護下にあるという身分規定が依然として既婚女性の法的身分を規制しており、その効力により、実際上、あらゆる投票権の行使の可能性は既婚女性から取り上げられるという点で、すべての党は意見の一致を見ていたからである。この点こそが保守派に支持され、重要視される部分であったが、このことによって急進改革派の怒りを和らげる効果はまったくなかった。彼女たち急進派にとっては、その理論こそが重要なのであって、妻は夫の保護下にあるという身分規制をすみやかに消滅させることを求め、現在の制度を強化すると思われるものを法案に含めることに反対した。さらに、男女平等に至らないものを要求することは、自分たちの大義への裏切りだと彼女たちは思っていた。とはいえ、当面は何らかの妥協を受け入れなければならないことは当然認めていた。彼女たちは、完全な男女平等とは言えないものは一切要求しないという固い決意を変えなかったので、すべての女性参政権の陣営では、異議や辞職の申し立て、抗議集会があいつぎ、すさまじい混乱が生じた。フォーサイス氏は、できれば彼女たちの不安を和らげたいと思ったが、自分の但し書きを付けたほうが法案を通過させるチャンスが増え、自由党内でこの案件が通りやすくなるだろうと信じていた。したがって、彼にできる精一杯の妥協は、この法案の本文に「既婚女性は投票権をもたない」の代わりに「夫の保護下にある妻として女性は投票権をもたない」という表現を用いることであった。この巧妙な書き換えはほとんどの不満分子を納得させた。しかし、結局、この法案が議会での討議に取り上げられるまでには、丸一年待たなければならなかった。そして、その時ですら、この法案は第二読会に進んだものの棄却されるのが関の山だった。(原注5)

三年の間、フォーサイス氏は議会で味方の軍勢を率いた。その後、一八七七年にジェイコブ・ブライト氏が議会に再選された。その時までには、バトラー夫人の改革に対する反対から湧き上がった熱気と怒りは消え去っていたし、ロンドン女性参政権全国協会を分裂させた戦術的な問題はもはや重要ではなくなっていた。したがって、フォーサイス氏が法案を以前のリーダーの手に戻したとき、何の抗議も起こらなかった。そこでブライト氏は再度、精通した仕事にとりかかることができた。致命的な但し書きはひそかに法案から削除されたが、議会では同じような結果に終わった。一八七八年、法案は騒乱の中で審議された。この状況の中で起きた唯一の変化は、この法案の反対者が「本来あるべき姿の参政権を保つため」に、議会委員会を組織するのは意義があると考えるようになった点だ。

一八七八年にジェイコブ・ブライト氏が病に倒れ、議員を辞職したため、議会指導者はレナード・コートニー氏に(訳注3)代わった。参政権推進派の司令塔を務める彼が最初にとった行動は、性病予防法の問題に関して分裂していた者を全員呼び集め、強制的に彼女たちを再結集させることであった。彼女たちの意見を分けた大きな根拠はすでに消滅しており、分裂を続ける正当な理由はなくなった。しかし、人間のやることには付き物の、既得権への執着(といってもごく無邪気なものにすぎないが)と(レディとしての品のよさをそこなわない程度の)個人的憎悪は強くなっていた。名誉職で無給であるにもかかわらず、書記たちは手紙を書いたり議事録をつける煩雑な仕事を手放したがらず、無給の会計係は、自分たちの財布から不足分を埋めあわせる役得を離したがらなかった。委員会の役員は同じ机を囲んで一緒に席に着くという委員会形式を嫌ったので、コートニー氏の仕事は困難をきわめた。しかし、彼は希望と勇気に満ちた青年だった。そこで、対立していた委員会をうまく融合させ、女性参政権運動の敵に対して共同戦線を張らせた。

この再統合の後、地方の女性参政権協会の編成は着実に進み、数年の間は何の障害も起こらなかった。ミス・ヘレン・ブラックバーン(訳注4)は、一八七四年全国協会中央委員会の書記になっていたが、統合した委員会のために働き、ミス・ベッカーは議会関係の仕事を続け、『ウィメンズ・サフリッジ・ジャーナル』誌を編集した。新たに多くの町で初めて講演会が催され、すべてうまくいった。実際、一般の人びとの支持は熱狂的といえるほどになり、一八八〇年には、ミス・ベッカーが女性だけのために大集会を催す計画を思いついたとき、彼女の大胆不敵な新方針が正しかったことが証明された。マンチェスター、ロンドン、エディンバラ、ブリストル、その他の大都市でそれぞれの大集会は予想以上に成功し、大挙してやってきた女性労働者たちは、彼女たちに向かって演説する上層階級の女性たちと同じく、自分たちも選挙権を強く望んでいることを示した。一〇年前にくじかれた希望が再び芽生え、自治区マン島における女性参政権付与の知らせに女性たちは活気づいた。そのとき自由党が立案していた第三次選挙改正法案が、女性参政権獲得のための戦いの終結となるであろうと期待がもたれた。しかし、その間には女性参政権以外にも注意しておかなければならないことがあった。それらのうちでもっとも基本的なものは、既婚女性の財産権を勝ちとる運動であった。

一八五五年以来、この既婚女性財産法改正のための世論喚起運動は脈々と続いていた。また、一八六八年法案は一票差で下院をかろうじて通ったが、議会手続きの混乱の中、否決されるという結果になった。一八七〇年、包括的な法案が再び浮上し、今度はうまく上院まで達することができた。しかし、この法案が全体的に修正され、再び下院に戻ってきたとき、最初のものとは似ても似つかないものになっていた。自由で理にかなった地位や自分の財産の所有を女性に認めるのではなく、あちらこちらを削った法案は女性が自力で稼いだものの所有を許すというだけのものになっていた。ほかのあらゆるものに関する所有は、従来通り、結婚前後を問わず夫の所有とされた。

この新しい提案は不完全なものであったが、それでもひとつの前進であり、役に立つ道具、つまり小さなさび以上の役割を果たすものになった。というのもこれは、この法案の推進者たちが長い時間、主張してきた既婚女性が味わったひどい苦難や醜聞を取りのぞき、もっとも実質的な改革をもたらしたのは明らかだったからだ。上院が法案上の一部をそのまま残し、残りはすべて却下した理由もこの点にあった。上院議員たちにとって（議案が笑い話にできない内容のものか、笑い話として楽しめる内容のものかどうかが唯一問題であって）男女平等論などまったくどうでもよかった。男性が妻の財産の法的所有者になるべきだという考え方は、彼らにとってごく当然のことであり、特別の反応は示さなかったが、女性が自分と子どもを養うために働いている間に、彼女を見捨て虐待した夫が家に入り込んで彼女が稼いだ金を持ち去ったり、彼女が知らない間に家財道具を売り払ったりしたら、この女性はひじょうに悲惨なことになるという論理には理解を示し、このような措置を講じたのであった。

既婚女性の権利の支持者たちは、この法案によって今必要に迫られているものは満たせるとして、上院の修正案を受け入れた。よってこの法案は一八七〇年に可決され、法制化された。しかし、彼女たちはこのあとすぐにあらわれた実質的な成果を手放しでは喜べなかった。というのは、既婚女性の身分は「実に不合理で複雑なままにされた」（原注6）ばかりでなく、問題部分を正す可能性が奪われたように思えたからである。「過酷な事例」に第三者が経済的援助を差しべるのことはできなくなり、その事例に適用できない原則だけが課されたまま残った。この運動の「組織」は、個々に起こった不正な事例に長年世間の注意を喚起してきたが、理論上の議論に立ち戻らないわけにはいかなくなった。また、彼女たちの要求の残りの部分を実現するために、一般の男性から熱烈な支持をもとめることは容易ではないどころか不可能だということも明らかになってきた。ほとんどの男性は正直で心優しいのだが、彼らには、妻がなぜ夫を信頼して金を預けるのをやめなければならないのかが理解できなかったし、不正直で悪意のある男性は別の動機からこの法案に反対した。これは世間の意識を喚起しにくい問題であった。しかし、当然のことながら、男女同権を求める運動にとってはもっとも根本的なことであり、避けて通ることは決して許されなかった。この困難の中でジェイコブ・ブライト夫人（訳注5）が指導者として立ち上がった。ミス・リディア・ベッカー、（当時マンチェスターの女子校の校長であった）ミス・ウルステンホーム（訳注6）、ピーター・テイラー夫妻、パンクハースト博士夫妻、ヴェントゥーリ夫人（訳注7）、サー・チャールズ・ディルクやその他の人びとの助けを借りてブライト夫人は特別委員会を結成し、国会議員の正義感へいっそうの働きかけを始めた。一般世論の喚起運動も続けられた。請願書が回覧、署名され、国会議員に対する働きかけに大きな努力が払われた。

既婚女性の財産権をもっとも強力に支持したのは商業団

体だった。この法律は混乱をまねきやすく、不正を引き起こす可能性があまりに高いので商事法協議会がこのことを取り上げたのだった。彼らは「既婚女性が被っている辛苦」に関心があるのではなく、彼らの債権者の財政困難に関心があるのだと述べた。商取引保護法律協会の事務弁護士は次のように語った。「現在の法制度は、商人にとって損失と弊害を常にひき起こす原因となっている。だから、女性を自己財産の所有者にし、債務の責任も負わせるような変更がなされれば、商取引上の安全性は大いに増すだろう」。

このような議論に支えられた論理的な事例は十分効果があるだろうが、世論に訴えると不必要な回り道をすることになり、時間がかかることになるだろうと、ジェイコブ・ブライト夫人が考えたのは実に当を得ていた。そこで、彼女はほかの委員会メンバーとともに小さなディナー・パーティーを数多く開き、個人的に話をつける機会を多く持つ戦術に出た。彼女たちは弁護士の関心を呼び起こし、多くの支援者を集め、いろいろな方法を使って、頻繁にこの問題を話題にしようとした。女性の銀行預金は自分で稼いだものといえるかどうかという複雑に入り組んだ問題は、世の物議をかもし、次々とこの法律の不備が明るみに出された。一八七三年にこの法案が提出されると、下院議会で定足数不足のため六回も流会になったり、この法案の第二読会が確保されても、下院での審議が一七回以上も延期されるという落胆させる事実があったにもかかわらず、議会の中では少しずつ状況が改善していった。一八七四年に、妻は結婚前の負債を負うことになり、スコットランドでは、一八七七年に既婚女性の所得が保護された。しかし本当の懸案事項の進みは遅かった。一八八一年、ちょうど下院がスコットランド法案のひとつを委員会で審議した際に、反対の主な理由がフレイザー卿(訳注8)によって明らかにされた。「既婚女性に与えられている保護はもうすでに十分である。それなのになぜ、自分で自由にできる金がポケットに入るのを許可するのか、私には理解できない」と彼は言った。にもかかわらず、ブライト夫人と（この提案をよく理解している）支援者たちは、説得し説明しつづけた。そして一八八一年、完全な既婚女性財産法がスコットランドで通過し、一八八二年にはイングランド、アイルランド、そしてウェールズへと広がった。この難しい仕事は終わったのだった。

この公平な立法措置の成功は女性運動の活動家たちをたいへん勇気づけた。そして参政権を勝ちとる望みが高まってきたちょうどその時、この成功は成し遂げられたのであった。

一八八〇年の総選挙は、結果として女性参政権に好意的な多数の議員の復帰をもたらし、また自由党内での新しい展開という特徴もみられた。その新しい展開とは、大小の自由党の集会で、女性参政権が決議されたことであった。一八八三年（ジョン・ブライトの妹）マクラレン夫人と（リチャード・コブデンの娘）ミス・ジェイン・コブデンが代表者としてリーズの大規模な選挙法改正協議会へおもむいた。この委員会が熱狂的に自分たちの案を決議した時、彼女たちには自由党の大多数が今度の選挙改正法案に女性を含むことに同意する用意があるように思われた。しかしその年、これとは別の彼女たち内部の問題が姿をみせた。既婚女性財産法はそのときもう実施されていたが、既婚女性は夫の保護下にあるとする体制がそれによって破壊されたわけではなかった。だから、男性と「同じ条件で」女性に参政権を与える条項のもとで、既婚女性が投票する資格を法的に得られるか否かは不明だった。これらの状況の中で、以前にあった意見の分裂が再び頭をもたげた。そして、議会での推進役議員（ヒュー・メイソン氏[訳注9]が務めていた）が委員会の方針にあわせて、決議案をあいまいな形で作ってしまったとき、強硬派たちは大きな失望を味わった。再び抗議と激しい感情のやりとりが起こり、再び辞職を伴う波乱が起こり、この時もまた、独自の委員会と幹事を擁する別の組織が設立された。ジェイコブ・ブライト夫人とパンクハースト夫人[訳注10]が新たに分かれた組織を支持した。その本部はイングランド北部に置かれたが、そのときその地域にあったどの協会も、新組織に加入しようという気持ちにはならなかったようだ。

これらの波乱や意見の相違は、運動それ自体を前進させるのに、さして大きな問題ではなかった。世間一般の人びとは彼女たちのことなどほとんど知らないし、気にかけることもなかった。だから、「女性同士が仲間内でけんかしている」と笑うぐらいが関の山であった。それにもかかわらず、これらの当初の意見の相違と、それを解消するために取られた措置は、この運動の歴史にとって重要なものとなった。もしそれらが存在しなかったら、また、常に調和し意見が一致していたら、この運動が真の活気に満ちることはなかったであろう。初期のサフラジストたちが政治とは実際にどういうものなのかを学んだのは、彼女たちが自分たち内部の抗争において政界にみられる浮き沈みを経験し、また、公務に常につきまとう紆余曲折を経験したからであった。彼女たちは確固とした理想主義者であったので、他の意見を受け入れるのに時間がかかった。しかし、必死に避けようとしたにもかかわらず起きてしまったあの争いを通して、彼女たちは少しずつ経験を積み重ねた。そして彼女たちの組織が大きくなればなるほどますます国政にみられる問題点、欠点、長所を抱えていった。

一八八三年のサフラジストたちの内部問題は、まもなく議会で起こった出来事によって影をひそめた。というのは、翌年、選挙改正法案が提出され、大きな機会が彼女たちに訪れたからだった。しかしチャンスは訪れたが、彼女たちを素通りしてしまった。時の総理大臣グラッドストン氏は女性が参政権を持つという考えを好ましく思っていなかったからである。したがって、提出された政府法案には女性への言及はまったくなかった。そしてより重大な点は、グラッドストン政権が女性参政権を含むどんな修正にも抵抗するつもりであることを明らかにしたことだった。サフラジストたちは、男子選挙権のさらなる拡大によって女性の地位は悪化することになると指摘したが無駄だった。明確で無条件の選挙制度を約束して欲しいと彼女たちは懇願したが、かなわなかった。首相は、女性参政権にかかわれば、法案に負担をかけすぎるので、荷を軽くするために女性を除外しなければならないとあらかじめ言っており、党への忠誠は投票権のない者への約束より強く、信念より強かった。それで採決になったとき、女性参政権支持者であると誓約した自由党員の一〇四人が、女性参政権修正案に反対の票を投じた。こうしてこの修正案は完全に否決されたのだった。(原注7)

この投票結果はひじょうに深刻であった。次の参政権法改正が期待できるまで何年も待たなくてはならないことは、もっとも楽天的な者にも明白であった。農業労働者を含めることによって、一般男性は今や完全に公民権を与えられた。だから民主主義をさらに推し進めるための起動力は使い尽くされてしまったように思えた。もし女性参政権法案なるものをもちだそうとするつもりなら、独自の路線を押し進めなければならない。男女不平等という考え方のみを支えとしなければならない。というのは、一八八四年のこの時、男性たちは欲しいと思えるすべてを手に入れてしまったかのようにみえたからである。

女性の指導者の中でも政治に関心を抱いていた者たちにとっては、このことは重要な不利益に思えた、そして実際そのとおりだったのだ。しかし、より深刻な打撃がもうひとつあり、指導者たちと同様に一般会員の心を痛めた。それは、彼女たちが議会推進派への信頼を失ってしまったということである。もちろん、彼女たちへの支援を忠実に実行した議員も少数ながらいた。三人の閣僚は信条に反する投票を棄権し、議会から退席した。また、数人の自由党議員は院内幹事に抵抗を示したが、それらの人たちは多勢に無勢であった。こうして、自由党組織に対する強い不信感がサフラジスト一般会員の中に沸き上がり、不信感が消えることはなかった。一八八四年のグラッドストン氏と自由党議員の行動は、これ以後繰り返される同様の裏切りの始まりにすぎず、党組織の威信を傷つけた。女性参政権獲得を支援する者たちにとっては、党がその傷ついた威信を完全に回復する日は来なかった。

しかし一八八四年には、このことはたいした問題ではなかった。それほど多くのサフラジストがいたわけではなかったし、いずれにせよ、政治家たちは彼女たちが何を考えているのか気にもしなかった。もし彼女たちが自由党というレッテルを取り去ることを選ぼうと思えば、そうすることもできた。それで損をするのは彼女たちだけだったからである。

しかし、この政治家側の無関心は長く続かなかった。というのは、選挙改正法案が通過しようとした頃、イギリスの選挙運動のやり方にある変化が起き、女性が突如として役立つ存在へと変わってしまったからだった。女性たちの党への忠実な支持がひじょうに重要なものとなった。結果として女性運動の進展に重大な影響を与えることになったこの展開は、女性側のなんらかの政治的目覚めや、政治家側の女性たちを啓発したいという望みが生み出した結果というより、一八八三年の腐敗行為防止法[訳注11]がもたらしたものであった。以前は、有権者に対する投票の勧誘や他の選挙の補助的な仕事は、それ専門に担当する男性によってなされ、賃金も支払われていた。そして候補者の親戚にあたる場合の数例をのぞいて、女性はいっさい選挙というものに参加しなかった。しかし一八八三年の法令が通過したあと、すべてが変わった。依然として選挙関連の仕事があるにもかかわらず、もはやそれに報酬を支払ってはいけないことになったのである。したがって、結局、これは女性向きの仕事だというのがいちばん自然ななりゆきだったのではないだろうか。こうして、選挙運動のまったく新しいやり方が誕生した。そしてヴォランティアの女性選挙員の出現とともに、近代型の選挙運動が始まったのだ。

この新しい仕事に加わることを許された女性たちが熱心にうまく仕事をこなしたので、党はまもなく女性を常勤として確保しておくのは便利だということを悟った。こうして、ほんの数年もたたないうちに、プリムローズ・リーグ[訳注12]と女性自由党連合[訳注13]が誕生した。一八八五年に女性評議会を設立したプリムローズ・リーグは、女性を使えるのは実務的な事柄に限り、それ以外は役に立たないと言ってはばからなかった。この団体の目的は、保守党を無条件に支持することだった。党に加入させる権限も政策を批判する権限も、この団体には与えられていなかった。着飾った身分の高い夫人会員や園遊会の開催という特色を備えたこの団体は、保守党の知的側面や党としての在り方に貢献するよりも、世の俗物根性あふれる人びとの強大な力を取りつけるのに効果的であった。

同様に、女性自由党連合も「夫を助けるために」グラッドストン夫人によって招集され、プリムローズ・リーグと同じ形の活動が行われることになった。しかしながら、急進派の女性たちを扱うのはそれほどやさしくなかった。ほどなく、意見の衝突や独自の考えが会員の中に湧きあがり、特に女性参政権問題が再び沸騰してくると、すさまじい混乱を起こした。実際、一八九三年には、このことがあまりにも熱心に論じられる問題となったので、女性自由連合という新しい団体がそこから分かれて誕生した。そしてこの二つの団体は並行して存在し、盛んに活動した。一方は、自分たちが自由党だったので、自由党を支持し、もう一方は、支持の見返りとして、女性参政権の付与を誓約してくれる議員のみを応援した。

一八八六年のアイルランド自治法案(訳注14)が却下されたあと、もう一つの女性団体である女性自由党ユニオニスト連合(訳注15)が生まれた。この組織を構成する女性たちは、自分たちの指導者である議員たちを支持するばかりでなく、すべての種類の社会問題において、ひじょうに活動的であった。そして後になって、選挙法の改革を確実にする際に重要な働きをした大勢の者たちは、このとき一般会員として訓練を積んだのだった。

女性参政権運動のために勝ちとったものは別にしても、これらの政治連合の存在自体が、大いに女性のためになった。女性が投票勧誘員として広く採用された後には、選挙という「乱雑で荒っぽいこと」には女性は不向きであるという旧式な考えは消えてしまった。そして、たとえどのような個人的な理由や従順な気持ちからであるにせよ、そのような活動に加わったという事実そのものが、彼女たち投票勧誘員を目覚めさせた。男性の考え方に盲目的に従い、言われたとおりにせっせと働いた女性の二〇人に一人は、自分自身で考えはじめた。そのような女性の誰もが遅かれ早かれ、女性参政権を支持する考えに転向したばかりでなく、宣伝活動の中心となった。彼女たちは概して、自分たちを目覚めさせてくれた党に対して、以前と同じく忠実であった。というのは、サフラジストたちが党から実際に大挙して離脱し始めるのは、何年も経ってからのことだからである。しかし新しい領域の仕事に召集され、そこで、彼女たちは自分たちが役に立つことを証明し、そうすることによって、政治はもっぱら「男性の仕事」であるという古ぼけた信念を打ち破っていった。

一八八四年の第三次選挙改正法が女性参政権運動に与えた打撃は激しいものだった。彼女たちのどの協会も衝撃を受けてたじろいだ。指導者や支援者の多くが以前のように無邪気に政治家たちを信じることはしなくなったが、一方にはそのような不信感をもつ者を批判する者たちがいた。家族の縁故関係や個人的信条などの理由で、自由党の急進派について疑問を抱こうとしないフェミニストたちは、激しく急進派の擁護を始めた。やるべきことは、自由党の中で女性参政権を得るために努力することである、と彼女たちは主張した。この党、すなわち改革に対して明瞭で伝統的な自由党は、女性参政権運動を成就するための実際の頼みの綱であり、味わったばかりの失望をバネにして、自分たちは方針を変えることなく新たな努力をしなくてはならない。苦々しい思いを抱き、悲嘆にくれても、いい結果を生み出さない。党への信頼を持続し、忠誠心をもちつづけて勝利を勝ちとるほうが賢明である。このように主張する人びとは、自由党議員こそ女性に投票権を与えることのできる唯一の党だと信じこんでいた。彼女たちは自分たちが推奨している方法が希望をもたらす唯一の方法だと思っていた。そしてそのときは、参政権を得るなど不可能で、あり得ないと思っていたので、自分たちの信念を真摯に貫こうとした。

女性参政権協会の中に、この活動的で不屈の急進派の一派が存在したことはすぐに問題を引き起こした。以前の大混乱のときと同様、激しく怒気を含む戦いが繰り広げられ始め、パンフレット、手紙、辞表、抗議文、そして覚書が再び会員の間に飛び交い始めた。争点は、女性自由党連合の地方支部を女性参政権協会の中央委員会に加入させてもよいかどうかに絞られた。三年間、賛否両論が評議会で繰り返された結果、協議は決裂した。

自由党寄りの派閥がもっとも強かったのはロンドンであったように思える。三時間半ものあいだ、荒れ狂い地を揺るがすような騒ぎの年次大会のあと、新しい規則が可決された。フォーセット夫人とミス・ベッカーに率いられた意見の異なる少数派がこれに抗議して会場から出ていった。これ以後、ロンドンには二つの女性参政権中央委員会が存在し、おのおのが国中に支部をもった。古いほうの委員会は、そのときまでに規則が変わり役員は交替していたが、以前の名称を名のり、同じ建物を使っていた。一方、新しいほうの委員会は、古い規則を守り、前と同じ人員で構成されていたが、新しい名称を名乗り新しい事務所を構えた(訳注16)。両方の事務所はウェストミンスターの議事堂近くにあった。両方とも、名称に「中央」と「全国」という言葉を入れ、議会対策委員会をもった。しかし、このように状況が混乱していたにもかかわらず、何の不都合もないように思われた。分裂後、両方の委員会とも発展拡大した。それぞれが分裂前よりも多くの基金を集め、多くの仕事をした。そしてどちらも相手方を中傷することはなかった。これは指導者たちの政治的力量を試す厳しい試練であったが、彼女たちはその試練を切り抜け、意見の相違よりも、共通する参政権運動の主旨を重視しつづけた。

このことがロンドンで起こっている間、もちろん、同じような意見の相違が多くの主要な町でも生じていった。問題を解決するために用いられた様々な手段をここですべて説明する必要はないであろう。強い個性と知性をもった人びとのあいだの意見の相違によくあるように、それらは興味深くおもしろいともいえるが、運動の進展とはあまり関係ない。地方の委員会のうちいくつかは新しい規則を持ち、また古い規則をそのまま使った委員会もあったが、すべての委員会が以前と変わらず女性参政権運動に忠実で、可能なところではどこでも宣伝活動を推進しつづけた。一八八四年から一八九七年の間は、比較的活動が目立たない歳月が続いたが、女性参政権法案は下院で二度票決に付された。一八八五年には第二読会を通過し、一八九二年に棄却された。(原注8) しかし議会のこれらの出来事も、それほど重要ではない。たとえ第二読会を通ったとしても、この法案がそれ以上進む可能性がないことを誰もが知っていた。そのためサフラジストたちが尽力したことは、この考えを当時の人びとに広まっていた政治思想のなかに導入することであった。女性参政権決議文が保守党立憲協会全国連合(訳注17)と憲法協議会ではもちろん、全国自由党連合(訳注18)と全国選挙法改正組合評議会においても何度も可決され、この組織においては状況は進展しているように思えた。

第三次改正法案が通過してから一九世紀末までの年月において、自由党のみに頼って参政権を勝ちとる努力は実を結ぶことはないということが、彼女たちにも少しずつ明らかになってきた。多数の参政権運動の女性たちが党の派閥に関して強い忠誠心を示したにもかかわらず、また彼女たちの他にも何百という女性たちが自由党で献身的に働いたにもかかわらず、さらに大会参加者、個々の議員、議員候補者が合意の宣言を繰り返したにもかかわらず、自由党組織はまったく動く気配もなく、党の指導者たちは譲歩する様子もまったく見せなかった。一八七〇年に続いて一八八〇年、一八九〇年に選挙権を得ると女性たちは保守党に投票するのではないかという恐れが強まり、結果として完全な行き詰まりを引き起こした。どちらの党にも例外はあったが、おおよそ次のことが言える。自由党は女性に投票権を与えたほうがよいと公言したにもかかわらず、投票権を

晩年のリディア・ベッカー

与えることで、自分たちが負けてしまうだろうと考え、そうしたがらなかった。一方、保守党は女性票を獲得すると思われていたが、女性に選挙権を与えるという考えそのものを嫌い、そうしたがらなかった。そのうえ、興味深いことに、自由党内では一般議員がこの要求を支持する宣言をしていたにもかかわらず、指導者たちが強烈に反対し、保守党内で好意的なのは指導者たちだけであった。(原注9)女性たちは投票権がないので、どちらの状況も変えることはできなかったし、どちらにしてもよいことはなかった。

　この奇妙で不幸な事態に加えて、世論喚起運動は一八九〇年代の中頃には新鮮味を失いはじめてきた。支持者たちは以前と変わらず熱心かつ賢明に活動していたが、盛り上がりは十分ではなかった（集会での演説は週四回まで、一日に一回までという規則をフォーセット夫人が設けざるを得なかったのは、この一八九〇年代のことである）。世論喚起活動はあまりに長く行われてきたので、新聞も大衆もこの運動を耳にすることに飽きていた。議会でも、他のどこでも、この問題をニュースとして掲載に値することは何も起こらなかったし、議論の趣旨は、当然今までのものと同じになった。そのため新聞紙面への掲載を拒否されることが日常的となり、運動の低迷期がやってきた。個人宅での会議、パンフレット、講演、決議文、その他すべてが役に立たなかった。そして委員会は着実に拡大していったが、他の点ではほとんど前進しなかった。したがって九〇年代初頭においては、投票権を勝ちとることはこの運動の歴史上以前にもまして、遠のいているように思われた。

　一八九〇年*には、また、女性参政権運動はミス・リディア・ベッカーの死という大きな損失をこうむった。この女性は当初から議会対策の中心人物だった。彼女は常にマンチェスターと密接なつながりをもちつづけていたが、人生の大半をロンドンで過ごし、そこから『ウィメンズ・サフリッジ・ジャーナル』誌を編集した。どのようにささやかでも、議会の好機が訪れると積極的に活動した。率直で明解に意味を伝える彼女の手紙は、妥協しないその性格と同様、議員たちによく知られていた。彼女は政治的機知と一貫した情熱とを合わせ持っていた。したがって、外見は気難しく、厳格なところがあったにもかかわらず、広範囲の人びとから信頼され尊敬されていた。疲れを知らない仕事ぶりでミス・ベッカーは自分のためにも他の人のためにも、労を惜しむことなど考えたこともなかった。そのため彼女が死んだとき、この運動の支柱の一本が倒されたかのようであった。『ジャーナル』誌は中断され、協会の議会対策委員会は混乱した。参政権の大義は一時的に勢いを失った。

また、国会議員よりも手ごわい反対派が初めて現れた。一八八九年女性参政権に対する厳粛な抗議文が、多勢の著名な婦人たちの署名入りで『ナインティーンス・センチュリー・マガジン』[訳注19]誌に掲載された。ハンフリー・ウォード夫人、クレイトン夫人、そしてシドニー・ウェッブ夫人[訳注20]が署名した女性の中でもっとも重要な人物だった。というのは、これら三人は女性教育運動の支持者であり、慈善運動と社会活動に自ら積極的に関わっていることでよく知られていたからであった。その主張は次のようなものであった。「女性の身体的条件から見て、女性解放の道筋は、いまや限界に達したと私たちは信じています」。そしてこの声明の主がこれらの女性たちであるということは、大きな影響力を発揮した。もちろん参政権委員会はこの抗議文に黙ってはいなかった。内輪の意見の違いにしばらく目をつぶり、ロンドンのこの二つのグループは、それに勝る数の著名で活躍する女性たちの署名を集め、反論文を公表するために結束した。しかし反対派から受けた打撃は避けられず、参政権反対派の議員たちに新しい論拠を提出されてしまった。今や反対派は「女性たち自身が投票権を望んでいない」と言うことができ、残念ながら、これはある意味ではそのとおりであった。

（1）　第一一章参照。

（2）　パーシィ伯爵一八七三年五月。

（3）　この問題が失笑を引き起こしたのは、国会においてだけではなかった。たとえば、一八七二年四月一三日の『アクリントン・タイムズ』紙は、この問題に対する地方自治当局の反応を次のように示している。「地方委員会……大勢の笑いが聞こえる中で、書記は、女性参政権全国協会から委員会に女性参政権を支持する請願書を採択してほしいという連絡を受けとったことを告げた。ベル氏……ミス・ベッカーを是非こちらにお連れしないといけない。ジョン・ハワース氏……私はご婦人方全員が家庭にとどまり、ご自分の本来の仕事に打ち込まれるよう提議します（笑い）。議長……あなたはご自分の奥方を家庭にとどめておくことが、おできになりますか（笑い）。これに対する返事はなく、この議題は打ち切られた」。

(4) オズボーン・モーガン氏、一八七二年五月の女性無資格撤廃法案についての議論。

(5) 一八七五年四月、三五票差、一八七六年四月、八七票差で二度とも否決される。

(6) たとえば、この法律が複雑でばかげていることを明らかに示す興味深い例が、一八七九年ロンドンの女性参政権委員会で問題となった。五〇〇ポンドの遺産がこの委員会に残され、メンバーの一人であったウィットル夫人が管財人に指名された。それから彼女が既婚女性であるために、法律上の資格がないことが明らかになった。そこで、別の夫人、(たまたま未亡人であった)ルーカス夫人を管財人に指名しなくてはならなかった。

(7) この議決のときの票数は、賛成一三五票、反対二七一票であった。

(8) 一八八五年この法案は採決なしに通過したが、それ以上は進めないことがわかった。一八九二年四月二七日、サー・アルフレッド・ロリットの法案が第二読会まで進んだが、反対票が二三票上回った。

(9) たとえば、グラッドストン氏とアスキス氏を、ディズレイリとソールズベリー卿と比較のこと。

第一五章 戦闘的運動の始まり 一八九七―一九〇六

一八九七年、女性参政権法案が第二読会通過――分裂した女性参政権協会の再統合――イギリス北部女性産業労働者の新たな動向――一九〇三年、女性社会政治連合の結成――連合の労働党への働きかけ――一九〇四年、ベッグ氏の法案、時間切れにより廃案となる――一九〇五年、クリスタベル・パンクハーストとアニー・ケニーがマンチェスターでの自由党集会で質問、追放されその後逮捕、収監――「集会妨害」策の実施――首相に面会を求めた女性代表団の拘束――キア・ハーディ氏による決議案、時間切れにより廃案となる、女性傍聴席からの妨害――女性参政権協会の合同代表団が首相サー・ヘンリー・キャンベル－バナマンと面会――首相からの「忍耐」という助言

一八九〇年代の半ばにかけて、女性参政権協会の活動を取り巻いていた霧が晴れはじめた。ニュージーランドでは一八九三年に女性参政権が認められ、一八九四年には南オ

ーストラリアもこの先例に続き、こうした出来事が活気にあふれた新しい議論をまきおこした。さらに一八九五年の選挙では、女性参政権の理念を支持する多くの議員が当選し、下院の過半数をはるかに上回った。選挙公約を固く信じていたのは政党の支持者ぐらいだったが、この出来事によって運動は活気づけられた。ミス・イーディス・パリサー[訳注1]が女性参政権全国協会の書記に就任し、活発な国会対策合同協議会[訳注2]が設立された。女性参政権問題を確実に議会投票にもちこむことが、この組織の主要な仕事だった。だがこの問題が議員立法法案[訳注3]で討議されるかどうかは、いつも不確定な状況だったので、協議会は不安をかかえながら活動を進めた。女性に敵対する者たちは巧妙に妨害策を駆使し、一八九二年から一八九五年まで、彼らが嫌悪するこの議題の審議をかろうじて食い止めた。とくにラブシェル氏[訳注4]は議事日程表に記載された女性参政権法案の前の議題に関しては、時間かせぎのためにとうとうと饒舌な演説をくりひろげた。そうした彼の行為は国会対策として通用する、気のきいた冗談だとみなされていた。しかし一八九七年には、彼の時間稼ぎという巧妙な策も効力を失い、うまくいかなくなった。フェイスフル・ベッグ氏によって提出された女性参政権法案が第二読会に至り、選挙区ごとにまとめられた、二五万七七九六名の署名を連ねた膨大な請願書がウェストミンスター・ホールに広げられたのだ。そこを通る国会議員たちは、自分たちが選挙区で公約を交わした人びとのことを思い起こさないわけにはいかなかった。反対派はこの法案に反対するための緊急登院命令を発令し、一方支持派も登院命令を発令した。投票が行われ、この法案は七一票という大差をつけて支持された。

投票が無効になった一八八五年の第二読会を除けば、一八七〇年以来初めての自分たちの主張に多くの支持を受けた投票結果だったので、女性参政権論者《サフラジスト》は大いに活気づいた。すでに再統合へ向かっていたいくつもの参政権協会は、本格的に力を結集させることにとりかかった。二つのロンドンの協会は統合されて中核的な組織となり、一八の地方支部とともに、ヘンリー・フォーセット夫人を会長とする全国的組織を結成し、女性参政権協会全国連合[訳注5]（NUWSS）という名のもとで秩序だった民主的な体制が整った。この新しい体制が真に円滑に運営されるには数年を要したが、まちまちの審議やまとまりのない国会活動の危険性はすぐになくなって、新鮮な刺激をえて新たに活動を進めていった。

下院では、ベッグ氏による提出法案の継続審議が阻止された。ラブシェル氏はこの法案が委員会審議で取りあげられる可能性のあったその当日に、寄生虫感染に関する別法案をめぐって長々と演説したので、審議の機会は失われ、勝利は架空のものになってしまったのだ。だがたとえ架空の勝利であっても、敗北をつきつけられるよりはましで、国内での活動は続いた。一八九九年*に南アフリカで南ア《ボーア》戦争（訳注6）が勃発したため、以降の法案提出は不可能になり、その後の二年間は協会の連合本部からは何も提案されなかった。だが、この戦争の争点のひとつが政治的権利であるということが、世論に影響を与えた。南アフリカの英国人移住者の代議士選出権が、英国の南ア《ボーア》戦争参戦の重要な動機づけとなりうるのなら、英国女性のもつ同じ権利を否定することを正当化することは、いっそう難しくなった。フォーセット夫人は機を逃さずに英国内でもこうした考えを推し進めていった。

この時期にイギリス北部では、紡績女工や織布労働者の間で女性参政権運動を擁護する運動が起こった。一八九〇年代後半の数年には、さまざまな労働組合で政治的な寄付金の問題が盛んに論じられ、労働者代表委員会（訳注7）が活動を開始した時期でもあった。独立労働党（訳注8）が現に政治の分野に参入しはじめ、政治的に力をもつ労働党を結成する可能性がランカシャーやチェシャーの労働者の間でにわかに信憑性を帯びてきた。独立労働党の初期の党員には多くのフェミニストがおり、なかでもリーズのイザベラ・フォード（訳注9）はもっとも活動的な人物だった。そしてフィリップ・スノードン（訳注10）やキア・ハーディ（訳注11）のような男性から強い支持を得ながら、党が掲げる政策目標に男女同権を盛り込もうと意気盛んになった。スノードンやハーディの支持は労働者の意見に大きな影響を与え、さらに織布業界の自立した女性労働者の意見がそうした議論をいっそう強化した。彼女たちは男女合同労働組合のメンバーで、政治的資金が募られると出資を求められた。政治的な問題に深い関心をもち、彼女たちの大半は労働者の代表を選出するという新しい動向を強力に支持していた。そして当然のことながら、彼女たちはこうした新しい流れの中での自分たちの立場を考えるようになり、自発的に女性参政権について語りはじめたのだ。こうした進歩的な動きはマンチェスター女性参政権協会（訳注12）によって触発され、活気づいた。書記のゴア・ブースは、パンクハースト夫人（当時は委員会の一員だった）や、かつては自身も紡績女工だったミス・レディッシュ（訳注13）とともに、ひじょうに活発に運動を推進していった。そして六万七千人の織布女工の名を連ねた請願書が国会に提出された。彼女たちの目的は工場労働者に運動の支持を呼びかけるだけでなく、女性参政権問題を新労働党の主要な政策に位置づけさせることでもあった。サフラジストは足しげく地元の会議に出席して、小さな機会をとらえては決議案を提出した。

　だが新労働党の指導者たちは別の目標を視野にいれていた。彼らの中には女性参政権そのものを嫌う党員もいて、これに根本的に反対していた。その他の多くの党員は選挙権資格審査上の性差撤廃だけを強調することよりも、むしろ完全な成人参政権の要求を推進することを期待していた。キア・ハーディや党の代表者たちはサフラジストからのこうした反対意見をひとまず棚上げして、普通のサフラジストからの「男性に与えられている、または与えられるかもしれない条件と同じ条件に基づいた女性選挙権」という要求を支持するよう党員に説いたが、得られたのは漠然とした承認だけだった。女性参政権は党が真っ先にとりあげたい問題でもなければ、

パンクハースト夫人

党結成時に前面に掲げたい問題でもなかった。そのようなことをすれば、党の広範囲にわたる主張を損ねることになりかねず、宣伝活動の進行の妨げになることを憂慮したのだ。そして五〇年前のチャーチスト運動家がそうであったように、彼らは女性に時期を待つべきだと主張した。提出される決議案が抽象的な権利を要求する限りは、まったく問題はなかった。だがひとたびサフラジストが彼女たち自身の政策や活動に関する決議案を作成しはじめると、労働党指導者たちは警戒心を強め抵抗した。ほどなく彼らは女性たちの執拗な要求に嫌気がさし、嫌悪感を顕わに示すようになった。この事態を受けて、自由党を離党した時と同様に、パンクハースト夫人とその仲間は党に幻滅し、党とかかわっていても道は拓けないことを痛感して労働党を離党した。しかし女性産業労働者はまったく希望を捨ててしまったわけではなかった。「織布その他労働者代表委員会」(訳注14)が一九〇一年に結成され、以降長い間遊説や屋外演説を続けていった。

　女性参政権協会全国連合とマンチェスター女性参政権協会はこうした努力を支持し、資金を援助した。その援助に支えられて一九〇三年に使節団がロンドンに派遣され、女性参政権運動の別の組織と交流のある賛成派国会議員の面識を得た。同じ頃、女子協同組合(訳注15)も女性参政権運動の支持

を正式に表明し、それまで支持者の中心だった政治的な中産階級の支持にまさる、より広範囲の支援を得るようになった。

一九〇四年には織布労働者の間で選挙に女性参政権支持の候補者を立候補させようという気運が高まった。この試みは一九〇六年にウィガン〔イングランド北部の独立自治体〕で実現して、トーリー・スミス氏が「織布その他労働者代表委員会」を代表して議席を争った。彼は落選したがこのことはその地域全体に大きな感銘を与え、女性参政権問題はこの地方で注目される問題となった。

運動は主にイングランド北部の織布労働者を中心とする女性労働者の間に浸透していった。女性労働者が労働組合のメンバーになることが許され、男性労働者に近い賃金をもらっていたのはこの地域だけだった。イングランド中部や南部では、スコットランドやアイルランドと同様に、女性労働者が自分たちの権利を主張して立ち上がれるような境遇にはなかった。女性参政権の主張の正当性を理解してもらう活動はひじょうにうまくいったが、女性労働者たちがこの運動推進に割くことのできる時間やお金はごくわずかだった。

そのため、協会の活動はこうした地域では「中産階級」的なものとなり、請願、個人の家や公の会場での集会、国会議員候補に対する継続的な質疑などが主な仕事となった。そうした仕事も二〇世紀最初の数年間に急速に膨らんでいった。ロンドンの本部では細かい仕事が増えはじめた。資金集めがいっそう重要になり、地方協会に対しての徴収金や助成金の支給の制度が機能し、多くの有給のオルグが雇われて地方に派遣された。様々な場所で新たな協会が組織され、国会でこの懸案を審議してもらうまでにはまだ時間を要したが、支持者の数が増加しつつあることが確認された。一九〇四年にサー・チャールズ・マクラレン(訳注16)によって提出された決議案が一一四票で議会を通過した。だが翌年の第二読会の審議での勝利はラブシェル氏によって阻止されてしまった。彼は女性参政権の芽を摘みとるために車のライトについて数時間にもわたる演説を行って、世間から注目された。

女性参政権運動がゆっくりではあるが着実に前進しているなか、運動の新しい要素が浮かび上がってきた。女性社会政治連合(訳注17)（ＷＳＰＵ）は女性参政権という問題全体をマンネリ化した状態からひきだし、運動をその歴史の中で最も波乱に富んだ、めざましい時代へと急速に向かわせたのだ。

世界中にその名が知れわたり、すさまじい伝説にもなった戦闘的女性参政権運動は、一九〇三年にいとも単純に、ほとんど無計画に始まった。

　その年にマンチェスターの女性工場労働者とともに活動してきた数人が集って、女性社会政治連合という新たな女性参政権協会の設立を決定した。この集団の指導者パンクハースト夫人は長年にわたって女性参政権運動にかかわってきた。彼女は、一八六八年のマンチェスター女性地方税納者の試訴(原注1)〔法律の合憲性を問うための訴訟〕に関係した法廷弁護士パンクハースト博士と、かなり若い頃に結婚し、二人でマンチェスター女性参政権委員会や既婚女性財産委員会のために活動した。二人は活発な自由党員だったが、一八八四年グラッドストン氏がいわゆる「女性を海につきおとし」た後、離党し、パンクハースト博士はマンチェスターでの独立労働党の宣伝活動で重要な役割を果たした。彼は一八九八年に亡くなり、パンクハースト夫人はそれ以降自由党に対すると同様に、労働党に対しても信頼感をもてなくなった。彼女はマンチェスター女性参政権協会は時代遅れで退屈だと感じており、民主的組織につきものの様々な制約にいらだった。かつて参政権法案の文面をめぐって意見が衝突したときに、別の参政権協会を設立したこともあった。新しい集団を設立すれば、旧態依然とした協会の掲げる控えめなプロパガンダよりもずっと積極的なことが達成できる、と希望に燃えて、彼女は再び新たな行動に出た。一九〇四年の委員会審議でベッグ法案の討論が予定されていた日に、彼女は単身ロンドンに赴き、ラブシェル氏が議会で長々と時間かせぎの演説をして、わずかな討論の可能性を台無しにしてしまうのを傍聴席の格子越しに聴いた。階下のロビーでは数人の女子協同組合会員と他の支持者が待ちかまえていた。パンクハースト夫人がついに残念なニュースを伝えると、怒りが爆発した。失望した少人数の女性のグループは一斉に国会をとび出して、路上で怒りにもえて集会を開こうとした。エルミー夫人が演説を始めると小さな人だかりができたが、即刻警官によって移動させられた。国会の会期中には議事堂周辺でのあらゆる集会が禁じられていたのである。女性たちは指示に従ってそこを離れ、彼女たちと怒りを共有するただひとりの国会議員キア・ハーディ氏も加わって、集会禁止区域の外側で集会を開いた。まさにその場所で、この目立たない小さな集会から、戦闘的運動が始まったのだ。いままでの忍耐と信頼に終止符がうたれ、怒りと苦々しさがそれに取って代わった。従来のやり方では道は拓かれず、古くからの支援者は何もしてくれなかった。新しい試みにとりかかる時期がきていた。

　新たな参政権協会を構成した少数の集団は、これといって公人を動かすような手段をもっていなかった。ほとんどが地方都市に住んでおり、資金も選挙権もなく、友人すら

クリスタベル・パンクハースト

アニー・ケニー

多くはなかった。ただその胸には激しい不満がうずまいていた。設立からの数ヶ月間、彼女たちが新たに取り組むべきことも見つけられずに戸外での集会を続けたが、一九〇五年秋に保守党内閣が崩壊して好機が訪れた。

その年の一〇月、自由党は政権をとる前夜、マンチェスターのフリー・トレード・ホールで重要な集会を開いた。その晩の重要な演説者サー・エドワード・グレイ（後の子爵）[訳注18]は、その演説でまさに発足しつつあった新政府の綱領や決意を国中に示そうとしていた。

女性社会政治連合は、女性参政権問題を政府議案に盛り込んでもらうことが運動推進のための唯一の望みだと考えていたので、この問題を自由党の綱領に正式にとりあげるように強く申し入れる決心を固めていた。そこで自由党大会に参加して質問することを計画した[訳注19]。オールダム［マンチェスターの北東の町］から来た紡績工のアニー・ケニー[訳注20]と、パンクハースト夫人の長女のクリスタベルがこの任務を託され、「女性に参政権を」と書かれた小さな木綿の旗を携えて、ホールに入っていった。演説が終わって質疑が始まると、二人は来たるべき内閣の女性参政権問題に対する見解を順当に問いただした。だがそれに対して返答はなかった。アニー・ケニーが小さな旗を広げて椅子の上に立ち再び質問を繰り返すと、聴衆から怒りくるった叫びがあがった。室内警備員が突進して彼女を引きずり下ろし、そのうちのひとりは帽子で彼女の顔をおおって声を抑えた。彼らが夢中でアニーを取り押さえている間に、クリスタベルが立ち上がって質問を繰り返した。演壇の人びとは冷笑するばかりで何も答えなかった。警備署長の計らいで文書にした質問が壇上に届けられたが、やはり返答はなかった。感謝決議がされ、すでに聴衆が会場から出はじめていたが、その時にアニー・ケニーが再び立ち上がって質問を繰り返そうとした。この時の騒動はすさまじいものだった。男性があちらこちらからつめ寄り、彼女を殴ったりひっかいたりした。彼女の隣に立っていたクリスタベルは乱暴に引き離された。それぞれが六人の室内警備員にとりおさえられて、体を抱えられてホールから連れ出され、階段から下の通りに投げ出された。打ち身を負い動転していたが、彼女たちはすぐさま集まって抗議集会を開き、他の質疑はすべて答えてもらえたのに、なぜ自分たちの質問が無視されたのかを問いただして、憤然と演説を行った。一方会場の中では、サー・エドワード・グレイが彼女たちの質問に答えなかった理由をのらりくらりと説明していた。女性参政権問題は「党としての問題ではないし、私自身実現する可能性があるとも考えていない」ので、「ふさわしい議題」ではないから応答しなかった、という理由だった。サー・エドワード・グレイはこれまで女性参政権問題の熱心な信奉者で、ずっとその立場は変わらなかった。彼はこの運動を支えつづけてきたし、今回も彼女たちをはっきりと擁護してくれるはずだった。ところがこの時に彼は重要な過ちを犯してしまった。彼のこの二人の女性への対応や、正当性のある質問への応答を拒絶したことが、室内警備員のひどい振る舞いとあいまって女性たちの反発や怒りをかき立て、それが新しい協会をさらに進展させる原動力となった。女性たちの戦闘的な精神だけでなく、まさに自由党員の不誠実な態度が戦闘的運動を蜂起させたのだ。

この騒ぎにまつわる話はフリー・トレード・ホール内での説明や外部での抗議集会だけでは終わらなかった。というのはその集会が本格化したのは、アニー・ケニーとクリスタベル・パンクハーストが議事妨害の罪で逮捕され、警察に連行されてからだった。翌日、彼女たちは裁判官の前で尋問され、有罪の判決を受けて禁固刑かあるいは罰金刑を選ぶように言い渡された。二人はともに禁固刑を選び直ちに独房へ送られて、事件で騒然とした外の世界からは隔離されて平和な時間を過ごした。国中の報道機関がここぞとばかりにこの事件に飛びついた。これこそ将来の内閣の閣僚を巻き込んだ、「ぞくぞくするニュース」であり、嘲笑や卑しい冗談のかっこうの種だった。報道は一斉に彼女たちの喧嘩ごしの騒々しさやよこしまな態度を嘆き、論説委員たちは運動がすっかり昔の時代まで後退してしまった、と思ってもいないことを口にした。マンチェスター大学は（クリスタベルは、かつてこの大学の法律専攻の学生であることを主張し、一悶着起こしたことがあるので）退学処分にすると脅しをかけ、町中はこの話題でもちきりだった。この出来事をきっかけとして、これまで女性参政権について考えたこともなかった多くの人びとが、この問題に思いをめぐらすようになった。大多数の人びとはこの事態を嘆いたが、だからといって事件がもたらした重要性がそこなわれたわけではない。新たなすばらしい武器、つまり情宣効果という武器を女性社会政治連合は手に入れ、指導者たちはすぐにその価値を実感した。

フリー・トレード・ホールでこの事件が起こった頃には、連合の会員の数も少なく、その後の総選挙でも大きな成果はあげられなかった。彼女たちは旗を作り、一二月のアルバート・ホールでの自由党の大集会で、再び世間を驚かせる抗議行動を起こした。マンチェスター地区では候補者の集会で質問をする方針が続けられて、いつもきまって大騒動になった。だが新たな逮捕者も出ず、選挙という騒乱と重圧のなかでほとんど注目を浴びることもなかった。予想されるあらゆる場所にはぶしつけな質問者が現れ、そこでは彼女たちを会場から締め出す手はずがいつも注意深く整えられていた。この頃ウィンストン・チャーチル氏(訳注21)はマンチェスターで自由党の議席を争っていた。彼はフリー・トレード・ホールの集会（その場に彼は居合わせたのだが）の後でアニー・ケニーとクリスタベル・パンクハーストの罰金を払おうとしたが、その努力は報われなかった、とみなは考えていた。彼は女性参政権運動の支持者だという評判だったので、彼女たちが収監されれば彼の選挙地盤で不利な影響を与えてしまうことを恐れて、罰金を払おうとしたのだ。当選の暁には入閣する可能性のある一人だったので、彼の集会は大いに注目された。同じ頃、旧体制のマンチェスター女性参政権協会が従来の方針に沿って、女性参政権についての候補者の個人的見解を求めたとき、チャーチルと協会の間でちょっとした興味深い書簡がかわされた。

「拝啓、」とチャーチル氏は書き送った、「多くの自由党員の方々と同じように、この懸案に対して大きな共感を寄せるということが、かつての私の姿勢でした。この問題について下院で投票する機会が一度だけありましたが、その折にも動議に賛成票を投じたのです。しかし最近では、運動の擁護者のうちの何人かが私や他の自由党候補者の集会を執拗に邪魔し、解散させようとすることには、正直なところ落胆を禁じえません。そうした人びとが運動の真剣な支持者の代表でないことは、よく理解しております。ただ運動の真の代表者が、愚かで無秩序な現在の煽動行為を全力で鎮圧してくださることを願っています。こうした状況が続く限り、私は皆様が心にかけていらっしゃる大義を支持するために、さらなる行動を起こすことはできそうにもありません」。

当然のことながら、彼女たちは「多くの人びとに誤った行為と映ることが、運動の正当性を損ねるものではないことをあなたが認めてくださることと、確信しております」という旨の返答を送った。しかしこの手紙は功を奏さなかった。チャーチル氏はいらだち、その上に世間の笑いものにまでされて、これまで擁護してきた運動にあからさまな嫌悪を示すようになった。かなり多くの自由党員も同じように対応し、内心では嫌悪していた運動を支持するふりをしなくてもよくなった口実を得て、喜んでいたのは明らかだった。しかし女性自由連合は、自分たちの信条である女性参政権を掲げて前年の総選挙を闘い、主張が受け入れられるかどうかを試していた。その結果多くの下院議員が議席を確保し、こうした議員と、女性参政権問題を心底から支持する少数派とをあわせると、女性参政権法案支持を公約とする下院議員の数は優に四〇〇議席を超えていた。

一九〇六年の初頭に女性社会政治連合は活動の場をロンドンに移した。支援者はキア・ハーディ氏だけで、資金もまったくなかったが、少しも恐れていなかった。連合はアニー・ケニーを派遣してキャクストン・ホールを借り、議会の開会日にデモを行なう準備を始めた。国王が議会開会の勅語［政府の新年度の方針や新たな法案を述べる］を行うなか、約三〇〇人の女性がホールに集結した。勅語で女性参政権問題がまったく言及されなかったというニュースが伝わると、すぐさま集会の参加者全員はパンクハースト夫人を先頭に下院まで歩いていった。議場の扉は彼女たちの入場を拒み堅く閉ざされていた。長時間待たされ大いに失望して、にがにがしい思いを新たにした彼女たちは、口にしはじめた「闘争」の準備を始めるために散っていった。

彼女たちの活動の次なる段階は首相サー・ヘンリー・キャンベル＝バナマン(訳注22)と面会し、女性参政権問題を政府議案に盛り込むという政府意見書を表明してもらうことだった。選挙中にはこの試みは失敗に終わってしまっていた。首相は面会を拒絶したが、それでも彼女たちの意気は少しもおとろえなかった。三月初旬に少数の女性の集団が首相官邸のあるダウニング・ストリート一〇番地にやってきた。もちろん彼女たちは退去を命ぜられたが、その場を立ち去るどころか「女性に参政権を」と書かれた小旗を取り出して、戸口の上り段に座りこんで首相を待った。官邸側とかなり間接的なやり取りが交わされ、ついに彼女たちは自分たちの要求を首相サー・ヘンリーに取り次いでもらうことを条件として退去した。その後の書状から交渉が進展しそうもないと判断すると、彼女たちは一週間後に再び攻撃の場、ダウニング・ストリート一〇番地に戻った。今回の座り込みはいっそう執拗で、ついには警察によって立ち退かされたが、罪を問われることもなくすぐに釈放された。

　サフラジェット［戦闘的女性参政権論者］が首相官邸の玄関前に座り込んで執拗に要求を繰り返す間、古い体制の参政権協会は従来のやり方に沿って整然と運動を続行し、まもなく各党にわたる二〇〇人の国会議員を説得して、女性代表団との面会を首相に要請してもらった。各方面から促されてサー・ヘンリー・キャンベル＝バナマンは譲歩し、五月一九日に「大義」［ここでは女性参政権をさす］を支持するすべての組織の代表者に面会することを表明した。

　ここまでは事態は順調に進展したかにみえたが、代表団をどのように構成するかという問題が残っていた。もちろんこの任務は女性参政権協会全国連合にゆだねられ、一連の複雑で微妙な交渉が始まった。戦闘派《ミリタント》たちは政治集会を妨害していたが、それ以上の行き過ぎた行動はしていなかった。だがすでに政界では彼女たちに対してかなりの反発があった。彼女たちが品位や政治的作法を欠いていることや悪評から、様々な方面で抗議が高まっていた。四月に彼女たちは再びデモを行ったが、このことが事態を大いに混乱させてしまった。キア・ハーディ氏はすでに女性参政権問題の決議案を下院議会に提出する日を確保していた。誰もがこの決議案が圧倒的多数で議会を通過し、それに触発されて首相が代表団に好意的な声明を発表してくれることを期待していた。それゆえに、議会の傍聴席の格子の背後にはひじょうに多くの女性たちが、期待に胸を熱くして座っていた。その中には多くの信奉者とともにパンクハースト夫人の姿もあった。討論が始まり、議事進行どおりに反対派の最初の演説者が立ち上がった。クリーマー氏(訳注23)だった。彼はお定まりのおどけた調子で演説を行った。「賛成派の方々は」と彼は問いかけた、「国家の施政を女性にゆだねる覚悟ができているのでしょうか。彼女たちのほとんどは一家の稼ぎ手でもないし、その責務を負う必要もなく、したがって生活に伴う責任を理解していません。……私はこの懸案に関しては時々女嫌いだと評されます。しかし二人も妻をもったことがあるのですから、この事実が私を女嫌いと評する人たちに対する最善の答えになると思います。私は女性を好きだからこそ、彼女たちを政治の舞台に引きずり出して、彼女たちが理解もできず関心もない事柄、つまり責任や義務や責務を負わせたくはないのです。女性の輪に加わって、政治の話をしたらどうなるでしょうか。すぐにくだらない政治の話はやめてちょうだい、と言われるのがおちでしょう。下院議員の皆さんは、まさにこのような人たちに国の運命をゆだねるよう求められているのです……女性がこの議会の一員となり採決が差し迫ったときには、票を獲得するために男女が互いにどんな圧力をかけあうことになるでしょうか。下院の皆さんは、男性が議論をするときには同性よりも女性をはるかに優遇することを、よくご存知のはずです。女性は衝動と感情によって動く方たちで、男性のように理性に立脚して結論を導くことはできないのです」。

こうした意見は議会ではおなじみのものだったが、傍聴席の一部の女性たちにとっては初耳で、女性政治社会連合の会員は我慢できずにいきりたった。彼女たちが一斉に発した激しい反論のことばが、階下の下院議長席にまで聞こえてしまった。彼は再びこうした事態が起こったときには、女性たちを退去させる準備を整えるよう警備員に命令した。しかしその時にはクリーマー氏はすでに着席していたので、それ以上の騒ぎは起きなかった。討論が続けられ、刻々と時間が経過して一一時が近づいていた。決議案が引き伸ばし作戦によって再び廃案にされそうになり、上の傍聴席の女性たちの心配は募った。そのため一一時少し前に彼女たちは抗議を始め、格子の後ろからは「採決を、採決を」という叫び声が響きわたっていた。下院議員たちが驚いて傍聴席を見上げると、彼女たちは格子の間から「女性に参政権を」と書かれた小さな旗を差し込んでいた。直ちに警備員が駆けつけて彼女たちを引きずり出し、憤慨の声のなか、国会は閉会した。運動に友好的だった人びとも敵対者たちも、同様にこの妨害行為を遺憾に思った。ある者たちはこの「衝撃的な暴力的侵害行為」を非難し、また他の人びとは採決の機会が失われてしまったことを嘆いた。

その後、女性参政権協会全国連合には、戦闘派たちの振る舞いに対する不満があらゆる方面から寄せられた。執行委員会は「この件については（じきに沈静化し忘れさられるであろうから）連合として公の措置はとらないことを決定し、これ以降の精力的で互いに協力的な公的活動が連合の方針を余すところなく示すことになろう」という判断を示した。しかしこの問題はそう簡単には決着がつかなかった。公的活動とはもちろん来たるべき首相と代表団との面会だったが、その「互いに協力的な」代表団という特質が危機にさらされたのだ。英国女性禁酒協会、女性自由党連合、そして女性参政権協会全国連合に属する多くの組織が、こうした物騒な人びとがメンバーに加わる場合は代表団に参加できないと表明した。そして少なくとも彼女たちから見苦しい振る舞いはしないという約束を取り付けることを要請した。一方、女性社会政治連合は代表団のメンバーから外されることを拒み、二度と騒動を起こさない約束をすることを求められると、誇りと威厳を保ちながら「私邸に客人として訪問するときの行儀作法について意見に相違があろうはずがございません」とだけ発言した。

この発言によって、憂慮していた他の組織の女性たちは納得せざるをえなかった。しかしこの難題が沈静するかしないかのうちに、新たな問題が表面化した。首相と面会する代表団への参加を求められていた労働党と女子協同組合の女性たちが、参加をためらいはじめたのだ。彼女たちの要求は男女両方の普通選挙権だったので、女性参政権という限定的要求を繰り広げる人びとと行動を共にしたら、自分たちの要求が危うくなるのではないかと憂慮したのだ。実際のところ、女性参政権協会全国連合は「男性と同じ、あるいは男性に認められる可能性のある条件にのっとった」女性の参政権を要求していたが、この原則が労働党や女子協同組合の女性たちの見解をも含んでいることを納得してもらうのは至難の業だった。

しかしついにあらゆる困難を克服して、サフラジストたちは指定された日に代表として正式に首相に迎え入れられた。

三〇〇人以上にものぼる代表団は、サー・チャールズ・マクラレンに案内され、エミリー・デイヴィスがその先頭にたった。彼女たちは組織化されたすべてのサフラジストや一五三〇人の大学卒業生たちを代表しているだけではなかった。五万人の織布労働者や二万二千人の女子協同組合の女性たち、五万二千人の英国女性禁酒協会会員の代表でもあったのだ。彼女たちは、首相サー・ヘンリー・キャンベル‐バナマン自身も語っているように「断固として反ばくできないような」申し立てを行った。だが政府に行動を起こさせるには、正義や論理だけでは足りなかった。彼女たちのことばにことごとく同調したあげくに、首相はこの件については行動を起こすつもりがないと付け加えざるをえなかった。内閣と自由党の間には意見の開きがあって、首相は思うように行動できなかったのだ。彼が唯一女性たちに助言できたことといえば、「執拗に要求しつづける」ことと「忍耐の美徳」を説くことぐらいだった。

アニー・ケニーはこらえきれずに、みなに見え、聞こえるように椅子に飛びのって叫んだ、「首相、私たちは納得できません」。そしてそれはまったくの事実だった。エミリー・デイヴィスのような人に忍耐の徳を説いてもお笑い種だった。彼女は五〇年間もこの要求のために働きつづけてきたのだから。不満がつのり一触即発の女子工場労働者や他の女性労働者に忍耐といってみたところで、無意味だった。激しく、むこうみずな戦闘派たちに「執拗に要求しつづけること」を助言するとは、このうえなく浅はかだった。しごくあたりまえのことだが彼女たちは怒りにふるえて謁見の場から出て行った。忍耐とは、ごもっともなことだ。彼女たちがどれだけの忍耐を胸に秘めているかを首相に思い知らせることになるだろう。執拗に要求するとはどういうことなのかを、はっきりさせるのだ。そうした浅はかな発言に刺激され、戦闘的運動は路線を変えることなく進められ、女性参政権運動は暴動の時代に入っていった。

（1）　第五章参照。

第一六章　偉大なる日々　一九〇六―一九一一

女性参政権への関心の高まり――女性たちへの影響――一九〇七年、「ぬかるみの行進」――二つの女性参政権組織――女性参政権協会全国連合――女性社会政治連合――激しい戦闘派の戦略――ハンガーストライキ――レディ・コンスタンス・リットン――一九一〇年、最初の選挙――調停委員会の結成――戦闘派の休戦と合同大行進――地方議会、国会に請願――一九一〇年七月、調停法案第二読会通過――女性参政権を棚上げにするために用いられた男子普通選挙権――一九一〇年二度目の選挙――選挙権保有者からの請願――一九一一年五月、調停法案の再通過――政府の選挙権法案公示によりつぶされた進展の機会――女性参政権反対連盟――新しい参政権団体の結成

一九〇六年夏以降、女性参政権運動の主張は人びとの注意を引きはじめ、ほかのすべての女性運動の影を薄くしたばかりでなく、その時期の主たる政治的課題の一つとなった。しかし、それはまだ議会の重要な議題というわけでは

なかった。自由党政府は、この問題を正式に議論することを拒否し、未決のまま、同じく取り上げられることのなかった法案の山と一緒に、人目につかない暗がりに放置した。しかし国会の外では、この運動は年々重要さを増していった。「サフラジェット」と称されるようになった女性社会政治連合（WSPU）のメンバーの異常な振る舞いや、「サフラジスト」と呼ばれた法を遵守する組織の拡大しつづける宣伝活動により、国中の誰もが、この要求の存在に気づかざるをえなくなった。そして、人びとはいったんこの問題を意識すると、それが議論しやすい問題だとわかった。国中の誰もが興味を抱き、誰もが男女の根本的な違いを知り、あるいは知っていると思い、そのため誰もがこの件について自説を抱くことができた。専門知識も、難解な事例や手に負えない統計も必要なかったのだ。迷うことなく、確信をもって、やすやすと「賛成」あるいは「反対」することができたし、どちらの側に立っても単純な主張を大いに述べることができた。「女性の居場所は家庭である」といって、すべてが片付いたと感じることもできたし、「ひとりより、二人で家庭をおさめるほうがよい」といって同じく勝ち誇った気分になることもできた。そして、国中で人びとはこうしたことをあれこれと口にしはじめた。当然のことながら、ほかにもさまざまな議論がなされた。改革を求める人びとは、彼ら自身が劇的な社会的変化を求めていると認識しており、それに抵抗する人びとも、同様にその事実をよく理解していた。しかしこの問題はきわめて人間的で政治的意味合いが少ないので、自分なりの意見をもつことができない人、あるいはもたない人はいなかった。さらに、男性と女性の関係という主題は永遠の関心事の一つであり、また限りなく個人差のある問題でもあるため、女性参政権の議論は際限のない家庭内の問題にまで論点が曲げられることもあり、国中いたるところで議論が盛んになった。毎日、戦闘派《ミリタント》が新聞に新鮮な見出しをかざると、イングランドでは朝食の食卓で議論が飛び交い、家庭の団らんの場から列車内や喫煙室、社交クラブ、パブ、そして男性が集まるあらゆる場で、批評の声が湧きあがった。

この運動の悪評が広まり、女性たちに著しい当然の影響を及ぼした。何千何百という数の女性たちにとっては、当然のことながら、女性参政権はそれ自体が不信心で衝撃的な観念であり、それを擁護するために使われた手段は、恥ずべき、下品といえるものに思われた。特に働く女性たちの間では、戦闘派の「恥知らず」な行ないと、なりふりかまわない装いは常軌を逸していると見られ、職工の間ではこの運動はさしあたり進展しなかった。しかし、それにも勝る数の女性たちにとって、このことは新たな福音に思われた。これまでこの大義を信じていた人びとでさえも、これを新たな角度から見直しはじめ、彼女たちの支持には宗教的といえるほどの熱意が加わった。もちろん、第一に影響を受けたのは、すでになんらかの女性運動に直接かかわっていた人びと、たとえば大学の女子学生たちやバトラー夫人の運動に加わった女性たち、また従来の博愛主義の精神が高じて参加してきた人びとなどである。これらの女性たちのほとんどすべては、求められればいつでも請願書に署名したであろうが、フローレンス・ナイティンゲールやハリエット・マーティノーと同じように、それ以上の行動は差し控えただろう。（訳注1）というのも、彼女たちは、女性参政権を正しいとは思っていたが、それにかまってはいられなかった。彼女たちにとって政治は、自分にかかわりのないあまり役にも立たないもので、長い目で見ればまちがいなく重要で明らかに女性に開かれるべきものに思われたが、現実的な目標としては、セツルメント、学校、あるいは慈善事業での自分たち自身の仕事のほうがより急務に思われた。しかし、二〇世紀初頭、このような女性たちは、自分たちが女性参政権の正当性を弁護することを思いがけず求められていることがわかった。それについてのあらゆる問題をみなが議論しはじめ、否定したり、ばかにしたり、面白がったりしていた。そしてこの問題を擁護したり反論したりしながら、議論するにつれて開眼していった。彼女たちがそれまで正しいと信じながらも何もしてこなかった問題が、結局は女性の地位全体を向上させる鍵となることがわかったのだ。彼女たちは議論を重ねた結果、政治的権力をもたない慈善事業は、長年の悪習に対する応急処置に過ぎず、参政権なくしての教育はただの利己主義である、ということに気づかされた。自分自身や世の中における自分たちの使命を新しい目で見つめはじめ、それまでほかの目的に向けようと思っていたすべての情熱を女性参政権運動の組織に注ぎ込んだ。新しい運動の中枢となったこれらの女性たちは、この戦いについて、戦闘派とは違った見方をしていた。彼女たちにとって、これは本来男性と女性の戦いではなく、ましてや「権利」の問題でもなかった。彼女たちがこの戦いに見いだしたもの、またこの運動から獲得したかったことは、世の中で役立つことをするために使う力の拡大であった。ちょうど一世代前、貧しい人びとを慰問したいという願望が、若い女性たちにわずかな個人的自由を求めさせたように、世の中を改革する仕事をしたいという熱望が、このとき参政権を求めて若い女性たちを街頭へと送り出した。運動の発展は、自然で必然的なものであり、過去の実績が実を結んだものだった。人を驚がくさせるような戦闘派の主張や熱狂的な挑戦は、運動の進展をもたらさなかったものの、まちがいなくすでに始まりつつあった事態に拍車を掛けた。

一方で戦闘派の宣伝活動が行われ、もう一方で穏健派の合法的な運動の熱が高まるなか、それまで公の問題を考えたこともなかった女性たちが目覚めはじめ、ひとたび彼女たちが教義の主旨を受け入れると、たちまち情熱を傾けるようになった。彼女たちは、表面的なものだけでなく、女性として被っているあらゆる不満を大義の解釈に込めていった。それらは、経済的依存、因習的制約、そして女性であることを嫌悪し男性であればよかったと思わせるような些細なことすべてであった。彼女たちは、女性参政権運動にこれらの悪習からの解放の象徴を見いだしたのだ。

その後の年月は、女性運動にとって重大な年月となった。複数の女性団体が驚異的な速度で拡大し、運動はきわめて組織的なものになっていった。そして、たえず訪れる危機は、ありふれた日常以上にかがやかしく魅力的なものに見えた。講堂や応接間、学校や教会、街頭や村の共有地で行われた集会は、政治というつまらない重苦しいものではなく、女性運動のすばらしい内容を伝えようとする熱意に満ちあふれ、集会のたびにその団体への熱心な支持者を獲得していった。この時期こそが、女性運動の最盛期であった。長年の準備やゆっくりとはぐくんできた年月は忘れられ、情熱の高まりを見せたこの時期に、女性運動は新たに生まれ変わったようにみえた。

一九〇七年、初の大規模なデモ行進が計画された。ある暗い雨降りの日、三〇〇〇人の女性が、旗や楽隊を伴い、長いスカートを地面に引きずり、情熱が礼節にみごとに打ち勝って、ハイドパークコーナーからストランドのエクセター・ホール（訳注2）まで「ぬかるみの行進」を行った。この時は、まだ大多数の女性たちが、通りから通りへと行進して歩くことはひじょうにおぞましいことだと感じていた。これを行うことは殉教者になるようなもので、参加者の多くは、嘲笑を受け社会的に恥をさらすという耐えがたい試練に直面することに加え、職を失ったり評判を落とすことになると感じていた。彼女たちはデモ行進を実行したが、何事も起こらなかった。街頭の少年たちや社交クラブの窓から見ていた紳士たちは、それを見て笑ったが、それだけだった。群集は何かと思って行進を見ていたが、結局は周囲の反応はそれほどひどいものではなかった。その後、同じような行進がマンチェスターやエディンバラで計画され、大義への信念をデモ行進という形で表明するという考えが根付いた。

運動が進むにつれ、サフラジェットとサフラジストは同様にひじょうに巧妙な宣伝活動を展開した。彼女たちはす

女性参政権協会全国連合（NUWSS）のキャラバン

舗道にチョークで訴えを書く

村で演説をする

べてを参政権獲得のための教訓としようとし、「女性に参政権を」という彼女たちの鬨の声は、まったく思いもかけないところから突如として聞こえてきた。両陣営には、人生のすべてを女性参政権運動に注ぎ込み、集会で演説し、選挙運動を組織し、資金を集め、新たな支援者を開拓するため、毎月全国の端から端まで出かけていく女性たちがいた。しかし、そうした女性たちばかりでなく、特に穏健派の合法的な組織には、日常の生活を続けながらこの運動の意義を主張した女性もいた。そのような女性たちは、日常の生活を続けながら、知人に笑われても、道行く人びとに呼びかけるため街頭や公園に立つことで、あらゆる因習に立ち向かっていった。舗装された歩道にチョークで文字を書いたり、道端で自分たちの新聞を売ったり、体の前後に広告板をさげて貧民街を歩いたり、家々をまわりながら苦心して会員を勧誘し、資金を集め、集会の宣伝をした。休日には車列をなして旅をし、市場に出店を設けたり、村の共有地で演説をすると、概して大変好意的に受け入れられたが、こうした活動をかえって活気づける妨害のようなものも少々あった。戦闘派の粗暴なやり方は、当然ながら、一部の軽率な人びとの同じような強暴行為を誘発し、静かに統制された両派の集会もしばしば不愉快な妨害を被った。胡椒、ねずみ、腐った卵、魚、オレンジ、その他その手の物が演説者の頭に勢いよく飛んできたり、時には暴徒が激しく乱入したりした。しかし、女性演説者は、すぐにこれらのばかげた妨害を抑えるのに必要な技を身につけた。彼女たちは平静を保ち、冗談を言い、自分たちのやるべきことを着実に続けることが、大部分の寛容で善良な群集から好感をもたれる確実な方法であると悟り、こうすることで反対派は運動を妨害する力を失うとわかった。それどころか、女性参政権運動家たちは暴動での経験を重ね、やじや妨害にうまく対処するようになったので、彼女たちが遭遇したあらゆる困難を大義の実現に有利なものに変えていった。宣伝活動を行うことで、その主張は補強され、その粘り強さが説得力を高めたのだった。

女性参政権運動には二種類の活動があり、それらは異なる理想に導かれ、組織の運営方法も対抗していた。合法的な協会は、女性参政権協会全国連合（ＮＵＷＳＳ）のもとに団結し、フォーセット夫人によって導かれ、従来の手段によって運動全体を進めた。彼女たちは、自分たちの仕事は男性を攻撃することではなく、すべての人びとの幸福のための改革であり、人類が発展していくための次の一歩を踏み出すことだと考えていた。彼女たちの新聞は、女性参政権のみを宣伝するために存在し、『コモン・コーズ』紙(訳注3)と呼ばれたが、この［共通の大義という］言葉にこそ彼女たちが目的とみなしたものが込められていた。彼女たちの主たる仕事は世論の転換であり、これは、投票権そのものを獲得することと同じくらい重要で、同様に大切な目的の一つであると感じていた。彼女たちの指導者であるフォーセット夫人は、運動全体が大きくなるのを見守ってきた。彼女たちの主張が、女性の地位そのものを変えること以上に大きな人類発展の一部分であることを理解し、支持者たちにそれを説いた。細心の注意をはらって選挙法改正法案の進展を見守り、それらを進展させるいかなる機会も逃すことはなかった。大義は必ず勝利することを、平静さを保ちつつも頑なに信じ、いかなる後退、落胆や不運も彼女を動揺させることはなかった。彼女の支持者たちが、あまりにも声高になりすぎたり落胆しすぎたときは、やさしく、しかしきわめてしっかりと戒め、まさにこの冷静な態度こそが、彼女たちを抑えたのだった。当然ながら、彼女たちが法外な要求をしたり、正しいと認められない見解を述べるときもあったが、フォーセット夫人は決してこれらを見過ごすことはなかった。数ある中でも、彼女のやり方を明らかにする典型的な例は次のようなものである。ヨークシャーの小さな集会でのこと、ある無名の演説者が、女性の美徳や男性に対する女性の優位性、もう少し自由がありさえすれば成し得る偉業について長々と述べた。その主張の裏づけとして、フォーセット夫人の妹、エリザベス・ギャレット・アンダーソンを例に挙げ、彼女と他の女性医師が医療を実施するようになって初めて、女性の病気に注意がはらわれ、この分野での発見がなされたのだと主張した。この主張に一理はあったが、その意味合いはまったく間違っており、フォーセット夫人が話す順番になると、穏やかにその誤りを正して次のように述べた。「女性医師がはじめて医師という職業に受け入れられて以来、偉大な発見がなされてきたというのは事実です。しかしながら、私としては、女性だけがそれに貢献したとは思いません。私は、まさしく女性を専門職につかせた精神、つまり男性の寛容という精神と、女性の企画、実行しようとする精神が、発

フォーセット夫人
（ミリセント・ギャレット・フォーセット）

展をもたらせたのだと思います」。この戒めにはまったく私情は感じられず、ひじょうに説得力があった。極端な主張をした演説者は、自分が取り組んできた運動の意義をあらためて考え直し、彼女が敵視していた男性聴衆たちも、女性参政権論者にも思慮分別はあると納得して帰っていった。

フォーセット夫人の指導のもと、合法的な穏健派の数は急速に増加した。地域の協会が増加するにつれ、組織内運営はますます民主的になり、そのため、組織の拡張は協議会によって決められ、構成単位である各協会は、実際に運動を指揮するきわめて専門的な役割をになった。一、二年のうちに、会員自身の手で民主的手法を発展させ、それ自体が彼女たちを夢中にさせた。参政権運動を通じて生じたあり余る支持者たちのエネルギーは、この方面の活動にはけ口を見いだした。この驚くべき発展の年月になされた全国連合の仕事は、今では大した重みはない、補欠選挙政策の詳細の決定、入会料の調整、代表制の基準づくり、連合組織への自治拡大などであり、これらはすべてすっかり過去の産物になっている。しかし、それらの問題に大きな重要性をもたらした活動精神や、注ぎ込まれたエネルギーは、参政権運動の活力とその支持者に実務能力があったことを証明している。彼女たちは、組織の機能が完全に効率化されるまで満足せず、完全な組織を実現するために果てしない苦労を覚悟し、それをいとわなかった。

協会のネットワークが広がり、会員の数が増加するにつれ、組織の効率性も向上した。それはしっかりと計画され組織化されていたので、限りなく拡大していくことができ、一九一〇年までには驚くほど強力で重要な政治的機構にまで成長を遂げた。

他方、戦闘派の組織は、これとはまったく異なっていた。その宣伝活動は、全国連合と同じ目的に向かってはいたが、まったく異なる特色があった。つまり、挑戦的で敵対的、懐疑的であった。「言葉でなく行動」ということがその組織のモットーであり、何よりも世間をあっといわせることが意図的な戦略だった。指導者たちは、通常の数々の手続きを無視することなど気にもせず、誰に衝撃を与え敵対しようとおかまいなしだった。戦闘派でないものはすべて信用せず、すべての説得を一笑に付した。彼女たちが信じていたものは、道義的暴力であった。この力と彼女たち自身の決断力を推進力に、リベラル派を執行部から退かせ、その後任となる者が誰であれ、要求を強引に認めさせようとした。戦闘派の活動の全体的な雰囲気は、このように攻撃的でむこうみずなもので、敵の裏切りや不誠実さを非難する声を響かせながら、皮肉、怒号や興奮で激しさを増した。

さらに戦闘派は、故意に警察に尾行される反逆者という立場に自らの身をおいていたので、いつも隠密に行動をとり、支持者も大衆も驚かすような計画をたてた。世間をあっといわせるような抗議行動を起こすという方針は、民主的組織運営に多くの時間を割くものではなく、また民主的体制は彼女たちの好みに合うものではなかった。そこで女性社会政治連合（ＷＳＰＵ）は、純粋な独裁体制を採用し、あらゆる決定を彼女たちの指導者であるパンクハースト夫人（訳注4）とその娘のクリスタベル、そしてペシック-ロレンス夫妻に委ねた。運動計画は、これらの人びとだけで決められ、他の者はそれに従い、指導者たちの判断に身を任せ、統制のとれた軍隊さながら行進して世間を騒がすことを喜びとした。

時が経つにつれて、組織内で意見の分裂が起こり、メンバーたちの間でいくつかの分離した会が一度ならずつくられた。一九〇九年にはデスパード夫人（原注1）の指揮のもとで、かなり多くの人びとが組織を脱退し、女性自由連盟（訳注5）を結成した。この連盟は女性社会政治連合とほぼ同じ政策を取ったが、理論的には異なる筋道を通り、より系統だった民主的な方法で問題の処理にあたった。しかし、本家である女性社会政治連合は独自のやり方を続け、大義というよりは指導者たちに対する熱狂的な忠誠心で結束していた。そのため、極端な意見をもっている人びとばかりではなく、性来、劇的なものや英雄崇拝、強い指導力を好む人びとをもこの運動に惹きつけることになった。支援者の実際の数は不明で、この運動の参加者を記録に残す試みもなされたことはなく、決まった会費もなかった。多額の資金の出入りはあったものの、全体の会計報告がなされたことはなく、監査付きの決算報告が提出されたこともなかった。というのも、女性社会政治連合は「形式的な手続き」に時間を割いている暇はなく、すべては行動、行動あるのみだった。資金が入ると、たちどころに消えていった。さまざまな旗やチラシ、運動員、集会、パレード、楽団、見世物、リボン、太鼓、あるいは爆弾にさえも――つまり、騒音を立て、騒ぎを起こし、やる気を持続させ、世間の目にこの運動を輝かしく見せるものなら何にでもその資金は使われた。

一九〇七年［女性社会政治連合がロンドンに拠点を移した翌年］には、戦闘派たちはそれまで行ってきた路線を依然として続けていた。彼女たちは補欠選挙で政府と対立したり、集会で閣僚をやじったり、面会を拒否した閣僚に何度もひるまずに代表団を送りつづけたりしたが、結局は「公務執行妨害」のために路上で逮捕されるだけだった。このようなことを繰り返し経験していきながら、彼女たちは戦略を立て、相手の不意を突くことで、警察を出し抜く方法を学んでいった。彼女たちは、

戦闘派の中心人物たち。左からレディ・コンスタンス・リットン、アニー・ケニー、ペシック－ロレンス夫人、パンクハースト夫人の娘、クリスタベルとシルヴィア（1910）

あらゆる種類の変装をして、あらゆる場所に出没した。ある者は使い走りの少年になり、またある者はウェイトレスの姿を装って現れた。ある時には、首相官邸のあるダウニング・ストリートの柵に自分たちを鎖で繋ぎ、ボウ・ストリートにあるロンドン中央警察裁判所に引き立てられるまで、長い演説をする時間を稼いだ。また、戦略的には打ってつけの場所だった下院ロビーの像に、自らを鎖で繋いだ者もいた。オルガンが置かれている中二階からいきなり飛び出したり、あるいは、何もなさそうな家具運搬車の天窓《ルーフ・ウィンドー》から様子を伺いながら、急に姿を現したりすることもあった。また、突然、駅のプラットフォームに姿を現したり、テムズ川から議事堂のテラスに向かって熱弁を振るったりすることもあった。とにかくまったく思いもしないような場所に姿を現すのだった。彼女たちは再三、首相に面会を求めたが、いつも断られていたため、議会へのいわゆる「急襲」が活動のお決まりの方法となった。しかし「急襲」と言っても、それはやり方だけのことで、実際はきわめて整然としたものだった。まず議会の近くで集会を開き、そこで代表団が指名され、八人、一〇人、五〇人、あるいは一〇〇人の人びとがある時には列を作り、またある時には小グループに分かれて、国会議事堂のあるウェストミンスターを目指して静かに行進するのが常だった。パ

拘束や暴行に遭う戦闘派の女性たち

レス・ヤードに近づくと、時には一〇〇〇人もの強靭な警官隊や騎馬隊の非常線に阻まれ、引き返すように命令された。それを拒否すると、あとに付いてきた群集が押し寄せ、乱闘騒ぎのようになることもあった。そのような騒ぎでは、女性たちは小突き回されることは当たり前で、時には、かなり激しく突き飛ばされることもあった。彼女たちからは一切暴力を振うことはなかったが、懲りずに何度も行進を続けようとするので、どれくらいの間押し問答が続くかはその時々で異なったが、最終的には逮捕されるのが常だった。女性たちへの公務執行妨害という扱いに対し、これは従来からある請願する権利を剥奪することだとサフラジェットたちが訴えたにもかかわらず、たいていはこの有罪判決が彼女たちに言い渡された。さらに彼女たちは、騒動の責任は政府にあると主張し、閣僚と内務大臣をもその証人として召喚した。しかしながら結果はいつも同じで、結局、さまざまな刑期を科されてホロウェイ刑務所に収監された。

　このようなことすべてが当局にとってはきわめて厄介なことであり、そのうち自分たちのほうがとんでもない立場に追い込まれるだろうと感じていた。このことから、サフラジェットたちを逮捕してはいけない、たとえ逮捕したとしても罪を問うてはならないという命令が出された。これは戦闘派のもくろみにまったく反することであり、彼女たちはあらゆる手段を講じて、治安判事が自分たちを有罪にするように仕向けなければならないと考えた。そのため、戦略上の暴力事件をわざと起こす計画が立てられ、まず手始めにパンクハースト夫人が下院の戸口でジャーヴィス警部の顔を殴った。被害を受けたジャーヴィスは、彼女がこのような行動に出た理由をよく知っていたので、それを承知の上で彼女を逮捕した。しかし、新聞各社から憤りの声が上がった。このように叫んだり、ひっかいたり、噛んだり、蹴ったり、わめいたりする行為は、戦闘派特有のものであったが、こういった行為がごく普通の女性にも当てはまるものであるかのように拡大解釈されて、数々の紙面のトップを飾った。そのほとんどが、女性は投票にまったく不向きであることを自ら証明したと繰り返し指摘していた。戦闘派たちはこのことをものともせず、今度は投石という戦法を取ったため、公共の建物はもちろんのこと、リージェント・ストリートの商店の店先もその攻撃に遭った。

こうしたことがきっかけとなり、最初は控えめだったこのグループの戦闘性は活発なものに変わってきたのだが、女性参政権運動の大義を支持してきた多くの人びとは、この変化に強く反発した。女性参政権協会全国連合は、戦闘派のやり方は賢明ではないと思うことがよくあったが、この時点に至っては、これは間違っていると考えるようになり、自分たちは戦闘派の非合法的な活動とは関係ないことを公の場で明らかにした。多くの人びとには、戦闘派が行っている女性の権利獲得のための訴えは逆効果になっているように思われた。というのは、戦闘派たちは、あたかも真の闘士であるかのように激しい実力行使に出る一方で、戦いの場に直面すると、女性だからという理由で、実際の戦闘は行わなかったからである。自分たちは不当な攻撃の被害者であるという戦闘派の主張は、もはやむなしく響くばかりで、女性参政権運動をひじょうに大切に考えている人の中には、単なる見掛け倒しのスタンドプレーによって品位が損なわれ、名誉も傷ついたと感じている者もいた。フェミニストではない人びとや、女性運動は男性の真似をしたいという貧弱な欲望の表現に過ぎないと考えていた人びとは、もちろんこの成り行きを見て大いに喜んだ。そして、サフラジェットたちがその理念全体の愚かさを示す格好の象徴となっていると思い、彼女たちが中途半端で乱暴な振る舞いを見せるたびに、彼らはますます歓喜した。

戦闘派たちはもちろんそれとは異なった意見をもっていた。自分たちは単に収監されることを狙って便宜上の罪を犯しただけであるのに、その仕返しに本気で暴力を振るわれたことを十分承知していた。そして、このように自ら進んで収監されることによって、この運動を前進させること

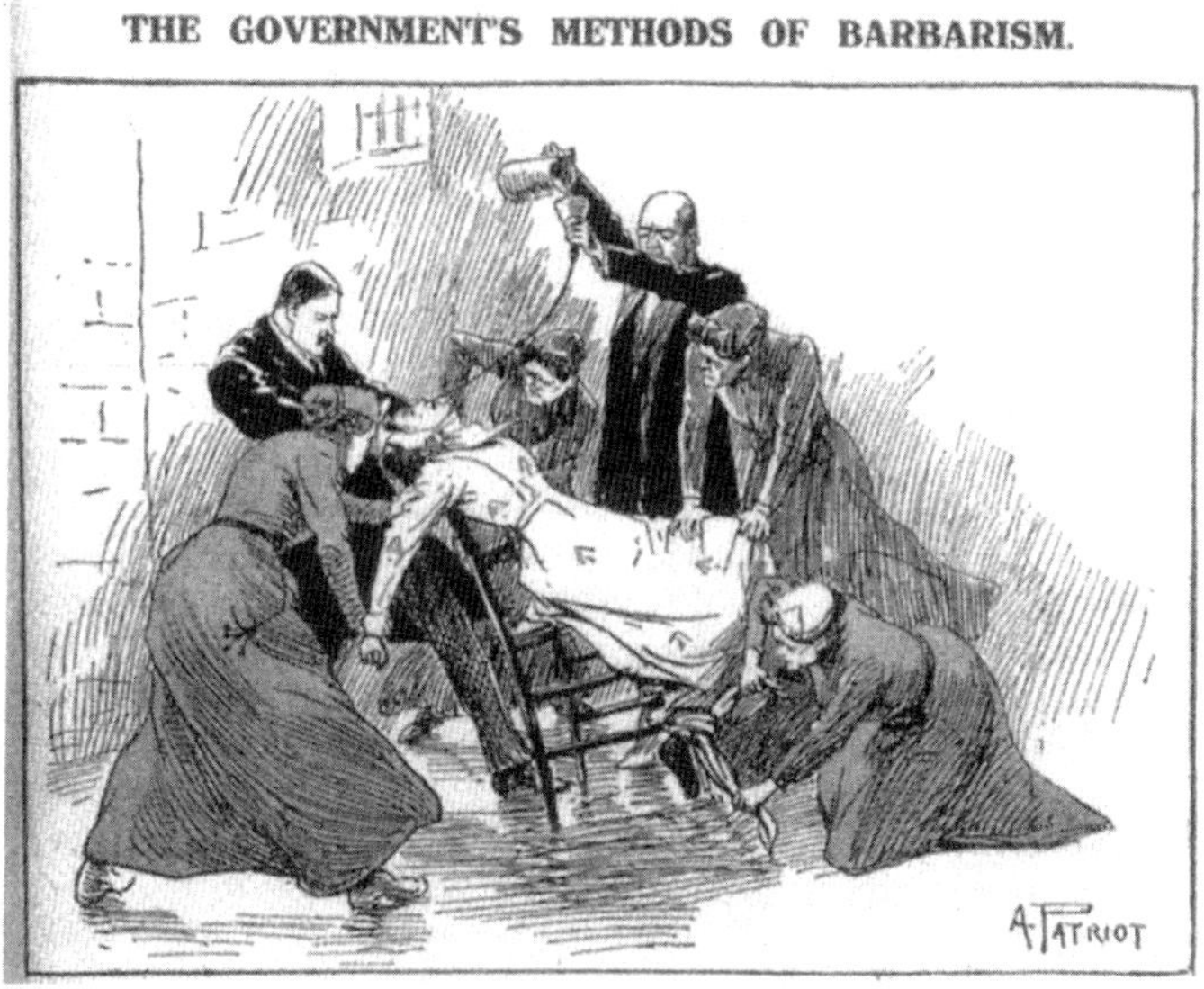

刑務所での強制食餌

ができると固く信じていた。一般の人びとがどう思おうとかまわないというのが戦闘派の気質と姿勢であり、彼女たちは合憲的な活動しか行わないサフラジストたちを軽蔑し、「反対派」をあざ笑いながら、自ら進んで次々にホロウェイ刑務所に収監される道を選んだ。

サフラジスト［ここではサフラジェットの意味］たちは収監されても、その戦闘的な姿勢を決して崩すことはなかった。当初から彼女たちは、自分たちは政治犯として扱われるべきだと抗議し、さらに通常の刑務所の生活ぶりを暴露し、告発したため、政府当局を激怒させた。彼女たちはさらに当局を困らせる方法を考え出し、刑務所に入れられるとすぐにハンガーストライキを始めた。看守が無理やり食べさせようとしたが無駄だった。囚人たちは強制的に食べさせられることに激しく抵抗したので、それを実行することは実際、危険なことだった。そのため看守は彼女たちの肉体が衰弱の限界に達するまで断食を続けさせ、それから釈放するしかなかった。この断食に伴う激しい苦痛と健康への害にもかかわらず、収監された多くのサフラジェットたちはこの手段をとったため、彼女たちを刑に服させることは馬鹿げた茶番となった。看守たちは考えられるあらゆる方法を試みたが、うまくいかなかった。時には彼らの厳しい扱いが行き過ぎて、世論をかきたて、実際に世間の怒りを買うこともあっ

収監され、囚人服をまとうパンクハースト夫人と娘のクリスタベル

た。ある凍てつくような寒い夜に、あくまで抵抗しつづける服役中のサフラジェットにホースで水をかけ、濡れたまま暖房のない独房に一晩放置するという事件が起こった。

しかし、一九一〇年にはこれよりもさらにひどい事件が起こった。一九〇九年にレディ・コンスタンス・リットン(訳注6)が女性社会政治連合に参加し、襲撃事件を起こして逮捕された。ホロウェイ刑務所に連行されたとき、彼女は虚弱体質のために通常の服役には耐えられないと言われていたが、事実そのとおりだった。そのため、ほかの囚人と同様の扱いを受けたいという本人からの嘆願にもかかわらず、病院に収容され、刑の満期を迎える前に釈放された。同年、ニューカッスルで再び逮捕されたが、この時も同じ扱いだった。彼女は自分の知名度と有力者の友人たちがその原因だと考え、三度目に収監されたときには、変装して身元を隠した。彼女はジェイン・ウォートンという名前でリヴァプールに行き、そこで一九一〇年一月、投石によって逮捕された。この時には、医師による入念な診察は行われなかった。ほかの囚人たちとともに彼女は刑務所に入れられ、そこでハンガーストライキを行ったため、強制的にものを食べさせられた。彼女の健康状態が悪化してはじめて身元が判明し、すぐに「医学上の理由」で釈放されたが、すでに健康は損なわれていた。レディ・コンスタンスはこの日から死を迎えるまで、健康を取り戻すことはなかった。彼女はまさに大義の真の殉教者となり、このことが多くの人びとの激しい怒りをかったのは当然のことであった。

しかしながら、このようなことのどれも政府を動かすまでにはいたらず、議会は依然として暗澹たる状況だった。第二読会は一九〇七年と一九〇八年に開かれ、一九〇八年のほうは順調に進んだ(原注2)が、首相に就任したアスキス氏(訳注7)は一切関心を示さなかった。彼は女性参政権協会の関係者とは面会することも、話を聴くこともせず、彼と彼の党に敵対する者も、女性参政権運動をただひたすら推し進めようとする者も自分には同じにしか見えないという振りを装った。

二度目の行進はロンドンの街中で一万五〇〇〇人という大勢で行われた。ハイド・パークやアルバート・ホールで大規模な集会が催されたが、特に人目を引くようなことはなかった。

しかし、一九一〇年に希望が見えはじめた。一月の総選挙は女性参政権の話題でもちきりになり、自由党政府が再び政権を握ると、ひじょうに真剣に参政権獲得の働きかけが議会で行われた。そして、リットン卿(訳注8)を議長とし、ブレイルズフォード氏(訳注9)を書記とした超党派の委員会が結成された。調停委員会として知られたこの委員会は、どの党派も支持できそうな法案を起草した。

議会前での合同大行進

大学卒業生による行進

この法案を通過させるあらゆる機会を得るために、女性社会政治連合は戦闘を中止するように説得され、六ヶ月間、前代未聞の強力な宣伝活動が行われた。大規模な行進が行われ、そのうちの一つは、ロンドンの通りを四マイル以上も続くものだった。これらの行進は、堂々とした、美しいものだった。それは、安っぽく、見栄えのしない、黒い文字が書かれた従来の木綿の旗にうんざりした女性たちが、絹とベルベットの美しい象徴的な旗印を一心に作り上げたからだった。この行進が行われている間は、中世の野外劇がロンドンの通りに舞い戻って来たかのようだった。戦闘派のやることは、すべてにおいて常に極端を極め、行進の際も、ある者は仮装して馬にまたがり、またほかの者は女性特有の職業を表わすいでたちや、過去の名だたる女性の仮装をして参加した。楽団とともに旗をもって女性たちは行進し、その後に何千人もの女性たちが続き、女性参政権運動の主旨を聞こうと集会に押し寄せた。週に二回、あの広いアルバート・ホールも人であふれるほど、熱狂と希望にあふれた。アスキス首相は、合憲的な協会の代表団の受け入れを拒否する態度を変えなかったので、町や都市部の議会からの決議文が彼のもとに殺到しはじめた。ダブリンは全員一致の請願書を下院の入り口前に置くために、正装した市長と役人を派遣した。エディンバラ、グラスゴウ、マンチェスター、リヴァプール、バーミンガム、ニューカッスルを含む一二九の重要都市が、女性参政権運動を支持する声明を公にした。そして、七月には皆の期待を背に、調停法案が下院に提出された。『タイムズ』紙はこの二週間前から毎日、これに反対する記事を掲載していたが、この調停法案は一一〇票の差で第二読会を通過した。しかし、第二読会での承認は、以前にも得たことがあった。肝心なのは政府の態度で、それは今回もほとんど変わっていないように思われた。ロイド・ジョージ氏(訳注10)とウィンストン・チャーチル氏が、この法案を民主的とは言えないという理由で攻撃したため、それ以上先に進む時間的な余裕はなかった。状況は以前より悪化しているようだった。無関心とあからさまな敵意ばかりではなく、さらに悪いことには、それまで支持者だと公言していた人びとからの妨害も見られた。所属する党にかかわりなく、女性参政権運動の本当の支持者たち全員の間では、通過が見込まれる唯一の法案の形は制限付きの「調停法案」に基づいたものしかないという点で意見の一致を見ていた。労働党の男性議員たちは男子普通選挙権という点のみを取り上げようとし、調停法案では女性参政権の獲得を期待できないことを承知していたので、「制限付きの」法案を支持し、党にもそれを強硬に承認させた。しかし、自由党支持者は、そのように単純思考の者ばかりではなかった。彼らは男子普通選挙権運動を推し進めれば、女性参政権にかかわる問題を避けて通ることができると考え、この歓迎されない、不快な問題全体を棚上げにするために普通選挙権という共通基盤を使った。

したがって、一九一〇年の二度目の選挙の際に、自由党は政策に男子普通選挙権法案を入れ、それに修正を加えて、女性を盛り込むことも、盛り込まないこともありうるとした。もし下院が女性を含む修正をしたら、アスキス首相はその決定に従うことを公言した。サフラジストたちには、この程度のわずかな見通ししか得られなかった。

女性社会政治連合の指導者たちはこの事態に憤慨した。これは、自分たちの休戦に対する結構なご褒美であり、おとなしくしていたことへの見返りだ、と彼女たちは考えた。そしてアルバート・ホールでの興奮に沸いた大規模な集会で休戦を撤回し、戦闘を再開することを宣言したのだった。彼女たちは選挙において、死力を尽くして自由党と闘い、暴力行動と抗議運動を再開して、政府に思い知らせてやるつもりだった。この決定に従って、彼女たちは、ロイド・ジョージ氏が女性の自由党員たちに参政権についての演説を行っているのを妨害し、自由党の閣僚の後を以前よりさらにしつこく追い回した。

女性参政権協会全国連合は、今後の見通しについてひじょうに不安に思っていたが、選挙において自由党に反対することはせず、本当に支持してくれる各党にわたる議員たちの再選を目指して働いた。とはいえ、彼女たちは有権者からの直接の声によって、新しい政府に影響を及ぼす方法を採ろうと決めていた。何十万もの女性たちの請願書はすでに集められていたが、それだけでは十分役に立つとは言えず、選挙権保有者からの請願書であれば、おそらく異なった結果を導くだろうという希望を彼女たちは抱いていた。そのため、国中のすべての投票所に出向いていった。雪とみぞれの混じる十二月の選挙の時にも、神聖な投票所の戸口の外に立ち、女性の選挙権を求める請願を支持してくれるように呼びかけた。この請願は三〇万もの署名を集めた。男性の労働者たちは快くこれに署名し、門に立って投票を見るだけしかできない女性たちにやさしく声をかけたが、政府は相変わらずこのようなことすべてを無視した。誰でも署名くらいはする、というのが政府の意見だった。この多数の署名も、それまで出された数えきれないほどの請願書と同様、政府当局のごみ箱に捨てられたのだった。

自由党政府は二期目に入り、議会では、上院の拒否権の問題に決着がつき、アイルランド自治問題が取り上げられていた。憲法に関わるこの二つの大きな問題は、ともに女性参政権と同じ性質のものだった。つまり、両方とも民主主義に関わる問題を扱い、従来とは大きく異なる方向での決着が間近だと思われた。しかし、選挙権のない女性は依然として顧みられることはまったくなかった。この運動が始まってから男性有権者の数は七〇万人から七〇〇万人に増えたが、女性には何のよい兆しもなかった。再び調停法案が提出され、一九一一年五月に一六七票の差で通過した。しかし、それ以上の進展の機会はつぶされ、男子普通選挙権法案を通すはっきりとした日程を政府が確定したことで、これ以降の見通しもまったくなくなった。「女性のサフラジストたちをことごとく逆上させるのが（首相の）目的であったとしたら、これ以上のできはなかったでしょう」とフォーセット夫人は述べた。そこに生じた苦々しい、裏切られた気持ち、政治に対する幻滅といった感情は、ベテランの女性参政権運動の活動家も味わったことのないようなものだった。このため、自由党の女性たちも党に対して忠誠心をもちつづけるのはたしかに難しかった。多くの女性党員たちが離党し、二度と党に戻ってくることはなかった。戦闘派がひときわ激しい怒りと敵意に満ちた活動を開始しても、驚く者は誰もいなかった。

これと同じ頃、女性参政権反対派は火にいっそうの油を注ごうとした。ハンフリー・ウォード夫人のもと、一九〇八年に婦人たちによって創られた女性参政権に反対する協会が結成され、一九〇九年には「女性参政権反対男性連盟」が誕生した。この二つの組織は一九一〇年に併合されたが、その運営方法は実に手際が悪く非効率的だった。これは女性参政権賛成派にとってひじょうに好都合で、彼女たちは胸をなでおろした。反対派が主催するどの集会でも、参加するのはもちろん大部分が純粋な反対派だったが、女性参政権運動の主張がわかりやすく伝えられたとき、そのような反対派の人びとを賛成派に変えるのはたやすいことだった。その結果は常に驚くほど効果的だったので、屈託のない若いサフラジストたちは、あらかじめ用意しておいた「反対派」の演説をいつも自分たちの運動に利用した。彼女たちは適当に作りあげた参政権反対の事例をみんなに披露する役得をくじ引きで決めたのだった。これに対し、本物の「反対派」は女性参政権運動を全面的に否定する主張はあまりうまくいかないことをすぐに見て取り、一部の女性がすでにもっている地方自治体での選挙権を使える機会をさらに増やすという要求を追加した。つまり反対派の「論旨」は、女性は地方政治を任されるのに適しており、国の中央政治は女性の「領域」から外れることであるというものだったが、この二つの原則論はあまりうまくかみ合ってはいなかった。反対派組織の内部において意見の対立が起こり、特に居並ぶ副代表を務める上院議員のお歴々と意見の食い違いが起こった。これらの紳士たちは、女性が地方議会のみならず、(家庭以外の) いかなる場所に立ち入ることにも強く反対した。反対派が抱える問題を目の当たりにするのは、賛成派にとって常に大歓迎だった。この二つの陣営の間で時折行われた討論に賛成派はいつも大喜びで臨んだが、「反対派」はこの戦略に打って出ると必ずと言っていいほどいつも論破されたため、反対派をそのような討論に参加させるのはひじょうに難しくなった。

この時期に発足した組織は、女性参政権反対連盟(訳注11)だけではなかった。一九〇九年に女性参政権支援男性連盟が結成され、これに加えて、ほぼ同時期に同じ目的を持った一五の団体が誕生した。参政権支援女優連盟、参政権支援芸術家連盟、女性参政権支援カトリック協会、女性参政権協会連盟、女性参政権支援保守ユニオニスト協会、自由教会連盟、クエーカー連盟、ユダヤ連盟、ロンドン大学卒業者連盟、女性参政権支援スコットランド大学連合、等々。イギリスにおいて、自分に適した参政権の団体を見つけられない者はいないと言ってもいいほど多くの団体が結成された。一九一〇年には、正規の労働組合が新たに六〇の支部を増やした。これらの支部は翌年がこの運動にとって決定的な年になるという一つの信念のもとに結束し、政府の公約の結果をみな不安な面持ちで待ち構えていた。

(1) デスパード夫人は独立労働党の古くからのメンバーの一人で、ロンドン南部とダブリンにおいて、貧しい人びとの間での彼女の活躍ぶりはひじょうによく知られていた。彼女は二度投獄された。フレンチ将軍の妹であったが、第一次世界大戦中は過激な反戦論者だった。一九一九年にはバタシー選挙区から国会議員に立候補したが、落選。一九二七年には危険人物としてアイルランド自由国から追放された。

(2) この二つの法案は議員法案で、一九〇七年にスタンガー氏によって提出されたが、議事引き延ばしによる時間切れで廃案となり、次いで一九〇八年にディキンソン氏 (のちのサー・ウィロビー) によって提出され、一七九票の差で第二読会を通過した。

第一七章　選挙法改正法案の失敗
一九一一—一九一四

選挙法改正法案の準備——議会での噂——戦闘派の投石事件——一九一二年三月*調停法案の否決——女性参政権協会全国連合の新たな方針——一九一二年三月、戦闘派指導者たちの逮捕と陰謀罪の裁判——懲役九ヶ月の判決とハンガーストライキ後の釈放——一九一二年七月、選挙法改正法案第二読会へ——戦闘派指導者たちの意見の相違——パンクハースト夫人、戦闘を再開する——一九一三年一月、選挙法改正法案委員会——女性参政権法案を違法とする議長判断——選挙法改正法案の撤回、代替として議員立法法案の提出——議員立法法案の棄却——戦闘派の破壊活動開始——「猫とねずみ法」の通過——パンクハースト夫人への懲役三年の判決と「猫とねずみ法」への抵抗——繰り返される再逮捕——ミス・エミリー・デイヴィッドソンの死——パンクハースト夫人のアメリカ訪問——女性参政権協会全国連合主催のデモ行進——世論の支持——女性参政権法案の上院提出——第一次世界大戦の勃発

一九一一年秋、男性の参政権を広げるための選挙法改正法案の準備が始まった。アスキス氏は、穏健派及び戦闘派女性参政権論者《サフラジスト》双方の代表者との面会に応じることを承諾し、この改正法案が、女性参政権を含む改正を認めようとするものであること、そして、もし下院でそれが盛り込まれたら、そこでの決定を受け入れることを彼女たちにきっぱりと繰り返し約束した。女性社会政治連合（ＷＳＰＵ）は即座に、「私たちは納得できません」と叫び、面会室の外で論議しはじめ、アスキス氏の提案を「女性に対するいわれのない侮辱」と呼んだ。その一方で、自由党を支持する女性団体の人びとは、参政権は勝ちとられたも同然だと感じ、サー・エドワード・グレイとロイド・ジョージ氏は勝利を喜んだ。ロイド・ジョージ氏は特に、自分がひどく嫌った調停法案が、新たな提案により「粉砕された」ことを喜んだが、女性参政権協会全国連合（ＮＵＷＳＳ）は、期待する反面、少々の不安を抱いた。数週間のうちにその不安は増大した。首相は、今度は彼の支持者である女性参政権反対連盟から選出された代表者の申し出を受け入れ、彼らに対しては、法案に女性参政権を含めることは「悲惨な結果をもたらす政治的過ち」を犯すことになるだろうと述べた。このような選挙法改正法案の通過は、彼の辞任を

招くことになるだろうという噂がすぐに飛び交い、党思いの自由党員らは、党首がサフラジストたちに約束したことの実行を迫られるといった「恥」を党が一丸となって回避してほしいという緊急の要請を受けた。

戦闘派《ミリタント》の「暴行」が始まって以来、下院の建物から女性が締め出されていたが、サフラジストたちは、たとえその場に居合わせなくても、そこでどのようなことが発言されたかを十分理解し、調停法案が再び取り上げられる状況にならないようにあらゆる類の否定的な報告が広められたことに気づいた。極めつけの混乱を起こそうと、戦闘派は、彼女たちのもっとも目立った「戦果」をあげるのにふさわしい瞬間を選んだ。パンクハースト夫人と二人の仲間はダウニング・ストリート一〇番地の窓ガラスを割り、同時に何百人もの女性たちがロンドンのそのほかの地区で、商店、郵便局、省庁の窓ガラスを割った。一五〇人の女性たちが、この「戦果」をあげたことでホロウェイ監獄まで連行された。パンクハースト夫人とペシック‐ロレンス夫妻は、陰謀罪と暴動の煽動罪で拘束され裁判にかけられた。クレメンツ・インにある女性社会政治連合事務局は、家宅捜索を受け、クリスタベル・パンクハーストは、すべての指導者たち全員が投獄されるといった不幸な事態を避けるため、変装してパリに逃亡し、そこから新聞を発行し、母国で闘いの前線にいる者たちに指示を出した。

これらの出来事はすべて、調停法案のための有利な状況をつくることには結びつかず、さらなる不運が待ちかまえていた。そのころ、進行中の炭坑ストライキがあり、法案が議題となった夜、一三人の労働党員はその関連でロンドンを離れていた。もし彼らがそこにいたら、一三人すべてが賛成に投票していただろう。この不運に加えて、党からの要請を受ける前にすでに投票していた二人をのぞくすべてのアイルランド民族独立主義政党員が、アイルランド自治法案を通そうとしている政府を危機にさらさないようにという命令に従い、投票を棄権するか反対派を支持するかに切り替えた。採決がなされると、結果は一四票差で否決された。これは同じ法案を一六七票差で通過させたまさにその同じ議会であり、そのときからまだ一年もたっていなかった。

女性参政権協会全国連合が抱いていた恐れと、女性社会政治連合の憤りはそのとき倍増した。その年の初めには、女性参政権を獲得するための二つの手立て［選挙法改正法案と調停法案］があった。そのうちの一つを粉砕するため、審議される予定の選挙法改正法案［成人男性選挙権をめざす］を政府はうまく利用していたが、調停法案の否決により、もう一つもつぶすことができるのか成り行きが見守られた。自由党のサフラジストたちはそれでもなお自信を失うことはなく、ほかの党員たちも、とにかくあらゆる手段をつくす気構えであった。国中で宣伝活動会議が驚異的に増え、女性参政権協会全国連合だけでも毎晩五〇もの会議を開いた。しかし彼女たちは、単なる宣伝活動だけで満足していたのではなかった。議員立法法案が失敗し、政府案だけが彼女たちの頼みの綱となるという明らかな事実が、彼女たちがこれまで進めてきた選挙方針を強化させ変更もさせた。つまり、女性たちの主義主張に個人的に賛同してくれる男性議員を支持するのではなく、それに賛成する党に属する議員たちだけを支持することだった。そのときは労働党がそれに該当し、自由党、保守党を支持する女性たちにとってこの決定を受け入れることは困難だった。そのうえ、女性参政権協会全国連合の民主的体制や、そのきわめて綿密に組織化された体制のため、方針の変更は重要な問題だった。これはひとりの指導者の命令または複数の指導者たちの命令で決められることではなかった。というのも、これはそのとき全国連合を組織していた四一一の独立した協会においてしっかりと協議され、正確に理解された結果はじめて成し得ることだった。これらの各協会では、その規模に比例した数の代表者が選出され、その代表者による協議会のみがこのような決定を下すことができた。一九一二年の春と夏は、女性たちのあいだで、このように真剣な戦術的議論が交わされた時期で、それぞれの政治主張の重要度を比較検討し、メンバーたちにとって連合内部の問題がかつてないほど重要となった時期だった。女性たちがはじめて共同作業を学び、社会で仕事をする段どりもよくわからなかった古き時代はすでに遥か昔のことだった。連合はもっとも効率的かつ迅速にその業務を続行した。手順よく進めるための要点や、手続き上の規則を完全に心得ており、会議に伴いがちな不適切で退屈な演説はみられなかった。がむしゃらに、自分たちが何を求めているかをしっかりと理解し、それを進めるうえでの豊かな経験をもつ何百人もの女性たちがここには集っていた。そして、多数決にもとづいてつくりあげた規律や訓練が、年を重ねるごとに彼女たちを成長させた。もちろん、激しい意見の相違があり、時には白熱することもあったが、混乱や派閥を生むこともなく、敵対意識も生じなかった。主張を通した者たちは、仕事に追われて勝利を喜ぶ暇はなく、主張を通せなかった者たちは、翌年再び挑戦するための準備をした。そして常に仕事は前進し、熱意は高まった。

七月、選挙法改正法案は第二読会まで進み、内容の変更もなく第二読会を通過した。しかし、アスキス氏は、選挙法改正法案の説明に際し、女性参政権法案が提出されることを予測して全力で妨害しようと次のように述べた。「この法案は女性参政権を付与することは含んでいません。下院議会では、会期の早い段階で女性参政権法案をはっきりと棄却しました。私としては、議会が審議し判断を下したものを同会期中にくつがえし、その判断を無意味にしてしまいかねない事態を招くことはまったくありえない仮説だと考えます」。アスキス氏は、同議会で同改正法案を反対票の一二倍の賛成票で通過させていたことについては言及せず、サフラジストたちはこれまでにないほど強く不安を抱いた。首相はこれまでと同様、明らかに強い反対の立場をとっており、調停法案を廃案にしたのと同じ戦略が繰り返されるかのようだった。

これに対し成すすべは何もなかったが、たとえわずかであってもその機会を最大限に利用しようと、サフラジストたちはこの目的達成を目指して努力を続けた。資金は順調に集まり、目の前に待ち受けた戦いでの実質的な支援や後ろ盾を確保するために、英国中のすべての主要都市での集会に加え、ロイヤル・アルバート・ホールでの大規模で盛大な集会を執り行うことが可能だった。

女性参政権協会全国連合が拡大し、その政策を練り直していた一方、女性社会政治連合の活動は別の道を進んでいた。三人のもっとも著名な指導者たちは、三月に逮捕され、陰謀罪で裁判にかかり、五月に有罪判決が下され、軽罪として懲役九ヶ月の刑を宣告された。この異例な判決は過激派に同情の余地をみせなかった人びとを動揺させ、驚きや強い怒りを生む結果となった。パンクハースト夫人とペシック－ロレンス夫妻は自ら、彼女たちの支持者たちを過激な行動に駆り立てた罪を認めていたが、単なる政治犯であったことは明らかだった。そこで法務大臣へ相当の圧力がかかり、数日後、大臣は彼女たちの刑を微罪へ軽減するようにという命令を下した。しかし、この特別処置が施されたとき、それが仲間たちには及んでないことを知り、三名全員が異議申し立ての手段としてハンガーストライキを行った。しばらくの間、刑務所当局により、強制的に食事を与える手段が用いられたが、彼女たちは猛烈に抵抗しもがいたので、この仕事は困難で危険をはらむものだった。まもなく、三人の指導者たちとほかの投獄されたサフラジェットたちは、あまりにもひどく衰弱し危険な健康状態に陥ったので、全員が釈放された。

一九一二年夏、指導者たちは釈放され、健康を回復した後、戦いを再開する準備をした。しかしながら、この段階で、彼女たちの間に意見の相違が浮上した。度重なる投獄にも、繰り返し行われたハンガーストライキにも耐え抜いて、ひるむことのなかったパンクハースト夫人は、戦いは今まで通りの方針にそって強化されるべきだという断固た

拘束されるパンクハースト夫人
(1914)

ペシック-ロレンス夫妻が発行した
『女性に参政権を』紙

る態度をとった。娘のクリスタベルも同じ意見だった。この戦いの勢いを弱めることは彼女たちがこれまで得たものすべてを無にすることになるだろうと感じていた。しかし、ペシック-ロレンス夫妻はこの意見に反対した。その理由は述べなかったが、四名全員の署名入りの声明文が報道機関に出回り、この声明文のなかで、パンクハースト夫人とその娘が女性社会政治連合の指導者として残留し、ペシック-ロレンス夫妻は彼女らと分裂し、『女性に参政権を』(訳注1)紙の発行を続けることが明らかにされた。

戦闘派闘士たちの二度目の分裂は、初めの分裂より深刻で、節度を失わせることになり、より過激な戦闘行動に突き進む兆しをみせた。パリに残った娘クリスタベルは、次々に戦略を生み出し、母は、度重なる投獄と飲み物さえ受け付けないハンガーストライキの苦しみに直面したにもかかわらず、ひるむことがなかった。そして彼女たちの支持者らは、娘クリスタベルの挑発的な論説と、母パンクハースト夫人の不屈の抵抗運動に感化され、ますます無謀な行動をとるようになった。パンクハースト夫人は、一九一二年秋に行われた第一回集会で次のように叫んだ。「私はこの集会を反乱という形に盛り上げたいと思います。それぞれのやり方で戦闘行動を取ろうではありませんか。あなた方の行動のすべての責任は私が取ります」。このような言葉は支持者たちを陶酔させ、これまで以上に熱狂的に彼女をほめたたえ、英雄のように崇拝した。巨額の資金が協会の財源に注ぎ込まれ、裕福な女性たちが何百ポンド、見ず知らずの支援者たちが何千ポンドと資金を注ぎ込み、熱に浮かされ我を忘れ、宝石や時計さえも指導者の足元に投げ出した者もいた。

しかしながら、実際のところ、戦闘派の運動はもはや重要な意味をもたなくなっていた。戦闘派たちは、彼女たち自身がつくりあげた世界に生きていたので、そのことに気づかなかった。その世界では、危険が危険を呼び興奮が常に最高潮にあった。彼女たちにとっては、この運動がもっとも重要に思え、もしつまずいたり尻込みしたりすればすべてを失うことになると信じていた。しかし、実際にはそうではなかった。報道機関や世論は「暴動」のニュースに飽き飽きして、その性質がより深刻になったときでさえ、それほどの関心を示さなかった。法務省と警察は依然としてこれに手を焼き、自由党政府は依然として怒りをあらわにしていたが、このどれもさして問題ではなかった。というのも、女性参政権問題それ自体が、注目されることのない暗闇の中から姿をあらわし、今や舞台の中央を占めていたからだ。人びとが知りたかったのは、この女性参政権問題が実際どのような状態にあるのか、政府が何をしようとしているのか、そして具体的にどういう見込みがあるかということだった。かつて多くの人びとの関心を集めていた「手段」という問題は、次第に重要ではなくなっていった。

長く期待されてきた選挙法改正法案の審議が迫ってきた。一九一二年の会期はすでに異例の長さとなり、そのうえさらに延長され、法案は一九一三年一月に審議される予定となった。この審議の準備段階に、内閣危機の噂が再び浮上したが、下院議会の女性参政権運動支援者たちは、噂を消すために思いつく限りのことを行った。法案の文言と、修正案がとるであろう形態を検討するため、頻繁に会合した。女性参政権がこの法案に含まれうる方法は明らかに何種類かあり、いくつかの提案を最終的に三つに絞ることが合意された。第一は、男女平等を実現する方法で、もしその法案が立法化されたら、実質的に全成人に参政権が与えられる。第二は、住宅の所有者に参政権を与える方法で、住宅を所有する女性と、住宅を所有する男性の二五歳以上の妻に与えられる。第三は、より制限された調停法案で、自分名義の住宅を所有する女性のみに与えられる。これらの修正案が互いの妨げにならないようにすることが重要で、その草案をつくることと議事日程の調整に、多くの時間と審議が費やされた。それらは重要度の高い順に並べられた。それゆえ、女性参政権協会のように、平等を求めてはいたがそれより悪い条件を受け入れる用意ができていた人びとは、順番に各修正案に投票してもよかった。一方、三つのうちのある一つを望んでいた人びとは、その修正案だけに投票する機会を得ることができた。（原注1）三つの修正案はそれぞれ、労働党、自由党、そして保守党党員の名のもとに起案されたが、解釈の違いでそれぞれの成功を妨げないようにと、ひじょうに慎重な根回しが行われた。各修正案のもとで、参政権が与えられると見込まれる女性の人数が算定され、議会を通過させるために女性参政権協会全国連合がなしうるあらゆることが、細心の注意を払って行われた。しかしながら、これらのどの修正案も審議に上がる前に、法案から「男性」という言葉が削除される必要があった。そしてその〔男性という言葉を削除することで女性の参加を黙認する〕修正案は、独身の女性には本来参政権を与えないことになるが、ほかの三つの修正案が議会を通過するためには必要不可欠で、それは外務大臣サー・エドワード・グレイによって一月二三日に提議された。そして、このとき、国会の議事進行を時として異なる方向に向けてしまいかねないある異例の出来事がここでも起こった。というのは、議長が、別の質問に答える形で、もし女性参政権法案のいずれかが採用されれば、この選挙法改正法案は別物になってしまい、結果として法案が否決され、別の新しい形で再び導入しなければならなくなるだろう、と個人的見解として明言したのだ。

サフラジストたちの望みはたちまち押しつぶされた。同時に政府の実にひどい失敗も明らかになった。政府は、何年間も審議し、前年の春に第二読会まで進んだ選挙法改正法案を早急に取り下げなければならず、世論は、ばかな失敗と巧妙な不正だとしてアスキス氏と内閣の閣僚たちの責任を問おうとした。いずれにしても、女性たちが法案成立の機会をうまく騙し取られたことにはかわりなかった。さらにひどいことに、アスキス氏は、政府が取り下げた法案の代替物を提案してくれるのではないかという女性たちの望みも一切拒否した。彼は、自分が最後までとことん欺いた人びとに会おうともしなかったが、いかにも寛大なそぶりで、どうでもよいような議員立法法案の一つに、第二読会で審議する時間を与えることを申し出た。この類の手を使って、役にも立たない法案がすでに過去四年間に七件成立していた経緯があった。

女性参政権協会は猛烈に憤慨した。この首相のおそまつな提案に関係することはなんであれ全員一致で拒否し、政府法案を要求した。アスキス氏はこれを意に介さず、やがて議員立法法案が立案されても、廃案は避けられなかった。自由党にはそれ以上期待できるものは何もなかった。唯一の成功の見通しは政権交代にあり、女性たちは今やこれを

「猫とねずみ法」通過に抗議するポスター

目指して一心に情熱を傾けた。

選挙法改正法案の大失敗は、この法律の成立をめざす各協会を激怒させ、戦闘派をひじょうにいらだたせた。彼女たちは常に「裏切られる」ことを予期していたことは事実だが、だからといって実際の成り行きに甘んじることはなかった。彼女たちの強力な支持者の一人であるランズベリ氏は、議員の職を辞し、この問題だけを争点に再選に賭け（その結果落選）、公共物の破壊活動を目的とした戦闘がそれに続いて起こった。戦闘派たちが行った数々の破壊活動は、特に強い印象を残すことはなく、郵便箱に酸を注いだり、電話線を切断したり、公共の美術館の絵画を切り刻む行為が、これまでの彼女たちがとった行動以上に女性参政権運動という大義に適していないように世間の目には映った。しかしながら戦闘派たちは、自分たちの行動を英雄的行為とみなしていた。空き家に火をつけ、ゴルフコースを破壊し、教会に爆弾を投げ込み、そうすることで彼女たちの参政権運動を前進させていると信じていた。二月、選挙法改正法案の失敗の後まもなく、ロイド・ジョージ氏の別荘に火をつけることが企てられた。それがサフラジェットの仕業であると証明されたわけではなかったが、パンクハースト夫人は逮捕され大衆扇動罪をきせられた。彼女は、オールドベイリー［中央刑事裁判所］の裁判において自ら弁護をしたが、きわめて興味深い長い裁判の後、有罪判決が下され懲役三年の刑が科された。それまで蔓延していた状況を考えると、この懲役はほとんど何の意味もなかっただろう。というのは、ハンガーストライキを行えば、彼女はすぐに釈放されただろうから。しかし、法務大臣は、サフラジェットに侮辱された判決をうんざりするほど目にし、このような問題を起こす女性たちを押さえ込む新しい規定を断固として英国法に導入しようとした。多方面から要求を受けた女性参政権法案を審議する時間すら作ろうとしなかった当の政府と国会は、収監されたサフラジェットの取り扱いを統制する法律を通すことには成功し、それは「猫とねずみ法」（訳注2）として知られるようになった。実際、サフラジェットという特定の囚人にのみ適用するように作られたこの法律は、サフラジェットがハンガーストライキで死ぬ危険性があるとき、法務大臣が仮出獄許可証のもとに釈放することができるとした。このような女性は、健康回復のため出獄することを許され、十分体力を取り戻すとすぐに新たな逮捕状なしに再逮捕され服役を続け、体調回復のために出獄した日数は服役日数に数えられないことになった。政府はこれに期待して、女性が法律を冒とくし法廷を侮辱することはもはやなくなるだろうし、彼女たちが刑罰という厳しい現実を味わい、これ以上面倒を起こさないようになるだろうと考えた。法務大臣は、この対象となっている人びとの根性をまったくわかっていなかったのだ。人間の殉教の歴史と物語があるにもかかわらず、法務大臣は、熱狂者は力で押さえつけられ、正義のために戦う人びとが威圧政治に屈すると思い込む過ちを犯していた。しかし彼はすぐにその過ちを思い知らされた。

パンクハースト夫人は、四月三日、ホロウェイ刑務所に連行され、まもなくハンガーストライキを始めた。これ以上刑務所に拘束できないほど彼女が衰弱するまで待つ間、彼女の支持者たちは外で抗議を続け、数十人の女性が彼女と同様に投獄された。四月一二日、パンクハースト夫人は生命の危機に瀕し、その日、一五日間の仮出獄許可で釈放された。彼女は療養所へ連れていかれた後、郊外の一軒家へ移された。一五日以上が過ぎ、その場所は警官に包囲されたが逮捕はされなかった。五月の終わりに近づくと健康を回復しはじめ、彼女はすぐに集会に参加し支持者たちに演説をすると公表した。その集会の段どりがなされ、まさに執り行う準備が進んでいたとき、パンクハースト夫人は自分が立ち上がることができないことがわかった。それでも集会に出かけようとして、階段から待機していた車までほとんど運ばれるようにして下りた。しかし警察も彼女を待ち受けていた。もし彼女が集会に行くほど体力を回復しているのなら、ホロウェイ刑務所に戻るのにも十分であったので、警察は彼女を引きずり下ろした。彼女に再び服役させようという試みはたった五日間しか続かず、五月三〇日、再び生命の危機に瀕したパンクハースト夫人は再度釈放された。

翌日は、ダービー競馬（訳注3）の日で、華やかで熱気に満ちた競馬の最中に、戦闘派サフラジェットのひとりであるエミリー・ワイルディング・デイヴィッドソン（訳注4）が突然悲劇的な出来事をおこした。この女性は、人びとの関心を彼女の主張に引き付け、それがいかに深刻で差し迫っているかを証明するため、誰にもそのもくろみを告げることなく疾走する馬の足元に自らの身を投げ死亡した。彼女の行動は国中を驚かせ関心をかき立てた。戦闘派を心底狂信的とみなし、

1913 年 5 月、ミス・デイヴィッドソンが競争馬の前に身を投げ抗議

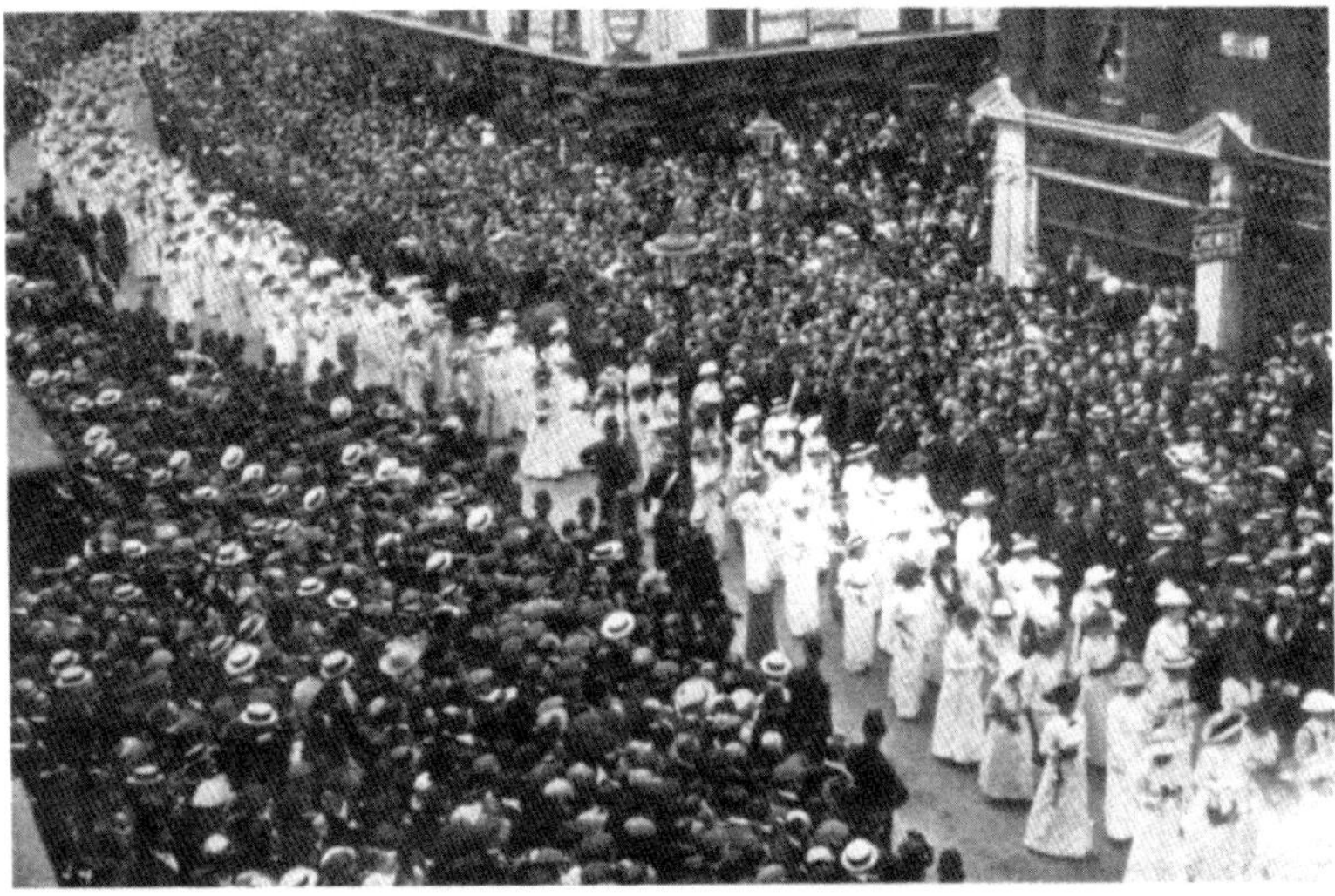

ミス・デイヴィッドソンの葬列

彼女の犠牲的な死との関連性やその目的をわかっていなかった人びとも、その行動に驚かないわけにはいかなかった。世界中の人びとがその記事を読み、イギリスには、女性は自由であるべきだという信念のために自ら死を招いた女性たちがいるということが、世界中に知れ渡った。

ミス・デイヴィッドソンの葬儀には、戦闘派の大行進があり、それが静かにロンドンの通りを進むのを見た群集の思いは複雑だった。人びとは、徐々に好意的にとらえはじめたこの運動のことを知り、常にばかにしてきた戦闘派のことも知った。そしてこの時、無謀で犠牲的な死をとげ大義に殉教した女性を目のあたりにして、人びとは嘆き、動揺した。このような争いに終止符を打つ時が来ていた。

たった何日間かホロウェイ刑務所から出獄していたパンクハースト夫人は、その葬列に参列しようとしたが、ここでも警察に邪魔をされ、刑務所に連れ戻された。そこで彼女は過酷なハンガーストライキを続け、今度はそれに加え、水を口にすることも眠ることも拒否した。彼女の体への負担は増加したが、生命の危機に達することもより早くなったので、三日のうちに再び釈放されなければならなくなった。

パンクハースト夫人は病気や苦しみや危険にひるむことはなかった。仮釈放から一ヶ月も経たないうちに、ロンドン・パヴィリオンでの集会で演説し、彼女の支援者たちの策略によって安全な場所へ逃げた。戦闘派は一週間、変装して警察の目をくらまし、追跡者を煙に巻いて、華麗な刑事物語風に警察をもてあそんだ。彼女たちは、概して、「猫とねずみ法」の運用が実態として無意味になるようにしむけ、その後、パンクハースト夫人はもう一度身の安全を確保した。彼女を服役させようとする四度目の努力がまたなされて、四度目もまた彼女はそれに対抗し、まもなくやはり仮釈放されなければならなくなった。数日後、車椅子で大集会に参加したパンクハースト夫人は、邪魔されることなく演説することが許された。それからまもなく、彼女はパリにいる娘のクリスタベルのもとへ行くため、公然とイギリスを離れた。資金を集めこの運動への関心を得るため、パリからフランス船でアメリカへ渡ったが、ニューヨークに着くと、エリス島「ニューヨーク湾の小島、移民局施設（一八七二―一九一三）があった地」で英国政府の要請により拘留された。この拘留の知らせがアメリカ合衆国の女性団体に伝わると、大統領のもとに激しい抗議が殺到した。地元イギリスでは、明らかに問題視されて多くのフェミニストたちに複雑な面持ちで見られていた戦闘派の運動は、他の国々では好意的に受け入れられていたのだった。何千マイルも隔てたこの地では、イギリスで障害となっていたものは何の妨げにもならず、ささいな出来事や政治の不見識によってその意気込みが失われることはなかった。アメリカの女性たちは、パンクハースト夫人を決して犯罪者とはみなさず、彼女に会って歓迎しようと堅く決意していた。大統領が彼女たちの抗議を認め、パンクハースト夫人がニューヨークに入ることを許可すると、アメリカの女性たちはパンクハースト夫人を最大限に歓迎し、もてなした。そして彼女がイギリスに戻る際には、活動のための多額の寄付金を持ち帰ることになった。

パンクハースト夫人は、サウサンプトンに船が着く直前に逮捕され、すぐに警察との戦いが始まった。彼女は合わせて一二回のハンガーストライキの恐怖に直面し、懲役三年の宣告を受けたが、一年後、それまで服役した日数は三〇日のみだった。もちろん彼女は囚人の中でももっとも有名だったが、「猫とねずみ法」の施行に反抗したのは彼女ひとりではなかった。一九一三年、彼女以外に一八二人のサフラジェットたちが投獄され、それぞれが同じような悲惨な経験をし、弾圧によって正当な申し立てを阻止しようとしても無駄だということを身をもって証明した。(原注2) 法務大臣は、有罪判決が前年の二九〇件より減少したことを自ら喜んだが、この数字をみて満足するのは大きな間違いだった。大義のためには死をも覚悟し、水も口にしないハンガーストライキを繰り返すといった恐ろしい手段でその覚悟を証明した一八三人の女性たちの存在は、彼女たちが経験した短期間の投獄が何千回にもわたったことを示していた。仮出獄証のもとでのたびたびの釈放と再逮捕を経て、戦闘派団体に属する人びとの苦々しい怒りは深まっていった。

このようなことが女性社会政治連合のメンバーたちの中で繰り広げられている間、ほかのサフラジストたちはこれとは違う独自の方法で活動していた。彼女たちは、この運動の扱われ方に同じように憤慨したが、その怒りや情熱は別の形で表現された。公の集会はほぼ絶え間なく行われ、協会の会員数は倍増し、新しい支部が驚異的な速さで結成され、三万九五四〇名の「女性参政権運動の支援者」が登録、その意気込みは頂点に到達し、衰えることはなかった。この一九一三年の夏、女性参政権協会全国連合は、大規模な行進を計画し実施した。六月半ば、女性たちは大英帝国の津々浦々から行進を始め、旗や楽隊とともに八つの主なルートを進み、ロンドンに集結した。彼女たちが行進すると、その道筋に住む人びとがそれに加わり、行列は日ごとに長くなっていった。町や村を行進し、そこで人びとに語りかけ、人びとからの暖かい歓迎や集会での熱気は、彼女たちの要求を国中がついに受け入れたことをまちがいなく証明した。何人かのフーリガンが数箇所で騒動を起こしたが、彼らは、かえってその影響力のなさをより鮮明に示し

女性参政権協会全国連合（NUWSS）が 1913 年に組織した大行進

ただけだった。世論の流れは変わりつつあり、実際すでに変化があらわれていたので、この行進への参加者たちは、自分たちの仕事が本当に成し遂げられたのだと感じはじめていた。

七月二六日、行進の一行がロンドンに到着したとき、ハイドパークでは、規模も性質もそれまでにないほどの大集会となり幕を閉じた。女性参政権ロンドン協会[訳注5]によって成し遂げられたその集会の段どりは、あらゆる点で完璧なものだった。そのうえ大群衆がただ興味本位で観に集まったのではなく、その抗議を支持しようとして集まっていた。サフラジストたちは、世論を変えようとする彼女たちの仕事が事実上成し遂げられた、とついに実感することができた。

世論が支持しているという証はますます増えていった。大きな闘いに追い込まれたハンフリー・ウォード夫人は、あらゆるソーシャル・ワーカーおよび慈善団体が集まった会議で敗北し、彼女と女性参政権反対者協会は、女性労働組合全国連合[訳注6]（現在の全国女性評議会）から脱退した。英国国教会会議、労働組合[原注3]、そして、これまで敵対的であった新聞各紙が支援に加わり、さらに新たな女性参政権組織が発足した。上院議会でセルボーン卿[訳注7]によって発議された女性参政権法案は、第二読会まで進み、カーゾン卿と女性参政権反対連盟が驚いたことには、六〇名の上院議員がそれを支持した。実際一〇四名の反対はあったが、政府法案がない中で予想以上の結果であり、新しい希望を生み出した。

しかし政府は依然として動きを見せず、政治的には行き詰まったままであった。彼らをさんざん困らせたあげく、嘲笑の的にした戦闘派の運動に憤慨した自由党は、国中の感情の高まりに頑として目を向けようとしなかった。彼らは、戦闘派を容赦せず大義に対して無関心でいれば、万事が終息すると考えていたようで、何も行動を起こさないという巧妙な策に逃げていた。

唯一の進展の望みは、政権の交代しかないようにみえ、サフラジストたちは、自分たちの問題だけでこれを実現するのは難しいことがわかっていた。世論は、彼女たちの大義に賛成したが、多くの男性たちが、これを政権交代の判断材料とすることに同意する見込みはなく、もっとも高い関心を示したのは、選挙権のない人びとだった。このような状況にもかかわらず、彼女たちは希望に満ち、一九一三年冬、一九一四年春と初夏を更なる運動に費やした。彼女たちは新たな運動を計画、組織、拡充し、さらにもう一冬努力して、勝利への扉を開くかもしれない選挙が来ることを待ち望んだ。それが目前となったとき、突然、ヨーロッパ全域に、第一次世界大戦の戦禍がふりかかった。

(1) アーサー・ヘンダーソン氏、ウィロビー・ディキンソン氏(後のサー・ウィロビー・ディキンソン)とアルフレッド・リトルトン上院議員。
(2) 国会議事録(一九一四年六月一一日)を参照。
(3) 一九一四年二月、異なる三四二の労働組合が公式の代表を送り出し、ロイヤル・アルバート・ホールは、ほとんど男性によって埋め尽くされ、五〇〇〇ポンドの募金が全国労働者組合連合によって集められた。

第一八章　戦時　一九一四―一九一八

政治活動の一時停止――女性たちの社会参加への願望――看護部隊の拡大――ベルギー人難民――女性の失業とその後の求人増加――男性の仕事への女性雇用の難しさ――彼女たちの成功――労働組合の反対――政府、賃金相場の保護を命令――一九一五年　軍需行進――軍需労働の拡大――あらゆる職業において男性に代わる女性の起用――陸・海・空軍に雇用される女性たち――食料の保存――農業促進婦人部隊（ランド・アーミー）――戦時下の慈善・救済事業――連合国のための仕事――スコットランド女性医療団――女性に味方する世論の動き――女性たち自身の見解の変化

一九一四年八月のヨーロッパ戦争の勃発に伴い、当時の他の政治的関心事とともに女性運動も影を潜めた。戦争が進むにつれ、これらがみな新しい状況に応じて、表面的には形を変えながらも再び表舞台に登場したのは事実だった。だが、戦争開始から数ヶ月の間は、このような運動は連合国の大規模な戦闘とはまったく関係がなく、注目にも値しない、的外れで不毛な問題であるかのように見えていた。

女性参政権協会は、戦争が始まると直ちに政治的活動を停止した。政府はこのような有事の際にはすぐに、女性参政権運動のために捕えられていたすべての囚人に恩赦を与えた。闘争性は次第に薄れ、もはや女性社会政治連合（WSPU）について耳にすることはなかった。

女性参政権協会全国連合（NUWSS）は、なお一層活気に満ちて団結した。八月三日に委員会は、自分たちの力と組織を直ちに国の公共事業のために向け、戦災の救援に最大限に役立てることを決した。「私たちの要求が認められようとなかろうと、私たち自身が市民権をもつに値することを証明しましょう」とフォーセット夫人は書き、協会は彼女の指揮に従った。戦争勃発から一週間も経たないうちに、彼女たちは個人として、また団体としても、地方救援委員会、陸軍省、赤十字に仕事の協力を申し出た。彼女たちは仕事を解雇された女性たちのために緊急の作業所を開設した。また、情報もなく、何をしていいのかも分からないまま熱い思いを抱いて志願してきた何千という女性たちのための情報センターを設立した。

戦争が始まってからの最初の数ヶ月の混乱はすさまじかった。男性が取るべき行動は概してはっきりしていたが、

女性はどう行動してよいかまったくわからず当惑していた。熱烈な愛国心から生まれた衝動が心の内に燃え上がり、国の役に立ちたいという思いが彼女たちを突き動かしたが、彼女たちにできることはほとんどなかった。女医のエルシー・イングリス（訳注1）が、十分な数の職員を配属させた医療チームの結成を陸軍省に申し出たとき、女医たちでさえも、「家に帰って、おとなしくしていろ」とか、自分たち指揮官は「ヒステリックな女たちともめごとを起こしたくないのだ」などと言われるほどだった。それはあたかも、昔の反フェミニストの論はまちがっていなかった、と言わんばかりのもので、国家が危機に瀕している時に、女性は受け身で、戦いには不向きの邪魔な存在であって、せいぜい家で泣いていればそれでよいのだとでもいう口振りだった。

一九一四年の秋の時点で政府行政機関と軍部がこのように感じていたとすれば、それは女性たちには受け入れがたいことだった。女性運動はそれよりはるかに進んでおり、その理念はあまりにも深く浸透していたため、そのような女性の役割は、彼女たちを満足させるものではなかったのだ。女性たちは自分たちが有能で精力的であることを、そして、自分たちには提供できる才能と国に貢献できる力があることを知っていた。富める者も貧しい者も、老いも若きも、自分が役に立つ仕事を捜すのに時間を費やし、その機会が提供されるまでに、そんなに長い時間はかからなかった。軍部の拡大に伴って看護部隊も拡大され、何千という熱意ある女性たちを引き入れた。篤志従軍看護団は一九〇九年にミス・ホールデイン（訳注2）によって始められ急成長した部隊で、一万八〇〇〇人を超える女性たちが入隊し、陸軍看護部隊への申し分のない補助救援活動を行いはじめた。何百もの小規模な私立病院が全国に準備され、三隊にも満たなかった国防義勇軍看護部隊は八〇〇〇隊以上に増え、初め一隊しかなかったアレクサンドラ女王陸海軍看護部隊は一万隊に急増した。包帯などの外科用医療材料や負傷者のための慰問品や医療器具を用意する調達部は何百にも増え、やがて医療品補給部という名称で組織化された。この組織は、当局からの反対があったにもかかわらず、物資を必要とする場所に直接届けるやり方を主張した。工場で傷病兵輸送車が生産されるようになると、それもすぐに与えられ、職員が配置された。また、回復期患者の保養所と視覚障害者の世話は、「少しでも役に立ちたい」と思っている何百という女性たちに働く機会を与えた。

しかし、こういったことは女性人口のほんの一部分をかすめたに過ぎず、彼女たちの熱意を満足させたわけでは決してなかったが、ベルギー人難民がイングランドに入国しはじめると、女性たちを必要とする場は拡大していった。

難民は八月二二日を皮切りにたてつづけに到着し、ついに救援を要する難民の数は二五万人以上にものぼった。家がなく、無一文のこの膨大な数の人びとに、住居と生活に必要な物資を供給する仕事は難しいことだったが、イギリスの女性たちは実にこころよくこれを引き受けた。難民へのもてなしの申し出、金銭や衣類などの救援品が救援委員会に殺到し、驚くほどの短期間に難民たちはすべて住居を定められ、この国に馴染んでいった。

これは、富裕階級の女性たちが行った仕事だったが、労働者階級の女性たちも同じように国の役に立つことを強く望んだ。戦争が彼女たちに最初にもたらしたものは、国中に広がった失業だった。一ヶ月のうちに、二五万人の女性たちが貿易の停止と高級品生産の打ち切りのために失業した。男性の数が不足しはじめたことで、再び女性が産業界に雇われるようになったのは、何ヶ月も後になってからだった。しかし、一九一五年の初頭には、このような事態がすでに始まっており、軍部が拡大して戦争の大きさが明らかになるにつれ、女性の雇用は急速に拡大していった。女性はいわゆる「男性の仕事」に就くことができるのだから、実際の戦いも可能であるという考えは、容易に理解できることだった。その考えは、何かの役に立ちたいと切に思っている何百万の女性たちの心をとらえ、この呼びかけに応じようとあらゆる階級や環境の女性たちが殺到した。この考えは頭で理解するのは容易だったが、実際に行うとなると、いくつかの深刻な問題を抱えていた。そして、女性参政権ロンドン協会や女性労働組合のように、最初の段階から係わっていた人びとは、きわめて難しい問題に直面していた。第一に、女性たちは熱心で熱意があったが、ほとんどの者はまったく訓練を受けていなかった。彼女たちは「何でも」進んでやろうとしたが、どうやってやればよいかわからなかった。（大勢の女性たちが感じていた）組織化することで力が生まれるという意識は、大工の作業所では実際にはあまり役立つことではなかった。もちろん、この問題は徐々に解決されていった。つまり、訓練コースや実験的な作業所が開設され、女性たちが新たな職業に雇われるようになるにつれて、彼女たちは急速に自信をつけていったのである。仕事の飲み込みの速さや適性は、雇い主や男性の同僚のみならず、女性たち自身も驚くほどだった。数週間のうちに彼女たちは、以前は考えもしなかったような難しい機械の操作を習得し、家事見習いや小間使いなどのかつての状態から、主任、熟練工、あるいは工場監督へと猛スピードで出世していった。（原注1）

このような女性の適応能力は、それ自体初めから彼女たちの雇用に付きまとっていた第二の問題、つまり、女性を雇うことを渋る雇い主の気持ちを打破するのに十分だった。最初、雇い主たちは女性雇用に伴う職場の変化をひじょうに危惧した。彼らは、技術もなく、見慣れない女性たちが殺到するのを恐れ、その結果、異常な混乱状態をまねくのではないかと考えた。そして、ほとんど使いものにならない者を働き手として新たに雇うなどありえないと彼らは思った。しかし、この試みが進むに従い、女性には技術があり、自発的で、辛抱強いということが工場関係者たちにわかってきた。生産も向上し、仕事上のもめごとが減少しているのを見て、ほとんど例外なく、彼らは女性雇用に熱心になっていった。しかし、これらの成功の要因が、まさに女性雇用を妨げるもっとも大きな第三の問題、つまり男性労働者の反発から生じる問題を大きくしてしまった。女性労働者がよく働き、雇い主が女性たちを雇いたがるようになればなるほど、男性の同僚たちは女性たちが雇われるのをますます快く思わなくなった。彼らの敵意は、時としてこの試みそのものを深刻に脅かし、戦争が進むにつれて、ますます複雑化し、混乱を招く政府条令や対応措置を生み出していった。

産業界へ女性が進出することに対する男性側の敵意の理由は、しごく当然で理解できることであった。しかし、その敵意は面倒な問題を引き起こしかねないものであり、戦争を効率よく進めるのに大きな妨げになっていった。事業管理上の労働条件や規則は、労働組合による長く辛い闘争の結果として勝ちとられたものだったが、戦争によって生産過程が必然的にくずれて変化したために、組合は不安を感じていた。組合は熟練を要する仕事の細分化を手をこまねいて見ているしかなく、限られた仕事だけをする半熟練工をさらに数多くつくりだし、雇用しなければならなかった。また、(一〇時間労働闘争の時期から労働組合が嫌がっていた)交替制勤務にも、彼らは従わなければならなかったし、組合の通常の方針と相容れない生産のスピード化も我慢して受け入れなければならなかった。彼らがこのようなことに耐えることができたのは、国家の緊急時だからだった。しかし、全員が戦地勤務にかり出されるかもしれないという差し迫った不安がそれらに加わり、また、その間に彼らの職が女性に奪われるとなったとき——男性たちはもはや我慢できなかった。このことは、従来の慣習と彼らが正しいと信じるものを踏みにじり、将来に対する男性たちの不安感をさらに強めた。女性たちの存在は男性から見れば、いわゆるスト破りだった。彼女たちは、見習い期間を勤めていないという意味では、「熟練していない」と言われても仕方がなかった。仮に女性が採用され、おまけにその仕事をうまくこなしてしまったら、戦争が終わった後、男性の「ためだけの」職業において、彼らの立場はどうなるのだろうか。女性の導入が実際に開始される前の一九一五年初頭、こういった危惧は、男性の労働組合を動揺させた。彼らは、女性が導入されるときに、この導入計画全体を停止に追い込むような非協力的な態度で抵抗を示した。実に多くの工場で、男性たちは女性たちと一緒に働くことを拒否し、女性たちに仕事を教えることも一切拒否した。工場でできるありとあらゆる方法を使って、男性たちは女性たちの仕事が立ち行かないようにした。この反対が経済的に悪影響を与えるとなると、政府はその反対勢力を無視することはできなかった。一九一五年三月に、この件に関わる主要な労働組合と政府の間で正式に協約が結ばれ、労働組合が反対を取り下げれば、政府は賃金歩合を保護し、（男女の差なく）あらゆる希釈工員〔臨時に熟練工の仕事をする非熟練工〕に対しても平等の出来高払いを確保することを約束した。さらに政府は、戦争終結時には、企業における「戦前の労働慣行」を回復することを確約した。これに該当する大多数の女性たちは、この協約から除外されていた。それは、女性たちがまだ組織をもたず、意見を公に表明することができなかったからであるが、仮に彼女たちが組織をもち、意見を述べることができていたとしたら、とりあえず賃金に関する部分については喜んで受け入れていたことだろう。雇い主でさえも誰ひとりとして、男性たちが戦争に行っている間に賃金の基準を下げることを望む者はいなかった。そして女性たちは、スト破りをすれば受け入れてもらえないことが初めからわかっていた。またもちろん、通常の賃金歩合の倍も支払ってもらえる可能性に驚き、自分たちはそれに値しないのではないかとさえ思った。戦前の労働慣行の是非について、彼女たちはまったく考えもしなかった。ただ、フェミニストたちにとっては、戦時中の女性労働者の働きぶりから何ひとつ学ばないかのような約束をするのはばかげていることは十分明らかだった。しかし、戦時という状況では、誰もが自分にできる最善のことをしなければならず、かくして協約が締結された。さらに、同年七月には、ロイド・ジョージ首相から、時間給確保の約束をとりつけ、女性が軍需産業に参加することを呼びかける公示が出された。女性たちの壮観な軍需産業支援の行進が、ロイド・ジョージ首相に賛成したパンクハースト夫人（当時は、反政府的立場から一転し、政府に賛成する立場をとって活動していた）(原注2)によって組織され、何千人ものヴォランティアたちがその呼びかけに答えた。しかし、この時点ではまだ準備がまったく整っていなかった。訓練センターも、工場も、職業斡旋所も何ひとつ準備されておらず、国が呼びかけた時には勤め口もほとんどなかった。ロンドンへの長い道のりをやって来るのに貯えを使ってしまった貧しい労働者たちは、職もなく行き場を失って、救いを救貧院に求めた。それでも彼女たちはくじけなかった。戦争なのだから、ものごとがうまくいかないのは当たり前、と彼女たちは思った。求人があるとわかるとたちまちのうちに、何千人という女性たちが応募した。年配の女性たちも、一〇代の若い娘たちと同様、役に立ちたいと熱心に申し出た。最終的には五〇万人近くの女性たちが雇用され、どんなときにも、仕事を進んで引き受けるヴォランティアが足りなくなることは決してなかった。彼女たちのやる気をくじくものは何もなかった。長時間労働、夜間勤務、宿舎の不足、食事の手配も行き届いていない状態――このようなことはすべて、めずらしいことではなかったが、仕事に就くことができ、戦場の男性たちを手助けしていると思えば、何も問題ではなかった。造船、航空機、兵器、化学薬品、ロープ、生ゴム、鋼鉄、鉄製品などの仕事において、女性たちは喜んで、「わずかでも自分たちにできることをした」。

新しい大規模な軍需物資補給センターは、一九一五年と一九一六年にそれぞれ設置されたが、独自の管理上の問題を抱えていた。しかし、これらのセンターが女性の労働力を必要とした唯一の場では決してなかった。政府自体も、政府官庁の新たに増設された数々の省庁に職員を配置するために、何千人もの女性を募った。一六万二〇〇〇人の女性たちがまったく無作為に意図もなく採用され、新たに作られた仮の建物にまとめて配置された。(労働組合と同様に)行政は、女性に責任を与えたり、女性を高給職に昇進させたりするのをあまり快く思っていなかったため、このような大勢の女子事務職員たちの存在は、いっそう扱いにくい、深刻な問題となった。

このように女性雇用の皮切りとなった一群の女性たちの他に、その他の業種において男性の代わりに雇われた女性集団が徐々に力を発揮してきた。女性たちは銀行や商社に雇われたり、窓拭き、水道屋、信号係、ポーター、バスの車掌、小型トラックの運転手、羊飼い、電気工として採用された。実際に、彼女たちの仕事振りは歓迎された。たとえば、ボイラーの清掃のような重労働では、二人の男性でする仕事に三人の女性が必要だったが、他の多くの職種ではその割合は逆だった。

一九一五年の夏頃から、男性の代用としての女性起用の成功とこれを歓迎する風潮は確実に大きくなりはじめ、一九一六年の中頃までには、誰もが口々に女性を賞賛するようになった。女性の労働力だけで、最大級の装甲艦を作る準備が整っていると公言した名だたる造船業者は一人だけではなかった。新聞各社は、少々驚きを示しながらもひじ

室内塗装工

信号係

煙突掃除人

ゴミ収集人

戦時中の女性たち

女性補助部隊（WAAC）

ように雄弁に、そのような意見をすべて熱心に取り上げ、「国民は女性に大いに感謝している」と述べ出した――つまり、女性も男性と同じ国民であることをいまだにわかっていなかったのである。女性たちは、この不慣れな人気や高い賃金、そして興味深い新しい仕事に少々当惑しながらも、自分が重んじられることがどういうことなのかを知り、能力と力量を発揮するための自由な視野をもちはじめた。

女性の雇用が、政府当局と民間企業のもとで各方面に拡がっていく一方、軍隊が直接女性を雇用する問題が持ち上がった。一九一五年七月に「女性隊」(訳注3)が編成された。この隊は最初、料理人と車両運転手で構成され、国内のいくつかの駐屯地を直轄する陸軍省に雇われたものだった。女性を用いた結果はひじょうに満足のいくもので――動員数、物資、経費の節約が顕著であったため――一九一六年の終わりに、陸軍省はフランスのベースキャンプで女性に置き換えることのできる男性の人数調査を行った。その数はかなりのもので、一九一七年の初旬には正規の女性部隊の第一号である「女性補助部隊」(訳注4)が正式に誕生した。その後間もなく、「王立女性海軍」と「王立女性空軍」が続いて結成され、これらの三部隊に続き、「陸軍経理部」「軍馬補充部」「防毒ガス部」「馬糧部」「陸軍記録部」「陸軍部隊」で女性特別班が結成された。全部で約一五万人の女性たちが、これらの公的な軍機関で登録され、その内の一割弱がフランスで勤務した。彼女たちは配属部署の女性将校に監督され、軍服を着用した。法的な意味では、これらの女性たちは兵籍に入ってはいなかったが、自他共に英国軍隊の正規隊員と認めていた。

軍隊を支えるのに必要とされる仕事に加えて、女性たちにできるもう一つの大きな仕事があった。それはイギリス国内の物資を浪費しないという仕事だった。

食糧不足は、食料品の節約や無駄使いの防止、この当時手近にあった無数の方策によって、どの主婦も力を貸すことのできる問題だった。保温用の調理用具として用いた乾草箱［乾草や断熱材を詰めた気密性の箱で余熱により料理を保温し仕上げる］、パンの代用食品、砂糖を使わないジャム作りなど、すべてこのようなことは、以前から伝統的に女性たちが行ってきたことであったが、いまや国家的に重要なこととなった。家の前庭でジャガイモを栽培し、裏庭で雌鶏を飼育することがイギリス中で行われた。さらに農業そのものが、ますます多くの労働力を必要とした。女性労働者を信用しない点においては、農場主たちは労働組合員よりもさらにひどかったが、女性を雇うことで多くのことが成し遂げられた。「農業促進婦人部隊（ランド・アーミー）」［第一次および第二次大戦中、農業労働支援のために農村部に派遣された女性たち］は、一九一七年に組織され、農場や畑に軍服を着用した女性たちを送り込んだ。彼女たちは、農場主が自宅に宿泊させない時には、自分たちで野営をはり、人手が足りずに放っておかれた畑の耕作、乳搾り、荷車による運搬、除草を行い、国の呼びかけで集まった何千人ものパートタイムの女性労働者たちの監督をした。さらに多くの女性たちが自主的に農業労働に参加し（八万人以上が正規に雇われた）、一九一八年の中頃までには、イングランドとウェールズだけでも一万八〇〇〇人の常勤と三〇万人のパートタイムの女性たちが農業に従事した。これらの数は、必要とされる厖大な数に比べればわずかではあったが、農村部が受け入れることのできる最大限の数であった。

このように女性たちが行った主だった戦時労働は、もち

農業促進婦人部隊（ランド・アーミー）募集のポスター

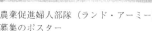

ろんその他多くの様々な活動によって拡大していった。たとえば、フランスのカレーでは、個人の建築請負業者のもとで働く一〇〇人の女性大工がいたし、軍隊のために娯楽的な催しをしたり、鉄道の駅で軍人のために常設の食堂を営む女性たちもいた。ほかにも、都市部の廃棄物を集め、何か役に立つものに作り変える女性たちや、国内の運河や水路で荷物運搬船を操縦する女性たちもいた。また戦争によって必要となった慈善事業や救済事業——年金業務、留守家族手当［特に政府が出征軍人の妻に与える］業務、陸海軍家族協会や軍人救済基金のあらゆる細かい業務など——に従事している何千人もの女性たちがいた。また、捕虜となった人のための小包配送や、負傷者や従軍軍人のために慰安品や貸本屋や講演を準備手配する仕事にさらに何千人もの女性たちを必要とした。他の女性たちは、戦時下での必要に応じた福利厚生計画の組織化と運営にひじょうに忙しく取り組んでいた。さらに、戦争募金運動に身を投じ、その目的のために大掛かりな募金活動を行っている女性たちもいた。戦争に役立てようと、終わりのない募金の日々が続いた。職種に応じて、不定期、定期、大小の差はあっても、国内の女性全員に何らかの形で仕事があり、女性たちはそういった仕事を熱心にうまくこなしていった。

戦争の遂行を手伝うために、あるいは戦争の恐怖を和らげるのを助けるために、イギリス国内で女性によって行われた厖大な仕事に加えて、国外においても連合国軍を助けるために大きな力が注がれた。一九一四年に英国赤十字が女性の医師を拒んだとき、彼女たちは国外に眼を向けた。そして、ごく短時間のうちに、英国人女性たちの手によって準備され、維持され、業務が行われる病院がフランスで始動した。このような病院の第一号は、ルイーザ・ギャレット・アンダーソン医師[訳注5]（女性医師の草分けであるエリザベスの娘）とフローラ・マリー医師[訳注6]によって組織され、一九一四年九月にパリで開業した。その一ヶ月後には、二番目の系列病院がウィムルー［パリの北に位置する港町］で開業し、これはイギリス当局に認可された。これらの病院は経営がとても順調で大成功していたため、一九一五年に英国陸軍省は方針を変え、この二人の女性医師をロンドンにある五二〇床の陸軍病院の担当にした。二人はこの病院の職員を全員女性にし、この病院は戦争が終わるまで医療業務を続けた。

その間、エルシー・イングリス医師は、女性参政権協会全国連合（彼女はこの団体の支部であるスコットランド連合の名誉書記だった）の後援を得て、「スコットランド女性医療団」を設立した。さらに、この連合から援助と資金を得て（連合はこの目的のために、五〇万ポンド近くの資金を工面した）、一四の異なる医療団が、ベルギー、フランス、ロシア、セルビアの各軍で活動するために世界各地に送り出された。

　これらの医療団の一つがフランス前線の後方に位置するロワイヨーモン〔修道院で有名なパリ郊外の町〕ですばらしい病院を設立し、一九一四年から一九一九年二月まで医療活動を続けた。しかし、他のほとんどの医療団はあちこちと移動しながら、カレー、コルシカ、トルワ〔フランス北西部シャンパーニュ地方の古都、オーブ県の産業都市〕、サロニカ〔ギリシア北東部の港湾都市、テッサロニーキの英名〕やロシア、ルーマニアの多くの町で活動した。また、いくつかの医療団はセルビア軍の前進や後退に合わせて移動し、二つの医療団は敵の捕虜となった。また、別の医療団はロシア軍のドブルジャ〔ドナウ川下流部と黒海に挟まれた地域〕での撤退の大混乱に巻き込まれた。イングリス医師はこの医療団を担当していたが、ロシア革命勃発に続く混乱の中で尽力し、残留のセルビア軍が犠牲になるのを救った。彼女は二人の職員に外務省宛ての二五〇〇語のメッセージを暗記させ、イギリスに送った。その後イギリス政府による抗議の結果、セビリア軍はアルハンゲリスク〔ロシア共和国北西部、北ドヴィナ川の三角州にある白海に臨む港町〕から撤退し、イギリスに移送された。イングリス医師本人は重病だったが、すべてが解決されるまで彼らのそばにとどまり、一緒に海軍の輸送船に乗り込んだ。彼女は彼らを無事に送り届けるまでなんとかもちこたえたが、イギリスに帰国した翌日、自らの任務の成就とともにこの世を去った。

　このような女性たちの英雄的な行為と勇気は、女性運動によって従来の考えを変えなかった人たちにとってまさに驚きだった。イーディス・キャヴェル(訳注7)が一九一五年、ドイツ軍に捕まり銃殺刑に処せられた時、あのアスキス首相は、彼女を追悼して感動的な弔辞を述べたが、それを締めくくるとき、本音を表わす次のような言葉を用いた。「このような英雄的な女性たちが何千人もいます。しかし、一年前には私たちはこのことを知りませんでした」。まったくその通りだった。一年前には、彼や彼と同じ考えの人びとは、普通の人間がもつ美徳と悪徳を、女性たちももっていると認めなかったのである。戦争が彼らの目を開かせたのだった。

　女性の行った戦時労働の大成功とそれに伴う評判は、あらゆる男性たちを驚かせ、女性に対する以前より好意的な新しい見方を作り上げていった。腕のよい帽子職人だった娘がエレベーター係の仕事をうまくこなせたからといって、女性参政権運動支持に転向するのはまったく理屈の通らない話だが、現実にはそういうことが起こっていた。国内の雰囲気や国民感情は盛り上がり、一時は女性運動の戦いは勝利を勝ちえたかのように思われた。この時から六〇年以上も前にハリエット・マーティノーは次のように語っていた。女性運動をもっとも強く推進していく人たちは、「本当の意味で社会において仕事に就いている女性——たとえば、女性医師や他の分野の教授……女性の事業家……病院経営者、看護婦、教育者、社会で十分認められた作家——として（原注3）」やがて姿を現すだろう、と。彼女は正しかった。ついに女性たちが戦争で機会を与えられたこの時、社会の第一線で活躍するこういう女性たちが姿を現し、その影響は直接的で強力なものとなったのである。

　もう一つの変化、つまり女性運動にとって世論を味方につけるよりもさらに重要なもう一つの変化が戦時中に起こった。それは、女性たち自身の考え方における変化だった。何十万人もの女性たちが初めて何かを成し遂げる喜びを経験した。彼女たちは社会的にも重要な存在となり、自分たちの判断で大切だと感じたことを行った。意欲や野心を積極的に表すように励まされ、彼女たちは多かれ少なかれ適切な給料を支払われた。戦時中の社会における女性の活躍は一時的で本物ではなかったが、彼女たちは金銭のもつ力を味わった。工場で働く女性たちは、食糧不足であるにもかかわらず、自宅で「家事」をしていた頃よりよいものを食べていた。既婚女性は留守家族手当をもらい、子どもたちの服装は戦前よりもよくなり、健康状態も向上した。男性たちにとって世の中がどのようなものなのかを女性たちは知った。そして、国会で制定される法律も、それに対する反動も、他のどんなものも、これ以後、女性たちからこの認識を取り去ることはできなかった。

（1）「産業に従事する女性についての内閣戦時委員会の報告」「戦時下における男性の代用としての女性雇用についての内務省報告」（一九一九）及び「工場と作業所の視察長の年次報告」には、女性を男性の代用として雇った実情についての詳しい説明がなされており、女性労働者採用の利点に関する具体例と、女性雇用をよしとする雇い主がその成果に満足している事例が示されている。

（2）パンクハースト夫人は、戦後カナダ政府のために働き、その後イングランドに戻り、保守党に入党、保守党公認の国会議員候補者となる。一九二八年六月没。

（3）『ハリエット・マーティノー自伝』第一巻、一八五五年。

第一九章　女性参政権の獲得　一九一六―一九一八

女性参政権協会全国連合による全面的国家支援方針――連合内の意見の相違――フォーセット夫人の方針への支持――男性有権者の新選挙人名簿問題の議会提出――選挙資格条件の基準緩和と全国連合から要求された女性参政権導入案――全国連合の見解への国民と報道機関による包括的な支持――アスキス氏の改心――政府による特別参政権登録法案の失敗――超党派委員会の設立――一九一七年二月　超党派委員会の条件付き女性参政権許可提案――女性参政権協会による提案支持――戦時女性労働者のデモ、代表団のロイド・ジョージ首相訪問――国民代表法案の提案――第四条項の審議、賛成多数（七対一）で可決――女性傍聴席の格子取り外し――女性地方自治参政権条項の改善――上院での審議――カーゾン卿の降伏――法案の上院通過（一三四票対七一票）、一九一八年二月　国王の裁可獲得

一九一四年、一五年及び一六年の前半は、戦争による混乱と苦闘の中で過ぎていき、政治的懸案などどうでもよいことのように思われた。実際には、女性運動は新しい体験を通して支持を勝ちえつつあり、女性たち自身も新しい視点に立って自分たちが世の中で価値ある存在であることを学ぼうとしていた。しかしこうした変化を女性参政権という法律として制定しようなどとは誰も考えなかったし、そんな時間的なゆとりもなかった。人びとは参政権をめぐる過去の動乱の日々を驚きをもって回顧した。そしてそれがほんの短期間の出来事であるかのように、今では「女性が選挙権に値する」ことを当たり前のこととして理解していると語った。だが戦争という危機的状況のもとでは、女性参政権という懸案事項を提議したいとは誰も思わなかった。様々な女性参政権協会は戦争にかかわる仕事で手一杯だった。現実に、彼女たちは組織を結束して一九一五年も国内の難局を乗り切っていき、参政権法案要求に向けての動きは一切なかった。戦争が終結すれば十分に時間はあるはずだから、今は力を尽くして世の役に立つことが務めだと、女性たちはみな考えていた。だがどのようにして自分たちが国のために役立つ仕事をするのが賢明であるかをめぐって、完全に意見が一致しているわけではなかった。女性参政権協会全国連合（ＮＵＷＳＳ）はひじょうに民主的な組織で、連合の一般会員には様々な意見をもった女性や男性

がいた。連合の選挙闘争基金政策から、独立労働党や左派の人びととのつながりも深まっていた。そのため時の経過とともに、当初の救援活動が戦争の遂行をよりいっそう直接的に手助けする活動に質を変えていくと、連合のメンバーの中には不安を抱く者も出てきた。組織内には戦争に加担することに反対の平和主義者もいたし、そこまで極端でないにしても、講和条約について話し合う時期がきていると考える人びともいた。また軍事的議論は女性運動の理念とは対極にあると考え、女性参政権論者《サフラジスト》としてはどのような協力的行為も承認しないという態度をとる者も依然として存在した。こうした不満の種や、その当時広がっていたもろもろの感情から、一九一五年には役員数名と実行委員会のメンバーの半数が辞任するという事態に陥った。フォーセット夫人は少数の残留メンバーと本部にとり残された。しかし国内全体や一般組合員の間では、彼女の方針は圧倒的支持をうけ、連合は速やかに混乱状況を脱して、従来通り活動を進めていった。

女性運動にとっては、混乱が速やかに収拾されたことは幸いだった。というのは一年もたたないうちに、運動の本来の目的が政治の場で再び取り上げられるようになり、この活動を先導して行く存在があらためて求められるようになったからだ。駆け引きや懸案事項、政策をめぐる難問が再び浮き彫りになり、政府に対して「女性が考えていること」を伝え、それによって女性の利害をきちんと見守る人物が必要とされた。

女性参政権が国会で再び取り上げられる直接的な引き金となったのは、男性のおかれた選挙に関する難しい状況だった。戦争に伴う人口の変化から、従来の選挙人名簿は名ばかりになっており、一九一四年には毎年行なわれる名簿の修正が中止され、名簿作成時の住所に留まっているのは男性五人のうち一人にも満たなかった。さらに、一定期間定住していて、新たに登録可能な男性は五人中一人にも満たなかった。選挙が実施される際には――当然その時期はくるわけだが――既成の名簿はまったく使い物にならず、従来の原則にのっとって新たに名簿を作成することになれば、戦地にいる男性たちは名簿に記載されないことになってしまう。そのような条件のもとで選挙を行っても意味がないことは明白だった。そうした事情から一九一五年末に、初めて特別名簿作成の可能性が討議され、その具体案についての議論が始められた。これは容易に解決できる問題ではなく、当面は何も決まらなかった。一九一六年五月、サー・エドワード・カーソン（訳注1）ら有力な国会議員のグループが戦争での働きぶりを基準として新名簿を作成することを主張しはじめた。そしてこの問題が提示された時、女性参政

アスキス首相

権協会全国連合はここに踏み込んでいかなければならないと感じた。慎重にこの問題を考慮した結果、彼女たちは意を決して首相に書簡を送り、女性も戦争にかかわる仕事に従事したのだから、そのような案が採択されるのであれば自分たちの参政権要求を強硬に主張するつもりであることを伝えた。戦時中彼女たちは女性参政権についての議論を持ち出すことも、政府を当惑させるようなこともしたいとは思わなかった。しかし彼女たちの懸案を考慮することなく男性参政権の基準を修正することには納得できなかった。もし選挙権を得るのに必要とされる一定の居住期間が短縮されれば――そしてこれが唯一の実行可能な方法に思えたが――結果としては男性の参政権が著しく拡大されることになろう。国中のサフラジストの代表者としては、女性が参政権を手にしないまま、そうした男性参政権の拡大をただ黙って見ているわけにはいかなかった。

彼女たちの方針が首相や女性参政権に好意的な内閣の閣僚に伝えられると、共感と理解をもって受けとめられた。長年、敵対関係にあったアスキス氏でさえも、その正当性を認めた。だが当面はこの件をめぐる動きはなさそうだった。夏前半を通して、この件についての議会での議論はくすぶっていた。その場しのぎの提案が次から次へとなされたが、どれも合意にはいたらなかった。報道機関は、女性の主張を検討あるいは容認することなく修正がなされることはありえない、とますますはっきりとした論調を取るようになっていた。当然アスキス氏は、戦時中に参政権法案という重大な案件に着手することに乗り気ではなかったので、七月にこの問題を議会に委ねた。彼は、これは議会の問題だと述べた。内閣ではこの懸案は解決できず、ほかにも多くの案件を抱えていたので、この問題の解決を求められているとは感じていなかったのだ。内閣は議会が打開策を模索すべきだと考えていた。だがこれは議会にとっては愉快な提案ではなかった。下院は内閣のやり方が気に入らなかった。一週間後にこの懸案事項が再討議されると、ハーバート・サミュエル氏(訳注2)は参政権問題が打開策の見あたらない類のものであることを指摘した。その後下院での問題解決を求めると、下院議員たちは反発して立ち上がった。そして彼らは議案を内閣につき返した。きちんと内閣本来の仕事に取り組めという意味だった。

今や、参政権法案を何らかの形で議会に提出することが避けられない状況にあることは誰の目にも明らかだった。当時の議会は「信望に基づいた権威」を失っていて、国の現状をまったく把握していなかった。議会は戦時中にはたいして重要な役割を果たしていなかったから、それでもまったく問題なかった。しかし国民は、戦いが終われば議会はすぐに本来の権威を回復するものと考えており、一九一六年にはすでに国をどのように再興するかを案じていた。民主的政府を茶番にしないためには、戦時中あるいは戦争直後に、選挙を実施しなければならなかった。そしてその選挙では当然、陸軍や海軍の兵士が投票すべきだった。国民は皆そのように理解していたし同意もしていたが、広範囲にわたって参政権の基準を変更しない限り、どんな方法でそうした選挙を実施できるのか、誰にもわからなかった。

サフラジストたちは好機が近づいていると感じていた。そこで一九一六年の夏、特別選挙人名簿作成法案をめぐって国会内で不毛な話し合いが続けられている間、彼女たちは再び女性参政権の仕事に取り組みはじめた。集会を開くことは得策ではなかったし、その必要もなかった。彼女たちがすべきことは、あちこちから自然に湧きあがりつつある一般の人びとからの支持の声を結集し、それを高めて、社会の支持をはっきりと議会に認識させることだった。戦争にかかわる仕事に追われながらも、国中の協会は時間を割いて国会議員のもとに代表団を派遣し、役員は大臣と面会した。すべての女性参政権協会が団結して行動するために諮問委員会が結成され、六ヶ月前に女性参政権協会全国連合で採択された方針を支持した。つまり、この特別選挙人名簿作成法案が単なる再登録の法案になるのなら、彼女たちは行動を起こさずに傍観する方針だった。しかしその法案が参政権の基準を変更することを提案するのであれば、彼女たちは自分たちの権利を主張するつもりだった。閣僚のロバート・セシル卿(訳注3)、ロイド・ジョージ氏、閣僚のアーサー・ヘンダーソン氏(原注1)、そして国会の外部では世論が声を大にしてこの決定を支持した。『オブザーヴァー』紙のように、これまで強い反対の立場をとってきた新聞でさえも、はっきりと支持の態度を打ち出した。「過去に、われわれはこの主張に反対してきました。……それは誤りでした(原注2)」。あらゆる方面から支持の声が一斉に寄せられた。

アスキス氏自身も八月一四日に女性参政権に反対することを断念した。彼は次のように言った、「女性がライフル銃などを手にして戦場に出向くような戦いができないことは事実です。しかし……彼女たちは実に効果的に戦争の遂行に貢献してきました。さらに――この点が私には大きな関心事なのですが――戦争が終結する折には……産業復興の段階をむかえるわけですが、そうなると女性たちの利益に直接影響する多くの問題が起こってくるでしょう。女性たちがそうした問題に関して特別な要求をするのは当然ではないでしょうか。……率直に申し上げて、わたしはその要求を退けることはできません」。

サフラジストたちは、この言葉を聞いて興奮のあまり息を呑んだ。信じがたいことだがこれは現実だった。かつての「反対論者」(訳注4)が改心し、昔の敵が友になったのだ。ウォルター・ロング氏もかつては強固な反対論者だったが、さらに踏み込んだ発言をした。農業促進婦人部隊《ランドアーミー》を議題とした集会で、驚くべきことに彼は次のように述べたのだ。「農村部では女が本来いるべき場所は家庭なのだという考えが女性に吹き込まれ、残念なことにそうした風潮がいまだに残っています。そんな考えに向き合い、それを打破していかなければなりません」。このすばらしい言葉は、現実のこととは思えないほどだった。

彼女たちはこうした状況に元気づけられたが、その一方で事態はひじょうに錯綜していて気を抜けなかった。だが一九一六年八月、国会の会期が終わる直前に、ウォルター・ロング氏が期待を抱かせるような提案を行ない、あらゆる方面で承認された。彼の提案は、超党派の委員会を上院、下院の議員で構成して、下院議長をその委員長に任命し、参政権と選挙人登録という難問についての合意案づくりをその委員会に委任するという内容だった。委員会は単に暫定的措置を提示して仕事を終わらせるつもりはなかった。「ひじょうに古くからの難問に対して、永続的な解決策を模索することは、私たちに課せられた義務なのです」と植民省大臣は述べた。政府も下院もこれに賛同した。

一〇月に下院議長による委員会が任命され、すぐに仕事にとりかかった。時の議長ラウザー氏(訳注5)は反サフラジストとして知られる人物だったが、女性参政権問題という観点から見てきわめて公平な委員の選出をした。というより、時勢は移り変わっていたのだ。どんな人物にも、不動の「反対論者」というレッテルをはっきりと貼ることはできなくなっていた。ハンフリー・ウォード夫人やカーゾン卿は、いまだに反サフラジストとしてゆるぎない立場をとっていたが、ほとんどの支持者たちは彼らから離れていった。反対陣営の中心的な女性たちも、意見が変わったことを公然と表明したし、男性たちもすっかり主張を放棄した。もちろんサフラジストは委員会がどのような提案をするかを大いに案じてはいたが、委員会の「公平さ」については心配していなかった。

審議は完全に秘密裏に進められた。どんな証拠も取り上げられず、特例として嘆願が聞き入れられることもなかった。閉じられた扉の中で妥協が取りつけられ、一切女性たちが関わることなく討論が進行した。この委員会は議会によって運営されており、女性はいまだに議会組織の部外者だったからだ。審議には加われなかったが、女性たちは委員会には自分たちの意見をきちんと代弁してくれる人物がいることを認識していた。サー・ジョン・サイモン(訳注6)は女性側の中心的代弁者で、彼女たちが全幅の信頼を寄せる同志だった。彼は女性たちの主張を理解し、それを共有していた。交渉術にたけた人物でもあった。彼が女性のためにできる限りの譲歩を相手から引き出してくれると確信していたので、彼女たちは落ち着かない心境で審議結果を待っていたが、危機感を抱いていたわけではなかった。成功が見えてきていた。

アスキス内閣が倒れ、委員会報告が行われる前にロイド・ジョージ氏が首相に就任した。だが首相の交代によって委員会の仕事が妨げられるようなことはなかった。そして一九一七年一月末に報告書が公表された。委員会は満場一致で参政権についての三三項目に及ぶ大幅な改正を推奨した。中でも、男性の議員投票権を土地家屋の「所有」ではなく現住地に基づいて決定することや、地方自治体選挙人名簿を簡略化することなどが重要な改正だった。さらに満場一致ではなかったが、委員会の過半数のメンバーは、女性参政権を何らかの形で与えることを推奨し、選挙権付与の対象になる可能性のある一一〇〇万人の成人女性のうち約六〇〇万人に選挙権を与える枠組みを提案した。委員会はこのために二重の人数制限策を設けた。女性参政権を、自分の住宅を所有している女性と、夫が住宅を所有している女性に限定し、さらに三〇歳以下(あるいは三五歳以下)の女性を除外するというものだった。

この報告書が公表されると、サフラジストは様々な思いでこれを受けとめた。不満足な点はいろいろあったが、それを差し引いても全体としては安堵したという受けとめ方だった。公にしっかりと認められた具体的提案が、ついになされたのだ。実体を見れば、たしかにこの提案は満足できるものではなかったし、年齢制限は不合理だった。それでも妥協可能な内容に思われた。それにある程度のことが確保されたら、おのずとその他のことも実現されていくはずだった。国内の女性数が男性数よりも多いことが、本当の意味で平等な参政権実現への道を常に阻んできた。これまで反サフラジストたちは「女性に国の施政を委ねてしまう危険性」をうまく利用してきたのだ。今回の提案の論拠は筋の通らないものだったが、そうした危険性についてはまったく触れていなかった。したがって、提示された内容にうまく歩み寄ることができそうだった。

様々な女性参政権協会ですぐさま会員集会が開かれ、そこで討論が重ねられて、全協会が一致して報告書を受け入れるという結論を得た。労働党支持の女性から同意を取りつけることがひじょうに大切だったが、なかなか同意が得られなかった。彼女たちは報告書から削除された若い女性たちこそが、投票権がもたらしてくれる保護を必要としているのだという主張を展開した。戦後も産業界にとどまることになる女性たち、提案されている戦前選挙実施法案のような制定法によってもっとも激しく打撃を受けるであろう女性たち――つまり、もはやアスキス氏でさえもその女性たちの参政権要求を拒否できなかったのだが――彼女たちの大部分は三〇歳以下で、参政権の対象から除外されることになってしまうのだ。労働党支持の女性の言い分はまったく本質をついており、サフラジストは皆この点を痛切に感じていた。しかし彼女たちはより多くのことを執拗に要求することによって、部分的にでも要求が通りそうな現状を台無しにしてしまう危険を犯す気にはなれなかった。下院の労働党議員たちは可決可能なことと不可能なことを熟知していたので、サフラジストと協力して、足並みをそろえて報告書を受け入れるように労働党支持の女性に働きかけた。交渉は不安に満ち、難航することもあったが、最終的にはすべてがうまく進行した。そしてまもなく女性参政権協会全国連合は、年齢制限の三五歳から三〇歳への引き下げが了承されれば、すべてのフェミニスト団体が過半数メンバーに合意された案にそった法案を歓迎すると、首相に伝えることができた。

ここまではうまく進んだが、政府が報告書の満場一致の提案と同じように過半数合意による案も支持し受け入れるつもりがあるかどうかは、推移を見守る必要があった。報告書が報道関係者や国民に歓迎され、この年に女性にも参政権を認めようという一般の気運が高まりを見せたことはよい兆候だった。だがフォーセット夫人は過去の長いいきさつから、事が成し遂げられるまでは安心できないことをよく知っていた。

一八七〇年、さらに一八八四年、一九一一年、一九一二年も同じように期待がもてる状況に思えたのに成し遂げられなかったのだから、一九一七年の今回は、あらゆる用心をしておくに越したことはなかった。そこでさらに努力が重ねられ、戦争の勃発以来初めての大規模な参政権デモが計画された。当然のことだが、そのデモは戦時女性労働者のデモという形態をとった。国内の女性のほとんどが何らかの形で戦時労働者として働いており、そうした名目以外でデモをすることはできなかったのだ。七〇にものぼる様々な職種を代表する女性が演壇に立った。ガス灯の点灯婦、婦人警察官、機関車清掃人、女性郵便配達人のような従来の女性の職業分野にはなかったものから、女優や看護婦、女性校長、レース職人のようないかにも女性的な職業まで、広範囲にわたる職種の女性たちだった。その集会を支持した様々な協会加入者は二〇〇万人を超えた。一ヶ月後には同じように多様な職種の女性から成る、大規模な代表団が集結して首相と面会し、その合間にすべての閣僚を個別訪問した。政府の意向はまだ知らされていなかったが、こうした会見をとおして代表団の希望はふくらんでいった。三月二九日に戦時女性労働者の代表団が首相官邸の閣議室を訪れたときには、彼女たちの主要な要求事項はすでに承諾されていた。その前夜にはアスキス氏自らによって動議が下院に提出され、超党派委員会による方針にそった法案を議会に提出することが求められた。そして彼個人の見解として、女性をこの法案に含めるべきだという主張を繰り返した。あらゆる政党の党首も同じ方針をとり、ロイド・ジョージ氏が雄弁にその主張を支持した。女性参政権問題を中心として議論が進み、動議は三四一票対六二票で採択され、首相は代表団に議会の起草者たちがすでに法案作成に着手していることを伝えることができた。唯一はっきりとさせておかなければならない問題点として残ったのは、女性参政権が初めから法案に組み込んでもらえるのか、あるいは修正によって後から組み込まれることになるのか、ということだった。フォーセット夫人は一九一二年の大失態を思い起こして、初めから法案に組み込むことを強硬に主張した。ロイド・ジョージ氏もこれに同意した。さらに彼は説明を続けて、法案全体は政府ではなく下院からの議案になる予定で、この議案は与野党幹部から提議され政府議案と同じ審議時間を与えられることになるが、国会議員は党の指令に縛られることなく、終始個人の信念に従って投票することになると述べた。このことは女性参政権の条項だけでなく、法案全体に関しても言えることだった。

これは多くの点からみて納得のいく案だった。この投票方法を取ると、どれが満場一致の案でどれが過半数しかとれなかった案なのかがわからなくなるので、ひじょうに好都合だった。サフラジストたちはこれまでも首相への陳情に訪れたが、かつてないほど幸せな気分で彼のもとを辞した。彼女たちは法案が提出されるまでの時間を使って、新旧すべての支援者たちには今までどおりの支援要請をし、依然として敵対する態度を変えない議員には選挙区で質問攻めで苦しめ、ひとりでも多くの議員を棄権させることに全力を注いだ。

重要な日が近づくにつれ、勝利に手が届きそうなことが明白になってきた。女性参政権協会全国連合本部で有志の院内幹事のために最終的な支持者名簿が準備されると、賛同者の名前がひじょうに多かったため、それは長くかさばるものになっていた。院内幹事たちは、重要な採決前に支持者が議場を抜け出さないように配慮することを買って出た人たちだった。誰も勝利が目前に迫っていることを疑わなかった。得票差がどのくらいの数になるかということが唯一の問題点だった。

国会代表法案の第二読会が行われると、ほとんどの審議は女性参政権問題を中心に繰り広げられた。だが投票はこの問題だけを問うのではなく、法案全体の審議を続行するかどうかにかかわるものだった。法案が第二読会を三二九票対四〇票の大差で通過した事実は、女性参政権という懸案だけの行く手を示唆したものではなかった。悲観論者たちは、多くの議員が女性参政権を認める不愉快な条項をこの後の審議で抹消する心づもりで、賛成票を投じた可能性もあると言及した。安堵するにはまだ早かったが、前回の改正法案時のような大失敗は起こりえないということも事実だった。ロイド・ジョージ首相はかつてグラッドストン氏がしたように女性を見捨てることはできなかったし、アスキス氏のように全法案を取り下げることも不可能だった。それに彼自身それを望んでもいなかった。情勢は変化し、サフラジストたちはあえて口には出さなかったが、勝利が近づきつつあることを感じていた。

勝利を確信しながらも、第二読会後の委員会審議で第四条（女性参政権条項）が取り上げられる六月一九日に女性傍聴席に集まった女性たちは、ひどく興奮していた。彼女たちのうちの数人は前にもその席に座り、階下の議場で自分たちの主張がばかにされ妨害され投票で負けるのを何回も耳にしてきたので、その情景が痛ましく脳裏に焼き付いていた。彼女たちが閉じ込められている人を馬鹿にしたような小さい柵ごしに見ることができたのは、主に議員たちの頭頂部だけだったが、それでも下院を包む興奮した様子が感じ取れた。いつになく多くの議員が登院して、議員席に座りきれないほどだった。議場内の部外者の立ち入りを禁止するしきりにはぎっしりと議員が押し寄せていて、横の傍聴席にまであふれだしていた。旧知の支援者や敵対者はすべて所定の場所にいて、いざ開会が告げられると議場のざわめきは制しきれないほどだった。

審議が進み、賛成派の発言者がひじょうに多いことや、反対派のあきらめきった調子が人目を引いた。反対派のうちの何人かは、変わらない信念に裏づけされ、熱のこもっ

格子で隔てられた女性用の傍聴席

た演説をした。あくまで改正に反対する人びとは、女性参政権が国家に破滅をもたらし、国中の家庭に災いをもたらすと心底信じていたので、彼らの良心から切々と語ったのだった。しかしその数は数えるほどだった。明らかに情勢は変わっており、採決が行われると下院全体のうち反対は五五人だけだった。その七倍の三八五人が賛成側の投票用控え廊下に進んでいった。賛成投票数は事態を楽観視していた人たちの予想をも上回った。文句なしの圧勝だった。

第四条項の重要な採決が終わり、秋の報告審議〔第三読会前に行なわれる委員報告の審議〕までの間に、下院内部史に残る小さな出来事があった。それはサフラジストをますます喜ばせ、女性参政権協会全国連合のメンバーの気持ちを浮き立たせた。設置以来、女性傍聴席を隔離していた格子は、下院の物笑いの種だった。昔の国会議事堂では、女性たちは換気口からだけ議場を覗くことを許されていた。一八四四年の大火の後で新しい議事堂の建設が進むさなかに、もし女性のために設備を設けるとすればどのようなものにすべきかをめぐって、くだらない議論が繰り広げられた。そもそも女性用傍聴席はむこうみずな代物で、格子は女性が国会に来ること自体、あるまじき行為だと考える人たちに対しての妥協策だった。その後一度か二度、格子を取り外そうという試みがなされたが（というのはこれが目ざわりなしつらえで、いらいらするほど視界や音を遮ったからだ）、うまくいかなかった。当時の初代労働協議会委員長であったサー・アルフレッド・モンド(訳注7)は、何とか格子を取り外したいと考えており、彼とサー・ウィロビー・ディキンソン、そしてサフラジストの間でちょっとした策略が講じられた。彼らはある請願書を作成し(原注3)、それが国会議員の妻たちに回覧され、彼女たちの署名が添えられた。この請願書は秘密にされていたが、格子撤去の動議が議会で提出される日の朝には、国会議員の朝食のテーブルに置かれ、議員たちの目にふれた。討論が滞りなく進み、国会議員たちは妻たちの署名があったことが頭をよぎり、反対することはなかった。その結果、傍聴席の東洋風の装飾は取り外され、同じ建物の別の場所に過去の遺物として保管されることになった。

この出来事によって、少しばかり運動に弾みがついたが、実現しつつあった女性参政権の真価をいっそう明確にすることが別に起こり、運動をいっそう促進した。それは法案そのものの改善だった。

サフラジストは自分たちの背後に圧倒的過半数の議員支持者がいる安心感から、夏に法案批判を展開した。彼女たちは中央政治への女性参政権の条件変更を提案したわけではなかった。そうしたい気持ちはやまやまだったのだが、条件変更を提案することは背信行為になってしまうし、そのうえ政治的にも狂気の沙汰で、そんなことは考えもしなかった。彼女たちが要求したのは、地方自治参政権を従来の限定的基準のもとで設定するのではなく、国会参政権と同じ基準にのっとったものにすることだった。現行の基準のもとでは参政権を与えられるのは本人が土地家屋を所有する女性か、財産のある未婚あるいは未亡人の女性だけだった。しかし新基準ではこうした女性だけでなく、(三〇歳以上という条件付だが) すべての地方自治有権者の妻にも投票権が与えられることになるのだ。女性参政権協会全国連合は、この要求はまったく理にかなったもので、妥協のバランスを崩すとは考えなかった。「反対論者」の中でも見識のある人たちは、女性の地方選挙への参加をずっと容認してきたし、このことに異議を唱える者などいるはずがなかった。ところがこれに政府が反対したのだった。時の内務大臣サー・ジョージ・ケイヴ(訳注8)は下院でこの改正案を拒否しただけでなく、サフラジストや労働党議員から成る大規模な代表団に対しても拒否の姿勢を示したのだ。この出来事の後、週末をはさんで下院では法案の最終的な採決が行われることになっていたが、その間に彼のもとに国中から大変な数の怒りの手紙や電報が届いたので、彼は譲歩を余儀なくされた。一一月二〇日に政府は反対を取り下げ、採決なしで条項が付け加えられて、法案は可決され上院にまわされた。女性参政権と女性地方自治参政権がその法案の重要な部分を成していた。

サフラジストたちはいつも上院を恐れてきた。上院で審議が始まるまでの休会期間中に、その不安が呼び覚まされた。選挙の洗礼を受けない上院の貴族議員たちは、一般人から選出された下院議員のように切迫した状況の影響を受けなかった。選挙区民は上院議員たちに代表団や電報を送ろうなどという心境にはならなかったし、支持を撤回するという脅しも議員たちには理解されなかった。ただ彼らが自ら信念を変えてくれることだけが頼みの綱だった。だが上院議員の信念をどうしたら変えられるのか、誰にもわからなかった。サフラジストたちは力の及ぶ範囲で聞き込みを試みたが、思わしい結果を得られなかった。好意的な議員たちの言うところによると、味方してくれる議員も多いが、一方で絶対に考えを変えない議員も多くいたようだ。すべては採決の日に誰が登院するかにかかっていた。もし「めったに登院しない上院議員」が大挙して登院したら、法案はあっけなく否決されてしまうだろう。上院での支持を頼んでまわることはかえって不利にならないとも限らなかった。

不安定な状況の中でサフラジストたちは待つよりほかにすべがなかった。新しい論点や戦時女性労働、復興に関して聞き入れてほしい主張を提示した意見書が念入りに準備された。世界各地の女性参政権が新たに勝利をおさめたことについても言及された。フィンランドとノルウェーはすでに一九一五年に女性に参政権を与えていたし、一九一七年にはアメリカ合衆国の新たな四州、カナダではケベック以外の全州でも女性が参政権を獲得した。だが上院議員にとってはフィンランドやオハイオ、ノルウェー、あるいはマニトバでの出来事などどうでもよいことだった。意見書は立派なものだったが、恐る恐る配布された。ひじょうにきわどい段階が近づいていたのだ。

上院は常に女性参政権の反対勢力の砦だった。いまだにその反対派の長であるカーゾン卿は当時の上院院内総務を務めており、そのほかにも強力な反対論者で強い影響力をもつ議員がたくさんいた。たとえば、ランズダウン卿（訳注9）やホルズベリー卿（訳注10）、ブライス卿のような議員たちである。特にブライス卿はかつて女子教育を向上させるために重要な役割を果たしたので、彼が反対側についたことは大きな痛手だった。だが現実にはリットン卿やセルボーン卿、グレイ卿、コートニー卿（一八七八年にサフラジストの分派を再統合した人物）、その他多くの熱烈な支援者もいた。しかし「反対論者」の数が勝っているように感じられ、おそらく彼らは沈黙を守っている無名の上院議員たちを味方につけていると考えられた。

下院同様に、全法案をめぐる第二読会は順調に進み、採決なしで通過した。女性参政権問題についていくつかの発言があったものの、三日間にわたる第四条項審議に備えて発言が控えられたことは明らかだった。そして一九一八年一月八日に最後の戦いが幕を開けた。

ニューヨーク州ではその数日前に女性参政権法案が議会を通過した。上院が非公式に会議を開いていた一月九日には、アメリカ下院議会では三分の二の賛成票を獲得して必要条件を満たし、合衆国憲法修正条項を通過させた。こうした出来事はサフラジストを力づけたが、英国の女性参政権問題にその影響は及ばなかった。アメリカで何が起ころうとも、英国上院議員は女性の居るべき場所は家庭であって、女性参政権は英国憲法や大英帝国の安泰を脅かすと主張しつづけていた。

だが審議が進行するにつれて、心配していた女性たちは希望をもちはじめた。確かにお定まりの古くさい反対演説がなされ、相変わらずの偏見もはっきりと表れていた。だが一方で新たな支持が広がりつつある兆候も見られた。これまで女性参政権に対する賛否を明らかにしてこなかった上院議員のすべてが、賛成寄りの発言をしているように感じられたのだ。審議中、ずっとフォーセット夫人の隣に座っていたハンフリー・ウォード夫人は、落ち着かず不安そうだった。彼女が属する反対陣営は真っ向から反対することはあきらめて、夜もふけたころには、この懸案を国民投票にかけることで何とか同意を取り付けようとしていた。彼女はフォーセット夫人の隣席だったので、サフラジストがこの提案を受け入れる気持ちがあるかどうか、あえて尋ねた。そう言いつつも、心の中ではまったく見込みがないことを悟っていたに違いない。実際に議会で国民投票の件が提案されて、投票の対象が男性になるのか、あるいは女性だけになるのか、それとも両性なのかをめぐって、短時間審議がなされた。しかしそれは実現不可能な論点だったので、ほどなく消滅してしまった。最後の試練が近づいていた。

一月一〇日午後、審議の最後の発言者はカーゾン卿だった。彼が演説のために立ち上がるとざわめきが静まった。議場の警護隊はいつも女性に好意的だったが、この日も扉の警護官のひとりが審議室に通じる廊下に詰めかけた多くの女性たちのところに足を運んでくれた。彼はドアのほうを向いて「ご婦人のみなしゃん、カーゾン卿の演説がはじまるところですよ」と告げ、続けて「みなしゃんに悪いようにはされましぇんでしょう」と言った。実際そのとおりだった。女性参政権反対派の長であるカーゾン卿は自説を明確に述べないで済ますことはできなかった。彼はこの法案の可決は国を崩壊させるものであり、女性は政治的には役立たずの存在で、女性運動の全理念は破滅的な誤りだと演説した。彼はこうしたことを心底信じていたので、それを表明しておく義務があると感じたのだ。しかしいざ決議となると、自分が先頭に立って、反対票を投じるような働きかけはとてもできなかった。下院の得票差はひじょうに大きかったので、たとえ上院が女性参政権を否決しても、結果的にはこの条項が再び書き入れられて上院に差し戻されることになってしまうのはわかりきっていた。彼は次のような問いを投げかけた。「皆様方は下院の多数派三五〇人に戦いを挑むつもりがおありでしょうか。しかもそのうち一五〇人の議員は、ほとんどの上院議員の皆様が属す党派の一員なのです」。そして言葉を続けて、彼としては「上院議員の皆様の名誉を保てないような闘争へと、むこうみずに突き進んでいく」責任をとることはできないと述べて、とにかく、自分は女性参政権条項の投票を棄権するつもりであることを明らかにした。この劇的なまったく予想外の発言で審議が終わり、投票が始まった。サフラジストは開票結果を待ちながら、すでに彼女たちが戦いに勝利したことを認識した。一三四人の上院議員が賛成票を投じ、反対は七一票、棄権は一三票だった。国民代表法案は両院を通過し、二月六日に国王の裁可を得て国の法律になった。ここに五〇年に及ぶ戦いが終わり、性差の壁が崩れ落ちた。

（1）　この三人の支持者が別々の政党に属していたことは興味深い。

（2）　『オブザーヴァー』紙、一九一六年八月一三日。

（3）　請願書の内容は次の通り。「下院議員各位。拝啓、名誉ある下院で、女性傍聴席前の格子取り外しが提案されたことを、大変に興味深く受けとめております。純粋に下院内部で出された提案を、必要以上に深刻に考えるつもりはございませんし、仰々しい時代の遺物である慣習的設置物がゆゆしい主義主張に由来するなどとも思っておりません。ですが審議をお進めになるうえで是非心にとめていただきたいことがございます。審議がほとんど聞こえず、その様子の見づらい傍聴席に座っているのはたいへんに居心地の悪いものでございます。わたくしどもが残念な想いを切実に抱いておりますのは、聞くことのできないこの国の審議の重要性がどのような文明社会の立法議会で繰り広げられる審議のそれよりも、はるかにまさっているからでございます。それゆえ、この鉄格子の取り外しを是非にお認めいただきたく、切にお願い申し上げます。忠実なる僕」。この請願書には二六四人の下院議員の妻の署名が添えられた。

第二〇章　第一次世界大戦後　一九一八―一九二八

女性参政権獲得による即座の波及効果――一九一八年　女性被選挙権制定――女性参政権協会全国連合の新しい動向――女性戦時下労働者の解雇――家事労働――就職難――労働党による女性解放法案に代わる男女性差別廃止法の制定。これにより弁護士、下位裁判所判事、陪審員などの仕事が女性に解放される――一九一九年　レディ・アスターの選出――公務員職に根強く残る男女不平等条件――男女間賃金格差撤廃運動の失敗――社会的法制化の進展――女子正規入学・学位取得許可のオックスフォード大学対女子対応の「名目上」の限定学位許可のケンブリッジ大学――離婚における男女平等――男女平等の親権――寡婦年金――参政権における男女平等の達成

「女性参政権」法案通過の効果はすぐに明らかになった。提出されたすべての法案には「女性用」の記述があったことが下院でみつかったのは、国民代表法が条文化されて二週間もたっていない時だった。それで、各党の院内幹事は、「活動家の女性たちはどう思うだろうか」としきりに知りたがった。戦闘派《ミリタント》の女性参政権論者《サフラジスト》たちによる騒動が始まった頃から、下院の建物周辺では、すべての女性の立ち入りを厳しく禁止していたが、それもこの時には開放され、国会議員に面会することも驚くほど容易になった。女性たちからの手紙も、そのままゴミ箱に捨てられるようなこともなくなり、国会議員からの丁重な返信が届けられるようになった。また、女性協会などの代理人たちも、国会周辺で積極的に歓迎されるようになった。一九一八年の時点では、政治家たちはまだ、女性たちが「女性」という形で徒党を組んで投票するつもりがないことを十分理解しておらず、おそらく「女性党」が結成されるのではないかという危惧から、どういう方針を採るべきか決めかねていた。しごく当然のことながら、彼らは自分たちのために「女性票」を確保したいと思っていたが、どうしたらそれができるのかわからなかった。こうして、フェミニストたちが自らの意見を主張できる時がやってきた。彼女たちは参政権そのものを最終目的としてではなく、そのほかの改革を遂行するためのきっかけとみなしており、このときとばかりにこれを利用しようとした。

一九一八年には女性の社会的地位に関する三つの重要な法案が通過した。そのひとつは、助産婦登録の修正法案で

30 歳以上の女性に参政権が付与された最初の選挙で

あった。（これは、一九〇二年に最初の法案が何とか通過して以来、ずっと却下され続けていたものであった）。もうひとつは、非嫡出子の養育費の上限を五シリングから一〇シリングに増額する法案、三つめは、政府主導で法制化された、女性（二一歳以上）下院議員の被選挙権に関する法案であった。

　この問題に関して長い闘争を覚悟していたサフラジストたちにとっては、この法案の通過は驚きであり、実際、かつての参政権獲得運動の過程でも、彼女たちは、選挙権の獲得と国会議員の被選挙権は別物であること、選挙権が与えられても、被選挙権はそれについてこないことをしばしば繰り返して言ってきた。彼女たちは、これが間違っていたことが証明され、この法案がほとんど反対もなく、両院を速やかに通過したことをひじょうに喜んだ。この法案は、一九一八年の一一月、統一選挙のちょうど三ヶ月前に条文化された。これでは、立候補者が準備するにはあまりに期間が短すぎたが、それでも一六人の女性候補者が国内のいろいろな地域から立候補した。連立政府の公認をもらったのはこの中でたった一人、クリスタベル・パンクハーストだけであった（原注1）。その他のほとんどの女性候補者は無所属で、一人の例外を除いて、全員落選した。その一人とは、アイルランド共和党から立候補した故マルケヴィッチ伯爵夫人（訳注1）であった。夫人は、他のアイルランド共和党員と同様、国王への忠誠の宣誓を拒否したので、国会議事堂でその姿は見られなかった。それで、選挙後の最初の国会は、女性の国会議員抜きで開催された。しかし、女性の国会議員が実際にその場に姿を現さなかったことも、かつての状態と比べれば、たいした問題ではなかった。なぜなら、男性の国会議員はみな、自分が当選したのは男性の有権者と同様、女性の有権者のおかげであることを承知しており、国会全体の雰囲気が以前とは変わったからである。

　女性参政権法が通過してほとんど一年間は、第一次世界大戦が続いていた。一九一八年は、多くの点でもっとも忌まわしい年であったし、一一月の選挙前は、この国家の危機以外に費やす時間もエネルギーも多くは残っていなかった。それにもかかわらず、サフラジストたちは彼女たちの組織の将来に関して決断を下すのが自分たちの義務だと感じていた。この点に関しても、これまでの経緯でもよくあったように、全国連合内では、さまざまな意見の相違が強く見受けられた。「フェミニスト」としての目的を厳密に見据え、依然として存在する女性への制約を取り除き、男女平等な参政権を達成するためだけに活動するべきだと感じている女性たちもいれば、過半数に近い数の女性たちが、もう参政権は獲得したのだから、ほかにたくさんすべきことがあると感じていた。自分たちも政治力を手に入れたいという思いを抱かせることになったあらゆる「動機」が彼女たちの心の中で頭をもたげた。自分たちがなじみ、強い愛着を抱いている組織、すなわち、児童福祉、健康、教育、衛生面などの改善、国際理解の向上、国政に責任を担う市民としての一般女性を対象とする教育の普及など、すべての面における人間性の向上を図るこの組織内で働きたいと思っていた。男女平等参政権推進派の言い分は、それらのことを擁護する組織は他にたくさんあるのだから、フェミニスト団体としての彼女たち自身の責務は、みんなの意見の一致がみられる男女平等路線のみに沿ったものを手がけるべきだという主張だった。他の者たちは、そういうやり方は、味気ない、非実用的な見解であり、参政権を自分たちの信じるすべての運動に使わなければ、参政権を得た意味がないのではないかと反論した。

　この論争は長引き、最初の年に何らかの決定を見るようなことはなかった。しかし、総じて言うと、結論はこれらの二つの考え方の妥協案となった。女性参政権協会全国連合（NUWSS）は平等市民権協会全国連合（NUSEC）となり、その目的は、以前と同様、フェミニスト運動であることに変わりはなかったが、「責任ある市民としての女性教育」という文句をその仕事の一環として付け加えて掲げた。当然のことながら、この文言のもとで、ひじょうに多くのことがなされた。一九一九年、フォーセット夫人は会長を辞し、ミス・エレナー・ラスボーン(訳注2)が後任となった。その執行部は、評議会の明らかな意向を反映して、恣意的に、連合の活動目的の範囲を広げた。「自由、地位、機会における真の平等」という言葉を使うのは簡単だが、男性が依然として妻や子どもを扶養することになっている世の中で、これを日常の生活に反映させるのはなかなか難しいことだった。そして、連合の評議会は、幾度となく、具体的な提案があがるとそれを実質的に達成しようとたいへん苦労したが、評議会内の意見の一致を見ないことが度重なった。しかし、概して女性運動の道筋は、かなりはっきりとしていた。一九一八年には、なくさなければいけない極端な不公平、不平等が依然としてかなり見受けられた。男女不平等な離婚条件、男女不平等な遺産相続資格法、男女不平等な選挙資格、男女不平等な子供の親権、男女不平等な道徳基準、男女不平等な雇用機会、男女不平等な賃金体系などである。

これらすべてが、一九一八年当時のフェミニストたちには重要案件だと思われたのだが、その中でも最後に挙げた問題、すなわち、女性がおかれた経済的不平等がもっとも差し迫った問題であった。その理由は、戦争の終結が、女性の経済的繁栄に突然終止符を打つことになったからである。一九一九年の春までにはすでに、女性の戦時労働者の解雇が盛んに行われ、ひじょうに悲惨な結果を引き起こしつつあった。退役した男性たちの身にまもなく降りかかったように、何千人もの女性労働者が解雇の憂き目に遭い、仕事を見つけることができなかった。この状態をいかに防ぐことができるかを見極めるのは難しかった。すべての特別軍需事業は終わりを告げ、産業は縮小され、伸び悩んでいた。以前からあった仕事は、帰還兵士のためにとっておかなければならないというのがこのとき支配的な方針で、これを変えることはとうていできなかった。それでも、この状況は、女性にとってはひじょうにつらいものだった。もちろん、女性たちは、黙ってそれぞれの家に戻り、すべてが戦争前と同じ状態になるものと皆が考えていた。しかし、女性たちの望みとは大きくかけ離れたこの状態は、どう見ても受け入れられるものではなかった。戦争によって余った女性が莫大な数に達し、ほとんど三人に一人の女性が自活しなければならなかった。(原注2)というのは、戦争によって、数え切れないほどの家族が離散し、多くの「新貧民階級」を生み出したからである。物価は一九一四年当時のほとんど二倍になり、わずかな手当てや固定収入で以前は生活できていた女性たちも生活が立ち行かなくなった。しかし、このような事実はまったく省みられることはなかった。世論は、女性はすべて男性によって扶養してもらえるものだという見方を依然として変えておらず、もし、女性が働きつづけるとしたら、それはある種の意図的な悪意があるからだとみなした。働く女性に対する新聞・雑誌の論調も、最高の賛辞から極端な非難へと一瞬にして変貌した。何ヶ月か前には、国家の英雄で、救済者とみなされた女性たちも、今では、寄生虫、スト破り、しつこくまとわりつく存在としていやがられた。雇用者側は、女性労働者を雇った時と同じ強い決意で、今度は彼女たちを職場から追い出すよう要請され、女性労働者は戦時中に就いた職を解雇されるまでの数週間、男性の労働者からのあざけりや嘲笑などを浴びて、惨めな思いを味わったのである。

女性たち自身は、この状況に黙って甘んじていた。彼女たちは、帰還兵の就職の邪魔をするようなことは望まなかったし、新聞・雑誌が書きたてたような、自己中心的な存在とは程遠く、ただ、おとなしく従順であった。実際は、戦場で戦ったこともないような若い男性に職を譲るために無理やりやめさせられたときなどは、受け入れがたい気持ちになったものの、そのような時ですら、ほとんど抗議することもなく、これが自分たちの務めだと考えて、昔ながらに女性を厳しく排除するやり方を再度受け入れ、自分たちが一度は手に入れた仕事が手からすり抜けていくのを黙って受け入れた。

雇用者たちは、女性たちをすっかり辞めさせることは気が進まなかった。彼らは女性労働の価値を知っており、戦争中の数年で、様々なことを学んでいた。そして、もし彼らが自分たちの思うようにできるのであれば、今、女性たちをやめさせなければならない何十箇所もの工程にこの女性たちをそのまま使いつづけていただろう。もちろん、雇用者たちは安い労働力を求めていたし、労働組合がもつ力から生じる厄介な問題——見習いの排除、出来高制の拒否、職種の厳密な管掌など——を解消したいと思っていた。しかし、そうはいかなかった。戦前の雇用状態を回復させるとした政府の約束は守られなければならず、戦前には、女性を雇用しないことが公然の事実になっていた業種で女性を雇うことは、明らかに違法とされた。

こういうわけで、業界から大挙して追放された女性たちが再び雇われることはひじょうに難しかった。この状況を傍観していた中流階級の人たちが考えた最初の解決策は、家事手伝いであった。新聞・雑誌は、長い間それを大きく取り上げていた。その理由は、軍需産業において女性解雇の問題が頂点に達していた時でさえ、家事手伝いにおいては、求人難であったからである。軍需産業に携わる若い女性たちは、「戦争によって毒された」堕落した思想をもった、と公然と非難された。しかし事実はそんなに単純ではなかった。実際、女性たちは、仕事とはどういうものかという点で新しい見方をするようになった。彼女たちは、自立した生活と満足のいく賃金を得る喜びを味わい、その結果、ひとりで黙々と働く一日一四時間の重労働にはあまり気が向かなくなっていた。しかし、こういう理由で女性たちが重労働をしなくなったわけではなかった。自立のための生活費を稼ぐという点では変わりなく、彼女たちの多くは、この種の仕事以外では収入を得ることができなかった。しかし問題は、女性たちはその仕事さえできなかったという点である。彼女たちは、必要な衣服も経験もまったくもちあわせていなかった。このような女性たちは、下品で粗野なことも多く、もし普通の家に連れて行かれたら、陶器類を粉々に壊してすぐさま暇を出されるのが落ちだっただろう。幼い子どもをもち、子育てに疲れた母親は家事の重圧を軽くしてくれるお手伝いを求めていて、健康や清潔ということに関してまったく知識もなければ、料理も裁縫もできない若い女の子のお手伝いでも、少しは気が休まるかもしれない。それはそれとしても、工場労働に従事していた女性を無理やりにこのような家事手伝いの仕事に就かせても、何も得るものはない。唯一、その効果を期待できるものとしては、一九一九年、政府によって開設された訓練センターで、家事手伝いの仕事に就こうとする若い女性を対象に生活費支給付きで開講された、家事手伝い短期養成コースであった。

家事手伝いは仕事を必要としている女性のうちのほんのわずかな数の人たちに仕事を提供できるのがせいぜいで、この問題は一般の人びとの大きな関心事ではあったが、それほど重要ともいえなかった。女性運動の視点から見ると、工場労働に従事していた女性たちが、戦前の状況とほとんど同じ状態に押し戻されたという点が重要だったのである。一方、工場労働に従事していなかった女性は、そのような扱いは受けていなかった。男性の労働者が戻り、女性労働者たちがまとめて職を退いたにもかかわらず、強力な男性の労働組合がない職場では、女性労働者が辞めさせられることはなかった。女性工場労働者を排除する動きが頂点に達していたときでさえ、そこここの、ほとんどすべての新しい職位において、少数ながら特に有能な女性がその職にとどまった。そして、女性雇用の流れは途切れることはなかった。銀行、商社、官庁、民間会社、たくさんの様々な職業が理論上は女性に開放されていた。このことで戦争後数年間の重苦しさが和らぐことはほとんどなかったが、女性の経済進出に実に決定的な一歩を記したのであった。バーバラ・ボディションが設立した雇用協会のかつての目標は実現しつつあった。仕事の選択肢は増えていき、その時点での状況が悪かったのは確かだが、一九世紀に見られたような女性の雇用に対する制限が課せられることは二度とありえなかった。

このような女性雇用の進展は、一般論として述べることもできるが、現実には、実に多くの個々の例がその様子をよく表している。第一次大戦後最初の数年間では、女性たちの中に芽生えた女性解放の流れを変えようとする試みは、悲痛ともいえるものだった。しかし、失望、落胆、何よりも女性たちが経済的に苦しい状況にあったという現実は、実に痛ましく、彼女たちの惨めなあきらめの気持ちや、愚痴も言わずにこのどん底状態をも受け入れる姿勢をみれば、これらの女性たちのためにも、この状況を見過ごすことはますますできなくなった。女性参政権ロンドン協会は、女性雇用局という新しい名称のもと、一九一四年八月以来、軍務に携わる女性を採用してきており、二〇万人以上の女性をやりがいのある仕事に起用してきた。そして今、その斡旋所には、次の仕事を求めて女性たちが殺到して来たのである。

最初は、このような女性たちに特殊な仕事のための職業訓練を受けることを強く働きかけることができたが、当然のことながら、女性たちの多くは、それを受けるための必要な資金を持っていなかった。その後このような提案さえ役に立たない状況下に陥った。すなわち、すべての職業訓練センターが職を求める女性であふれんばかりになってしまい、職業訓練を終え、有能で、熟練した女性たちでさえも、依然として仕事が見つからなかった。工場労働者たちは、「失業手当」を受けてある程度は救われたが、一九二〇年と二一年に政府機関の事務職を失った何千人もの女性労働者には、この手当ては給付されなかった。総体的失業問題を抱えた厳しい局面を迎え、女性の場合は絶望的な状況であった。

フェミニスト運動を繰り広げてきたそれぞれの協会は、この失業問題こそ彼女たちが努力を傾ける大きな新分野であると実感していた。そこで、一九一九年の初め、かつてみせた開拓者精神をもって、この問題に取り組みはじめた。それと同時に、引き続き国会で行われていた法制化から目を離さず、法のもとでの完全な男女平等を達成するために必要な改革法案の通過を実現させようとした。

これらの協会間で行われた実際の責任分担は、複雑で変動的であり、それぞれの貢献度を評価する必要も生じない状況であった。選挙権を獲得して、すべての女性組織は、多かれ少なかれ、フェミニスト色や政治色を強めていき、男女平等の法制化、男女平等賃金制が、実際、すべての女性組織に共通の旗印になった。戦争という状況もまた、彼女たちが協力して問題に取り組むという体制を残した。協調化、統一化が組織内で徹底したため、当初あったそれぞれの組織独自の目的はほとんどおざなりにされた。これらの協会のひとつに属している会員であれば、大会や集会、合同会議や組織委員会に出席することに自分の時間のほとんどをあてて、これらの場で示されたフェミニストの統一見解を確認するというやり方もできた。したがって、当然のことながら、フェミニスト運動組織内での政治的駆け引きが膨大な割合を占めるようになった。それにもかかわらず、この高度に組織化された統一見解は、国会の動きに影響力をもっていたので、女性参政権法案が国会を通過したあとの数年間は、これがもたらした効果は絶大であった。

実際、最初に提出された法案は、一九一九年四月の議員立法上程日に労働党から提出された女性解放法案であった。この法案は、女性が依然としてこうむっている法的不平等を一掃するためのものであった。この法案は、選挙権を男女まったく平等なものにし、女性の世襲貴族に上院議員就任を可能にし、女性に法律分野の職を開放し、裁判官への就任も可能にするほか、すべての分野の公務員職、特殊法人組織の協会や会社への就職の道を開くものであった。政府は、明らかに、官庁の男性公務員の意見に押されて、この法案の通過を阻止しようとしたが、下院の議員たちは、自分の選挙区の女性有権者の反応をはかりきれず、あえて反対票を投じようとする者はほとんどいなかった。金曜日の午後にしては、いつになく活発な議論がなされたあと、法案は、政府の思惑に反して通過し、野党も女性協会側もひじょうに喜んだ。また、超党派国会は、通常の国会ほどこの政府案の敗退を深刻に受けとめなかったので、この件に関して内閣辞職問題は浮上しなかった。しかし、この法案が上院に提出されると、これを廃案にしようとする手段がとられた。上院議員に選挙区はないので、有権者の反応に対する恐れもまったくなかった。したがって、上院議員たちは嬉々としてこの包括的な法案をつぶした。それにもかかわらず、政府は内心、気が気ではなかったので、まもなく、表面上は同じものを目指し、性差別廃止法案という名称で独自の政府案を提出した。最初、この法案は、女性に法律関係の職業を開放する程度のものであった。このこと自体は大きな出来事ではあったが、様々な女性組織を満足させるには十分ではなかった。女性たちは、そんなにはやく選挙権が男性同様に範囲を拡大して女性にも与えられることになることは本気で期待はしなかったが、公務員職が女性に開放されることは強く望んでおり、またそうなるように働きかけるつもりであったので、この政府案を改善するための努力を惜しまなかった。彼女たちが直面した反対は、女性運動の全歴史において、一貫して常に強硬なものだった。当時の公務員機構は、女性を日常の補助的な職位以外に就かせることを断固として許さないように見えた。その代表者は、自分たちの聖域が侵されようとしている危機を排除しようと、長い実戦経験で培われた巧妙な雄弁さをもって、戦いに挑んできた。しかし、女性側も巧妙で経験に長けていた。彼女たちは、望みは国会審議にあることを知っていたし、国会での決議は、施行に至るまでには抵抗もあるし時間もかかるが、結局は実を結ぶことを知っていた。したがって、この件に関して明確かつ断定的な国会決議を促すよう彼女たちの全エネルギーを傾けた。いくつかの修正は加えられたものの、この法案自体においては、女性たちの望みがすべて実現したわけではなかった。しかし、この法案が通過し、これによって改革の成果が問題なくもたらされると、彼女たちは再び攻撃を開始するのであった。

性差別廃止法の通過は、法律関係のすべての分野で女性に門戸を開き、女性の地方判事が即座に任命されることになった。係争中の女性に、法廷に出頭する義務が課された。この特権（不愉快な場合もあるかもしれないが）を得たのは、ひじょうに重要な意味があるとされた。その直後、裁判官や法廷弁護士が、女性に不快感を与えるような裁判に女性を出席させることに反対した例もいくつかあったが、その都度、彼らの意見は却下された。女性たちは、こういう裁判こそ女性の出頭がもっとも必要な場合だと主張し、この主張は概して世論に支持され、驚くほど短期間に女性が裁判に出頭するのは当たり前のこととなり、何の障害も生じなくなった。

法律関係の職業に就くことは、フェミニスト運動を推進する協会の長年の目的のひとつであったので、サミュエル・ギャレット氏を議長とする特別委員会がこの改革を実現するためにすでに作られていた。女性がこの職業に参入することは、法律家たち自身から、従来激しい反対を受けてきた。しかし、自身、法律家協会の会長を務めるギャレット氏、ロバート・セシル卿、J・W・ヒルズ少佐(訳注3)ほか多くの協力的な事務弁護士や法廷弁護士たちがこれを実現するための準備に取りかかっていた。したがって、最後の障害が取り除かれたとき、この法律家たちはそれをうまく取り入れて、女性たちが不利になることも有利になることもなく、彼女たちの望みどおりの扱いを受けられることを第一として、新しい女性法律家を多数採用した。かなりの数の女性たちが法廷でいっせいに活躍することを見込んで、法律を学びはじめた。それよりも少ない数だが、ほとんどが親戚などのつながりで、事務弁護士の実務修習をする女性もあった。女性が法律家の職を得るチャンスはないだろうし、すでに男性の就職希望者が殺到している職業であるから、女性がそこに参入してもうまく行かないだろうというのが大方の予想であった。しかし、彼女たちが職を得る可能性は、同世代の男性の場合とほとんど同じであること、法廷で着用するかつらと法服を女性が身に着けた姿に、法曹界では何の騒ぎも起こらなかった。

この性差別廃止法が即座にもたらしたもうひとつの効果があった。それは、公認会計士協会などの団体に女性の参加を可能にしたことであった。これらの団体のいくつかは、

初の女性保守党議員、レディ・アスター

この法案が通過する前に、自発的に女性を受け入れた。特に造船協会や銀行協会などであった。そして、法案通過後は、その他のすべての公認機関がこの例に従わないわけにはいかなくなった。王立協会でさえ、この流れに従わなければならず、一九二二年にこの問題が持ち出されたとき、評議会の意見は、女性を除外することはもうできないというものであった。二〇年前に拒否されたエアトン夫人は直ちに入会を許可された。

この法律では世襲貴族の女性は対象になっていなかった。一九二二年、ロンダ子爵夫人(訳注4)は、特権に関する委員会裁定で、上院に議席を置く資格があるとされたが、この決定はその後覆された。しかし、この法律が通過した年、最初の女性下院議員が下院に登院した。アスター子爵夫人(訳注5)がプリマスのサットン地区で保守党議員として選出された。これは、彼女の夫が貴族の称号を授けられたことにより必要となった補欠選挙によるものであった。このことは、国中で歓迎された。それどころか、大きな成功だとして、世界中で歓迎された。なかには、不満そうな表情をする考えの古い議員がいて、言葉にもならないとばかりに首を振り、礼儀はわきまえつつも反対の意を表して議場から出て行ったが、下院での彼女の受け入れは心配していたほどのことはなかった。当然のことながら、しばらくの間は、何から何まで話題にされた。彼女がしたこと、言ったことがすべて誇張され、報告されたが、このような動向に対して、彼女が勇敢であっただけでなく有能で機知に富んでいたことが幸いした。下院内で、彼女はまもなく独特の居場所を確立させた。世間では、その存在は、彼女が会うこともない人びとにとって希望のシンボルとなった。国中から毎日何百通もの手紙が彼女の元へ寄せられた。「アスター夫人様。あなた様自身も、女性であり、母親であられるので、私たちが感じていることを理解してくださると思います」。そのとおり、彼女はその気持ちを理解していた。あっという間に、彼女は、男女平等の権利を達成した戦士として有名になるとともに、一般の女性にとってなかなか手にできないすべての社会改革を体現する人物として世間から見られるようになった。

アスター夫人が選出されたのと同じ年、市議会や区議会に選出された女性の数が著しく増えた。その大きな要因となったのは、地方議会の選挙人に既婚女性が含まれることにより、選挙権者の数が拡大したことであった。しかし、女性の候補者たちが公的な仕事を積極的にしようと名のり出て、選挙権をもつ人たちがそういう女性に投票したいと思ったことは、戦争の結果のひとつであるのは明らかであった。公衆衛生委員会のために働くことはフランスで救急車の運転手をするほど面白くはなかったが、形は違っても、勤めるという点では同じだった。

一九一九年はパリで講和会議が開かれた年だった。この年は、すべての組織化された「運動」において非常に国際的な活動がなされた時期であった。国際女性協会や国際女性参政権連合の足並みもそろっていた。イングランドからも派遣団が送られ、それぞれの協会の見解を発表した。ウィルソンアメリカ合衆国大統領、(訳注6)ヴェニゼロス氏、(訳注7)ロバート・セシル卿の支援を得て、(原注3)男女平等に関する懸案が認められ、国際連盟そのものの約款において、連盟とその事務局のすべての職位に女性も就くことができることが確認された。

翌年の一九二〇年は、前年ほど事はうまく運ばなかった。主に国家公務員職を男女平等に受験する権利をめぐる戦いに明け暮れた年だったといえた。女性協会は、その業務の内外を通じて、見かけ以上にこの問題を重視していた。というのは、雇用者側としての政府の行動が、他の雇用者たちの態度にひじょうに大きな影響をもたらすことは明らかだったからである。したがって、この戦いに対しては、教師たちが同時に推し進めていた男女平等賃金の要求とあわせて、強い決意で臨まれた。こうしてまた、終わりの見えないもうひとつの闘争が始められた。一九二〇年に女性協会の重要な合同委員会のために一役を担っていたヒルズ少佐がこの問題を国会審議の場にまで漕ぎつけ、直接投票で男女平等雇用に対する賛成を勝ちとった。男女平等賃金面に関しては、国家財政措置の必要性にふれる言い回しが加えられたことによって効果は弱められたが、三年以内の見直しが約束され、進展があったかのように見えた。しかし、この後は失望つづきであった。遅延、妨害、言い逃れが次々となされ、財務省やその他の大きな省庁が真剣になって、議会の決定の意味そのものをはぐらかす作業にその多大なエネルギーと能力を費やしたのである。一九二一年八月、技術的な作戦を重ねた結果、二度目の審議も勝ちとり、今度は、男性と同様の採用試験を実施し、国内の公務員職のすべての職位を女性に開放するという厳密な誓約を政府からもぎ取った。この決定を試す最初の機会は一九二五年にもたらされた。そして、三人の大学卒の若い女性がその聖域に足を踏み入れ、「管理職候補生」として職に就いた。

この決定が一九二一年になされて以降、公務員職において、女性の採用反対は少々異なる形をとった。女性を受け入れるのはこれ以後財務省の方針となってはいたが、彼らはそれを急いで実行に移す気はなかった。あからさまな反対に取って代わって妨害が始まった。すでに就職している男性たちはすべての職位においていわゆる「昇進を期待して当然」で、この期待は大いに認められていた。結局、女性が公平な機会を得るという点はこのときには同意されていたが、一方で、自分の上司として女性が配置されるのに反対し、女性に部下として仕事を言いつけられることに憤慨し、昇進への競争が余計に激しくなることを危惧する男性職員たちは躍起になっていた。何千人もの一時雇用の男性公務員が取り込まれ、何千人もの元軍人が雇い入れられており、これら全員の採用が女性より優先権があるというのが官庁の見解であった。それでも、この女性採用への障害は、はっきりとなくなる方向にあり、男女雇用機会均等への道は開かれているというのが、当時も今も変わらない認識であった。

男女平等賃金制の問題は男性側の守りがもっと堅いということがわかった。この要求を最初に掲げた教師たちは、勇敢に戦った。しかし、この論争がバーナム卿(訳注8)を委員長とする調停委員会に持ち込まれたとき、彼女たちは敗退した。彼女たちに与えられた裁定は、男性賃金の約六分の五で、当初はそれで満足しなければならなかった。公務員職においても、その比率は多かれ少なかれ同様であった。そして、当然のことながら、この二つの基準が民間の雇用者への指針となった。

一九二一年にウィントリンガム夫人(訳注9)がラウス［アイルランド東部］から選出された。この二人目の女性国会議員は自由党所属で、最初の女性議員とは異なる政党に属していた。しかし、政治理念の違いがあっても、この二人の女性議員はすべての「女性運動」のために密接に連携して働き、彼女たちの支援によって女性運動は大いに助けられた。一九二一年以降、引き続いてさらに国会議員に選出された女性の数は増えた。一九二三年には女性議員は八名となり、議会における女性議員の存在は完全に認められ、受け入れられるようになった。労働党、保守党とも、それぞれの内閣に一人の女性閣僚を登用し、国際連盟への派遣代表に女性議員を一人加えるのが慣習となった。ミス・デイヴィスとミス・ビールが政府の諮問委員会に出席して証言することにあれほど動揺したときから六〇年がたったこの時、そのような委員会が、一人も女性委員を含まずに構成されることはまずありえなかった。これをみれば、女性参政権獲得の効果は明らかだった。

一九二〇年にスコットランドにおいて既婚女性財産法の細部にわたって不合理な点がいくつか是正され、一九二二年の財産所有法によって、遺言不在の遺産相続において夫と妻、父と母、息子と娘、それぞれの場合、男女同等の相続権をもつことが法制化され、古くからあった実にひどい不公平が修正された。一九二〇年になって初めて別居中の夫婦が相手の財産を許可なく使うことが合法化された。この特権はあまり高く評価されなかったようだが、一九二二年の扶養法には、本当の意味でさらに利点があった。一方、一九二三年の父親が非嫡出子に支払う養育費を増額する法案の通過は歓迎された。第一次大戦中、すでに試されて、すばらしい成果を上げた女性警察官の登用は、引き続き行われており、少数の女性警察官がロンドンおよびその他の警察署に採用された。これらの女性警察官の働きと、これも採用数が増加している女性地方判事との連携により、市街地における秩序と道徳の問題が広く論議の対象となった。そして、刑法問題の国会諮問委員会が一九二二年に設立された。レディ・アスターはこの諮問委員会のメンバーとなったが、この委員会の論議に対するマスコミの扱いは適切で、以前のように扇情的なものも悪意に満ちたものもなかった。かつては、バトラー夫人がハンガーストライキを重ねて本当に苦しい思いをしなければ果たせなかった法案の成立や、W・T・ステッドが売春宿から女子児童を救い出すために刑務所に入る羽目になるまで頑張った時代とは異なり、委員会の常連であったレディ・アスターが当然のこととして委員会で承認させ、バトラー夫人が成し遂げた仕事をさらに一歩進めた法案は、ほとんど反対もなく国会を通過した。

ミス・エミリー・デイヴィスは一九二一年に死去した。彼女が強く望んでいた女性参政権の実現を確かめ、参政権獲得がもたらした力の成果の一部をその目で見届けてこの世を去ったのだ。すなわち、オックスフォード大学での大学教育運動の最後の勝利を見届けたのである。一九二〇年、女性たちは、学位取得、学生帽やガウンの着用および、大学運営において、男性と同等の立場を得、彼らと同等の正規資格を認められたのである。ミス・デイヴィスはたいへん喜んだ。しかし、同時に、自分がかつて創立したコレッジが属すケンブリッジ大学が依然としてこの前例に従うことを拒否している事実を悲しんだ。このように頑固に反対している大学における事の進行は、入り組んでいて時間がかかった。大学における女性の立場はひじょうに触れられたくない問題となり、かつてみられた敵意や昔ながらの陰険さを感じさせる議論がなされた。そして結局、女性に「名目上の学位」を与え、大学図書館や実験室を使う権利と合わせて、大学での教育活動への参加が認められはしたが、オックスフォード大学やその他全国の大学で与えられたような、正真正銘の学位取得を認めない制度が考案された。これは、ケンブリッジ大学を卒業した女性たちを落胆させたが、彼女たちに悔しい思いをさせたのは、不満足な状況が依然として解消されていないことより、状況を故意にあいまいなままにしておこうとする姿勢が表面にはっきりと現れたことにあったといえるだろう。彼女たちは実質を手に入れ、拒否されたものは単なる影にすぎなかった。この時得たものは、昔の状態とは大きく異なったものであったので、これは比較的冷静に受け入れられた。

一九二三年、女性と男性が同じ理由で離婚申請ができるように離婚法が改正されたとき、女性に対する不平等が取り払われる方向へさらに一歩前進した。この改正直後に弁護人を立てない離婚訴訟が増加した点を見れば、従来の制度が離婚訴訟をいかに困難にしていたかがわかる。離婚手続きを簡略化することは悪法だと考えて、この改正法案を歓迎しない人びとがいたが、かつての不平等な制度を擁護する人は誰ひとりとして残っていなかった。

一九二五年、一九二六年には女性の地位に関して、さらに七つの法改正がなされた。一九二五年の未成年者後見法では、百年前にキャロライン・ノートンによって始められた仕事がついに完成され、父親と母親が子どもに関する権利と権限を同等にもつとされた。寡婦年金法では、未亡人の経済援助に救貧法を適用させることをやめ、彼女たちに老齢年金と同等の年金を与えることにした。簡易裁判法は、別居による養育費支払命令の実施において、実際上生じている深刻な不履行問題を解消した。また、養子縁組法は、親の再婚に際し、子どもを正式に認知することができるという法律とあわせて履行されることで、婚姻外で生まれた子どもが不当に逆境にさらされる例を減少させていった。出産法は、衛生設備を向上させ、出産に際する危険を減少させることを目的としており、フローレンス・ナイティンゲールが生涯をかけた偉大な仕事をさらに一歩前進させた。

一九二六年の刑法改正は、本来は女性の問題とは関係していないが、既婚女性が夫の面前で罪を犯した場合は夫にそそのかされたからだという推定が廃止され、妻の行動の責任は妻にあるとされ、結婚している男女は法的に別個の独立したふたりの個人とみなすということがほとんど確立された。これは、女性運動がひじょうに長い間強く求めてきたことであった。

しかし、一九二八年の初めには、依然として解消されていない大きな障害があった。女性は三〇歳以上という年齢制限と居住条件の両方を満たしていなければ選挙権を与えられなかった。これによって、女性有権者の数は男性有権者の数以下に抑えられていた。一九二四年の時点で政権をとっていた保守党内閣は、この不合理を改善する意向があることをすでに公約していたので、一九二六年にフェミニスト協会はボールドウィン首相[訳注10]にこの約束を履行するよう圧力をかけ始めた。この企てに対する反対も現れ始めた。

以前のように、女性の数が男性の数に勝るという理由ではなく（女性による政党が存在しなかったことでこの危惧はなくなった）、全体として若い女性は信頼できないという理由であった。太古の昔から、「いまどきの若い女性」は軽薄で気まぐれだと考えられてきた。年配の人たちは「若い女性は問題だ」と常に言っていたし、一九二七年には「彼女たちは危険だ」とも言いはじめた。しかし、このような抗議はひじょうに限られた階級の人びとから発せられたもので、保守党内閣にも一般大衆にも取り上げられることはなかった。二一歳の男性に選挙権を与えながら若い女性には選挙権を与えないという不合理は、それから九年間総じて容認されていたが、一九二八年二月の国王の演説中、選挙権を男女平等にしようとする法案は注目を引く部分となった。この法案は、一九二八年三月二九日に政府法案として提出され、両野党にも支持された。この論議の際、女性の有権者をもつ選挙区が誕生して一〇年の歳月が経ったことで議員たちの考えに大きな変化が見られ、その後行われた第二読会では賛成三八七票に対し、反対は一〇票であった。段階を次々と経て五月二三日には、かなりの大差で法案は上院を通過した。この法案の通過によって女性の法的地位の最後の大きな不平等が取り去られた。首相は審議の中で次のように述べた。「女性の従属、もしそのようなものがあったとしても、それは今や立法に起因するものではなく、法の運用によって繰り返されるものでもありません。不平等な立場に置かれているという理由で国家を非難することは二度と再びできないでありましょう。女性は、われわれ男性と同様、すべての権利を有します。かつての混乱の原因も理由づけもなくなり、あの混乱が再びよみがえることはありません（原注4）」。

もちろん、法の下での男女平等が運動のすべての目的ではない。法律によって勝ちとることは難しい面も多々あるし、考え方や見方の変化は依然として実現していない。すでに勝ちとったものでもその結果として、まだ十分形となって現れていないものもある。とりわけ、経済的な面での男女平等は、まだ遠い夢に過ぎない。これらの実現を目指す戦いは今後も続くだろうし、イギリス国民の発展とともに戦いつづけていかなければならない。しかし、主な戦いは終わり、全体的な勝利を勝ちとった。教育、参政権、法的男女平等すべてを与えられ、女性の将来は女性自身の手の中にある。女性の手の中にあるから女性の将来は安全なのだという信念が、女性運動の基本理念として生きつづけてきているのだ。

(1)　クリスタベル・パンクハーストが再び立候補することはなかった。彼女の関心は政治からほかの分野へ移り、アメリカや世界のその他の地域でキリストの再来を説く伝道師となった。

(2)　一九二一年の国勢調査によると、九三一万六七五三人の女性が「無職」(無給で働いている人)で、四二〇万九四〇八人が有給の職についていた。

(3)　国際連盟規約第七条。

(4)　ハンサード　一九二八年三月二九日

二一章　新しい女性像の受容

女性の身体的自由の拡大——自転車——ブルーマー——コルセット、長いスカート、長い髪——戦前の女性の服装と運動競技——戦時下の女性の服装——一九一九年戦争終結による人びとの喜び——従来の慣習に生じた変化——家事奉公——地方都市婦人会——工場での状況——ヴィクトリア朝初期の風習への決別

一部の女性が初めて参政権を獲得してから、政治的男女平等が完全に認められるまでの一〇年間に、女性運動は急速に進んだ。前章において扱った選挙法改正などの項目は、法の下に平等化されうる男女の身分のほとんどすべての局面を網羅し、法的には、女性運動は事実上完了した。しかしながら、法の支配が及ばない実生活における重要な側面もある。世間の考え方や女性の賃金に関しては、法の影響を間接的にしか受けず、これらの二つに関しては、現在［一九二八年頃］の女性の地位は依然として彼女たちの運動を推進してきた理想からはるかにかけ離れている。したがって、女

性運動がさらに続き、この先、考え方や賃金をめぐるこの戦いが新たな場で行われたとしても、これは広範囲にわたる厳しい戦いとなるであろう。しかしながら、これまで勝ち取られてきた勝利と、それらの勝利がもたらした変化は、この戦いが最終的に正しいと認められる時が近いという兆しを示している。

女性の大義達成の道半ばである現時点で、これまで進んできた道のりを顧みて、その運動による損失と利益を判断してみることは可能だといえる。法改正とそれに伴う成果という点では、それらはすべて利益といえることがすでにわかっている。風習、習慣、社会的状況においては、それ以上ではないにしても、同様に目を見張るほどの変化が遂げられた。一〇〇年前［一九世紀半ば頃］、若い女性は付き添いなしではどこへも行くことができなかったが、今日では、行くことができない場所はない。付き添いの存在はクリノリンとともに消え、かつて制限され窮屈であった男女の交流が自由に行われるようになった。遊びと同様仕事においても、スポーツと同様勉学においても、今や男女の相違はほとんどなく、学問、運動、旅行、喫煙、家の鍵や小切手帳をもつことさえも、もはや男性だけの特権ではなくなった。

これらの状況の変化に伴う女性の物理的世界の拡大は、一八九〇年以降になってからのことであった。私たちがこれまで見てきたように、これより数年早く、より自由な考えをもつ女子校で体育が導入されたが、大人の女性が自由に行動することができるという考えが本当の意味で一般的に受け入れられたのは、一八九〇年代初頭になってからのことで、この改革において女性解放の要因となったのは、自転車だった。この奇妙な機械に最初に乗りはじめた女性たちは、とんでもなく大胆だと思われ、多くの人は彼女たちの行為をけしからんことだと思った。女性が自転車に乗り始めた頃は、男性だけの自転車が作られており、とにかく自転車に乗るという暴挙がブルーマー（原注1）をはいて乗るという事実によってさらに強調され、自転車を最初に乗り回した女性たちは、それを見た人びとからさんざんばかにされた。やがて自転車の改造がなされ、当時のたっぷりとしたスカートをうまくたくしあげてしまい込める車種になり、その結果、完璧に淑女らしい体裁が保たれるようになった。偏見はすぐにはなくならなかったが、その成果を考えれば周囲の批判も甘んじて受け入れ、女性たちは懲りずに乗りつづけた。自転車の迅速な動きをこのうえなく楽しいと思っただけでなく、すばらしく実用的で便利なものだとわかったのだ。彼女たちは、もはや家の中の囚われ人でなく、望むなら六、七マイル遠くに逃れることもできた。最寄りの町に買い物に出かけることも、友だちを訪ねることもで

1890年代のサイクリング・ファッション

きた。もはやこれらの楽しみが家族の都合に左右されることはなく、彼女たち自身の体力に委ねられていた。これはすばらしい変化であり、女性運動に共感する気持ちのまったくない、たくさんの女性たちにも即座に賞賛された。この女性解放の風潮こそが、これに対抗する反対意見を激しくした原因となったのは明らかだった。たしかに、これが改革のための意図的な宣伝活動が現れる引き金となり、「自転車に乗って世界を征服せよ」と、少々古くさい文句で女性を駆り立てたたくさんのパンフレットは、重大な社会的変化の証しを伝えつづけた。

女性の服装《ファッション》は、これ以上女性の身体の自由を許さないよう長い間歯止めをかけつづけた。多くの女性がコルセットの犠牲となり、一八九〇年代および二〇世紀初頭には、少女たちは十代になると、コルセットの骨組みの中にしっかりと包み込まれ、ほんのわずかな動き以外、動くことが不可能だった。これに加え、年齢が増すにつれ、徐々に長くなるスカートの丈に耐え、ほぼ一七歳頃には、これらの象徴的な服装の裾は地面にまで達し、走ったり飛び跳ねたりすることができなくなり、また、特に風のある日は、歩くだけでどうしようもなく疲れ果てることとなった。その年頃には、若い女性の髪は「結い上げ」られ、つまり、渦巻状に巻いて塊にし、ピンで頭の後ろに留められた。この結い方の不安定さもまた、すばやい動作を困難にしたもののひとつであった。帽子は、年々大きさや形が多様化したが、頭の上にかなり不安定に置かれ、長いピンまたは「帽子の留めピン」でしかるべき位置に留められなければならず、そのとがった先端が一方に突き出て、近寄るのは危険だった。このような装いで着飾って、自由に息をしたり足や頭を動かすこともできず、女性たちの動きはひじょうに制限された。彼女たちの運動能力が低い基準にしか達しなかったことは、不思議ではなかった。彼女たちは、この慣習がもたらした困難と出来る限り闘ったが、ゴルフは初心者並みで、テニスはせいぜいコートの後ろからゆるいロブを打つ程度だった。ホッケーだけは本格的に行われた。というのも、男女混合のチームで行われたことがほとんどなかったため、女子専用のユニフォームが採用されたからだ。女子校で生じたホッケーへの情熱は、無数のクラブや県の組織、国際試合の編成にもつながり、国際試合では、とても迅速で組織的な試合が見られるようになった。

服飾デザイナーは、世界中の保守的な傾向を受けて、流行と健康面を切り離して考えつづけようと懸命だった。長いスカートの裾はすでに長くひきずるものになっていて、女性たちは、移動するときはいつでも手でスカートを持ち上げなければならなかった。鯨骨で硬く作られた高い襟は首にぴったりと付けられ、やがて、一度にわずか半歩だけしか進むことができないほど足首のあたりが狭い、ホブルスカート［一九一〇―一四年頃流行した裾が狭く丈の長いスカート］が加わった。これ以上ばかげたことはないように見えた。フェミニストの中には、このような服装に耐えている女性たちは果たして参政権付与に値するかどうか疑わしく思う者もいた。

しかしながら、第一次大戦が服装面での女性解放をもたらした。戦時下で、流行どころではなくなり、短いスカートの制服や半ズボンでさえ見慣れた光景となった。女性たちは、この解放の喜びを一度実際に味わうと、以前の服装に戻ることを拒んだ。戦争が終わると、服飾業界は、とにかく以前の考え方に戻そうとしたが、女性たちはそれを「取り入れる」ことはなかった。スカートはますます短くなり、服はますます単純化し便利なものとなり、「女性の栄光の冠」とされた髪は、短く切られた。一九一九年の若い女性たちは、足かせとなってきた慣習から一挙に飛び出し、喫煙、自動車、家の鍵を持つこと、そして運動競技で、大人たちを仰天させ憤慨させた。女性運動の全行程を通して、あらゆる視野の広がりは女性たちにとって危険なことだと考えられてきたが、今やこれらの恐れが正当化されたようにみえた。男性は、自分たちには必要である善悪の認識も、女性をただ傷つけ、女性の無垢という初々しさをこすり落としてしまうことになるだろうと言っていた。そして戦後まもなく慣習の変化を受けて、その予言が実現しつつあるように見えた。多くの若い女性は、彼女たちの自由の意味を取り違え、過度な刺激を味わうためだけに自由を使っているように見えた。女性たちは、朝は顔の化粧に費やし、昼間はぶらぶらと過ごし、夜は踊り明かした。慣習や道徳という見せかけを捨て去り、野放図で勝手気ままな生活ぶりがそれに取って代わった。古い考えの人びとは、今やついに国が落ちぶれ、女性の解放はこの事実が最終的に露呈したものだと信じ、これらの若い女性たちがその主な原因だと考えた。しかしながら、現実は、これらすべては一時的で取るに足らないことであり、女性運動に関係するものというより、むしろ戦争の緊張感の後に現れた反動だった。それがおさまり、男性も女性も夜の社交場から顔をそむけ、より健全な陽の光のもとへ移った。しかし、ある意味で悲観主義者の言い分は正しかった。女性の新しい自由は、彼らが恐れを抱く判断基準となっていた古い理想を壊してしまい、依存心の強い人形のような女性を過去の闇の中へ消し去ってしまった。無知という意味での無垢はもはや存在せず、女性運動の先駆者たちが夢見てきたもの、つまり、責任を伴う自立、達成感を伴う楽しみがそれに取って代わった。

すべての階級の人びとの生活で、今や慣習という圧力は減少した。使用人の不足と新しい考え方の影響を受けて、家事奉公は、ついにこれまでほどみじめなつまらない仕事ではなくなってきた。賃金は急激に上がり、「休暇」がそれと同じくらい急激に増加した。ちょっとした悩みを大いに和らげるタバコは調理場に持ち込まれるようになり、労働力や力仕事を軽減する器具が市場にあふれ出た。戦後の新しい住宅では、地下の台所や上り下りの困難な石の階段はつくられず、家事は、依然として効率的と言うには程遠いものの、より無理のない形になりはじめた。

社会的慣習や階級感情の細かな違いから、隣人同士が疎遠になっていたり、主婦たちを信じがたいほどの孤独へ追い込んだりしていた農村部では、完全な変化が起こった。国家活動の一環として戦時中に始まった地方都市婦人会[訳注1]は、戦後の混乱がおさまるとすぐに発展し、驚くほど短期間に国中に広がった。理論的にも実質的にも民主的なこれらの婦人会は、すさまじい勢いで人気を博し、地方の女性たちに、彼女たちがまさに求めていた刺激を与えた。婦人会の会合ではすべての人びとが平等な立場で参加し、商人の妻と労働者の妻の区別は消え、(うわさ話を交わすなどの)交流が、家内工業の実演、健康や子どもについての講演や素人芝居の実演と合わせてもうけられた。田舎の女性の生活は、この組織の出現で変貌し、参政権や短いスカートが、身体的、精神的に解放をうながしていたまさにそのときに、知識やさまざまな娯楽を提供したと言っても過言ではない。そして、女性参政権運動で活動した女性たちの多くが、この女性組織にエネルギーを向けたことは驚くにあたらない。

工場で働く女性たち、町に住む女性たちの間では、女性運動の進展はそれほど明らかではないが、たしかに戦争はここに変化をもたらした。戦後の福祉事業と特別調査により、雇用者は、もっともよい仕事はもっとも幸福な労働者から生み出されるものであり、運動施設や食堂、よい職場環境は、それだけの設備投資に見あう結果をもたらすということを確信した。しかし工場は、戦争の余波で強い打撃を受け、通常なら生じる経済効果の多くを望めない状況だった。さらに、働く女性の生活に失業という暗い影がつきまとい、そのような事態の終結が可能になるまで、女性たちの進出は必然的に遅れざるをえない。

しかしながら、全女性人口を調査し、ヴィクトリア女王が統治しはじめた頃の人口と比較すると、あらゆる方面で進展があることは容易に見て取れる。間違いなく、女性のもっている無垢で安らぎを与える純粋なものは壊されたが、同時に、無知、不健康、そして依存という危険な精神は消え、教育と自立がそれに取って代わった。今日の女性たちには、彼女たちの祖母が耐え抜いた状況に、たとえ戻れたとしても戻りたいという者はいないだろう。一八三七年の服装や束縛を受け入れる若い女性はいないだろうし、法的、経済的な権利を夫にすべて差し出してしまうことに甘んずる妻や、三五歳で仕事をやめて隠居生活をすることに同意する既婚女性はいないだろう。そして、たとえ女性がこれらのことをしようとしたとしても、今度は男性たちがそうはさせないのだ。というのも、女性運動が進展するにつれ、男性たちもまたそれによって影響を受けてきたからだ。男性たちは、彼ら自身の世界を共有する仲間としての女性に、さらなる安らぎと喜びを見いだし、今や男女どちらも、たとえ可能であったとしても、時計の針をあえて元に戻したいとは思わないだろう。

未来に何が待ち構えているかは誰にもわからない。女性運動も、人類の発展のための他のあらゆる運動と同様に、この時代の男女の手によって進められるだろう。

ジョン・スチュアート・ミルは、一八六七年にはじめて女性参政権法案を下院で提案したとき[訳注2]、あえて危険をかえりみず次のように述べ、予言した。「時が来て、この選挙法改正が認められた時、その時は確実に来るでありましょうが、私はあなたがた男性が一歩譲ってこれを認めたことを決して後悔することはないと確信しております」。ボールドウィン氏は、一九二八年、最後の女性参政権法案を提出したとき、さらに進歩的なことを述べた。「おそらく、男性と女性が手を取って、自国の再生のため、そして世界の再生のために働き、また男女それぞれがそれぞれにふさわしい仕事を行えば、過去の世代の人びとには決して許されることのなかった平等な機会とよりよい家庭にすべての人が生まれながらに恵まれる環境を、生み出すことができるといえるであろう」。

　これらの希望を達成することは、まさしく未来にかかっているのである。

(1)　アミーリア・ブルーマー夫人。アメリカ人のサフラジストで一八五七年に初めてこの服装〔ブルーマー服、短いスカート、足首にギャザーの入ったズボン、つば広の帽子を組み合わせた婦人服〕を考案した。しばらくは、アメリカの少数の前衛的な講師らによって着用されたが、流行にはならなかった。ブルーマー夫人自身は、自らの名前がこの服装の考案に関してのみ後世に残ることを恐れたため、一八六五年に着用をやめ、むしろ著作や本格的なフェミニストの仕事で名が残ることを願った。『百合』とよばれる新聞を編集した。

原著者による文献ノート

本書の準備にあたり参照した書物と証拠資料の完全な目録は、多くの紙幅をふさぐばかりで、一般読者にはほとんど興味もなければ役にも立たないだろう。一九世紀に関する書物のほとんどすべてには、女性の地位に関する何らかの言及がされている。たいていは脚注程度のものではあるが。言及されない場合は、その省略そのものが女性運動に直接関連しているのである!

以下に記す短い目録には、本書の中で触れられた主要な点に関し信頼できる情報を与えてくれる書物をのせてあり、もっと十分に読みたい研究者は、それらの書物のなかに示されているものから容易に主題を追求することができる。ロンドン図書館および女性雇用促進全国協会がこれらの書物をすべて所蔵しており、研究者のための中央図書館(訳注1)をとおしてたやすく調べることができる。

メアリー・ウルストンクラフトの『女性の権利の擁護』(一七九二)の出版とヴィクトリア女王の即位(一八三七)との間の時期に関してたくさんのひじょうに興味深い資料があるが、ここではなにも言及されていない。それを見つける最良の方法は、当時の女性の伝記や書簡の研究からまず始めることである。たとえば、ジェイン・オースティン、シャーロット・ブロンテ、キャロライン・チザム、メアリー・ベリー、エリザベス・フライ、ハナ・モア、マライア・エッジワース、ハリエット・マーティノーなどである。この目録には一八三七年と一九二八年の間に出された小説《フィクション》については、言及されていない。小説はもちろん変わりつつある女性の地位を理解するには、ひじょうに重要である。しかし、それはこれまでに十二分に研究され、ひじょうに近づきやすいので、詳しい表にまとめる必要はないと思われる。しかしながらシャーロット・M・ヤングという名のひとりの作家は特筆にあたいする。この作家の楽しい物語は一八四七年と一八九〇年の間に書かれ、それらはこの期間の教養ある数家族の生活を、読む者を納得させずにおかない巧みさで描き出している。作者は自ら確信をもった反フェミニストであったが、その登場人物たちは時代とともに生き、成長していくので、登場人物の人生の浮沈を詳しく調べることが快い有益な気晴らしになる。十九世紀の大作家の幾人かは、たとえばエリザベス・バレット・ブラウニング、ジョージ・エリオット、ジョージ・メレディスのように、慎重なフェミニストであった。ディケンズやトロロープのような他の作家たちは、女らしい愚かさという古い理想を忠実に保っていた。しかし、女性運動の進行が測定されることになるのは、こういう種類の作家のいずれかの作品を評価のものさしにするのではない。「ベストセラー」に必要とされるヒロインのタイプの変化こそが、真の基準なのである。そして「黙っている強いヒーロー」が、従順なヒロインを「支配する」のをやめて初めて、女性運動の終わりに到達することになろう。

I．伝記類

Dorothea Beale of Cheltenham, by Elizabeth Raikes, 1908.

Life of Sophia Jex-Blake, by M. Todd, 1918.

Mrs Booth and the Salvation Army, by W. T. Stead.

Josephine Butler, An Autobiographical Memoir, by G. W. and A. L. Johnson, 1909.

Life and Work of Mary Carpenter, by J. Estlin Carpenter, 1879.

Memoir of Ann Jemima Clough, by B. A. Clough, 1897.

Life of Frances Power Cobbe as told by Herself, 1904.

Emily Davies and Girton College, by Barbara Stephen, 1925.

What I Remember, by Millicent Garrett Fawcett, 1925.（婦人会館縫田ゼミナール訳『思い出すこと』あさ企画、一九八六）

Memorial of the Life and Work of Anna Jameson, by G. Macpherson, 1878.

Autobiography of Harriet Martineau, 1877.

Life of Frederick Denison Maurice : Chiefly Told in His Own Letters, 1884.

Autobiography of J. S. Mill (new edition), 1908（村田章子訳『ミル自伝』みすず書房、二〇〇八年）

Life of Florence Nightingale, by Sir E. Cook, 1913.（中村妙子、友枝久美子訳『ナイティンゲール――その生涯と思想（全三巻）』時空出版、一九九三）

Life of Mrs Norton, by J. G. Perkins, 1910.

My Own Story, by Emmeline Pankhurst, 1914.

Pioneer Work in Opening the Medical Profession to Women, by Elizabeth Blackwell, 1895.

Personal Reminiscences of a Great Crusade, by Josephine Butler, 1896.

Life of W. T. Stead, by F. Whyte, 1925.

Recollection of Life and Work, by Louisa Twining, 1893.

Ⅱ. 概論

A Vindication of the Rights of Women, by Mary Wollstonecraft, 1792.（白井尭子訳『女性の権利の擁護』未来社、一九八〇）

The Subjection of Women, by J. S. Mill, 1869.（大内兵衛、大内節子訳『女性解放』岩波文庫、一九五七）

Women's Suffrage, by Millicent Garrett Fawcett, 1911.

The Woman's Victory and After, by M. G. Fawcett, 1920.

Record of Women's Suffrage, by Helen Blackburn, 1902.

The Evolution of Women from Subjection to Citizenship, by G. W. Johnson, 1926.

Women under English Law, by Arthur Rackham Cleveland, 1896.

The Emancipation of Englishwomen, by Lyon Bleaze, 1910.

British Freewomen, by C. C. Stopes, 1894.

Prisons and prisoners, by Lady Constance Lytton, 1914.

History of Factory Legislation, by Hutchins and Harrison, 1911.

Women in Trade Unions, by Barbara Drake, 1920.

Women in the Printing Trade, by J. Ramsay MacDonald, 1904.

La Femme Anglaise et son Évolution, d'aprés le Roman Anglais Contemporain, by Leonie Villard, 1920.

See also *Hansard* ; Government Reports on the Employment of Women, and the Reports and Publications of the Suffrage Societies.

Ⅲ. 定期刊行物

The Englishwoman's Journal, 1858-1864.

The Englishwoman's Review, 1866-1894.

The Women's Suffrage Journal, 1870-1890.

The Englishwoman, 1909-1921.

The Common Cause, 1909-1920.

The Woman's Leader, 1920-1928.

Votes for Women, 1908-1915.

The Anti-Suffrage Review, 1908-1918.

訳 注

序

(1) アイダ・オマレー (Ida O'Malley 生没年不詳) 一九世紀イギリスの初期フェミニスト。著書『フローレンス・ナイティンゲール研究 クリミア戦争終結まで(一八二〇―五六)』(*Florence Nightingale 1820-1856 : a study of her life down to the end of the Crimean War*, 1931)、『服従する女性―一八三二年以前の英国女性の生活』(*Women in subjection : a study of the lives of English women before 1832*, 1933)

(2) レディ・スティーヴン (Barbara Stephen, 一八七二―一九四五) 教育家。ケンブリッジ大学ガートン・コレッジで歴史を学び、卒業後も同校のために尽くした。ナイティンゲール、バーバラ・ボディションは父方の親戚にあたる。『エミリー・デイヴィスとガートン・コレッジ』(*Emily Davies and Girton College*, 1927) は名著とされる。

第一章

(1) メアリー・ウルストンクラフト (Mary Wollstonecraft, 一七五九―九七) 英国の女権拡張論者、作家。作家ウィリアム・ゴドウィンの妻、作家メアリー・シェリーの母。著書『女性の権利の擁護』(*A Vindication of the Rights of Woman*, 1792)

(2) フェミニスト (feminist) 男女同権論者、女性解放論者、女権拡張論者のことを指す。近代の平等の理念に基づき、男女平等をかかげて、女性の権利拡張を要求し、主に女性参政権の獲得を目標とする運動の推進者。

(3) ミス・ハナ・モア (Hannah More, 一七四五―一八三三) 英国の詩人、劇作家、福音主義者。貧困層の教育に貢献した。サマセットのチェダー・ヒルズの鉱業地帯に学校を設立。

(4) トリマー夫人 (Sarah Trimmer, 一七四一―一八一〇) 英国の作家。ジョンソン博士、画家ホガース、ゲインズバラなどとの交流もある教養人で、七人の子どもの教育経験から、日曜学校用の教科書や児童書を執筆。

(5) ジェイン・オースティン (Jane Austen, 一七七五―一八一七) 英国の小説家。日常生活から題材をとり、機知とユーモアに富んだ作風で有名。著書『自負と偏見』(*Pride and Prejudice*, 1813)

(6) メアリー・ベリー (Mary Berry, 一七六三―一八五二) 英国の作家。英国の作家ホレス・ウォルポール(一七一七―九七)の遺書の管理者。主著に『チャールズ二世から一八三〇年までの英国とフランスの社交生活』(*Social Life of England and France, from Charles II to 1830*, 1828-31)、一七八三年から『日記』(*Miss Berry's Journal*, 1866) を七〇年間つけたことで知られる。

(7) ファニー・バーニー (Fanny [Frances] Burney, 一七五二―一八四〇) 英国の小説家・日記作家。愛称 'Fanny Burney' で知られる。音楽家チャールズ・バーニー(一七二六―一八一四)の娘。若い女性が世に出るときの経験を描いた小説、及び日記で知られる。著書『エヴリーナ』(*Evelina*, 1778) と『日記』(*The Early Diary of Frances Burney*, 1768-78, 1889) で有名。

(8) キャロライン・チザム (Caroline Chisholm, 一八〇八?―七七) 英国生まれのオーストラリアの慈善家。貧しい移民の娘たちのためにシドニー近郊にホームを設立。

(9) マライア・エッジワース (Maria Edgeworth, 一七六七―一八四九) 英国生まれのアイルランドの作家。女子教育を弁護し、特にアイルランドの生活を風刺的に描いた。著書『ラックレント館』(*Castle Rackrent*, 1800)

(10) エリザベス・フライ（Elizabeth Fry, 一七八〇—一八四五） 英国の社会事業家。慈善活動、貧困家庭の子女の教育に携わる。女子刑務所の改善のため、一八一七年囚人救済協会設立。

(11) ジェイン・マルセ（Jane Marcet, 一七六九—一八五八） 英国の作家。植物学と化学に関心があったが、化学者である夫の影響で一八〇六年、化学の原理の解説書を出版して、人気を博した。著書『化学の話』(Conversations on Chemistry, 1805)

(12) ハリエット・マーティノー（Harriet Martineau, 一八〇二—七六） 英国の文筆家。小説、政治経済、社会、経済、歴史に関する著作が多い。奴隷制の廃止と女性の教育・経済的自立を主張した。著書『政治経済学の実例』(*Illustrations of Political Economy*, 1832-34)

(13) メアリー・サマヴィル（Mary Somerville, 一七八〇—一八七二） スコットランドの数学者。女性解放論者で女性に科学の理解を普及させる著書が多い。オックスフォード大学サマヴィル・コレッジは彼女の名にちなんでいる。著書『自然地理学』(Physical Geography, 1848)

(14) ブラックストン（Sir William Blackstone, 一七二三—八〇） 英国の法学者。ローマ法の講座しかなかったイギリスの大学で、初めてイギリス法を講じた。『イギリス法釈義』(*Commentaries on the Laws of England*, 1765-69) で有名。

(15) ジョン・スチュアート・ミル（John Stuart Mill, 一八〇六—七三） 功利主義を代表する英国の哲学者、経済学者、政治家。哲学者ジェイムズ・ミル（一七七三—一八三六）の長男。『女性の隷属』(*The Subjection of Women*, 1869) で女性の権利に関する古典的な自由主義論を示した。著書『論理学体系』(*A System of Logic*, 1843)『経済学原理』(*Principles of Political Economy*, 1848)『自由論』(*On Liberty*, 1859)

(16) エリザベス・バレット（Elizabeth Barrett Browning, 一八〇六—六一） 英国の詩人。詩人ロバート・ブラウニングの妻。女性の権利・平等な教育の必要性を訴えた詩を残した。著書『オーロラ・リー』(*Aurora Leigh*, 1857)

(17) メアリー・カーペンター（Mary Carpenter, 一八〇七—七七） 英国の慈善活動家。一八二九年に母親とブリストルに女学校、四六年、スラム街に貧民学校設立。

(18) キャロライン・ノートン（Caroline Norton, 一八〇八—七七） 英国の作家、女権拡張運動家。母親の親権、妻の私有財産権を求める運動を中心に、女性の法的地位の向上を目指した。

(19) シャーロット・ブロンテ（Charlotte Brontë, 一八一六—五五） 英国の作家。作家エミリーとアンの姉。激しい情熱と抗議の精神を特色とした作品で高く評価されている。著書『ジェイン・エア』(*Jane Eyre*, 1847)

(20) メアリアン・エヴァンズ（ジョージ・エリオット）(Marian Evans [George Eliot], 一八一九—八〇) 英国の作家。知的で重厚な写実的小説を書き、精細な心理描写に優れている。著書『ミドルマーチ』(*Middlemarch*, 1871-72)

(21) ルイーザ・トワイニング（Louisa Twining, 一八二〇—一九一一） 英国の慈善家、救貧院改革家。有名な紅茶商の家に生まれる。救貧院訪問協会結成。さまざまな救貧院の改革に取り組んだ。

(22) アン・ジェマイマ・クラフ（Anne Jemima Clough, 一八二〇—九二） 英国の教育者。詩人アーサー・ヒューの妹。ケンブリッジ大学ニューナム・コレッジの初代校長。

(23) フローレンス・ナイティンゲール（Florence Nightingale, 一八二〇—一九一〇） 英国の看護婦としてクリミア戦争に従軍し、帰国後、看護婦養成計画を再編し、近代的看護技術の開拓者として赤十字運動のきっかけを作った。

(24) フランシス・パワー・コッブ（Frances Power Cobbe, 一八二二—一九〇四） アイルランドの社会改革者。高等教育推進、女子労働者の保護、生体解剖反対、女性参政権運動に関わった。

(25) バーバラ・リー・スミス（Barbara Leigh Smith Bodichon, 一八二七—一九一一） 英国の女性運動家。英国で女性の権利獲得運動に多方面において貢献。既婚女性財産法成立のための嘆願書提出、女性参政権運動にも寄与した。

(26) フランシス・メアリー・バス (Frances Mary Buss, 一八二七―一八九四) 英国の教育家。一八五〇年、母親とハイスクールのモデルであるノース・ロンドン・コリージエイト・スクール (North London Collegiate School) を設立。

(27) ジョゼフィン・グレイ (Josephine Grey Butler, 一八二八―一九〇六) 英国の社会改革家。ジョゼフィン・バトラーの旧姓。売春婦救済と女性教育のために尽力。性病予防法廃止女性全国協会の指導者の一人。

(28) エミリー・デイヴィス (Emily Davies, 一八三〇―一九二一) 英国の教育家。女性高等教育の門戸を開こうと、女子大学設立。ガートン・コレッジの初代校長。

(29) エリザベス・ギャレット (Elizabeth Garrett Anderson, 一八三六―一九一七) 英国の医師。世間の偏見や敵意と闘いながら、英国初の女性医師となった。一八六六年、女性と子どものための診療所を開設。妹のミリセント・ギャレット・フォーセットとともに女性参政権運動の指導者でもあった。一九〇八年には英国で女性初の町長になった。

(30) 『家庭における娘の生活』(*The Daughter at Home*) 宗教的な書物で、家庭生活に不満を持っている女性に対して、「まず、従順であれ」と勧めた。

(31) 『シビル』(*Sybil*, 1845) ディズレイリの政治小説。ヴィクトリア朝初期の労働階級の窮状と富裕階級の利己主義を描いた。

(32) カイザースヴェルト・ディアコニッセ・インスティチュート (Kaiserswerth Deaconesses' Institute) ドイツにある看護学校で、プロテスタントの婦人牧師補であるディアコニッセの指導のもとに上流階級の娘に看護婦として一定期間の初歩的訓練の機会を提供してくれる団体。感化院、病院なども運営した。

(33) マダム・モール (Mary Mohl, 一七九三―一八八三) ドイツの東洋学者ジュリアス・ホン・モールの妻。彼女の家はパリで最も人気のあった知識人の集まるサロンで、多くのイギリス人と交流があった。

(34) 『宗教真理の探究者に対する思索への示唆』(*Suggestions for Thought to Searches after Religious Truth*, 1859) フローレンス・ナイティンゲール著。第一巻と第三巻は彼女の信条を哲学的に説明し、第三巻には当時の宗教と社会生活に対する批判、社会における女性の解放などが述べられている。

(35) 「カサンドラ」(断章) ナイティンゲールが三二歳の時に執筆。未刊の本『宗教真理の探究者に対する思索への示唆』の第二巻に収められている。ここには社会における女性の扱われ方に痛烈な批判が込められており、この著書の存在が明らかになったのは本書『イギリス女性運動史 一七九二―一九二八』(*The Cause*) においてである。原書には「カサンドラ」が付記されているが、本書ではその翻訳を掲載していない。翻訳に関しては湯槇ます監修、薄井坦子他訳『ナイチンゲール著作集 第三巻』(現代社、一九七七) を参照。

第二章

(1) チャーチスト運動 (Chartist Movement, 一八三八―四八頃まで) 労働者階級を主体として人民憲章 (People's Charter, 1838) の達成を目指したイギリスの政治運動。普通選挙権獲得を主な目的として大規模に展開したが、不成功に終わる。

(2) 「権利と自由の憲章」(Charter of Rights and Liberties) 人民憲章の草稿のことか。

(3) ロンドン労働者協会 (Working Men's Association) 一八三六年にウィリアム・ラヴェットら熟練労働者たちによって設立され、チャーチスト運動の起点となった。

(4) ウィリアム・ラヴェット (William Lovett, 一八〇〇―七七) 英国の政治家、チャーチスト運動の指導者の一人。不公正議会の改良のためのキャンペーンの中心になった後、一八三八年に人民憲章を起草。

(5) 選挙法改正運動 (Reform Bill agitation) 一八三二年、第一次改正に向けた運動をさす。選挙法改正法は一八世紀の産業革命以来台頭してきた中産階級、特にブルジョワ階級に下院議員の選挙権を拡大。

(6) ピータールー (Peterloo Massacre, 1819) ピータールー大虐殺のこと。マンチェスターのセント・ピーター広場で、議会改革運動を支援する労働者が官憲の襲撃を受けて多数の死亡、負傷者をだした事件。

(7) 『ウェストミンスター・レヴュー』誌 (*Westminster Review*, 一八二四―一九一四) ジェイムズ・ミル (一七七三―一八三六、スコットランドの哲学者、歴史家、経済学者、J・S・ミルの父親) が創刊した急進的雑誌。

(8) ウィリアム・ジョンソン・フォックス (William Johnson Fox, 一七八六―一八六四) 英国の牧師、政治家で文筆家。反穀物法運動で活躍し、『マンスリー・リポジトリー』誌 (*Monthly Repository*) の編集者。国会議員 (一八四七―六三)。

(9) ハント氏 (Henry Hunt, 一七七三―一八三五) 英国の政治家、急進派の社会改革者。普通選挙権を基本とする徹底的な政治制度改革を支持。一八一六―一七年、ロンドン、スパフィールドにて大規模な反政府運動を指揮した急進派論客として有名。

(10) 反穀物法同盟 (Anti-Corn Law League) マンチェスターで穀物輸入の自由化を求めるため、リチャード・コブデンやジョン・ブライトらが正式には一八三九年に組織した同盟。運動は成功し、一八四六年穀物法は廃止された。

(11) レディ・ヘスター・スタノップ (Lady Hester Lucy Stanhope, 一七七六―一八三九) 旅行家。ウィリアム・ピット (一七五九―一八〇六、英国の政治家、首相) の姪で、彼を助け家政をとりしきった (一八〇三―〇六)。一八一四年、レバノンに移り住み、アラブ人たちから預言者として尊敬された。

(12) レディ・キャロライン・ラム (Caroline Lamb, 一七八五―一八二八) 英国の小説家。ウィリアム・ラム (メルボーン卿) 夫人。ロマン派の詩人バイロンとの恋愛で有名。バイロンを題材にした小説 (*Glenarvon*, 1816) も書いている。

(13) 『十字路館のダイアナ』(*Diana of the Crossways*, 1885) ジョージ・メレディスの小説。賢くて美しい孤児ダイアナは、一五歳年上の元弁護士エウォリックとの結婚に失敗し離婚するが、彼女をひそかに敬愛していたレッドワスと幸せな再婚をする。

(14) リチャード・ブリンスリー・シェリダン (Richard Brinsley Sheridan, 一七五一―一八一六) アイルランド生まれの劇作家、政治家。社交界の偽善を批判した喜劇『悪口学校』(*The School for Scandal*, 1777) で好評を得た。下院議員 (一七八〇―一八一二)。キャロライン・ノートンの祖父。

(15) ジョージ・ノートン氏 (Hon. George Chapple Norton) 地方地主 (Lord Grantley) の息子で法廷弁護士や国会議員を務める。

(16) メルボーン卿 (William Lamb, 2nd Viscount Melbourne, 一七七九―一八四八) 英国の政治家。国務大臣 (一八三〇―三四)、首相 (一八三四―四一)。一八歳で即位したヴィクトリア女王のよき相談役であった。

(17) ホイッグ党 (The Whigs) 一七―一八世紀に台頭した議会主義政党でトーリー党と並ぶ二大政党。一九世紀中ごろ以降は今の自由党 (Liberal Party) となった。

(18) 未成年者後見法 (Guardianship of Infants Act, 一九二五) 未成年者保護法 (一八三九) が一八八六年に制定された未成年者後見法 (父親の死後、母親が子供の後見人として認められる。第一一章参照) を経て、一九二五年のこの法律となった。

(19) 英国および諸外国奴隷制度廃止協会 (British and Foreign Anti-Slavery Society) 一八二三年、英国に設立された奴隷制度廃止協会 (Anti-Slavery Society) が、一八三三年奴隷制度廃止法 (Slavery Abolition Act) の達成を経て、一八三九年、改名されたもの。一九九〇年以降、現在の国際反奴隷協会 (Anti-Slavery International) に改名。

(20) ウィリアム・ロイド・ギャリソン (William Lloyd Garrison, 一八〇

五―七九）米国のジャーナリストおよび社会改革家。米国の奴隷制度反対運動の指導者。奴隷解放運動の代表的機関紙『解放者』（*Liberator*, 1831-65）を創刊。

（21）ヒューゴ・リード夫人（Marion Kirkland Reid）世界奴隷制度廃止大会の参加者の一人。著書『女性のための請願』（*A Plea for Women*, 1843）の中で、男女平等や教育の向上を訴えた。

（22）アン・ナイト（Anne Knight, 一七八六―一八六二）英国の社会活動家。熱心なクエーカー教徒の家に生まれ、一九世紀の主要な社会改革運動、特に奴隷制度廃止運動や女性参政権運動などに深く関わった。一八五一年にはシェフィールド女性政治協会設立に貢献。

（23）クエーカー教徒（Quaker）一七世紀中頃ジョージ・フォックスが創始したキリスト教プロテスタントの一派の信徒。フレンド派（Society of Friends）の会員の俗称。男女平等を実践し、今日では平和主義者として知られている。

（24）奴隷制度廃止運動（Anti-Slavery movement）イギリスでは一七七六年に最初の奴隷制度廃止法が上程されたが反対され、それ以降も繰り返し提案されたが否決された。一八〇七年、奴隷貿易が廃止された。以来、奴隷売買は禁止されたものの依然としてイギリス植民地内に奴隷使用は維持された。一八二三年、奴隷制度廃止協会が設立され、一八三三年に奴隷制度廃止法が成立した。

（25）シェフィールド女性政治協会（Sheffield Female Political Association）アン・ナイトとシェフィールドの女性たちによって一八五一年設立された、英国最初の女性参政権組織。一八五三年以降、活動はにぶる。

（26）カーライル伯爵（George William Frederick Howard, 7th Earl of Carlisle, 一八〇二―六四）英国の政治家。一八二六年、国会議員となり英国およびアイルランドに広く活躍した改革者。メルボーン内閣のアイルランド相（一八三五―四一）、ラッセル内閣のランカスター公領尚書（一八五〇―五二）、アイルランド総督（一八五五―五八、五九―六四）。

（27）リチャード・コブデン（Richard Cobden, 一八〇四―六五）英国の政治家、自由貿易論者。ジョン・ブライトとともに穀物法の廃止運動を行った。一八六〇年には蔵相グラッドストンに助けられ、フランスとの間に自由貿易の通商条約を締結した。

（28）ジョゼフ・ヒューム氏（Joseph Hume, 一七七七―一八五五）英国の政治家。船長の息子として生まれ、東インド会社の医者として働いた。一八一二年より国会議員となり、一八三九年にはチャーチストとしてW・ラヴェットを助けた。

（29）ディズレイリ（Benjamin Disraeli, 1st Earl of Beaconsfield, 一八〇四―八一）英国の政治家（保守党）。首相（一八六八、七四―八〇）。保護貿易の立場から穀物法廃止に反対。ヴィクトリア女王をインド皇帝に推戴してインド帝国をつくる。小説家としても活躍。

（30）救貧法（Poor Law）困窮者保護に関する法律の総称。英国の救貧法はエリザベス救貧法（一六〇一）と産業革命後の新救貧法（一八三四年の改正）に分かれる。エリザベス救貧法は浮浪と乞食の禁止と処罰、児童と成人を問わず労働能力ある者の就業、無能力者の保護を末端の地域自治体である教区に命じた。新救貧法は貧困を個人の道徳的責任とし、被救済貧民の状態は最低の独立労働者の状態以下にすべきだという「劣等処遇の原則」があった。また、中央に救貧法委員会を置き、教区連合体を指導監督することとしたのも、画期的な改革であった。ここでは新救貧法を指す。

（31）地方自治法案（Local Government Bill）この時代には、救貧法委員会、公衆衛生委員会、教育委員会など特定の目的のために中央政府の地方行政機構が設置された。一九世紀末になってこれら地方行政機構の機能が自治体に統合され一八八八年に地方自治法が制定された。

第三章

（1）ユニテリアン派　キリスト教プロテスタントの一派。三位一体説を認めず、神は唯一であるとしてキリストを宗教的偉人とみなし、その神性を否定した。進歩的、急進的、合理的で社会改革を支援した。

（2）進歩的な家庭

バクストン家（Buxton）　この当時、四人の息子たちが、それぞれの職域で中心的に活躍。トマス・フォーウェル・バクストンは奴隷廃止運動の指導者。

ガーニー家（Gurney）　国会議員であったラッセル・ガーニーの尽力によって女性医師の正式免許取得への道が開かれた。

フライ家（Fry）　裕福な銀行家でクエーカー教徒の父を持つエリザベス・フライは刑務所改善運動に取り組んだ。

ウェッジウッド家（Wedgewood）　英国を代表する陶磁器の製造業をいとなみ、社会改革に熱心。スザンナ・ウェッジウッドはチャールズ・ダーウィンの母。

ブライト家（Bright）　ジョン・ブライト（一八一一―八九）は改革派の政治家であり、クエーカー教徒。反穀物法同盟の提唱者。

フォックス家（Fox）　政治家チャールズ・ジェイムズ・フォックスは野党党首となり、反奴隷貿易を唱えた自由論者として有名。

バークリー家（Barclay）　古くから続くクエーカー教徒の銀行家の家系。バクストン家、ガーニー家と親戚。ロバート・バークリーは、巨大銀行グループを設立。

ダーウィン家（Darwin）　進化論を提唱したチャールズ・ダーウィンをはじめその父、息子とも科学者。

（3）カーライル（Thomas Carlyle, 一七九五―一八八一）　スコットランド生まれの思想家、評論家、歴史家。著書『フランス革命』（一八三七）

（4）マッツィーニ（Giuseppe Mazzini, 一八〇五―七二）　イタリアの革命家。武装蜂起でイタリア統一を実現。立憲君主制に反対し、共和制による民主主義国家の実現を目指した。英国女性参政権運動を支援。

（5）女性に向けた教養・作法の手引き書

『英国の未婚女性』（*The English Maiden: her moral and domestic duties* 1841）アーティマス・B・マッズィ（Artemas B. Muzzey, 一八〇二―九二）著

『女性の心』（*The Feminine Soul: its nature and attributes, etc*, 1857）エリザベス・ストラット（Elizabeth Strutt, 一八〇五―六三）著

『女性』（*Womankind*, 1876）シャーロット・メアリー・ヤング（Charlotte Mary Yonge, 一八二三―一九〇一）著

『英国女性』（*The Women of England: their social duties and domestic habits* 1839）セアラ・スティックニー・エリス（Sarah Stickney Ellis, 一八一〇―七二）著

『英国の妻』（*The Wives of England*, 1843）『英国の母』（*Mothers of England* 1843）『英国の娘』（*Daughters of England*, 1842）セアラ・スティックニー・エリス著

（6）作者ストレイチーは原書で、この記述の出典を「一八四一年出版の『英国女性』」だとしている（『英国女性』の初版は一八三九年）が、正しくは、『英国の妻』（一八四三）第五章からのもの。

（7）キリスト教社会主義運動　一九世紀半ば、産業資本主義が生みだした社会のひずみを改善するために、キリスト教の精神に基づき社会主義的な共同社会を実現しようとした運動。F・D・モーリスやC・キングズリーらが提唱し、労働者の生活改善事業を様々に展開させた。

（8）フレデリック・デニソン・モーリス（Frederick Denison Maurice, 一八〇五―七二）　英国の聖職者。キリスト教社会主義の創始者。社会事業家。ロンドン大学教授、ケンブリッジ大学教授を歴任する。クィーンズ・コレッジの創立者の一人。ロンドンの労働者コレッジ初代校長（一八五四）。

（9）キングズリー（Charles Kingsley, 一八一九―七五）　英国の小説家、聖職者。農村及び都市労働者が直面する社会問題を扱った『オールト

ン・ロック』（*Alton Lock*, 1850）の著者。F・D・モーリスのキリスト教社会主義に共感し、クィーンズ・コレッジの創立にもかかわった一人。

（10）トマス・フード（Thomas Hood, 一七九九—一八四五）詩人。縫い子の過酷な労働をうたった「シャツの歌」('The Song of the Shirt', 1843）の作者。

（11）シャフツベリー卿（Anthony Ashley Cooper, 7th Earl of Shaftesbury, 一八〇一—八五）英国の政治家、人道主義者。労働者階級の労働条件の改善をはかる労働保護立法制定に多大な貢献をし、福祉団体シャフツベリー協会を設立（一八四四）、貧窮児童の救済に尽くした。

（12）ガヴァネス慈恵協会（Governesses' Benevolent Institution）ガヴァネスの福利厚生を支援するため一八四三年設立された。

（13）クィーンズ・コレッジ（Queen's College）一八四八年、フレデリック・モーリスやチャールズ・キングズリーによってロンドンに設立された。主に、女性教師やガヴァネス養成のための学校。

（14）ライエル教授（Charles Lyell, 一七九七—一八七五）スコットランド出身の地質学者。ロンドン大学キングス・コレッジ教授（一八三一—三三）。近代地質学の父と呼ばれ、チャールズ・ダーウィンの師のひとり。著作『地質学原理』（*Principles of Geology*, 1830-33）

（15）ベッドフォード・コレッジ（Bedford College）一八四九年、リード夫人によってロンドンに設立され、女性のための進歩的で特定の宗派に属さない教育を目指した。後に大学に昇格、ロンドン大学ロイヤルホロウェイ・コレッジに合併される。

（16）リード夫人（Elizabeth Jesser Reid, 一七八九—一八六六）奴隷制度反対論者、ベッドフォード・コレッジの創立者。夫の遺産を使ってこのコレッジを創立し、女性教育の向上に貢献した。

（17）オクタヴィア・ヒル（Octavia Hill, 一八三八—一九一二）英国の女性社会事業家。特に、ロンドンの貧困労働者層のための住宅供給と住環境の改善に寄与した。女性の参政権運動には消極的であった。

（18）ソファイア・ジェクス‐ブレイク（Sophia Jex-Blake, 一八四〇—一九一二）英国の医師。英国で女性が医師資格を獲得できるよう激しい運動を推進した中心人物。

（19）ドロシア・ビール（Dorothea Beale, 一八三一—一九〇六）英国の教育者。一八五八年、英国チェルトナム・レイディーズ・コレッジの校長となり、その後、中等教育・女性教師養成のためのオックスフォード大学セント・ヒルダ校の設立、女性教育推進運動に大きく貢献した。

第四章

（1）父親　ジェイムズ・ミル（James Mill, 一七七三—一八三六）を指す。英国の哲学者、歴史学者、経済学者。ベンサムの功利主義哲学を詳説した。著書『人間精神の現象分析』（*Analysis of the Phenomena of the Human Mind*, 1829）

（2）ジェレミー・ベンサム（Jeremy Bentham, 一七四八—一八三二）英国の法理学者、哲学者。「最大多数の最大幸福」という功利主義を唱えた。著書『道徳および立法の諸原理序説』（*An Introduction to the Principles of Morals and Legislation*, 1789）

（3）テイラー夫人（Harriet Taylor, 一八〇八—五八）英国の男女平等論者。一八二六年に薬品商ジョン・テイラーと結婚し、三人の子供をもうける。夫の死後一八五一年にJ・S・ミルと結婚。『ウェストミンスター・レヴュー』誌に掲載された論文とは、「女性の参政権付与」（'Enfranchisement of Women'）を指し、匿名で発表された。

（4）グロウト夫人（Harriet Grote, 一七九二—一八七八）英国の伝記作家。歴史家ジョージ・グロウト（一七九四—一八七一）の妻。著書『ジョージ・グロウトの私的生活』（*The Personal Life of George Grote*, 1873）

（5）オースティン夫人（Sarah Austin, 一七九三—一八六七）英国の翻訳家。一八二〇年に後のロンドン大学法律学教授ジョン・オースティン（一七九〇—一八五九）と結婚。そのかたわらギゾー著『ヨーロッパ文明史』など数多くの翻訳を出版する。また夫の遺稿『法理学講義』

(*Lectures on Jurisprudence*, 1863) を編纂出版した。

(6) J・A・ロウバック (John Arthur Roebuck, 一八〇一―七九) 英国の政治家。カナダで教育を受けたが、一八二四年英国で法曹界に進む。ベンサムの哲学に傾倒し、その後急進派国会議員としてアバディーン内閣を辞職に追い込み、東方危機ではディズレイリの政策を支持した。

(7) ベンジャミン・スミス氏 (Benjamin Smith, 一七八三―一八六〇) 英国の政治家（自由党）。一八三八年にノリッジより国会議員に選出。急進派議員として自由党を強力に支援し、穀物法廃止に尽力。また、水彩画家ウィリアム・ハントの後援者でもあった。

(8) ブルーム卿 (Henry Peter Brougham, 1st Baron Brougham and Vaux, 一七七八―一八六八) スコットランド出身の英国の政治家、大法官。奴隷貿易の廃止を主張し、選挙法改正（一八三二）のために尽力した。『エディンバラ・レヴュー』誌の創刊にも加わった。

(9) ダヴェンポート・ヒル氏 (Matthew Davenport Hill, 一七九二―一八七二) 英国の弁護士、刑法改革家。公教育についての執筆をきっかけにベンサムと親交を深め、一八三二年には国会議員（自由党）に選出される。犯罪人の扱いに関する様々な改革の法制化に努めた。

(10) サー・アースカイン・ペリー (Thomas Erskine Perry, 一八〇六―八二) 英国の政治家。一八四七年から五二年までボンベイ最高裁判所主任判事を務めた。一八五四年に国会議員（自由党）となり、既婚女性の権利を擁護する運動に参加。五九年にはインド評議会のメンバーに任命された。

(11) クランワース卿 (Robert Monsey Rolfe, 1st Baron Cranworth, 一七九〇―一八六八) 英国の大法官（一八五二―五八、六五―六六）。一八三二年に国会議員に選出される。熱心な法改正論者ではなかったが、裁判官としての彼の判決は偏見にとらわれない健全な良識によるものと定評があった。

(12) グラッドストン氏 (William Ewart Gladstone, 一八〇九―九八) 英国の政治家（自由党）。首相（一八六八―七四、八〇―八五、八六、九二―九四）。一八六九年のアイルランド国教会制廃止法、七〇年の教育法など平和主義と自由主義を基盤とした政治改革を推し進める一方、文人としても数々の著作を残した。著作『ホメロスとその時代の研究』(*Studies on Homer and the Homeric Age*, 1858)

(13) セイント・レナーズ卿 (Edward Burtenshaw Sugden, 1st Baron St. Leonards, 一七八一―一八七五) 英国の法律家、政治家（保守党）。一八五二年ダービー卿の最初の内閣において大法官となり、財産法を初めとして法律の改正に精力的に取り組んだ。

(14) 『サタデー・レヴュー』誌 (*The Saturday Review*) 一八五六年に自由党の機関誌として創刊された週刊誌。トマス・ハーディ、バーナード・ショーなどを寄稿者にもち、文芸批評も特色の一つとした。一九三八年廃刊。

(15) 婚姻及び離婚法 (Marriage and Divorce Act) 一八五七年の「婚姻訴訟法」を指す。この法律により、夫の不貞行為に加えて遺棄や虐待行為があった場合、制限つきで離婚の申請権が妻に認められた。また離婚した妻に財産保有権が与えられた。

(16) 既婚女性財産法案 (Married Women's Property Bill) 一八五七年にバーバラ・リー・スミスが草案し廃案となった法案。夫の所有とされた妻の収入および財産の権利の拡張を求めたもので、この法案を支持する多くの署名が集まり当時の世論をかき立てた。のち一八七〇年以降、一連の既婚女性財産法 (Married Women's Property Acts) として立法化する。

第五章

(1) ラスキン (John Ruskin, 一八一九―一九〇〇) 英国の美術評論家、社会改革家。美術ではラファエロ前派を支持し、産業主義に批判的で美の再生を主張し、次第に社会への関心を深めていった。著書『近代画家論』(*Modern Painters*, 1843-60)

（2）　クリノリン（crinoline）　本来は馬の毛や綿などで織った堅い芯地のことをクリノリンというが、クリノリンや他の材料で裾を膨らませた張り入りのペティコートやスカートのことも意味し、ヴィクトリア朝に流行した。

（3）　ミス・アンジェラ・バーデット（Baroness Angela Burdett Coutts, 一八一四―一九〇六）　英国の慈善運動家。急進的政治家フランシス・バーデットの娘で、作家ディケンズの影響を受けて、貧民の教育、養護施設などに多く財産をつぎ込んだ。

（4）　アン・イザベラ・ノエル（Anne Isabella, Lady Noel Byron, 11th Baroness 一七九二―一八六〇）　英国の慈善運動家。詩人バイロンの妻で、社会問題に関心を寄せ、生活協同組合を援助した。

（5）　バイロン卿（George Gordon Byron, 6th Baron, 一七八八―一八二四）　英国ロマン派の詩人。奔放な女性遍歴、ギリシア独立運動への参加など波乱に富んだ生涯を送った。憂愁と反逆に富んだ作風。著作『チャイルド・ハロルドの巡歴』（*Childe Harold's Pilgrimage*, 1812-18）『ドン・ジュアン』（*Don Juan*, 1819-24）

（6）　アナ・ジェイムソン（Anna Jameson, 一七九四―一八六〇）　旧姓 Anna Brownell Murphy。アイルランドの作家、女性解放論者。細密画家ブラウネル・マーフィの娘。旅行記や芸術関係の著書がある。著書シェイクスピアのヒロインの研究書『女性の性格』（*Characteristics of Women*, 1832）

（7）　セント・トマス病院（St Thomas's Hospital）　ロンドンにある病院でナイティンゲールのもとに集まった寄付を基にして院内にナイティンゲール看護婦養成所を開設した。近代看護はこの時から始まったといえる。

（8）　社会科学振興全国協会（National Association for the Promotion of Social Science）　社会問題に積極的に取り組むことを目的として一八五七年に設立された。女性活動家に講演や執筆の場を提供し、女性運動家たちの社会への重要な登竜門となった。

（9）　ジョン・ラッセル卿（Lord John Russell, 1st Earl Russell of Kingston, 一七九二―一八七八）　英国の自由主義政治家。首相（一八四六―五二、六五―六六）。非国教徒に対する差別の廃止、カトリック解放法を始めとする多くの自由主義改革を推進した。

（10）　ベッシー・レイナー・パークス（Bessie Rayner Parks, 一八二八―一九二五）　英国の女性運動家。女性雇用促進協会の結成メンバーで、女性の高等教育の唱導者でもあった。『イングリッシュ・ウーマンズ・ジャーナル』誌を創刊。

（11）　アデレイド・アン・プロクター（Adelaide Anne Procter, 一八二五―六四）　英国の詩人。メアリー・ベリクというペンネームでも作品を書いている。彼女の詩はヴィクトリア朝の人びとに親しまれ、ヴィクトリア女王のお気に入りの詩人だった。女性雇用促進協会の設立者の一人。

（12）　ハウイット夫人（Mary Howitt, 一七九九―一八八八）　英国の作家。ウィリアム・ハウイットの妻。アンデルセンの童話の翻訳家。詩「蜘蛛とハエ」"The Spider and the Fly"（1829）

（13）　ウジェーヌ・ボディション（Eugene Bodichon, 一八一〇―八五）　バーバラ・リー・スミス・ボディションの夫。フランス人医師。

（14）　『イングリッシュ・ウーマンズ・ジャーナル』誌（*EnglishWoman's Journal*）　英国で創刊された最初の女性運動定期刊行誌。『イングリッシュウーマンズ・レヴュー』誌（*Englishwoman's Review*）の前身。一八五八年から六四年にかけて初期女性運動のための中心的な機能を果たすものとして刊行された。

（15）　アイサ・クレイグ（Isa Craig, 一八三一―一九〇三）　英国の詩人。女性衛生協会の委員となり、衛生、健康管理の必要性を説いた。

（16）　女性雇用促進協会（Association for the Promotion of the Employment of Women）　バーバラ・リー・スミス、アデレイド・プロクター、ジェシー・ブシェレットたちによって女性に仕事を斡旋することを目的に設立された。公式には Society for Promoting the Employment of Women として一八五九年に発足したが、初めは Women's Employment of Bureau

と称し、一八五七年にAssociation for the Promotion of the Employment of Womenという名称で設立された。『イングリッシュ・ウーマンズ・ジャーナル』誌の購読者に関心がありそうな職種の広告を掲載するなどその雑誌を活用した。

（17）　ジェシー・ブシェレット（Jessie Boucherett, 一八二五―一九〇五）　英国の女性運動家。女性雇用促進協会の設立者の一人。ケンジントン女性協会や女性参政権委員会のメンバーでもあった。

（18）　エミリー・フェイスフル（Emily Faithfull, 一八三五―九五）　英国の出版業者。女性雇用促進協会の書記を務め、同協会の後援により出版社ヴィクトリア・プレスを創立。

（19）　ヴィクトリア・プレス（Victoria Press）　英国で最初にできたフェミニズム関係の本の出版社。一八六〇年にエミリー・フェイスフルの指導で、女性雇用促進協会がロンドンに設立した。

（20）　オーガスタ・ウェブスター（Julia Augusta Webster, 一八三七―九四）　英国の女性詩人、劇作家、翻訳家。婦人参政権、高等教育について積極的に発言し、国の援助による貧民の教育などを唱道した。"The Castaway"（1870）などの詩の中で劇的告白を用いて女性の苦境を表した。

（21）　ランガム・プレイス（Langham Place）　一八五〇年代から一八六〇年初めまで女性雇用促進協会や『イングリッシュ・ウーマンズ・ジャーナル』誌の編集、討論会などを行った事務所がロンドンのランガム・プレイス一九番地にあり、当時のフェミニズムの発信地の中心になっていた。

（22）　ルーウェリン・デイヴィス（Llewelyn Davies, 一八二六―一九一六）　英国の牧師。モーリスによってキリスト教社会主義の影響を受ける。協同組合運動、労働者コレッジの設立に関わった。エミリー・デイヴィスの兄で彼女の力になる。

（23）　ニューソン・ギャレット（Newson Garrett, 一八一二―九三）　英国の商人。麦芽製造、ビール醸造に携わる。エリザベス・ギャレットの父。

（24）　ミリセント・ギャレット（Millicent Garett Fawcett, 一八四七―一九二九）　英国の女性運動家。姉のエリザベス・ギャレット・アンダーソンとエミリー・デイヴィスとともに若くして女性運動に参加。ケンブリッジ大学の経済学教授で急進的な国会議員だったヘンリー・フォーセットと結婚。夫が視覚障害者だったため、夫の研究助手と政治秘書を務めた。夫の死後、本格的に女性運動に関わり、最初の女性参政権委員会のメンバーになり、女性参政権協会全国連合（NUWSS）の会長となる。パンクハースト母娘のように激しい戦術は取らず、合法的に女性参政権を要求していった。

第六章

（1）　ミス・ヘレン・テイラー（Helen Taylor, 一八三一―一九〇七）　英国の女性運動家。J・S・ミルの妻ハリエット・テイラーの娘。母の死後もミルの継娘となり彼の仕事を助けた。女性参政権運動に関わり、エミリー・デイヴィスとともにケンジントン協会を設立。また、ロンドン女性参政権全国協会設立にあたって、大きな役割を果たした。

（2）　ハクスリー（Thomas Henry Huxley, 一八二五―九五）　英国の生物学者。ダーウィンの進化学説を支持し、科学思想の普及に尽力した。著書『科学と文化』（*Science and Culture*, 1881）

（3）　ロザモンド・ヒル（Rosamond Davenport Hill, 一八二五―一九〇二）　社会改革家。父マシュー・ダヴェンポート・ヒルとともに刑務所の改革に取り組んだ。女性委員の先駆者のひとりとしてロンドン教育委員会委員となる（一八七九―九七）。

（4）　ヘンリー・フォーセット（Henry Fawcett, 一八三三―八四）　英国の経済学者、政治家。一八五八年に事故で失明。ケンブリッジ大学教授。通信大臣（一八八〇―八四）。一八六五年に自由党の下院議員となり、女性参政権獲得などの諸改革を唱えた。ミリセント・フォーセットの夫。

（5）　リディア・ベッカー（Lydia Ernestine Becker, 一八二七―九〇）　英

国のサフラジスト。女性参政権運動の中心的人物。マンチェスター教育委員会の初の女性委員に選出された。『ウィメンズ・サフリッジ・ジャーナル』を創刊。

（6）マンチェスター女性参政権委員会（Manchester Women's Suffrage Commitee）をさす。リディア・ベッカーがエミリー・デイヴィスやエリザベス・ウルステンホームとともに創設した女性参政権を求める初期の少人数のグループ。

（7）ミリセント・フォーセットは著書『ウィメンズ・サフリッジ』（*Women's Suffrage*, 1911）の中で「ミルに賛成したのは七三票、反対したのは一九六票であったが、棄権票や投票計算係の数を加えれば女性参政権に対する支持数は八〇を超えるものだった」と書いている。

（8）ロンドン女性参政権全国協会（London National Society for Women's Suffrage）一八六七年に設立され、はじめはヘレン・テイラーが中心となって活動、その後、フォーセット夫人が中心的役割を果たすようになった。マンチェスター女性参政権協会、エディンバラ女性参政権協会とともに、リディア・ベッカーの提唱により中央組織となる女性参政権全国協会（National Society for Women's Suffrage）を設立した。しかし、この時点では女性参政権全国協会に強い統率力はなく、それぞれの協会が独自の活動を続けた。

（9）チザム・アンスティー氏（Thomas Chisholm Anstey, 一八一六—七三）英国の法律家、政治家。国会議員（一八四七—五二）。一八五四年に香港の法務長官に就任するが、急進的な改革を行ったため解雇され、その後、インドで弁護士として活動。

（10）アン・クリフォード（Lady Anne Clifford, Countess of Dorset, Pembroke and Montgomery, 一五九〇—一六七六）カンバーランド伯爵ジョージ・クリフォードの娘。女性であるためカンバーランド伯爵家の相続人になることができなかったが、三〇年にわたる係争の末、一六四三年に相続を勝ちとり、所有する建造物の修復、保存に努めた。

（11）ジェイコブ・ブライト氏（Jacob Bright, 一八二一—九九）英国の急進的自由党国会議員で女性参政権論者。一八七〇年に初めて女性参政権法案を議会に提出するが下院で否決。一八七六年、マンチェスターから選出され、女性参政権運動の議員代表となる。急進的改革家ジョン・ブライトの弟。

（12）サー・ジョン・コールリッジ（John Duke Coleridge, 1st Baron Coleridge, 一八二一—九四）英国の裁判官。法務長官（一八七一）、民訴裁判所長官（一八七三）、高等法院長官（一八八〇）を務める。父は、詩人S・T・コールリッジの甥。

（13）パンクハースト博士（Richard Marsden Pankhurst, 一八三五?—九八）英国の法廷弁護士。進歩的思想をもち、妻エメリンとともにマンチェスター女性参政権委員会と既婚女性財産委員会のために働き、一八八二年の法案を起草した。

（14）『タイムズ』紙（*the Times*）英国の代表的日刊新聞。一七八五年創刊。一七八八年より*the Times*という名になる。

（15）ラッセル・ガーニー氏（Russell Gurney, 一八〇四—七八）ロンドンの裁判官（recorder）、国会議員（保守党）。一八六五年にサウサンプトンより議員に選出され、既婚女性財産法案（一八七〇）などに関わる。

（16）マクラレン夫人（Priscilla M'Laren [McLaren], 一八一五—一九〇六）英国の社会改革家。ジョン・ブライトの妹で、節酒運動家マーガレット・ルーカス（一八一八—九〇）、自由党国会議員ジェイコブ・ブライトの姉。国会議員を歴任したダンカン・マクラレン（一八〇〇—八六）の妻。初期の女性参政権運動に参加し、女性参政権協会のスコットランド支部を設立した。

（17）ジョン・モーリー（John Morley, Viscount Morley of Blackburn, 一八三八—一九二三）英国の自由党政治家、著述家。アイルランド相（一八八六、九二—九五）、インド相（一九〇五—一〇）、枢密院議長（一九一〇—一四）、『フォートナイトリー・レヴュー』誌の編集者（一八六七—八二）、『ペル・メル・ガゼット』紙の編集者（一八八〇—八三）を務めた。

(18) サー・チャールズ・ディルク（Charles Wentworth Dilke, 2nd Baronet, 一八四三―一九一一） 英国の政治家、作家。グラッドストン内閣に入閣（一八八二―八五）。一八九二年に再び下院議員となり（―一九一一）、労働組合運動に貢献した。著者『大英帝国』（Greater Britain, 1868）

(19) スタンスフェルド氏（James Stansfeld, 一八二〇―九八） 英国の政治家、社会改革者。マッツィーニと親交をもち、イタリア統一運動を推し進める。一八七一年、地方行政院の初代議長となる。性病予防法の撤廃にも尽力した。

(20) ミス・ローダ（Rhoda Garrett, 一八四一―八二） 英国のインテリア・デザイナー、サフラジスト。ギャレット姉妹の従姉妹。左記のアグネスとともに、初の女性によるインテリアデザイン会社を設立。女性参政権運動での演説は人びとに強い印象を与えた。

(21) ミス・アグネス・ギャレット（Agnes Garrett, 一八四五―一九三五） 英国のインテリア・デザイナー、サフラジスト。エリザベス・ギャレット・アンダーソンの妹、ミリセント・ギャレット・フォーセットの姉。ローダとともに会社を設立し、同様に女性参政権運動でも活躍。

(22) レディ・アンバリー（Katherine Louisa Russell, Viscountess Amberley, 一八四二―七四） 英国のサフラジスト。一八七〇年にストラウドの職工学校で女性参政権に関する意見を発表し、ロンドンの新聞、雑誌やヴィクトリア女王をはじめとする王族たちの不興を買った。

第七章

(1) ノース・ロンドン・コリージエイト・スクール（North London Collegiate School） 一八五〇年にミス・バスとその母親によって創立された女子の私立学校で、ハイスクールのモデルとなった。宗教的原理に基づく堅実な教養教育を目指し、成功する。

(2) ミス・ホワイトヘッド（Elizabeth Malleson, 一八二八―一九一六） マレソン夫人の旧姓で、つまりエリザベス・マレソンのこと。第一〇章訳注7参照。

(3) ガリバルディー（Giuseppe Garibaldi, 一八〇七―八二） イタリアの革命家。イタリア統一を進めるため、多くの軍事行動を個人的に率いた。青年イタリア党に加入し、ジェノヴァで反乱を企画したが、失敗し、南米に亡命。ブラジルの独立運動に参加し、イタリアに戻り、国家統一を実現。

(4) ミランダ・ヒル（Miranda Hill, 一八三六―一九一〇） 英国の女性住宅改革家。公衆衛生改良のパイオニアだった祖父T・S・スミスの影響を受けて、妹のオクタヴィア・ヒルと一緒に住宅改善計画に参加。ナショナル・トラスト運動の発展にも寄与。

(5) オックスフォード大学とケンブリッジ大学の地方試験（Oxford and Cambridge Local Examinations） オックスフォードとケンブリッジの大学入学基礎資格試験。大学の監督のもとで地方中等学校の生徒に行う試験で、及第者には証書が与えられる。

(6) ミス・ハナ・パイプ（Hannah Elizabeth Pipe, 一八三一―一九〇六） 英国の女性校長のパイオニア。一八四八年に母親とマンチェスターで小さな学校を始めたが、のちにロンドンで女子学校を開き、成功した。女子にも男子と同じ高いレベルの教育を施すことを目指した。

(7) マークビー氏（William Markby, 一八二九―一九一四） 英国の裁判官、法学者。カルカッタの高等裁判所の裁判官を務めた後、オックスフォード大学インド法律学初の助教授になる。

(8) 学校調査委員会（Schools Inquiry Commission） トーントン卿を議長として、中産階級の少年の学校の実態を調査する目的で設置された。委員会の最終報告書は一八六七年から六八年にかけて発表された。

(9) ロビー氏（Henry John Roby, 一八三〇―一九一五） 英国の教育改革家、古典学者。ケンブリッジ大学地方試験をうちたてたメンバーの一人で、最初の書記になった。また、学校調査委員会の書記にも任命され、調査委員会の最終報告書の作成に携わった。

(10) マーク・パティソン (Mark Pattison, 一八一三―八四) オックスフォード大学のリンカーン・コレッジの学寮長。J・H・ニューマンの影響を受け、一時、オックスフォード運動の支援者となる。

(11) アクランド氏 (Sir Thomas Dyke Acland, 11th baronet, 一八〇九―九八) 英国の政治家、教育改革家。一八六五―六八年、ノースデヴォンシャー選出の自由党国会議員、大学地方試験の創設にかかわり、学校調査委員会のメンバーを務める。一八六九年、寄付基金立学校委員会で活躍。

(12) 基金立学校法 (Endowed Schools Act) 中産階級の教育改革を目指して基金立グラマースクールの再編成を行い、寄付基金の一層の効果的な利用の推進を図るために一八六九年にできた法律。これまでもっぱら男子の教育に適用されていた基金立学校の基本財産の一部を、基金立女子グラマースクールの設立に配分するという提案を盛り込んだ。一八七〇年代初めから一九〇〇年までに九〇校以上の女子グラマースクールが設立された。

第八章

(1) テニソン (Alfred Tennyson, 一八〇九―九二) 英国の詩人。ワーズワースのあと一八五〇年に桂冠詩人となる。その詩「プリンセス」は、女性だけの大学を設立するプリンセス・アイダを描いている。

(2) レディ・ゴールドスミッド (Louisa Sophia Goldsmid, 一八一九―一九〇八) ユダヤ系英国人の社会改革家。ガヴァネス慈恵協会やクィーンズ・コレッジの設立に貢献。エミリー・デイヴィスとともに女性の高等教育を推進し、女性参政権運動にも貢献した。

(3) ヘイスティングズ氏 (George Woodyatt Hastings, 一八二五―一九一七) 英国の社会改革家、政治家。法廷弁護士の資格を持ち、社会科学振興全国協会の会長も務める。ガートン・コレッジ設立に尽力する。一八七四年自由党の国会議員に選出される。

(4) ミス・ボストック (Elizabeth Anne Bostock, 一八一七―九八) 女子高等教育の推進者。教育熱心な父親の影響で幼いころから外国語、科学の教育を受ける。エリザベス・リードがベッドフォード・コレッジを設立するのを助け、理事に就任、運営にかかわる一方、女性の大学教育推進にも貢献した。

(5) クレイ氏 (James Clay, 一八〇四―七三) 英国の政治家。自由党の国会議員。一八六六年、選挙法改正の条件として読み書き・計算の試験を導入する法案を提出した。

(6) レディ・スタンリー (Henrietta Maria Stanley, 一八〇七―九五) 女子高等教育の育成に貢献した。ガートン・コレッジや女子医学校の創立に寄与した。

(7) ピュージー博士 (Edward B. Pusey, 一八〇〇―八二) 英国の神学者。オックスフォード運動の指導者の一人。

(8) ガティ夫人 (Margaret Gatty, 一八〇九―七三) 英国の児童文学者。著書 *Parables from Nature*, 1855

(9) ミス・シャーロット・M・ヤング (Charlotte Mary Yonge, 一八二三―一九〇一) 英国の女性作家。オックスフォード運動の普及に努めた。『レドクリフの相続人』(一八五三) のほか、一六〇冊を超える著作がある。

(10) レディ・オーガスタ・スタンリー (Augusta Elizabeth Frederica Stanley, 一八二二―七六) ヴィクトリア女王の廷臣。女王の母ケント公爵夫人の女官を経て、ヴィクトリア女王に長く仕え、女王と外界の橋渡し役をした。

(11) アーサー (Arthur Hugh Clough, 一八一九―六一) 英国の詩人アーサー・ヒュー・クラフのこと。ラグビー校でトマス・アーノルドに教えを受ける。長詩 "Amours de Voyage" (1858)

(12) アーノルド博士 (Thomas Arnold, 一七九五―一八四二) 英国の教育家。ラグビー校の校長。中流階級の男子教育に多大な影響を与えた。詩人・評論家マシュー・アーノルドの父。

(13) ジェイムズ・スチュアート (James Stuart, 一八四三—一九一三) ケンブリッジ大学工学教授、女子学生及び労働者階級の学生の大学教育の推進に多大な貢献をした。

(14) レズリー・スティーヴン (Leslie Stephen, 一八三二—一九〇四) 英国の哲学者、評論家。作家ヴァージニア・ウルフの父。『英国人名辞典』(二六巻) の初代編者としても有名。

(15) ヘンリー・シジウィック氏 (Henry Sidgwick, 一八三八—一九〇〇) 英国の倫理学者、経済学者。ケンブリッジ大学道徳哲学教授。主著『倫理学の方法論』(*The Method of Ethics*, 1874)。ニューナム・コレッジの設立に貢献した。

(16) ミス・セアラ・ウッドヘッド (Sarah Woodhead) 数学の卒業優等試験に合格した最初の女子学生。ミス・レイチェル・クック (Rachel Cook) ミス・ラムズデンとともに古典の卒業優等試験に合格した女子学生。『マンチェスター・ガーディアン』誌の編集を務めたデッド・スコットと結婚。ミス・ルイーザ・ラムズデン (Louisa Lumsden 一八四〇—一九三五) のちにガートン・コレッジで古典の教鞭をとり、貴族の称号を授与される。五〇年後の一九二三年になって初めてケンブリッジ大学より正式に学位を授与された。この三人の学生の先駆者としての功績は、ガートン・コレッジの校歌でたたえつづけられている。

第九章

(1) エリザベス・ブラックウェル (Elizabeth Blackwell, 一八二一—一九一〇) 英国の女性医師、女性教育推進運動家。米国にて女性初の医学博士号取得。ニューヨーク婦人・小児診療所 (一八五七)、女子医学校 (Women's Medical College, ニューヨーク、一八六八) 設立。ロンドン女子医学校 (London School of Medicine for Women) 婦人科教授 (一八七五—一九〇七)。

(2) パジェット氏 (James Paget, 1st Baronet, 一八一四—九九) 英国の外科医、病理学者。女子の医学教育を擁護。セント・バーソロミュー医学校長 (一八四三—五一)。王立外科医協会 (the Royal College of Surgeons of England) 会長 (一八七五)。

(3) ファラデー (Michael Faraday, 一七九一—一八六七) 英国の物理・化学・自然哲学者。電磁誘導現象を発見した電磁気学の先駆者。著書『ロウソクの科学』(*The Chemical History of a Candle*, 1861)

(4) ハーシェル家 (the Herschels) 英国の天文学者一族。サー・ウィリアム・フレデリック・ハーシェル (一七三八—一八二二)、ドイツ生まれ、天王星を発見。キャロライン・L・ハーシェル (一七五〇—一八四八)、サー・ウィリアムの妹。サー・ジョン・ハーシェル (一七九二—一八七一)、サー・ウィリアムの息子。

(5) エンブリー邸 (Embley Park) ハンプシア州ロムジイにあり、フローレンス・ナイティンゲールが、幼少時代から少女時代にかけて家族とともに (おもに冬季に) 住んだ邸宅。現在のエンブリー・パーク・スクール。

(6) 英国医師登録簿 (British Medical Register) 英国医師会 (British Medical Association) が医療改革運動を経て一八五八年に達成した医事法により、全国医学協議会・医師審議会 (General Medical Council) とともに制定されたもの。これにより開業医の有資格者名が記録された。

(7) ミス・アナ・ゴールドスミッド (Anna Maria Goldsmid, 1805-89) 一九世紀初頭の有力なユダヤ系英国人一家に生まれ、詩人トマス・キャンベルらを師に個人教育を受けた。特に教育問題に関するパンフレットを多数執筆する傍ら、ロンドンのユダヤ人幼児学校 (一八四一)、ユダヤ人ろうあホーム (Jew's Deaf and Dumb Home, 一八六三) ユニヴァーシティ・コレッジ病院などの設立に貢献。レディ・ゴールドスミッドの義姉にあたる。

(8) 薬剤師協会 (Society of Apothecaries, 一六一七—) ロンドン薬剤師協会 (Worshipful Society of Apothecaries of London) の前身。一八一五年薬剤師法以来、一八五八年全国医学協議会・医師審議会 (GMC) 制

定まで、イングランドおよびウェールズにおける医療行為規制と医師免許授与の試験実施を担った。現在でも、医師資格授与権のある唯一の非大学組織。

(9) マッソン教授 (David Masson, 一八二二―一九〇七) スコットランドの文筆家、文学史家。ロンドン大学英文科教授を経てエディンバラ大学に着任(一八六五―九五)、その頃から女子の高等教育及び医学教育運動を擁護。著書、『ミルトン伝』(*Life of Milton*, 1859-94)、『マクミランズ・マガジン』誌編集(一八五九―六八)。

(10) ジョン・ブライト (John Bright, 一八一一―八九) 英国の政治家、経済学者。自由貿易を提唱。反穀物法同盟を統率し、廃案を達成。ジェイコブ・ブライト(第六章訳注11参照)の兄。

第一〇章

(1) 王立委員会 (Royal Commissions) 既成の法や社会の問題を調査するために、内閣の推薦で国王が任命する委員会。

(2) レッキー (William Edward Hartpole Lecky, 一八三八―一九〇三) アイルランド生まれの歴史家、評論家。一八八六年に自由統一党員となりアイルランド自治法案に激しく反対した。

(3) 性病予防法廃止女性全国協会 (Ladies' National Association for the Repeal of the Contagious Diseases Acts, 一八六九) 性病予防法改正に反対するため、ジョゼフィン・バトラーを会長として設立された。本文では一八七〇年設立と読み取れるが、正確には一八六九年一二月に設立。性病予防法は一八六四年に成立し、一八六六、一八六八、一八六九年と改正を重ね、一八八六年廃止となった。

(4) ジョージ・バトラー (George Butler, 一八一九―九〇) 英国国教会の牧師で、一八六五年からはリヴァプール・コレッジの校長を務め、学校の改革に取り組んだ。一八五二年にジョゼフィンと結婚、自身も性病予防法廃止運動を熱心に支持した。

(5) 『デイリー・ニューズ』紙 (*the Daily News*, 一八四六―一九六〇) 作家ディケンズによって創刊され、多くの有名な寄稿者を輩出した。一九三〇年に『デイリー・クロニクル』紙を吸収し、『ニューズ・クロニクル』紙となった。

(6) 非国教派 (Nonconformist) ヘンリー八世によって設立され、エリザベス一世によって確立された英国国教会の礼拝や教会運営などに賛同できず、国教会に反発したプロテスタントの人びとのこと。

(7) 二人のマレソン氏 (two Mallesons) ひとりはフランク・ロッドバード・マレソン氏 (Frank Rodbard Malleson, ?―一九〇三) でユニテリアン派牧師の息子、エリザベス・マレソン (Elizabeth Malleson, 一八二八―一九一六、女性教育運動に尽力し、女性労働者のためのコレッジを開校し、性病予防法廃止運動にも参加した) の夫と考えられる。

(8) ヘンリー・ウィルソン氏 (Henry Joseph Wilson, 一八三三―一九一四) 英国の政治家。ジョゼフィン・バトラーとともに、国内外の性病予防法廃止運動の中心的存在だった。全国売春監察協会でも重要な役割を果たした。国会議員(一八八五―一九一二)。

(9) ホップウッド氏 (Charles Henry Hopwood, 一八二九―一九〇四) 英国の政治家、判事。一八七四年に自由党下院議員となる。一八七〇年代には性病予防法廃止運動に積極的に参加した。一貫して個人の自由の尊厳を主張し、女性参政権運動を支持した。

(10) サー・ヘンリー・ストークス (Henry Knight Storks, 一八一一―七四) 英国の軍人。クリミア戦争ではトルコでの英国軍の指揮を執った。一八六四年からマルタ総督。一八七〇年の選挙では性病予防法推進派として立候補し敗れたが、一八七一―七四年まで国会議員となる。

(11) チャールズ・バクストン氏 (Charles Buxton, 一八二二―七一) 一八五七年から英国の自由党下院議員。一八六〇年に『英領西インド諸島における奴隷制度と自由』(*Slavery and Freedom in the British West Indies*) を出版、英国支配を擁護した。

第一一章

(1) ソールズベリー卿 (Robert Arthur Talbot Gascoyne-Cecil, 3rd Marquess of Salisbury, 一八三〇―一九〇三) 英国の政治家(保守党)。首相(一八八五―八六、一八八六―九二、一八九五―一九〇二)。一八七八年に第二次ディズレイリ内閣の外務相となりベルリン会議に次席全権として出席、一九〇二年には日英同盟を成立させた。

(2) フォースター氏 (William Edward Forster, 一八一八―八六) 英国の政治家(自由党)。一八七〇年普通教育法を通過させ、国による初等義務教育制度を創り上げた。これにより教育委員会が新たに組織され、地域の学校教育全般を統轄した。

(3) ミス・フローラ・スティーヴンソン (Flora Clift Stevenson, 一八三九―一九〇五) スコットランド出身の慈善家、サフラジスト、教育者。貧しい子どもや女性の教育のために活動。一八七二年のスコットランド教育法によりエディンバラ教育委員会の初の女性委員に選出され、九〇年からは同委員会委員長を務めた。

(4) 『イングリッシュウーマンズ・レヴュー』誌 (*Englishwoman's Review*) 『イングリッシュ・ウーマンズ・ジャーナル』誌(一八五八―六四)を前身として、一八六六年にジェシー・ブシェレットにより創刊され、英国の女性運動を支持した。一九一〇年廃刊。

(5) 地方行政委員会 (Local Government Board) 主に貧民問題や予防接種などの公衆衛生事業を担当した行政組織。一九一九年に厚生省 (Ministry of Health) に組み込まれる。

(6) ナソー・シニア夫人 (Jane Elizabeth Senior, 一八二八―七七) 救貧院と貧民学校の英国女性初の視察官。作家で思想家のトマス・ヒューズの妹、経済学者ナソー・ウィリアム・シニアの息子ナソー・ジョンの妻。オクタヴィア・ヒルとともに社会福祉事業を推し進め、英国赤十字創設にも関わる。

(7) レディ・サンドハースト (Margaret Mansfield, Lady Sandhurst, 一八二七―九二) 英国のサフラジスト、降霊術者。一八五四年に後のウィリアム・ローズ・マンスフィールド・サンドハースト男爵と結婚。自由党政治と結びつけた降霊術会を主催。八六年から女性自由党連合 (Women's Liberal Federation) でアイルランド自治支援活動を行った。

(8) ミス・コブデン (Jane Cobden [のちの Cobden-Unwin], 一八五一―一九四七) 英国国会議員のリチャード・コブデンの娘。父のあとを継ぎ自由貿易を推奨し、女性参政権運動にも大きく貢献した。妹のアニー・コブデン・サンダーソンはサフラジェットとして有名。

(9) ミス・コンズ (Emma Cons, 一八三八―一九一二) 英国の社会改革家、劇場経営者。労働者階級における禁酒運動を展開。一八八〇年にオールドヴィックを改修してアルコールを提供しないロイヤル・ヴィクトリア・コーヒー・ミュージック・ホールを創業。また、女性の入学も認めた労働者のためのモーリー・コレッジを設立した。

(10) 救世軍 (Salvation Army) 軍隊組織を取り入れたプロテスタントの福音伝道団体で、ロンドンのスラム街での伝道に基づいた慈善活動から始まり、その後も全英および国際的活動を展開した。

(11) 救世軍は定説では一八六五年にウィリアム・ブースにより組織され、七八年に救世軍と改名された。

(12) ウィリアム・ブース (William Booth, 一八二九―一九一二) 英国の宗教家、救世軍の初代大将。メソディスト派の牧師であったが、独立してロンドンのホワイトチャペルに救世軍の前身である伝道団を組織し下層階級への伝道を始めた。著書『最暗黒の英国とその出路』(*In Darkest England and the Way Out*, 1890)

(13) キャサリン・ブース (Catherine Booth, 一八二九―九〇) 夫ウィリアムとともに救世軍を創設。パンフレット『女性の奉仕』(*Female Ministry*, 1859) を著す。

(14) W・T・ステッド (William Thomas Stead, 一八四九―一九一二) 英国のジャーナリスト、著述家。ジョン・モーリーとともに『ペル・メル・ガゼット』紙の編集に携わり、八三年より編集主任。九〇年には

『レヴュー・オヴ・レヴューズ』誌を創刊。タイタニック号の沈没により死亡。

(15)『ペル・メル・ガゼット』紙(*Pall Mall Gazette*) 一八六五年に文学的趣向と一般新聞を結合する目的で、フレデリック・グリーンウッド(一八三〇―一九〇九)が創刊した新聞。一九二三年に『イヴニング・スタンダード』紙に吸収された。

(16)全国売春監察協会(National Vigilance Association) 売春に対する法規制を盛り込んだ刑法改正案が可決された後、罪悪や社会の不道徳を抑制するための法律が正しく機能しているかを監視し、改善策を模索するために一八八五年に設立された団体。

(17)W・A・クート氏(William Alexander Coote, 一八四二―一九一九) 英国の社会浄化運動の推進者、全国売春監察協会の有給の書記。バトラーらとともに性道徳の改革を掲げ、「完全に浄化された社会」の確立を訴えた。著書『慈善というロマンス』(*A Romance of Philanthropy*, 1916)

(18) 一八八二年制定の既婚女性財産法案を指す。七〇年の同法律では既婚女性に二〇〇ポンドまでの所得保有が認められ、八二年には未婚女性と同等の独立した財産権が認められた。

(19)既婚女性法(Married Women Act) 一八八六年に成立した既婚女性の扶養についての法律。これにより夫が妻子に対し扶養義務を故意に怠った場合、別居と扶養の負担金を請求する権利が妻に認められた。

第一二章

(1)女性雇用促進協会(Society for the Promotion of the Employment of Women) 第五章訳注16のAssociation for the Promotion of the Employment of Womenが二年間のうちに発展し一八五九年に改名した組織。正式名はSociety for Promoting the Employment of Womenである。

(2)フランク・スキューダモー氏(Frank Ives Scudamore, 一八二三―一八八四) 郵政省公務員。文筆家として『パンチ』誌などにも執筆した。銀行業務の導入や電信サービスの国営化に取り組み、郵便制度の改組に力を尽くした。

(3)スレイド美術学校(Slade School of Art) 現在のロンドン大学芸術学部。一八七一年に英国の芸術コレクターのフィーリックス・スレイド(一七九〇―一八六八)の遺産によって設立された。女子学生に初めて平等な美術研究の機会を与えた。

(4)薬学協会(Pharmaceutical Society) ウィリアム・アレン(William Allen, 一七七〇―一八四三)やジェイコブ・ベル(Jacob Bell, 一八一〇―五九)らによって、一八四一年に設立された。一八五二年には薬剤師登録簿を作成した。

(5)ジャーナリスト協会(Institute of Journalists) 新聞社の経営者とジャーナリストとの衝突を契機として一八八四年に設立。ジャーナリストの地位を確保するための組織。女性ジャーナリストも会員となった。世界で最も古いジャーナリストの組織。

(6)救貧病院(Poor Law Infirmaries) 救貧院で行われていた限定的で不適切な医療が一八六〇年代に社会問題として注目された。『ランセット』誌がこの問題を取り上げたことがきっかけだった。一八六五年に医療改善のための委員会が設けられ、一八六七年に大都市圏救貧法(Metropolitan Poor Law)が制定されて、独立した救貧病院の運営が可能になった。

(7)助産婦協会(Midwives' Institute) 一八八一年設立。助産婦に資格免許状を授け、訓練された助産婦育成をめざした。一九〇二年に助産婦委員会が成立し、訓練や実習が管理された。

(8)英国医師会(British Medical Association) 一八三二年にチャールズ・ヘイスティングズ(Charles Hastings, 一七九四―一八六六)によって設立された。助産婦を完全に医師の監督下に置くことを要求した。

(9)スワンリー・コレッジ(Swanley College) 男性のための造園コレッジとして一八八五年に設立された。一九〇二年からは女性のためのコレッジとなった。

(10) 一八七八年制定の工場および作業場法（Factory and Workshop Act of 1878） 女性に対しての労働時間の制限を盛り込んだ法律。女性運動家たちの強い反対にあったが、議会を通過した。

(11) マシューズ氏（Henry Matthews, 1st Viscount Llandaff, 一八二六—一九一三） 英国の政治家。セイロン生まれ。パリ大学を卒業した。一八六八年保守党下院議員。一八八六年から九二年まで内務大臣を務めたが、下院からは信頼されなかった。

(12) 女性保護共済連盟（Women's Protective and Provident League） 一八七四年にアメリカでの女性共済組合の活動に刺激をうけてエマ・パタソンが設立。女性労働者の互助組織。一八八九年に女性労働組合連盟と改名し、男女混成の労働組合も加入が可能になった。

(13) 労働組合会議（Trade Union Congress） 一八六八年に結成された。労働組合を法的に認めさせ、労働者の状態を改善するための運動の本部となった。パタソン夫人はＴＣＵ内で女性の労働問題を認識させた。

(14) マクドナルド夫人（Margaret Ethel MacDonald, 一八七〇—一九一一） 女性労働運動のパイオニア。父はグラッドストン首相の遠縁の、著名な化学の教授だった。ケンブリッジ大学キングズ・コレッジ女子部で教育を受けた。一八九六年に後の労働者代表委員会初代代表のジェイムズ・ラムジィ・マクドナルド氏と結婚。一九〇六年に女性労働連盟の会長となる。

第一三章

(1) 女子教育改善全国連合（National Union for the Improvement of the Education of Women of All Classes） 女子中等教育を普及・改善するために、グレイ夫人によって設立された（一八七一）。

(2) グレイ夫人（Maria Georgina Grey, 一八一六—一九〇六） 英国の女子教育改革家。女子教育連合（Women's Education Union）の前身、女子教育改善全国連合を設立した。さらに、通学制女子学校会社（一八七二）、女性教師訓練・登録協会（一八七七）を設立し、女子中等教育の推進に貢献した。

(3) ミス・シリフ（Emily Anne Eliza Shirreff, 一八一四—九七） 英国の教育改革家。妹のマリア・グレイに協力し、女子教育推進にかかわった。また、幼児教育の設立に貢献した。

(4) 通学制女子学校会社（Girls Public Day Schools Company） グレイ夫人によって設立された女子中学校設立・運営のための機関。学校設立のため株式のかたちで資金調達した。一八七二年設立。

(5) シーリー教授（John Robert Sheeley, 一八三四—九五） 英国の歴史学者。ロンドン大学ラテン語教授を経て、一八六九年ケンブリッジ大学近代史教授に就任。

(6) クーパー・テンプル氏（Cowper Temple, 一八一一—八八） 英国の政治家（自由党）。メルボーン首相の甥、パーマストン首相は継父。

(7) ブライス氏（James Bryce, 一八三八—一九二二） 英国の法学者、歴史学者、政治家（自由党）。さまざまな政府の要職を歴任。王立中等教育諮問委員会議長も務める。主著『近代民主政治』（*Modern Democracies*, 1921）

(8) モーズリー医師（Henry Maudsley, 一八三五—一九一八） 英国の著名な精神科医。ロンドン大学教授。論文“Sex and Mind in Education”（一八七四）において、高等教育は結局女性の肉体的、精神的健康を損ねることになると述べて、物議をかもした。

(9) 『ランセット』（*Lancet*） 英国の週刊医学雑誌。一八二三年に創刊され現在に至る。医療問題を取り扱い、医療改革に貢献した。今日でも世界的に権威ある雑誌として有名。

(10) ロンドン女子医学校（London School of Medicine for Women） 一八七四年ソファイア・ジェクス‐ブレイクによって設立された最初の女医養成の学校。当初は理解ある少数の男性医師が教育にかかわった。

(11) 王立施療病院（Royal Free Hospital） 一八二八年、貧しい人びとに無料の医療を供給するためにロンドンに設立された。一八三七年その功績を認め、ヴィクトリア女王が「王立」と命名した。

(12) ミス・ソフィー・ブライアント (Sophie Bryant, 一八五〇―一九二二) 英国の教育者、女性運動家。科学の博士号を取得した最初の女性。ノース・ロンドン・コリージエイト・スクール二代目校長。

(13) T・H・グリーン教授 (Thomas Hill Green, 一八三六―八二) 英国の哲学者。オックスフォード大学教授。急進的な政治思想の持ち主で、カントやヘーゲル哲学の影響を受け自我実現論を提唱した。

(14) ジャウエット (Benjamin Jowett, 一八一七―九三) 英国の古典学者、教育者。プラトンの翻訳で知られる。

(15) ネトルシップ教授 (Richard Lewis Nettleship, 一八四六―九二) 英国の哲学者。オックスフォード大学教授。

(16) アーノルド・トインビー (Arnold Toynbee, 一八五二―八三) 英国の経済学者、社会改革家。慈善事業、協同組合設立に貢献した。歴史家A・J・トインビーのおじ。

(17) ラファエロ前派 (Pre-Raphaelite Brotherhood) 一八四八年ロセッティ兄妹、ホルマン・ハント、ジョン・ミレーなど七人によって結成された画家集団。ラファエロ以前の写実的な絵画に戻ることを理想とした。

(18) ブラウニング (Robert Browning, 一八一二―八九) 英国の詩人。テニソンと並び、ヴィクトリア朝の代表的詩人。長詩『指輪と書物』(*The Ring and the Book*, 1868-69)

(19) ハンフリー・ウォード夫人 (Mary Augusta Ward, 一八五一―一九二〇) 英国の小説家、社会事業家。教育家トマス・アーノルドの孫、詩人マシュー・アーノルドの姪に当たる。女性の高等教育の普及に努めたが、女性参政権には強力に反対し、女性参政権反対連盟の初代会長に就任した(一九〇八)。代表作『ロバート・エルスミア』(*Robert Elsmere*, 1888)

(20) ミス・ショー・ルフェーヴル (Madeleine Septima Show Lefevre, 一八三五―一九一四) 英国の教育者、オックスフォード大学サマヴィル学寮《ホール》初代校長 (一八七九―一八八九)。

(21) E・S・トールボット師 (Edward Stuart Talbot, 一八四四―一九三四) 英国の教育家、宗教家。オックスフォード大学キーブル・コレッジ初代校長。レディ・マーガレット学寮《ホール》創立に貢献する。その後、ロチエスター、サザーク、ウィンチェスターの司教を歴任する。

(22) ミス・エリザベス・ワーズワース (Elizabeth Wordsworth, 一八四〇―一九三二) 英国の教育者。オックスフォード大学レディ・マーガレット学寮《ホール》の初代校長 (一八七九―一九〇九)。父は詩人ワーズワースの甥、兄ジョンはソールズベリー大司教。

(23) ハーサ・エアトン夫人 (Hertha Ayrton, 一八五四―一九二三) 英国の物理学者。アーク放電の研究家。

(24) ミス・コーネリア・ソラジ (Cornelia Sorabji, 一八六六―一九五四) インド最初の女性弁護士、社会改革家。オックスフォード大学で法律を専攻した最初の女性。

(25) カーゾン卿 (George Nathaniel Curzon, 1st Marquis of Kedleston, 一八五九―一九二五) 英国保守党の政治家。インド総督 (一八九九―一九〇五)、オックスフォード大学総長 (一九〇七)。一八八六年国会議員となった後、アスキスおよびロイド・ジョージ内閣に入閣し、様々な要職を歴任した (一九一五―二四)。

第一四章

(1) 『ウィメンズ・サフリッジ・ジャーナル』(*Women's Suffrage Journal*) 女性参政権運動の機関誌でリディア・ベッカーが編集し、一八七〇年から一八九〇年まで刊行した定期刊行物。議会の内外で行われた演説、行事などで女性参政権に賛成したものを詳細に掲載した。

(2) フォーサイス氏 (William Forsyth, 一八一二―九九) 英国の弁護士、保守党の政治家、作家。一八七四―八〇年まで下院議員。

(3) レナード・コートニー氏 (Leonard Henry (Lord) Courtney, 一八三二―一九一八) 英国の政治家、ジャーナリスト。『タイムズ』紙を編集。

下院の指導者。比例代表制、地方自治の拡大を提唱。

(4) ミス・ヘレン・ブラックバーン (Helen Blackburn, 一八四二—一九〇三) アイルランド出身の英国の初期の女性解放運動の指導者。英国女性参政権協会の書記（一八七四—九四）を務める。『イングリッシュウーマンズ・レヴュー』(*Englishwoman's Review*) を編纂。著書『女性参政権——英国諸島の運動の歴史』(*Women's Suffrage: a Record of the Movement in the British Isles*, 1902)、ジェシー・ブシェレットとの共著『働く女性の状況』(*The Condition of Working Women*, 1896)

(5) ジェイコブ・ブライト夫人 (Ursula Mellor Bright, 一八三五—一九一五) 英国の女性運動家で夫とともに活躍。マンチェスター女性参政権協会、性病予防法廃止女性全国協会創立者の一人。また、既婚女性財産法改正に貢献した。

(6) ミス・ウルステンホーム (Elizabeth Wolstenholme, 一八三四—一九一八) 後のエルミー (Elmy) 夫人。マンチェスター女性教員委員会 (Manchester Board of School Mistresses) を設立、またアン・ジェマイマ・クラフたちと英国北部女性高等教育協議会 (the North of England Council on Higher Education for Women) の設立や既婚女性財産法の可決に尽力。マンチェスター女性参政権協会の設立メンバー。エリス・エセルマー (Ellis Ethelmer) というペンネームで執筆。

(7) ヴェントゥーリ夫人 (Emilie Ashurst Venturi, 一八一九?—九三) 英国の女性運動家。性病予防法に反対する運動を率いて、その機関誌『シールド』(*The Shield*) の編集をした。女性参政権、女子の高等教育の運動にも携わる。

(8) フレイザー卿 (Patrick Fraser, Lord Fraser, 一八一七—八九) スコットランドの法学者、裁判官。スコットランドの弁護士協会委員会の会長、民事上級裁判所の第一審部の裁判官などを務め、婚姻法などの草稿を手がける。

(9) ヒュー・メイソン氏 (Hugh Mason, 一八一七—八六) 英国の紡織業の経営者、慈善家。自由党下院議員（一八八〇—八五）を務め、地方選択権法案 (Local Option Bill) の通過などに貢献。

(10) パンクハースト夫人 (Emmeline Pankhurst, 一八五七—一九二八) 英国の女性運動家。急進派の弁護士リチャード・パンクハーストと結婚した。その影響もあって、女性拡張運動に本格的にかかわるようになり、一九〇三年には娘たちと女性社会政治連合（ＷＳＰＵ）を組織した。女性参政権獲得のために過激な言動をとったことで、逮捕、投獄され、対抗措置としてハンガーストライキなどを繰り返した。最後は保守党に参加したが、その激しい闘争は世間の注目を集めイギリスの女性運動の前進に寄与した。クリスタベル、シルヴィア、アデラの三人の娘も女性運動家として活躍した。

(11) 腐敗行為防止法 (Corrupt Practices Act) グラッドストンの提唱によって一八八三年に制定された法律で、法定選挙費用の制限、罰則の強化、連帯責任制の導入などを定めた。イギリス選挙法の歴史では画期的な法律。

(12) プリムローズ・リーグ (Primrose League) 「宗教、国制、帝国覇権の保持」を三大目標に掲げて一八八三年に結成した。「保守党支配の時代」を草の根レベルで支えた政治団体。保守党支持の女性が選挙運動に協力するため、一八八五年に女性評議会を結成した。

(13) 女性自由党連合 (Women's Liberal Federation) 自由党支持の女性たちが、プリムローズ・リーグと同じように選挙運動のために一八八七年に結成し、初代の会長はグラッドストン夫人。

(14) アイルランド自治法案 (Irish Home Rule) 一八七〇—一九一四年のアイルランド自治獲得運動のこと。アイルランドで一八七〇年に自治協会が設立され、その後七三年には自治同盟が組織され、アイルランド自治運動が展開された。第三次内閣を組織したグラッドストン首相はアイルランド自治に取り組み、八六年にアイルランド自治法案を議会に提出したが、否決された。その後、自由党は自治法賛成派と反対派に分裂し、反対派は保守党と合流して統一党となった。一九一四年に自治法案はイギリス議会を通過したが、第一次世界大戦のために延期された。

(15) 女性自由党ユニオニスト連合 (Women's Liberal Unionist Association) アイルランド自治法案の却下の後、自由党内部が分裂した後、一八八六年に生まれた女性の団体。アイルランド自治法に反対するユニオニストのために積極的に活動した。フォーセット夫人もそのメンバーの一人だった。

(16) 女性参政権全国協会の分裂　女性参政権運動の中央組織を強化、各地の協会を統括し、主に国会対策に当たるため一八七七年、女性参政権全国協会 (National Society for Women's Suffrage, 一八六七年設立) の中央委員会がロンドンで再度設立されたが (前回一八七一年設立)、その分裂が決定的になったのは、一八八八年一二月のことであった。一方は旧組織にとどまり、従来の組織名を維持し女性参政権全国協会中央本部 (Central National Society for Women's Suffrage) を名乗りマクラレン一家、ジェイン・コブデンらはこれに加わった。自由党寄りの政策を受け入れることを拒否し離脱したもう一方は、名称を女性参政権全国協会中央委員会 (Central Committee of the National Society for Women's Suffrage) とし、フォーセット夫人、ベッカー、コッブを擁した。一八九七年、女性参政権協会全国連合 (National Union of Women's Suffrage Societies) が結成され、この二つの再結集に加え、地方の各協会も統合した連合組織として再出発した。

(17) 保守党立憲協会全国連合 (National Union of Conservatives and Constitutional Association Councils) 保守党が選挙権拡大のための知識と財源を獲得するために一八六七年に組織した。

(18) 全国自由党連合 (National Liberal Federation) 保守党が保守党立憲協会全国連合を作ったのと同じく、自由党が選挙組織を強化するために一八七七年に組織。有権者大衆を底辺にジョゼフ・チェンバレン (一八三六―一九一四) ら一部の指導者を頂点にもつピラミッド型の組織。

(19) 『ナインティーンス・センチュリー・マガジン』誌 (*Nineteenth Century Magazine*) 一八七七年にジェイムズ・ノウルズによって創刊され、一九〇一年に *Nineteen Century and After* に名称変更。

(20) シドニー・ウェッブ夫人 (Beatrice Potter Webb, 一八五八―一九四三) 英国の社会改革家、歴史家。夫とともに緩やかな社会主義を目指すフェビアン協会を創設。夫との共著『労働組合運動史』(*The History of Trade Unionism*, 1894)

第一五章

(1) ミス・イーディス・パリサー (Edith Palliser, 一八五九―一九二五?) 英国の女性運動家。国際的な女性参政権運動にも参加し、国際女性参政権連合 (International Woman Suffrage Alliance) 結成に関わった。一九一一年、女性参政権協会全国連合の国会対策書記。

(2) 国会対策合同協議会 (Joint Parliamentary Committee) イーディス・パリサーやエスター・ローパー (Esther Roper, 一八六八―一九三八) によって一八九五年に作られた。主要な女性参政権組織の代表者で構成され、協力して議会活動を行った。

(3) 議員立法法案 (Private Member's Bill) 下院で閣僚以外の議員が提出する一般法案。

(4) ラブシェル氏 (Henry Du Pre Labouchere, 一八三一―一九一二) 英国のジャーナリスト、政治家。『デイリー・ニューズ』紙などに執筆した。一八八〇年自由党下院議員。同性愛にも激しく反対した。彼の作成した刑法の条項にそって、オスカー・ワイルドは二年間の重労働罪に問われた。

(5) 女性参政権協会全国連合 (National Union of Women's Suffrage Societies, 一八九七―一九一九) 英国で最大の女性参政権獲得運動組織。いくつかの組織が統合し、ミリセント・ギャレット・フォーセットを会長として民主的に運営された。一九一八年、レイ・ストレイチーが名誉国会対策書記を務めた。一九一九年に平等市民権協会全国連合 (National Union of Societies for Equal Citizenship) と改名。

(6) 南ア《ボーア》戦争 (South African War, 一八九九―一九〇二) 英国がボーア人（南アフリカのオランダ系白人）によって建てられた南アフリカのトランスバール共和国を支配するために起こした戦争。

(7) 労働者代表委員会（Labour Representation Committee） 労働者階級の代表を議会に送り込むことを目的に、キア・ハーディを中心として一九〇〇年に設立された。労働組合会議とフェビアン協会などの社会主義団体から構成された。

(8) 独立労働党（Independent Labour Party） 一八九二年にキア・ハーディが国会議員に当選し、翌年結成した党。労働立法に影響を与えることができるように、議会に直接労働者の代表を送り込む必要性を訴えた。女性参政権に好意的な立場をとった。

(9) イザベラ・フォード（Isabella Ford, 一八五五―一九二四） 英国の女性運動家、社会主義者。早くから男女の平等を認めていたクエーカーの家庭に育つ。父親は英国で最初に、女性工場労働者のための夜間学校を設立した。女性の権利を求めて活動する人びとの交流の中で育った。一八八九年女性労働組合連盟の中央委員。一八九三年独立労働党に参加。一九〇三年には女性として初めて労働者代表委員会で演説を行った。

(10) フィリップ・スノードン（Philip Snowden, Viscount Snowden, 一八六四―一九三七） 英国の政治家。職工の息子として生まれる。一八九一年に脊髄の炎症による下半身麻痺のため、歩行不能となる。一九〇三年から独立労働党の議長、一九〇六年下院議員。

(11) キア・ハーディ（James Keir Hardie, 一八五六―一九一五） 社会主義者、労働運動の指導者。スコットランドの坑夫。一八九二年に下院議員。布製の帽子をかぶり労働者服で議席についた姿は、新しい時代の到来を告げるものだった。翌年独立労働党を結党。

(12) マンチェスター女性参政権協会（Manchester Women's Suffrage Society） 第六章訳注6で言及された、マンチェスター女性参政権委員会が発展した組織。

(13) ミス・レディッシュ（Sarah Reddish） 女性労働組合連盟のオルグを務めた。織布その他労働者代表委員会のメンバーとして、地域に根ざした参政権運動を繰り広げた。

(14) 織布その他労働者代表委員会（Textile and other Workers' Representation Committee） 一九〇一年にエスター・ローパー、エヴァ・ゴア-ブース等が設立した。正式名は"Lancashire and Cheshire Women Textile and other Workers' Representation Committee"。政治に目覚めた女工たちが、急進的な活動を繰り広げた。

(15) 女子協同組合（Women's Co-operative Guild） 大学教師の妻、アリス・エクランド（Alice Acland, 一八四九―一九三五）が一八八四年に設立。労働者階級の主婦を中心に構成された組織。女性の領域は家庭であるという道徳的考えを基本に置き、女権運動には消極的だった。一八八九年マーガレット・デイヴィスが書記長に就き、活動が広がっていった。

(16) サー・チャールズ・マクラレン（Charles Benjamin Bright M'Laren, 1st Baron Aberconway, 一八五〇―一九三四） 英国の政治家、実業家。一八八〇年自由党下院議員。製鉄、機械工学《エンジニアリング》業界の問題に精通していて、労働者問題にも取り組んだ。政界、産業界への貢献から、アスキスの推薦で一九一一年に男爵に叙せられた。

(17) 女性社会政治連合（Women's Social and Political Union） エメリン・パンクハースト母娘と労働党支持の女性グループが、一九〇三年にマンチェスターで結成した組織。サフラジェットとして知られる闘争的な運動は、警察沙汰を起こすことで大衆の注目を集めた。

(18) サー・エドワード・グレイ（Edward Grey, 3rd Baronet, and 1st Viscount Grey of Fallodon, 一八六二―一九三三） 英国の政治家。一八八五年自由党下院議員。一九〇五年、外務大臣。一九〇七年に三国協商を結んだ。

(19) アニー・ケニー（Annie Kenney, 一八七九―一九五三） 一〇歳から繊維工場で女工として働いた。一九〇五年、女性社会政治連合の代弁者となった。クリスタベル・パンクハーストとともに、初めて女性参政権運動で禁固刑を宣告される。一九一二年、連合の中心人物たちが投獄されている間、連合の指揮をとった。

（20） クリスタベル（Christabel Harriette Pankhurst, 一八八〇—一九五八） エメリン・パンクハーストの長女。一九〇六年、法学士の学位を得る。戦闘的活動で何回も投獄され、一九一二年には国外追放となった。フランスで亡命生活を送りながら『サフラジェット』という女性社会政治連合の機関紙（『女性に参政権を』に続くもの）を発行し、戦闘的な参政権運動を支持しつづけた。

（21） ウィンストン・チャーチル氏（Winston Leonard Spencer Churchill, 一八七四—一九六五） 英国の政治家、著述家。一九〇〇年保守党下院議員。南ア戦争に新聞記者として従軍した。一時自由党に転じたが、一九二四年に保守党に復帰した。第二次世界大戦には首相として連合国の勝利に貢献した。首相（一九四〇—四五、一九五一—五五）。一九五三年ノーベル文学賞。著書に『第二次世界大戦回顧録』（*The Second Wolrd War*, 1948-54）

（22） サー・ヘンリー・キャンベル-バナマン（Henry Campbell-Bannerman, 一八三六—一九〇八） 英国の政治家。一八六八年自由党下院議員。グラッドストン内閣の閣僚を経て、首相（一九〇五—〇八）。英露協定を締結した。アスキスやロイド・ジョージから厚い信頼を寄せられた。

（23） クリーマー氏（William Randal Cremer, 一八二八—一九〇八） 英国の政治家。大工として働くうちに、労働問題に関わるようになった。一八七〇年に労働者平和協会を設立。一八八五年下院議員。各国との調整役として尽力したことに対して、一九〇三年ノーベル平和賞受賞。原書の索引にはW・クリーマーと記載されているが、W・R・クリーマーをさす可能性が濃厚と思われる。

第一六章

（1） E・ショウォールターは、このとき、マーティノーは署名し、ナイティンゲールはしなかったと言及している。（『女性自身の文学』*A Literature of Their Own*, 1977）

（2） エクセター・ホール（Exeter Hall, 一八三一—一九〇七） ロンドンのストランド通り北側に位置し、宗教的・慈善的集会、YMCA本部などに使用された建物。現在のストランド・パレス・ホテルの地。

（3） 『コモン・コーズ』紙（*The Common Cause*, 一九〇九—一九二〇） 一九〇九年四月創刊の女性参政権協会全国連合週刊機関紙。一九二〇年、『女性のリーダー』（*The Women's Leader*）と改名し、一九二〇—三三年、レイ・ストレイチーが編集に携わる。

（4） ペシック-ロレンス夫妻（Emmeline, 一八六七—一九五四、Frederick Pethick-Lawrence, 一八七一—一九六一） 女性社会政治連合の中心メンバーで、一九〇七年、連合公式機関紙として『女性に参政権を』紙（*Votes for Women*, 第一七章訳注1参照）を刊行。一九一二年、連合から追放された後、妻エメリンは女性自由連盟会長に就任（一九二六—三五）。

（5） 女性自由連盟（Women's Freedom League） 一九〇七年に女性社会政治連合の分裂に伴い、労働党との連携を維持しようとする者たちにより結成された組織。サフラジェットのシャーロット・デスパード（一八四四—一九三九）を会長とし、『投票権』紙（*The Vote*, 一九〇九—三三）を発行した。一九六一年に解散。

（6） レディ・コンスタンス・リットン（Lady Constance Lytton, 一八六九—一九二三） 英国のサフラジェット。インド総督リットン伯の娘。エメリン・ペシック-ロレンスの影響で女性社会政治連合に参加し、戦闘的活動を行った。弟のヴィクターとともに調停法案の可決に努めた。

（7） アスキス氏（Herbert Henry Asquith, 1st Earl of Oxford and Asquith, 一八五二—一九二八） 英国の政治家（自由党）。首相（一九〇八—一六）。一九一一年に議院法を成立させ、上院の拒否権を制限した。第一次大戦では対独宣戦を決し、一五年には連立内閣を組閣したが、戦時政策に対する世論の批難により辞職。二六年まで自由党党首を務めた。女性参政権反対論者で、刑罰強化などにより運動を厳しく弾圧しようとした。

（8）リットン卿（Victor Alexander George Robert Bulwer-Lytton, 2nd Earl of Lytton, 一八七六—一九四七）英国の政治家（保守党）。党派に縛られない政治活動を行い、調停法案可決に努めた。一九二〇年からインド省政務次官、二二年にベンガル州知事、インド総督代理を歴任。三一年からは国際連盟イギリス代表を務めた。

（9）ブレイルズフォード氏（Henry Noel Brailsford, 一八七三—一九五八）英国のジャーナリスト。ギリシア外人部隊に入隊し、トルコ戦に参加（一八九七）。一九〇七年には独立労働党に加わり、調停委員会の名誉幹事となる。二二年から『ニュー・リーダー』誌（*New Leader*）を編集。著書『鋼鉄と金の戦争』（*The War of Steel and Gold*, 1914）

（10）ロイド・ジョージ氏（David Lloyd George, 1st Earl Lloyd George of Dwyfor, 一八六三—一九四五）英国の政治家（自由党）。首相（一九一六—二二）。アスキス内閣では蔵相として老齢年金、国民保険制度の導入を行い、アスキス辞任後に戦時内閣を組閣。終戦時にはヴェルサイユ条約に調印した。

（11）女性参政権反対連盟（League for Opposing Women's Suffrage）ハンフリー・ウォード夫人が事実上の推進力となり一九〇八年に発足した女性だけの団体 'Women's National Anti Suffrage League' と、男性だけで組織された 'Men's National League for Opposing Women's Franchise' が合体し、一九一〇年に設立した女性参政権獲得に反対する団体。正式名称は 'National League for Opposing Women's Suffrage'。

第一七章

（1）『女性に参政権を』紙（*Votes for Women*, 一九〇七—一八）一九〇七年一〇月女性社会政治連合公式機関紙としてペシック-ロレンス夫妻により編集され、創刊時は月刊、後に週刊紙として発行された。一九一二年、夫妻の連合離脱以降も同夫妻が継続して編集、発行し、一九一四年、参政権運動家連合（the United Suffragists）の機関紙となった。一方、女性社会政治連合の機関紙は一九一二年以降『サフラジェット』紙となった。

（2）「猫とねずみ法」（Cat and Mouse Act）一九一三年、アスキス政権が、戦闘派女性参政権論者が繰り返すハンガーストライキに憤慨し可決した法で、「囚人の体調悪化による仮釈放法」（Prisoners' Temporary Discharge for Ill-Health Act）の通称。

（3）ダービー競馬　サリー州エプサム競馬場で毎年五月最終日または六月第一水曜日に行われるサラブレッド四歳馬による競馬。一七八〇年、第一二代ダービー伯爵により創設され、英国五大競馬の一つ。

（4）エミリー・ワイルディング・デイヴィッドソン（Emily Wilding Davidson, 一八七二—一九一三）オックスフォード大学在学中から卒業後もガヴァネスとして働き生計を立てたが、一九〇六年、女性社会政治連合加入をきっかけに女性参政権運動に傾倒。度重なる収監とハンガーストライキを繰り返した中心的サフラジェットの一人。労働者運動にも参加。

（5）女性参政権ロンドン協会（London Society for Women's Suffrage）一九〇七年、女性参政権協会全国連合（NUWSS）改組に伴い、女性参政権中央協会（Central Society for Women's Suffrage, 一九〇〇—〇七）が改名したもの。同年「ぬかるみの行進」（第一六章参照）など大規模なデモ行進を指揮。一九一三年、レイ・ストレイチーが会長に就任、第一次世界大戦中は女性雇用局（Woman's Service Burean）が開設され、国内労働力充塡のため女性の雇用拡大に貢献した。一九一九年、ロンドン女性雇用協会（London Society for Women's Service）、一九二六年、ロンドン・全国女性雇用協会（London and National Society for Women's Service）と改名。一九五三年、フォーセット協会（Fawcett Society）となり現在に至る。

（6）英国国教会会議（Church Congress）一八六一年より毎年開催された、英国国教会の聖職者・信徒が宗教・道徳・社会問題を討議した法的権限のない会議。第一回はケンブリッジ大学キングズ・コレッジで開催され、一九一九年英国教会総会（Church Assembly）設立ごろまで各地で開催された。

（7）セルボーン卿（William Waldegrave Palmer, 2nd Earl of Selborne, 一八五九―一九四二）　英国の政治家。晩年は、女性参政権運動を擁護し、上院改革や議員法の見直しなどに寄与した。海軍大臣、南アフリカ高等弁務官など歴任。

第一八章

（1）エルシー・イングリス（Elsie Maud Inglis, 一八六四―一九一七）　スコットランド出身の女性医師。一九〇一年エディンバラに女性だけで運営する病院を設立する。女性参政権運動に参加し、一九〇六年にはスコットランド女性参政権推進連合を創設した。女性参政権協会全国連合とアメリカ赤十字の後援を得て一四年にスコットランド女性医療団を設立し、西部戦線に医療団を送った。

（2）ミス・ホールデイン（Elizabeth Sanderson Haldane, 一八六二―一九三七）　スコットランド出身の著述家。政治家リチャード・バードン・ホールデインの妹で、第一次大戦中看護団の活動に尽力。一九二〇年にスコットランド初の女性治安判事となる。ヘーゲルの翻訳、デカルトの評伝、ジョージ・エリオットやエリザベス・ギャスケルに関する評論などを出版した。

（3）女性隊（Women's Legion）　レディ・ロンドンデリーにより設立された英国における最大規模の戦時ヴォランティア団体。正式には政府や軍部の指揮下ではなかったが、軍隊的組織活動を行い、軍服を着用した。

（4）女性補助部隊（Women's Army Auxiliary Corps）　一九一七年に設立、軍隊組織を模倣して、調理、調達、印刷、車両修理などの任務に当たった。その後、'Queen Mary's Army Auxiliary Corps' と名称を変更した。

（5）ルイーザ・ギャレット・アンダーソン医師（Louisa Garrett Anderson, 一八七三―一九四三）　英国の女性医師。女医の草分けエリザベス・ギャレットとジェイムズ・G・S・アンダーソンの娘。一九一二年までサフラジェットとして活動する。一九一六年にコヴェント・ガーデンに軍事病院を設立した。

（6）フローラ・マリー医師（Flora Murray, 一八七〇―一九二三）　スコットランド出身の女性医師、サフラジェット。一九一一年にルイーザ・G・アンダーソンと小児病院を設立。第一次大戦前は女性社会政治連合の専属医師で強制食餌に反対し、ハンガーストライキを行った女性たちの治療に当たった。

（7）イーディス・キャヴェル（Edith Louisa Cavell, 一八六五―一九一五）　英国の看護婦。一九〇六年から看護婦養成校設立のためにベルギーに滞在。ドイツによるベルギー占領後、約二〇〇人の連合国兵士を逃亡させた罪でドイツ軍によって処刑された。

第一九章

（1）サー・エドワード・カーソン（Edward Henry Carson, Baron Carson, 一八五四―一九三五）　英国の法律家、政治家。アイルランド生まれ。一八九二年下院議員。英国でのアイルランド自治法に対しての抵抗運動を先導した。第一次世界大戦中には、戦時内閣の閣僚として活躍した。

（2）ハーバート・サミュエル氏（Herbert Louis Samuel, 1st Viscount Samuel, 一八七〇―一九六三）　英国の政治家。一九〇二年下院議員。ドイツ系ユダヤ人の銀行家の息子として生まれる。一九一六年内務大臣。高等弁務官としてパレスチナへも派遣された。

（3）ロバート・セシル卿（Edgar Algernon Robert Gascoyne Cecil, 1st Viscount Cecil of Chelwood, 一八六四―一九五八）　英国の政治家、平和運動家。一九〇六年保守党下院議員。女性参政権を支持する、数少ない保守党議員の一人だった。第一次世界大戦の際には、赤十字の活動に参加した。国際連盟の熱心な支持者。一九三七年にノーベル平和賞。

(4) ウォルター・ロング氏（Walter Hume Long, 1st Viscount Long of Wraxall, 一八五四―一九二四） 英国の政治家。一八八〇年下院議員。一八八八年の地方自治法の立案で大きな役割を果たした。

(5) ラウザー氏（James William Lowther, 1st Viscount Ullswater, 一八五五―一九四九） 英国の政治家。一八八三年に下院議員。下院議長（一九〇五―二一）。アスキス首相は、深い洞察と迅速な判断力で、保守党と自由党の両党と協調を保った議長としての手腕を評価した。著書『議長の回顧録』（*A Speaker's Commentaries*, 1925）

(6) サー・ジョン・サイモン（John Allsebrook Simon, 1st Viscount Simon, 一八七三―一九五四） 英国の政治家、法律家。一九〇六年下院議員。若くして法務大臣に抜擢され、自由党アスキスの後継者と期待された。一九二六年ゼネストを違法とする演説を行い、議論を引きおこした。

(7) サー・アルフレッド・モンド（Alfred Moritz Mond, 1st Baron Melchett, 一八六八―一九三〇） 英国の企業家、政治家。一九〇六年下院議員。一九二六年インペリアル・ケミカル・インダストリーズ社を設立。労働組合会議と協議する機関を作り、全国産業会議への道を開いた。

(8) サー・ジョージ・ケイヴ（George Cave, Viscount Cave, 一八五六―一九二八） 英国の法律家、政治家。一九〇六年下院議員。内務大臣（一九一七―一九）として国民代表法案を審議した。一九二五年オックスフォード大学学長。

(9) ランズダウン卿（Henry Charles Keith Petty-Fitzmaurice, 5th Marquess of Lansdowne, 一八四五―一九二七） 英国の政治家。一八六六年上院議員。一九〇二年日英同盟を成立させた。上院の保守党議員のリーダーとして、しばしば意見が衝突する上院・下院の関係の在り方を模索した。

(10) ホルズベリー卿（Hardinge Stanley Giffard, 1st Earl of Halsbury, 一八二三―一九二一） 英国の政治家。一八七七年下院議員。大法官を務めた。上院の権限を守るため、議院法に反対した。多くの保守系の最高裁判所判事を指名し、その政治的な偏重が問題になった。

第二〇章

(1) マルケヴィッチ伯爵夫人（Constance Georgine Markievicz, 一八六八―一九二七） アイルランドの民族主義者。ポーランド貴族と結婚。英国議会に選出された初めての女性となったが（一九一八）、英国王に忠誠を誓う宣誓を拒否し議員を辞退した。これにより事実上の初代女性議員はアスター子爵夫人となった。

(2) ミス・エレナー・ラスボーン（Eleanor Rathbone, 一八七二―一九四六） 英国の政治家、社会改革家。リヴァプールの進歩的なクエーカー教徒の家で育ち、オックスフォード大学サマヴィル・コレッジを優秀な成績で卒業後、フォーセット夫人のもとで女性参政権運動に参加、リヴァプール支部書記長を務める。一九二九年女性初の無所属国会議員として選出される。

(3) J・W・ヒルズ少佐（John Walter Hills, 一八六七―一九三八） 英国の政治家。保守党。社会改革に熱心に取り組んだ。第一次世界大戦時、兵役にすぐさま志願する。フライフィッシング関係の著作でも有名。

(4) ロンダ子爵夫人（Margaret Haig Thomas, Viscountess Rhondda, 一八八三―一九五八） 英国の女性政治家、ジャーナリスト。『時代と時流』誌（*Time and Tide*）のオーナー・主幹。サフラジェットでもあった。

(5) アスター子爵夫人（Nancy [Witcher], Viscountess Astor, 一八七九―一九六四） 英国の政治家。最初の女性国会議員。夫が爵位を相続、上院に移ったため、保守党下院の夫の議席を受け継ぎ、二五年間議員を務め、女性の地位改善に尽力した。本書の著者レイ・ストレイチーがその国会対策秘書を務める。

(6) ウィルソンアメリカ合衆国大統領（[Thomas] Woodrow Wilson, 一八五六―一九二四） 米国の政治家。民主党。第二八代大統領（一九一三―二一）。国際連盟創設に尽力する。ノーベル平和賞（一九一九）。

（7） ヴェニゼロス氏（Eleutherios Venizelos, 一八六四―一九三六） ギリシアの政治家。ギリシアの首相（一九一〇―一五、一九一七―一九、一九二四、一九二八―三二、一九三三）。

（8） バーナム卿（Henry Lawson Webster Lawson, 1st Viscount Burnham, 一八六二―一九三三） 英国の政治家。国際労働会議、新聞組合の会長。大学以外の公立校教員給与等級表の採用勧告をした委員会の委員長。

（9） ウィントリンガム夫人（Margaret Wintringham, 一八七九―一九五五） 英国自由党の政治家。下院議員であった夫の死後、同じ選挙区から当選。ナンシー・アスターに続き女性国会議員第二号となる。女性参政権の支持とともに、女性の上院への被選挙権運動にかかわった。

（10） ボールドウィン首相（Stanley Baldwin, 1st Earl of, 一八六七―一九四七） 英国の政治家。保守党内閣首相（一九二三―二四、一九二四―二九、一九三五―三七）。

第一一章

（1） 地方都市婦人会（Women's Institutes） 一八九七年、教育的催しを通じて地方の女性の生活向上をはかるためカナダで創設。英国では、一九一五年、ウェールズ北西部アングルシーに設立以来、現在英国最大の女性組織。

（2） 一八六六年、J・S・ミルが女性参政権を求める請願書を下院へ提出し、一八六七年に否決された。（第六章参照）

原著者による文献ノート

（1） 中央図書館 ロンドン・パブリック・ライブラリーの本館。一八九五年開館、市内数ヶ所にその後分館が開かれたので、この名称ができた。

訳者あとがき

本書は八〇年前に出版されて以来、英米及び日本の読者に息長く読みつがれてきた隠れたる名著『大義（*The Cause*）——イギリス女性運動小史』の本邦初訳である。翻訳にあたっては、初版 *The Cause: A Short History of The Women's Movement in Great Britain* by Ray Strachey, London, G. Bell and Sons, 1928 を底本とし、ほかに Virago 社から一九七八年より数回にわたって刊行された復刻版を適宜参照した。

題名について一言すれば、原題 *The Cause* という英語には「擁護あるいは唱導する覚悟がある道義または運動」という意味があり、日本語では「大義、大目的、目標、主義、主張、運動」などの訳語がある。試みに大義の意味を『広辞苑』などにあたってみると、「重要な意義」、あるいは「人のふみ行うべき重大な道義」とあり、「特に主君や国に対して」とされている。しかしどれも原題の訳とするにはぴったりしない。原題は本書に一貫しているテーマ、女性参政権の獲得という大目的を、ひいては女性解放の主張を、表しているのだが、右にあげた訳語ではおさまりきれない。そこで一八世紀末から一三〇年余の女性参政権実現までの歴史を扱っているので、『イギリス女性運動史　一七九二—一九二八』とした。

イギリス近代の歴史を扱った書籍には、ある時代の歴史の時空をパノラマのように見せてくれる「通史」が少ないように思う。たぶんイギリスの歴史家は深く狭く歴史を掘り下げることを好むからだろう。その中で本書は、一八世紀末から一九二八年の女性参政権獲得までの道程を大河の流れのように中心にすえ、そこへ支流のように流れこむいくつもの改革の流れ、つまり女性の法的、政治的権利の獲得及び自由と自立の達成を、社会の変化と関連させながら描き出した数少ない通史である。本書を土台に年表を作成してみると、著者レイ・ストレイチーがいかに女性の教育・職業・法律・政策など多岐にわたる運動や社会的変化を綿密に記録しているかがわかる。

本書の特徴をいくつかあげるとすれば、その第一は著者が高等教育を受けた中産階級の女性であり、女性参政権獲得を実現するために、それにかかわる様々な女性運動の渦中に身を投じたいわゆるアクティヴィスト、運動の実践家だったことである。「序」にあるように、著者はフェミニストの観点から「歴史」を書くことを選んだ。そのために本書には単なる女性史の理論家の著作とはひと味ちがう魅力が生じている。約二〇年間自ら女性参政権運動の内側に身をおいて活動しながら現実をつぶさに観察し、歴史を記録した者がもつ強みである。いいかえればレイ・ストレイチーの書き方は、歴史の事象を抽象的に論じるよりもあくまで具体的側面において把握し、女性たちの運動の挫折と進展を現実の細部を描き出すことによって、自らもその一部を経験した参政権をめぐる女性運動を年代記風に感情を押さえた書き方で読者に伝えるという手法である。

例をあげれば、レイのペン先からは、「職業はもっていないが、やる気にあふれた中産階級の女性たち」が自分もなにかの役に立ちたいと願って、慈善運動に取り組むさまや、「家庭という監獄」から「外へ出よう」とする女性たちの若さと自由、信念と自信及び「世の中は正しい方向へ動いている」と見るヴィクトリア時代の女性たちの楽観的信念が伝わってくる。この背景には産業革命により物質的にも文化的にも上昇期にあった一九世紀後半のイギリス社会のエトスがあったろう。換言すれば、本書は狭い意味では、ヴィクトリア時代から二〇世紀にかけての女性運動史であるが、それを把握するために著者はこの時代の多種多様な現象すべてひっくるめて語りきかせようとしているのだ。そのため本書はこの時代に、とりわけ女性に、関心をもつ読者にとっては豊富な情報源であり、案内書の役も果たしてくれる。

二番目の特徴は、本書に登場する、当時実在し活動していた多彩な男女は、この時代の著名人を網羅しているともいえるほどだが、階級という視点から見るとほとんどが中産あるいは上層中産階級で、労働者階級は少ないことが注目される。また運動に参加した女性たちは、向上心が強く、中等あるいは高等教育を受けており、当時の社会の一般的水準からみれば、比較的恵まれた家庭と優れた資質をもった、いわば時代の先端をいく女性たちであったことはまちがいない。その事実をもって本書の視点の階級的偏りを批判する向きもある。しかし、著者を含むそのような女性たちはそれぞれの主張（コーズ）を胸に抱き、男女の平等と人間としての権利を勝ちとるために、大きな意味深い第一歩を踏み出したのである。世界的に見ても、中産階級の人びとがまず目覚めて社会を変えていこうと運動を起こした国は歴史上たくさんある。そしてイギリスは産業革命の進展とともに中産階級が力を貯えてきた国だった。その理由のひとつは、中産階級の人びとがもっとも教育を受けやすかったからだろう。女性の場合そのような人びとは少なかったにしても、とにかく啓蒙される機会が他の階級より多かったからだ。

ではその源流はどこにあったかといえば、著者は冒頭で、メアリー・ウルストンクラフトの『女性の権利の擁護』（一七九二）と産業革命の影響であるといっている。ウルストンクラフトがフランス革命に触発されたその著書の中で女性の教育の重要性を強調していることはよく知られている。女性参政権を獲得するまでのその後の道のりが、予想以上に長く厳しいものだったことは、本書に詳細に語られているとおりだが、レイが女性運動の起点にこの本をあげていることは、注目すべきである。

ヴィクトリア時代の産業革命の成果ともいえるイギリスの繁栄のさなかに、J・S・ミルが女性参政権を求める請願書を議会に提出し、不成功に終わってから、一九二八年に男女平等の普通選挙権を勝ちえるまでに六〇年余りが必要だった。この事実からだけでも目覚めた女性たちがいかに厚い壁と闘かわなければならなかったかが想像される。その間にニュージーランド（一八九三）、南オーストラリア（一八九四）、フィンランド（一九〇六）、ノルウェイ（一九一三）、デンマーク（一九一五）、カナダ（一九一七）などが、続々と女性参政権を獲得していった。そのかわりイギリスではこの期間に、参政権獲得の努力をつづける傍らで、教育面では女子の高等教育への門戸開放、学位取得認可、女子の医学教育機関の設立と医師免許の認可、薬剤師の認可、法律的には婚姻訴訟法、既婚女性財産法、離婚法、未成年者後見法、人権を踏みにじる性病予防法の廃止、地方都市議会における選挙権・被選挙権の獲得、男女平等な雇用の促進、等々が少しずつ実現していった。これらの改革がなされるには、女性の人権が認められるとともに、投票権を得て女性も政治に参加できるようになる必要があったのである。

これらの改革が実現されるまでには、いうまでもなく多くの女性たちの協力と連帯があった。そこに登場する女性たちは、ヴィクトリア時代の著名人を網羅しているといえるほどで、彼女たちの性格は豊富な引用などによりくっきりと小説さながらに描き分けられている。たとえば、フローレンス・ナイティンゲールの肖像は、リットン・ストレイチーが『ヴィクトリア朝偉人伝』の中で描き出したものに劣らない複雑な性格をさらけだしている。とりわけ穏健派のリーダーのフォーセット夫人、我が子の親権を争ったキャロライン・ノートン、『イングリッシュ・ウーマンズ・ジャーナル』誌を編集したバーバラ・リー・スミス・

ボディション、障害を突破し初の女医になったエリザベス・ギャレット・アンダーソン、努力と苦労の末医者になったソファイア・ジェクス-ブレイク、性病予防法廃止運動を推進したジョゼフィン・バトラー、急進的リーダーのパンクハースト母娘など、だれもが女性参政権運動の推進力となった。これらは協力者たちのほんの一部だが、議会における選挙法改正案の成り行きに一喜一憂しながら懸命に努力する女性たちの熱烈な意志と懸命な努力に感銘を受けない者はないだろう。

日本では「婦人参政権」運動は大正時代から市川房江らによって行なわれていたが、幸か不幸か、男女平等な普通選挙権が実現したのは、第二次世界大戦後の一九四五年であった。イギリスの女性参政権運動が広い範囲の女性を巻きこみながら進んでいったのに比べ、日本では少数の知的女性の肩に担われて運動が進められ、第二次世界大戦終結とともにアメリカの助言などもあって普通選挙権が実現したことは、両者の社会の成り立ちの相違を考えさせられる。

では歴史を語る者としてのレイ・ストレイチーの思想的立場は、どういう位置にあったのだろうか。女性参政権運動を支持するフェミニストたちが、二〇世紀に入るとその達成方法をめぐって二派に分かれたことはつとに知られている。すなわち穏健派のフォーセット夫人をリーダーとするリベラル・フェミニストと、急進的なシルヴィア・パンクハーストの率いる社会主義者フェミニストである。前者は男性を攻撃するのでなく、万人のための合法的な改革を望みサフラジストと呼ばれ、後者は戦闘的でハンガーストライキも辞さないという激しいフェミニストでサフラジェットと呼ばれる。レイは前者、一八九七年設立の女性参政権協会全国連合（NUWSS）に属し、フォーセット夫人の片腕となって運動を助けた。後者は一九〇三年、女性社会政治連合（WSPU）を設立し、一九〇九年には戦闘的活動を開始したが、一九一四年シルヴィアは抜けた。その前年には支持者の一女性が選挙法改正案が廃案となったためのハンガーストライキに対する政府の対応に抗議して、ダービー競馬場で馬の前に身を投げ出し、死に至ったという事件が起こった。このように二〇世紀初頭の十数年は、選挙法改正案が議会で法として成立する一九一八年までに闘いはクライマックスに達したのである。

皮肉なことに第一次世界大戦が始まり、男性が戦地に行ってしまった後、国内では人手不足が生じ、男性に代わって女性が労働力となった。高学歴の中産階級の女性たちが「ランド・アーミー」として農村の労働支援のために地方へ繰り出したのは、その典型的例である。この時女性たち

レイ・ストレイチー（コステロゥ）
（1911-12 頃）

は、徹底した平和主義への道はとらず、自分のもてる力を国家の役に立てるような道を選んだ。このとき発揮された女性の能力が政府に認められたことが、戦争直後の参政権実現に向けて大きな原動力となったので、一九一八年成立の国民代表法では三〇歳以上の女性に選挙権と被選挙権が認められただけだったが、一〇年後の一九二八年の同法で初めて男女平等普通選挙権が獲得されたのである。

この年は奇しくも本書の初版がロンドンで刊行された年である。レイは数年前からベル出版社から執筆を依頼されていた。現在ではしばしば「古典」といわれる *The Cause* は結果としてアクティヴィスト、レイ・ストレイチーとその仲間の運動の詳細を後世にもっともよく伝える書となったのである。

レイの生涯については、これまでわからないことが多かったが、最近レイがいろいろなところで取り上げられることが多くなり、それにつれて生涯も詳しくわかってきた。彼女は大学では理数系を専攻したが、娘のバーバラもいうように読書と書くことにも興味があったようだ。本文や文献案内にもイギリス小説の題名がよく出てくることからもそれは想像される。イギリスの小説家は「フェミニズムの先駆者」だとも書かれている。また本書はヴァージニア・ウルフの *Three Guineas*（一九三八）（『三ギニー　戦争と女性』）にも影響を与えていることは興味深い。たとえば女性の男性への「政治的影響力」についての一節は明らかにレイの文章を土台にしている。ちなみにレイはウルフより五歳若く、妹がウルフの弟と結婚したこともあって親交があった。

レイ・ストレイチー（Rachel Pearsall Conn Strachey）は、イギリス人弁護士の父フランク・コステロゥ（Francis Conn Costelloe, 一八五五―九九）とアメリカ人の母メアリー（旧姓 Mary Pearsall Smith, 一八六四―一九四五）の長女として一八八七年六月四日ロンドンで生まれた。妹カリ

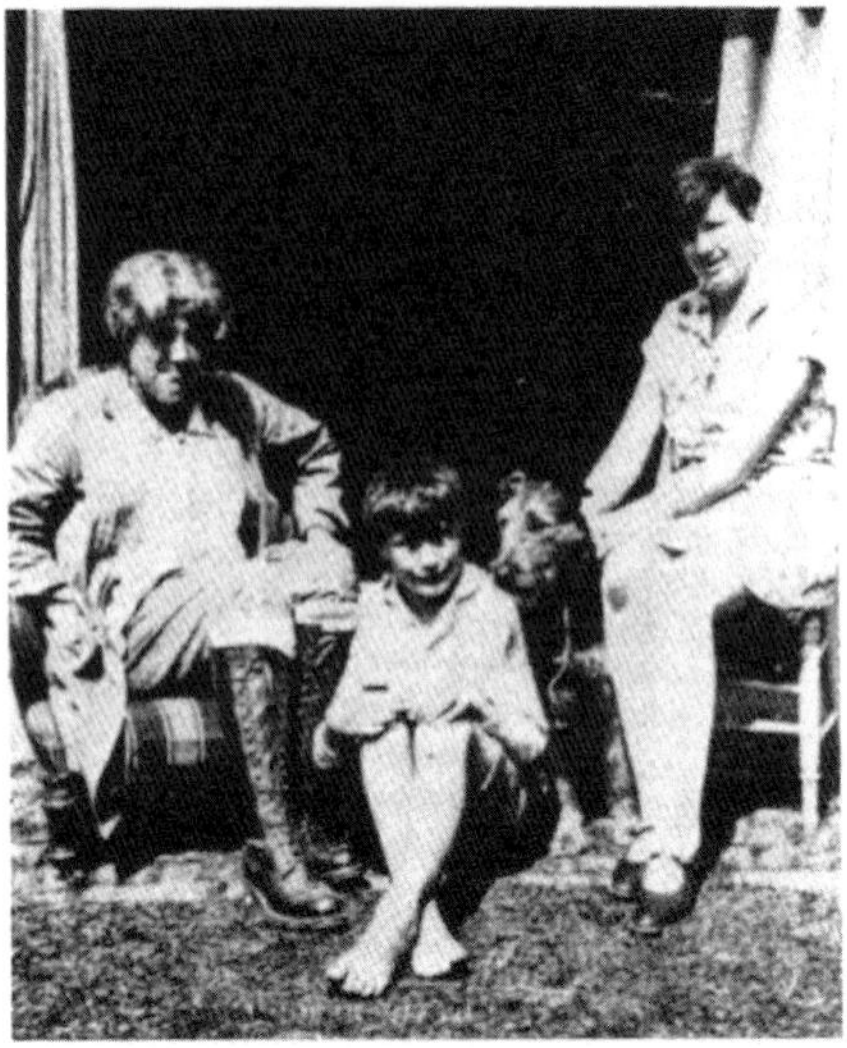

レイと子どもたち（1928）

ン（Karin, 一八八九―一九五三、のちにヴァージニア・ウルフ、一八八二―一九四一の弟エイドリアン・スティーヴン Adrian Stephen, 一八八三―一九四八と結婚）との二人姉妹である。

母方の一族は、アメリカのフィラデルフィア在住の著名なクエーカー教徒で、特に祖母ハナ（Hanna Tatum Whitall Smith, 一八三二―一九一一）は、一九歳でロバート・スミス（Robert Pearsall Smith, 一八二七―九八）と結婚した後も、男女平等を自ら実践、夫婦でアメリカはもとよりイギリスでも伝道活動をし、慈善活動や執筆を中心に家庭外での仕事にも積極的に取り組む、当時としてはひじょうに進歩的な生き方を貫いた女性であった。ハナを中心とする母権家族の在り方は、娘、孫娘へと受け継がれていくことになった。彼女たちは、ハナの旧姓を取って、自ら「ウィットオールの女たち」と呼ぶほどであった。

レイの母メアリーは、フィラデルフィアで知り合ったフランクとの結婚によってアメリカを離れてロンドンに居を構え、レイ誕生後の一八八八年、メアリーを気遣い、ハナ一家もロンドンに移り住むことになった。しかし、メアリーは一八九一年美術史家バーナード・ベレンソン（Bernard Berenson, 一八六五―一九五九）を追ってイタリアに住み、幼い二人の子供を置いて離婚した。その後、父の死亡に伴い、一二歳のレイは祖母ハナと暮らすことになる。

レイは、父親と同じカトリックの洗礼を受け、修道院付属学校、ケンジントン・ハイスクールで学んだ。ハイスクールでは、ホッケー、クリケット、水泳などのチームキャプテンを務めるほどのスポーツ好きだが、服装にまったく無頓着な面は生涯変わらなかった。一九〇五年ケンブリッジ大学ニューナム・コレッジに入学、数学を専攻した。一九〇八年、祖母方の親戚ケアリー・トマス（Carey Thomas, 一八五七―一九三五）が初代女性学長を務めるアメリカ、フィラデルフィア近くにあるブリン・モー・コレッジ（Bryn Mawr College）で約一年過ごし、文学を中心とするコースを履修した。翌年イギリスにもどり、一九一〇年には、オックスフォード大学電気工学科の授業を受ける最初の女子学生となった。

ハイスクール時代の友達エリー・レンダル（Ellie Rendel, 一八八五―一九四二）とは、ニューナム・コレッジでも大学の政治サークルにともに入り、ここからレイは女性参政権運動への関心をもつようになる。エリーの母エリナー・レンダル（Elinor Rendel, 一八五九―一九四四）は、ストレイチー家の長女で、レイがストレイチー家とかかわる最初の出会いとなった。ストレイチー家の女主人、レディ・ジェイン・ストレイチー（Jane Maria Strachey, 一八四〇―一九二八）は娘のフィリッパ（Philippa Strachey, 一八七二―一九六八）とともに、女性参政権運動を推進するフェミニストで、一九〇七年「ぬかるみの行進」を組織した中心人物のひとりであった。レイが、ストレイチー家を訪ねた際、個人個人が静かに読書などに耽る落ち着いた家族的な雰囲気にひかれ、この時すでにこの家に嫁ぎたいと思ったという。後に、一三歳年上のオリヴァー・ストレイチー（Oliver Strachey, 一八七四―一九六〇）と知り合いお互いにひかれるが、最初の結婚に失敗し、前妻との間に娘があるうえ無職のオリヴァーに結婚の申し込みをしたのはレイであった。こうして、一九一一年五月に結婚し、一九一二年七月には長女のバーバラが、一九一六年に長男クリストファー（Christopher Strachey, 一九一六―七五）が誕生する。母メアリーは、投資の失敗でベレンソンの収入が減少する一九三一年まで、娘たちの生活の経済的援助をつづけた。レイは、大学時代から目覚めた女性参政権運動と執筆などで活動家としてひじょうに多忙な生活を強いられたが、母親のいない生活の寂しさを自ら体験している彼女は、自分の子供たちへの愛情と世話には心を砕いた。

フェミニストとしてレイの最初の活躍の場となったニューナム・コレッジでは、ケンブリッジ大学女性参政権協会の活動に加わり、ブリン・モーに滞在中は、アメリカで活躍中のフェミニスト、アナ・ハワード・ショー（Anna Howard Shaw, 一八四七―一九一九）の女性参政権情宣ツアーに加わった。帰国後は、エリー・レンダルとともにスコットランド南部やイングランドをまわり、女性参政権の主張を訴えた。この時は暴徒に襲われることもあり、運動にまつわる様々な面を体験した。結婚による中断も若干はあったが、女性参政権協会全国連合の国会対策秘書として、親友でもあり義妹のフィリッパ・ストレイチー、敬愛するリーダーのミリセント・ギャレット・フォーセットと密接に連携し活動した。一九一三年には女性参政権ロンドン協会の会長、一九一六—二一年は女性参政権協会全国連合の国会対策名誉書記を務め、一九一八年の選挙法改正通過の瞬間を見守った。

一九一八年二月、ついに選挙法が改正され、三〇歳以上の女性に選挙権が与えられる法案が通過した日、国会議事堂下院の傍聴席からその様子を見届けたレイは、「この日は興奮でぞくぞくする日になりました」と言って、先に帰宅していたフォーセット夫人に報告に行っている。二人とも、しばらく信じられない気分だったようだ。しかし、この個人的な喜びと興奮の場面を彼女が自著にいれることはなかった。

女性の被選挙権も認められ、レイは一九一八、一九二二、一九二三年に国会議員に無所属で立候補しいずれも落選。本人は落選して「正直ほっとした」と言っている。それに換えて、女性最初の国会議員となったレディ・アスター(Nancy Astor, 一八七九—一九六四)の無給国会対策顧問を申し出た。女性国会議員第一号のレディ・アスターは、アメリカ出身でそれまで目立った形でフェミニスト運動に加わったことはなく、国会対策の経験豊富なレイは、これを放っておくことはできなかったようだ。また一九三一年、今度は有給の国会対策秘書としてつとめ、母メアリーと義父ベレンソンからの経済支援がなくなった窮状をしのいだ。家族の出費を考えると、オリヴァーの収入で家計を十分支えられたことはなかったようだ。

第一次世界大戦中、女性参政権運動は一時中断し、女性参政権協会全国連合は特別の政党を支持することはなかった。レイは連合内で労働党との連携を唱えて改組しようとする参戦拒否者には、女性参政権の主張を裏切るものだとして強固に反対した。一方、女性の雇用拡大と男女平等賃金を求めて生涯の友フィリッパと協力を続けた。一九一六—三四年まで女性雇用局(前身は女性参政権ロンドン協会)の会長を務め、女性雇用連盟(Women's Employment Federation)を設立(一九三五年)、女性に上級職の雇用を確保するために活動した。

一九二〇—二三年には、『コモン・コーズ』紙、改名して『女性のリーダー』紙の編集に携わった。また、一九二〇年頃から国際連盟に関心を寄せはじめ、一九二五年にはロバート・セシル卿に同伴してアメリカを訪問し、軍備縮小案を国際連盟に提出するための情宣活動を手伝った。

ストレイチー一族、スミス一族を通じ、レイの交友関係には驚くべきものがある。多くの著名なサフラジストをはじめとして、伝記作家の義弟リットン(Lytton Strachey, 一八八〇—一九三二)、母方の伯母アリス(Alys Russell, 一八六七—一九五一)の夫はノーベル文学賞を受賞した哲学者・評論家のバートランド・ラッセル（Bertrand Russell, 一八七二—一九七〇）、またレイの義弟エイドリアンとつながる作家ヴァージニア・ウルフをはじめとするブルームズベリー・グループに属する芸術家・知識人たちなど驚くほどの人脈である。しかし、彼女は、このような集まりをあまり好まず、田舎の生活を求めた。女性参政権運動と執筆で多忙を極めながらも様々な趣味にも意欲を示したレイは、仕事と家庭を両立させた新しいタイプの女性であった。親戚の形見としてゆずりうけた絵具一式に触発されて、素人ながらレイは、本書に載せた自画像を含む多くの人物画を残している。一九四〇年七月一六日、癌のため五三歳で生涯を終える。

本書の翻訳について

本書は最初読書会で取り上げ、月一回の集まりで、自由に訳・討論を重ねていた。読み進むにつれ、そのおもしろさにひかれ、難解な文章に時につまずきながらも、ぜひとも訳出したいということに衆議一決した。

幸い大東文化大学より助成金をいただくことができたおかげで、一同の念願を実現することができた。

大東文化大学に心からの深い感謝を捧げたいと思う。

また英語の問題点につき、細かい質問に答えていただいたジュリアン・W・ウィップル先生にも訳者一同厚くお礼申し上げたい。

また本書を刊行するにあたり、みすず書房編集部の守田省吾氏と宮脇眞子さんに懇切にお世話いただいた。原書に掲載されなかった写真を大幅に増やしたり、年表、地図、詳しい訳注、索引の拡充ほか資料の追加など私たちの希望を容れてくださった。お二人の協力がなかったら、本書が陽の目をみることはできなかっただろう。おかげで原著者が見たら、喜んでもらえるような本になったと思う。ここに記して心から感謝を申し上げたい。

二〇〇七年一二月

監訳者　栗栖美知子

出淵　敬子

レイ・ストレイチー著作リスト

The Cause : A Short History of the Women's Movement in Great Britain. London : G. Bell and Sons, 1928.（本書『イギリス女性運動史　一七九二－一九二八』）

Frances Willard : Her Life and Work.... Intro. by Lady Henry Somerset. London : T. Fisher Unwin, 1912 ; New York : Fleming H. Revell, 1913.

Marching On. [A novel.] London : Jonathan Cape ; New York : Harcourt Brace, 1923.

Millicent Garrett Fawcett. London : John Murray, 1931.

A Quaker Grandmother, Hannah Whitall Smith. New York : Fleming H. Revell, 1914.

Shaken by the Wind : A Story of Fanaticism. London : Faber and Gwyer, 1927 ; New York : Macmillan, 1928.

Women's Suffrage and Women's Service : The History of the London and National Society for Women's Service. London : Fawcett Society, 1927.

[as Ray Costelloe]. *The World at Eighteen.* [A novel.] London : T. Fisher Unwin, 1907.

Ray Strachey and Oliver Strachey. Keigwin's Rebellion, 1683–4 : An Episode in the History of Bombay, Oxford : Clarendon Press, 1916.

ed. Our Freedom and its Results. By five women : Eleanor F. Rathbone, Erna Reiss, Ray Strachey, Alison Neilans, Mary Agnes Hamilton. London : L. and V. Woolf at the Hogarth Press, 1936.

本書に登場する主な地名
スコットランド
エディンバラ
ニューカッスル
ダラム
ベルファスト
アンブルサイド
アイルランド
ラウス
カスタートン
ヨーク
オールダム
リヴァプール
マンチェスター
ダブリン
クルー
レスター
ノリッジ
バーミンガム
ケンブリッジ
オールドバラ
チェルトナム
ヒチン
ストラウド
オックスフォード
コルチェスター
チェルムズフォード
ブリストル
ロンドン
チェダー
(チェダー・ヒル)
サウサンプトン
ランズ・エンド
フランス

〈本書に関連するイギリス歴代内閣〉

年代	首　相	所属政党
1834	メルボーン卿（William Lamb, Viscount Melbourne）	ホイッグ党
1834-35	ピール（Sir Robert Peel）	トーリー党
1835-41	メルボーン卿（William Lamb, Viscount Melbourne）	ホイッグ党
1841-46	ピール（Sir Robert Peel）	トーリー党
1846-51	ラッセル伯（Earl Russell）	自由党
1852	ダービー伯（The Earl of Derby）	保守党
1852-55	アバディーン伯（Earl of Aberdeen）	トーリー党
1855-58	パーマーストン卿（Viscount Palmerston）	自由党
1858-59	ダービー伯（The Earl of Derby）	保守党
1859-65	パーマーストン卿（Viscount Palmerston）	自由党
1865-66	ラッセル伯（Earl Russell）	自由党
1866-68	ダービー伯（The Earl of Derby）	保守党
1868	ディズレイリ（Benjamin Disraeli）	保守党
1868-74	グラッドストン（William Ewart Gladstone）	自由党
1874-80	ディズレイリ（Benjamin Disraeli）	保守党
1880-85	グラッドストン（William Ewart Gladstone）	自由党
1885-86	ソールズベリー卿（Robert Gascoyne-Cecil, Marquess of Salisbury）	保守党
1886	グラッドストン（William Ewart Gladstone）	自由党
1886-1892	ソールズベリー卿（Robert Gascoyne-Cecil, Marquess of Salisbury）	保守党
1892-94	グラッドストン（William Ewart Gladstone）	自由党
1894-95	ローズベリー伯（TheEarl of Rosebery）	自由党
1895-1902	ソールズベリー卿（Robert Gascoyne-Cecil, Marquess of Salisbury）	保守党
1902-05	バルフォア（Arthur James Balfour）	保守党
1905-08	キャンベル-バナマン（Henry Campbell-Bannerman）	自由党
1908-16	アスキス（Herbert Henry Asquith）	自由党
1916-22	ロイド・ジョージ（David Lloyd George）	自由党
1922-23	ボナー・ロー（Andrew Bonar Law）	保守党
1923	ボールドウィン（Stanley Baldwin）	保守党
1924	マクドナルド（James Ramsay MacDonald）	労働党
1924-29	ボールドウィン（Stanley Baldwin）	保守党
1929-35	マクドナルド（James Ramsay MacDonald）	労働党
1935-37	ボールドウィン（Stanley Baldwin）	保守党
1937-40	チェンバレン（Arthur Neville Chamberlain）	保守党
1940-45	チャーチル（Sir Winston Leonald Spencer Churchill）	保守党

〈イギリス議会における議案の推移〉

第一読会　正式提案
第二読会　一般的原則についての討論
委員会　　条項と修正案に対する詳細な審査
報　告　　委員会の改正案を検討，さらなる修正追加の機会
第三読会　議案全体についての最終討論

索引

ア行

アイルランド自治法案　(Irish) Home Rule　233
アクランド氏　Acland, Mr　115
アーサー　Arthur→「クラフ，アーサー・ヒュー」をみよ
アスキス氏（首相）　Asquith, Mr (Prime Minister)　265, 267, 268, 271, 273, 274, 277, 299, 300, 302-305
アスター子爵夫人　Astor, Viscountess, M. P.　321, 324
アッシュワース姉妹　Ashworths, Miss　100
アーノルド博士　Arnold, Dr　125
アルフォード，ミス　Alford, Miss　216
アンスティー氏，チザム　Anstey, Mr Chisholm　94, 95
アンバリー，レディ　Amberley, Lady　100, 101
イーウィング氏，オール　Ewing, Mr Orr, M. P.　209
イングリス，エルシー（医師）　Inglis, Dr Elsie　286, 294, 295
『イングリッシュ・ウーマンズ・ジャーナル』誌　*English Woman's Journal*　74-77
『イングリッシュウーマンズ・レヴュー』誌　*Englishwoman's Review*　171
ヴィクトリア女王　Victoria, Queen　6, 7, 162, 332
ヴィクトリア・プレス　Victoria Press　77, 198
『ウィメンズ・サフリッジ・ジャーナル』誌　*Women's Suffrage Journal*　171, 221, 227, 236, 237
ウィルソン（アメリカ合衆国大統領）　Wilson, President　322
ウィルソン氏，ヘンリー　Wilson, Mr Henry　165
ウィントリンガム夫人　Wintringham, Mrs, M. P.　323
『ウェストミンスター・レヴュー』誌　*Westminster Review*　20, 52
ウェッジウッド夫人　Wedgwood, Mrs　122
ウェッブ夫人，シドニー　Webb, Mrs Sidney　237
ヴェニゼロス氏　Venizelos, M.　322
ウェブスター，オーガスタ　Webster, Augusta　78
ヴェントゥーリ夫人　Venturi, Mrs　228
ウォード夫人，ハンフリー　Ward, Mrs Humphry　213, 237, 269, 283, 301, 309
ウッドヘッド，ミス　Woodhead, Miss　137
『ウーマンズ・ジャーナル』誌　*Woman's Journal*→「『ウィメンズ・サフリッジ・ジャーナル』誌」をみよ
ウルストンクラフト，メアリー　Wollstonecraft, Mary　2
ウルステンホーム，ミス（エルミー夫人）　Wolstenholme, Miss (Mrs Elmy)　228, 243
エアトン夫人，ハーサ　Ayrton, Mrs Hertha　219, 321
英国医師会　British Medical Association　191
英国国教会会議　Church Congress　283
エッジワース，マライア　Edgeworth, Maria　3, 67
エリオット，ジョージ（エヴァンズ，メアリアン）　Eliot, George (Evans, Marian)　6, 55, 71, 104, 124
エリス夫人　Ellis, Mrs　33
エルミー夫人　Elmy, Mrs　→「ウルステンホルム，ミス」をみよ
王立委員会　Royal Commissions　156
オースティン，ジェイン　Austen, Jane　3, 6
オースティン夫人　Austin, Mrs　51
オスラー夫人　Osler, Mrs　97
オックスフォード大学とケンブリッジ大学の地方試験　Oxford and Cambridge Local Examinations　111, 116, 119

カ行

カイザースヴェルト・ディアコニッセ・インスティチュート　Kaiserswerth Deaconesses' Institute　11
ガヴァネス慈恵協会　Governesses' Benevolent Institution　45
カーソン，サー・エドワード　Carson, Sir Edward　298
カーゾン卿　Curzon, Lord　220, 283, 301, 308, 309
学校調査委員会　School Inquiry Commission　113-117
ガティ夫人　Gatty, Mrs　123
ガートン・コレッジ　Girton College　第8章及び 206, 214-217
ガーニー，ミス・メアリー　Gurney, Miss Mary　204
ガーニー氏，ラッセル　Gurney, Mr Russell, M. P.　97, 122, 140, 209
カーペンター，メアリー　Carpenter, Mary　6, 63, 65, 67, 148
カーライル　Carlyle　51, 109
カーライル伯爵　Carlisle, Earl of　29
ガリバルディー　Garibaldi　109
カルヴァー牧師，ナサニエル　Culver, Rev. Nathaniel　28
基金立学校法　Endowed Schools Act　117
既婚女性財産法案　Married Woman's Property Bills　56-59, 71, 76, 227-229, 323, 324
既婚女性法　Married Women Act　185
キャヴェル，イーディス　Cavell, Edith　295
キャメロン医師　Cameron, Dr, M. P.　209
ギャリソン，ウィリアム・ロイド　Garrison, William Lloyd　27, 28
ギャレット氏，サミュエル　Garret, Mr Samuel　319
ギャレット氏，ニューソン　Garrett, Mr Newson　82
ギャレット，ミス・アグネス　Garret, Miss Agnes　100
ギャレット，ミス・ルイ（医師）　Garret, Miss Louie　78
ギャレット，ミス・ローダ　Garret, Miss Rhoda　100, 223
ギャレット，ミリセント　Garret, Millicent →「フォーセット夫人」をみよ
ギャレット（・アンダーソン），エリザベス（医師）　Garret (Anderson), Dr Elizabeth　7, 81-83, 85-87, 110, 112, 142-146, 148, 171, 173, 189, 208-210, 215, 257
ギャレット・アンダーソン，ルイーザ（医師）　Garret Anderson, Dr Louisa　294
キャンベル-バナマン，サー・ヘンリー（首相）　Campbell-Bannerman, Sir (Prime Minister)　247, 248, 250
救世軍　Salvation Army　176-180
救貧病院　Poor Law Infirmaries　191
救貧法　Poor Law　29, 65
キリスト教社会主義者の運動　Christian Socialist Movement　34-38, 45
キングズリー，チャールズ　Kingsley, Charles　36, 46, 68, 98, 199
クィーンズ・コレッジ　Queen's College　46, 47, 103, 104, 109, 118, 119, 146
クック，ミス　Cook, Miss　137, 138
クート氏，W. A.　Coote, Mr, W. A.　184
グラッドストン氏（首相）　Gladstone, Mr (Prime Minister)　57, 101, 102, 143, 231, 232, 238, 243, 305
グラッドストン夫人　Gladstone, Mrs　233
クラフ，アーサー・ヒュー　Clugh, Arthur Hugh　125
クラフ，アン・ジェマイマ　Clough, Ann Jemaima　6, 124-128, 134, 135, 214
グランヴィル卿　Granville, Lord　212
クランワース卿　Cranworth, Lord　57
クリーク，ミス　Creak, Miss　207
クリスティソン博士　Christison, Dr　151
クリフォード，アン　Clifford, Anne　94
クリーマー氏　Cremer, Mr　248, 249
グリーン教授，T. H.　Green, Professor T. H.　213
クレイ氏　Clay, Mr　122, 123
グレイ，サー・エドワード　Grey, Sir Edward　244, 245, 271, 277, 308
グレイ，ジョゼフィン　Grey, Josephine→「バトラー，ジョゼフィン」をみよ
グレイ夫人　Gray, Mrs　203
クレイグ，ミス・アイサ　Craig. Miss Isa　75
クレイトン夫人　Creighton, Mrs　213
グロウト夫人　Grote, Mrs　51

ケイヴ，サー・ジョージ　Cave, Sir George　307
刑法改正法　Criminal Law Amendment Acts　181-183, 186, 324
ケニー，アニー　Kenny, Annie　244-247, 250
ゴア・ブース，ミス　Gore Booth, Miss　240
国民代表法　Representaion of the People Act　第19章
国会対策合同協議会　Joint Parliamentary Committee　239
コッブ，フランシス・パワー　Cobbe, Frances Power　7, 92, 110
コートニー氏，レナード　Coutney, Mr Leonard　226, 308
コブデン，ミス　Cobden, Miss　172, 230
コブデン，リチャード　Cobden, Richard　29, 143, 230
コプリー令夫人，エリザベス　Copley, Dame Elizabeth　94
『コモン・コーズ』紙　*Common Cause*　256
コルチェスターの選挙　Colchester Election, The　166, 167
ゴールドスミッド，アナ　Goldsmid, Anna　142
ゴールドスミッド，レディ　Goldsmid, Lady　122, 196
コールリッジ，サー・ジョン　Coleridge, Sir John　95
婚姻及び離婚法案　Marriage and Divorce Bills　57, 58, 76, 185, 325
コンズ，ミス　Cons, Miss　172

サ 行

サイモン，サー・ジョン　Simon, Sir John　302
『サタデー・レヴュー』誌　*Saturday Review*　58, 74, 75, 91, 222
サマヴィル，メアリー　Somerville, Mary　3, 67, 87, 143, 213
サマヴィル学寮　Somerville College　213
サミュエル氏，ハーバート　Samuel, Mr Herbert　299
産業革命　Industrial Revolution　2, 38, 191
サンドハースト，レディ　Sandhurst, Lady　172
ジェイムズ，サー・W.　James, Sir W.　169
ジェイムソン，アナ　Jameson, Anna　67, 70, 71, 140, 142
ジェクス - ブレイク，ソファイア（医師）　Jex-Blake ,Dr Sophia　47, 104, 146-153, 208-212
シェフィールド女性政治協会　Sheffield Female Political Association　29
シェリダン，リチャード・ブリンスリー　Sheridan, Richard Brinsley　22
シリフ，ミス　Sheriff, Miss　203
シジウィック，アーサー　Sidgwick, Professor Arthur　213
シジウィック氏，ヘンリー　Sidgwick, Mr Henry　134, 136, 147, 215
シニア夫人，ナソー　Senior, Mrs Nassau　172
ジャウエット　Jowett　213
社会科学振興全国協会　National Association for Promotion of Social Science　68, 69, 75, 110-114
ジャクソン対ジャクソン（離婚訴訟事件）　Jackson v. Jackson　185, 186
ジャーナリスト協会　Institute of Journalists　190
シャフツベリー卿　Shaftesbury, Lord　36, 39, 42, 68
10時間労働法　Ten Hours Act　40, 193
ショー・ルフェーヴル，ミス　Shaw Lefevre, Miss　213
織布その他労働者代表委員会　Textile and other Workers' Representation Committee　241, 242
助産婦協会　Midwives' Institute　191
女子教育改善全国連合　National Union for the Improvement of the Education of Women of All Classes　203
女子協同組合　Women's Co-operative Guild　241
女子支援協会　Girls' Friendly Society　175
女子仕立て職人についての調査　Tailoresses, Inquiry into conditions of　35-38
ジョージ氏，ロイド（首相）　George, Mr Lloyd (Prime Minister)　267, 268, 271, 278, 289, 300, 302, 304, 305
女性，公務員の　Women in the Civil Service　189, 190, 318, 322, 323
女性，炭鉱労働における　Women in Mines　40, 41, 195, 196
女性，農業における　Women in Agriculture　43, 293
女性医師　Medical Women　第9章及び209-212
女性雇用局　Women's Service (Bureau)　317
女性雇用促進協会　Association for the Promotion of the Employment of Women　75

女性雇用促進協会　Society for the Promotion of the Employment of Women　187
女性参政権協会全国連合　National Union of Women's Suffrage Societies　239, 241, 249, 256-258, 262, 268, 271-274, 277, 282, 285, 294, 297, 298-300, 303, 305, 307, 313
女性参政権全国協会　National Society for Women's Suffrage　347
女性参政権全国協会中央委員会　Central Committee of National Society　224, 227, 234, 357
女性参政権全国協会中央本部　Central National Society for Women's Suffrage　357
女性参政権反対連盟　League for Opposing Women's Suffrage　270
女性参政権法案，議会における決議と改正　Women's Suffrage Bills, Resolutions and Amendments in Parliament　21, 22, 29, 88-91, 102, 231, 232, 234, 235, 239, 242, 243, 248, 249, 265-269, 272, 273, 276-278, 283, 284, 305-312, 326
女性参政権ロンドン協会　London Society for Women's Suffrage　283, 287, 317
女性社会政治連合　Women's Social and Political Union　242-251, 259, 265, 267, 268, 271, 272, 274, 275, 282, 285
女性自由党ユニオニスト連合　Women's Liberal Unionist Association　233
女性自由党連合　Women's Liberal Federation　232-234
女性自由連盟　Women's Freedom League　259
女性隊　Women's Legion　292
『女性に参政権を』紙　*Vote for Women*　275
女性の権利大会　Women's Rights Convention　28
女性保護共済連盟　Women's Protective and Provident League　199-201
女性補助部隊　Women's Army Auxiliary Corps　292
ジョンソン氏，G. W.　Johnson, Mr G. W.　170, 219
ジョンソン夫人，アーサー　Johnson, Mrs Arthur　213
シーリー教授　Seeley, Professor　204
スーウェル医師，ルーシー　Sewell, Dr Lucy　147
スキューダモー氏，フランク　Scudamore, Mr Frank　189
スコット氏，ベンジャミン　Scott, Mr Benjamin　182
スコット，ミス　Scott, Miss　214
スコット・ホランド，キャノン　Scott, Holland, Canon　213
スタノップ，レディ・ヘスター　Stanhope, Lady Hester　21
スタンスフェルド氏　Stansfeld, Mr　98, 180, 209
スタンリー，オールダリーの，レディ　Stanley of Alderley, Lady　123, 204
スタンリー，レディ・オーガスタ　Stanley, Lady Augusta　124
スチュアート，ジェイムズ　Stuart, James　126, 127, 164, 165, 200
スティーヴン，レズリー　Stephen, Leslie　130, 204
スティーヴンソン，ミス・フローラ　Stevenson, Miss Flora　171
ステッド，W. T.　Stead, W. T.　179, 182-184, 190, 324
ストークス，サー・ヘンリー　Storks, Sir Henry　166
スノードン，フィリップ　Snowden, Philip, M. P.　240
スミス氏，トーリー　Smith, Mr Thorley　242
スミス氏，ベンジャミン　Smith, Mr Benjamin　54, 55
スミス，レディ・メアリー　Smith, Lady Mary　20
スレイド美術学校　Slade School of Art　190
スワンリー・コレッジ　Swanley College　191
性差別廃止法　Sex Disqualfication Removal Act　318-321
性病予防法　Contagious Diseases Acts　第 10 章及び 180, 181, 224
性病予防法廃止女性全国協会　Ladies' National Association for the Repeal of Contagious Diseases Act　159
セイント・レナーズ卿　St Leonards, Lord　58
世界奴隷制度廃止大会　World's Anti-Slavery Convention　27, 28
セシル卿，ロバート　Cecil, Lord Robert　300, 319, 322
セルボーン卿　Selborne, Earl of　283, 308
全国自由党連合　National Liberal Federation

235
全国売春監察協会 National Vigilance Association 184
ソラジ，ミス・コーネリア Sorabji, Miss Cornelia 219
ソールズベリー卿 Salisbury, Lord 171, 238
ソーン夫人，イザベル Thorne, Dr Isabel 148

タ 行

『タイムズ』紙 *Times* 30, 76, 95, 96, 129, 210, 267
ダヴェンポート・ヒル氏 Davenport Hill, Mr 56
タルフォード氏 Talfourd, Mr 25, 55
チザム，キャロライン Chisholm, Caroline 3
地方行政委員会 Local Government Board 172
地方都市婦人会 Women's Institutes 331, 332
チャーチスト運動 Chartist Movement 19-21, 241
チャーチル氏，ウィンストン（首相） Churchill, Mr Winston (Prime Minister) 246, 247, 267
通学制女子学校会社 Girls Public Day Schools Company 204
デイヴィス，エミリー Davies, Emily 7, 62, 81-88, 91, 92, 110-117, 119-125, 128-133, 136-138, 143-145, 171, 172, 189, 206, 214, 215, 224, 250, 323, 324
デイヴィス，ルーウェリン Davies, Llewelyn 81
デイヴィッドソン，エミリー・ワイルディング Davidson, Emily Wilding 279-281
ディキンソン，サー・ウィロビー Dickinson, Sir Willoughby, M. P. 284, 306
ディズレイリ，ベンジャミン（首相） Disraeli, Benjamin (Prime Minister) 29, 31, 238
テイラー夫人（テイラー，ハリエット） Taylor, Mrs (Taylor, Harriet) 50-54
テイラー夫人，ピーター Taylor, Mrs Peter 88, 92, 98, 228
テイラー，ヘレン Taylor, Helen 101, 134, 144, 154, 155
『デイリー・ニューズ』紙 *Daily News* 162, 219
ディルク，サー・チャールズ Dilke, Sir Charles 98, 228
デスパード夫人 Despard, Mrs 259, 270
テニソン Tennyson 118
テンプル氏，クーパー Temple, Mr Cowper 204, 209
トインビー，アーノルド Toynbee, Arnold 213
トムキンソン氏 Tomkinson, Mr 122, 123
トリマー夫人 Trimmer, Mrs 3
トールボット師，E. S. Talbot, Rev. 213
トワイニング，ミス・ルイーザ Twining, Miss Louisa 6, 63-65, 69

ナ 行

ナイティンゲール，フローレンス Nightingale, Florence 6-18, 33, 54, 67, 68, 87, 140, 146, 156, 162, 253, 325
ナイト，アン Knight, Ann 29
『ナインティーンス・センチュリー・マガジン』誌 *Nineteenth Century Magazine* 237
ニューナム・コレッジ Newnham College 206, 212, 215-217
猫とねずみ法 Cat and Mouse Act 278, 281, 282
ネトルシップ教授 Nettleship, Professor 213
ノエル，アン・イザベラ Noel, Anne Isabella →「バイロン，レディ」をみよ
ノース・ロンドン・コリージエイト・スクール North London Collegiate School 105
ノートン，キャロライン Norton, Caroline 6, 22-27, 57, 58, 185, 325
ノートン，ジョージ Norton, George, Hon. 22-24

ハ 行

パイプ，ミス・ハナ Pipe, Miss Hannah 113
バイロン，レディ Byron, Lady 67, 140
バイロン卿 Byron, Lord 67
ハウイット夫人 Howitt, Mrs 70
パークス，ベッシー・レイナー Parkes, Bessie Rayner 70, 71, 78, 84, 140, 142
バクストン，チャールズ Buxton, Charles 169
ハクスリー Huxley 85, 114, 204, 210
バグリー，サー・ジョン Bagley, Sir John 24
パジェット，サー・ジェイムズ Paget, Sir James 140, 212
バス，フランシス・メアリー Buss, Frances Mary 7, 47, 105, 106, 112, 114, 115, 212
パタソン，エマ Patterson, Emma 198-201
ハーディ，キア Hardie, Keir, M. P. 240, 241, 243, 247, 248

パティソン，マーク　Pattison, Mark　114, 204, 213
バーデット・クーツ，ミス・アンジェラ（女男爵）　Burdett Coutts, Miss Angela (Baroness)　66, 67
バトラー，ジョージ　Butler, George　160
バトラー，ジョゼフィン　Bulter, Josephine　7, 87, 94, 127, 147, 160-169, 180-182, 200, 222, 223, 226, 253, 324
バーナム卿　Burnham, H. L. W. L.　323
バーニー，ファニー　Burney, Fanny　3
パリサー，ミス・イーディス　Palliser, Miss Edith　239
バレット（ブラウニング），エリザベス　Barrett (Browning), Elizabeth　6
パンクハースト，クリスタベル　Pankhurst, Christabel　244-246, 259, 272, 275, 281, 312
パンクハースト博士　Pankhurst, Dr　95, 96, 102, 228, 243
パンクハースト夫人　Pankhurst, Mrs　228, 230, 240, 241, 243, 244, 247, 248, 259, 262, 272, 274, 275, 278-282, 289
反穀物法同盟　Anti-Corn Law League　21, 97
『パンチ』誌　*Punch*　46, 72, 78, 221
ハント氏　Hunt, Mr, M. P.　20
ピーチイ，ミス・イーディス　Peachey, Miss Edith　148-150, 155
ビール，ドロシア　Beale, Dorothea　47, 105-108, 113, 323
ピュージー博士　Pusey, Dr　123
ヒューム氏，ジョゼフ　Hume, Mr Joseph　29
平等市民権協会全国連合　National Union of Societies for Equal Citizenship　313
ヒル，オクタヴィア　Hill, Octavia　47, 104, 109
ヒル，ミランダ　Hill, Miranda　109
ヒル，ロザモンド　Hill, Rosamond　86
ヒルズ少佐，J. W.　Hills, Major J. W., M. P.　319, 322
ファラデー　Faraday　140
フィリッパ　Phillipa　→「フォーセット，フィリッパ・ギャレット」をみよ
フェイスフル，エミリー　Faithfull, Emily　77, 198
フォーサイス氏　Forsyth, Mr, M. P.　225, 226
フォースター氏　Forster, Mr　171
フォーセット，フィリッパ・ギャレット　Fawcett, Philippa Garret　134, 216
フォーセット，ヘンリー　Fawcett, Henry　86, 87, 98, 194, 199
フォーセット夫人，ヘンリー　Fawcett, Mrs Henry　83, 86, 92, 97, 100, 184, 196-215, 224, 234, 236, 239, 240, 256-258, 269, 285, 298, 303, 304, 309, 313
フォックス氏，ウィリアム・ジョンソン　Fox, Mr William Johnson, M. P.　20
フォード，ミス・イザベラ　Ford, Miss Isabella　240
ブシェレット，ジェシー　Boucherett, Jessie　76, 86
ブース，ウィリアム　Booth, William　176, 177, 179
ブース，キャサリン　Booth, Catherine　176-179, 182
フード，トマス　Hood, Thomas　36
腐敗行為防止法　Corrupt Practices Act, The　232
フライ夫人，エリザベス　Fry, Mrs Elizabeth　3
ブライアント，ミス・ソフィー　Bryant, Miss Sophia　212
ブライス氏　Bryce, Mr　204, 308
ブライト氏，ジェイコブ　Bright, Mr Jacob, M. P.　95, 97, 102, 165, 171, 224-226
ブライト夫人，ジェイコブ　Bright, Mrs Jacob　228-230
ブライト，ジョン　Bright, John　153
ブラウニング　Browning　213
ブラックウェル，エリザベス（医師）　Blackwell, Dr Elizabeth　140-142, 145, 147, 155, 165, 209
ブラックストン　Blackstone　4
ブラックバーン，ミス・ヘレン　Blackburn, Miss Helen　227
プリーストリー姉妹　Priestley, the Misses　97
プリムローズ・リーグ　Primrose League　232, 233
ブルーマー夫人，アミーリア　Bloomer, Mrs Amelia　333
ブルーム卿　Brougham, Lord　55, 68, 75
フレイザー卿　Fraser, Lord　229
ブレイルズフォード氏　Brailsford, Mr　265
プロクター，アドレイド・アン　Proctor, Adelaide Anne　70, 78

ブロンテ，シャーロット　Bronte, Charlotte　6, 107
ヘイスティングズ氏　Hastings, Mr　122
ペシック－ロレンス夫妻　Pethick Lawrence, Mr and Mrs　259, 272, 274, 275
ベッカー，リディア　Becker, Lydia　87, 88, 95-98, 170, 171, 221, 227, 228, 234, 236, 237
ベッグ氏，フェイスフル　Begg, Mr Faithfull, M. P.　239, 243
ベッドフォード・コレッジ　Bedford College　47, 103, 104, 109
ベリー，メアリー　Berry, Mary　3
ペリー，サー・アースカイン　Perry, Sir Erskine　56
『ペル・メル・ガゼット』紙　*Pall Mall Gazette*　182, 183, 190
ベンサム，ジェレミー　Bentham, Jeremy　49
ヘンダーソン氏，アーサー　Henderson, Mr Arthur, M. P.　284, 300
北部イングランド協議会　North of England Council　127, 128
保守党立憲協会全国連合　National Union of Conservatives and Constitutional Association Councils　235
ボストック，ミス　Bostock, Miss　122
ホップウッド氏　Hopwood, Mr, M. P.　165
ボディション，マダム　Bodichon, Mme　7, 47, 54-56, 59, 70, 73, 78, 84-87, 103, 104, 108, 121, 140, 142, 171, 187, 316
ホルズベリー卿　Halsbury, Lord　308
ホールデイン，ミス　Haldane, Miss　286
ボールドウィン首相　Baldwin, Mr (Prime Minister)　325, 332

マ 行

マクドナルド夫人　MacDonald, Mrs　201
マークビー氏　Markby, Mr　113
マクラレン，アグネス（医師）　M'Laren, Dr Agnes　153, 154
マクラレン，サー・チャールズ　M'Laren, Sir Charles　242, 250
マクラレン夫人　M'Laren, Mrs　97, 230
マシューズ氏　Matthews, Mr　196
マックスウェル夫人，リリー　Maxwell, Mrs Lily　94
マッソン教授　Masson, Professor　147
マッツィーニ　Mazzini　32, 103, 109
マーティノー，ハリエット　Martineau, Harriet　3, 6, 51, 55, 67, 71, 87, 162, 199, 253
マリー，ミス　Murray, Miss　46, 48
マリー医師，フローラ　Murray, Dr Flora　294
マルケヴィッチ伯爵夫人　Markievicz, Countess　312
マルセ，ジェイン　Marcet, Jane　3
マレソン氏　Malleson, Mr　165
マレソン夫人，フランク　Malleson, Mrs Frank　108, 109
マンチェスター女性参政権協会　Manchester Women's Suffrage Society　240, 241, 243, 246
未成年者後見法　Gurdianship of Infants Acts　27, 185, 325
未成年者保護法　Infants' Custody Act　25
ミル，ジョン・スチュアート　Mill, John Stuart　6, 49-54, 84-93, 97, 98, 103, 109, 114, 134, 167, 168, 224, 225, 332
ミルン夫人　Mylne, Mrs　30
メア，ミス　Mair, Miss　97
メイソン氏，ヒュー　Mason, Mr Hugh, M. P.　230
メイン氏，フィリップ　Main, Mr Philip　205
メルボーン卿　Melbourne, Lord　23, 162
モア，ミス・ハナ　More, Miss Hannah　3
モーガン氏，オズボーン　Morgan, Mr Osborne, M. P.　238
モーズリー医師　Maudesley, Dr　208
モーリー，ジョン　Morley, John　98
モーリス，フレデリック・デニソン　Maurice, Frederick Denison　34, 35, 45, 46, 109, 141, 143, 147, 169, 204, 205
モール，マダム　Mohl, Mme　13
モンド，サー・アルフレッド　Mond, Sir Alfred　306

ヤ 行

薬学協会　Pharmaceutical Society　190
薬剤師協会　Society of Apothecaries　143
ヤング，ミス・シャーロット・M.　Yonge, Miss Charlotte M.　123

ラ 行

ライエル，サー・チャールズ　Lyell, Sir Charles　123

ライランズ氏　Rylands, Mr　168
ラヴェット，ウィリアム　Lovett, William　19, 20
ラウザー氏　Lowther, Mr　301
ラスキン　Ruskin　62, 213
ラスボーン，ミス・エレナー　Rathbone, Miss Eleanor　313
ラッセル卿，ジョン　Russell, Lord John　68
ラブシェル氏　Labouchere, Mr, M. P.　239, 242, 243
ラム，レディ・キャロライン　Lamb, Lady Caroline　21
ラムズデン，ミス　Lumsden, Miss　137, 138
ランガム・プレイス　Langham Place　79-82, 84
ランズダウン卿　Lansdowne, Lord　308
ランズベリー氏　Lansbury, Mr, M. P.　278
『ランセット』(医学雑誌)　*Lancet*　209
リー・スミス，バーバラ　Leigh Smith, Barbara　→「ボディション，マダム」をみよ
リットン，レディ・コンスタンス　Lytton, Lady Constance　265
リットン卿　Lytton, Lord　265, 308
リード夫人　Reid, Mrs　47
リード夫人，ヒューゴ　Reid, Mrs Hugo　29
リトルトン，アルフレッド　Lyttelton, Hon. Alfred　284
リトルトン卿　Lyttelton, Lord　122
ルター　Luther　6
レッキー　Lecky　158
レディ・マーガレット学寮　Lady Margaret Hall　213
レディッシュ，ミス　Reddish, Miss　240
労働組合運動　Trade Union Movement　第 12 章及び 240-242, 283, 287-289, 315
労働組合会議　Trade Union Congress　199, 200
労働者代表委員会　Labour Representation Committee　240
ロウバック，J. A.　Roebuck, J. A.　51
ロビー氏　Roby, Mr　114, 115
ロリット，サー・アルフレッド　Rollit, Sir Alfred. M. P.　238
ロング氏，ウォルター　Long, Mr Walter　301
ロンダ子爵夫人　Rhondda, Viscountess　321
ロンドン女子医学校　London School of Medicine for Women　210
ロンドン女性参政権全国協会　London National Society for Women's Suffrage　92-94, 224, 226
ロンドン労働者協会　Working Men's Association　19

ワ 行

ワーズワース，ミス・エリザベス　Wordsworth, Miss Elizabeth　213

イギリス近現代女性史関連年譜

年	本書に関するできごと	関連事項
1789	ハナ・モア，チェダー・ヒルズに貧民のための日曜学校を開く	フランス革命
1792	メアリー・ウルストンクラフト『女性の権利の擁護』出版	
1800		
1807		英国奴隷貿易廃止
1810		
1813		ジェイン・オースティン『自負と偏見』出版
1819		ピータールー大虐殺
1820		ジョージ四世即位（-29）
1828		審査法廃止
1829		カトリック教徒解放法
1830		ウィリアム四世即位（-37）
1832		第一次選挙法改正
1833		英国奴隷制度廃止法 工場法
1834		新救貧法
1836	この頃，キャロライン・ノートン，子どもの保護権を求める運動開始	ロンドン労働者協会設立（ラヴェットら）
1837		ヴィクトリア女王即位（-1901）
1838		人民憲章公表，チャーチスト運動（1838-48 頃まで）
1839	未成年者保護法	
1840		世界奴隷制度廃止大会
1842	炭鉱労働法　女性および 10 歳未満の児童の鉱山就労禁止	
1843	ガヴァネス慈恵協会設立 女子および児童就労に関する調査委員会報告 サラ・S・エリス『英国の妻』出版 ヒューゴ・リード夫人『女性のための請願』出版 トマス・フード「シャツの詩」出版	

年	本書に関するできごと	関連事項
1846	メアリー・カーペンター，ブリストルに貧民学校を開校	穀物法廃止
1847	10時間労働法，女性及び年少者の労働時間が10時間に制限される A・テニソン『プリンセス』出版	シャーロット・ブロンテ『ジェイン・エア』出版
1848	クィーンズ・コレッジ設立	マルクス『共産党宣言』出版 女性の権利大会がアメリカ，セネカ・フォールズで開催
1849	ベッドフォード・コレッジ設立 エリザベス・ブラックウェル，米国にて女性初の医学博士号取得	
1850	ノース・ロンドン・コリージエイト・スクール設立 チャールズ・キングズリー『オールトン・ロック』出版	
1851	女性人口の過剰が国勢調査で明らかになる J・S・ミル，ハリエット・テイラーと結婚 ハリエット・テイラー・ミル「女性の参政権付与」を発表	第一回万国博覧会ロンドンで開催
1853		クリミア戦争勃発（1853-56）
1854	ナイティンゲール，クリミアへ従軍看護婦として赴任 チェルトナム・レディーズ・コレッジ設立 バーバラ・L・スミス『女性に関するもっとも重要な法律の要約』刊行	コヴェントリ・パットモア『家庭の天使』（-62）出版
1856	ナイティンゲール，クリミア戦争から帰還	『サタデー・レヴュー』誌創刊 この頃からクリノリン，ブルーマー流行
1857	婚姻訴訟法（条件付離婚請求権及び別居後の財産権取得） バーバラ・L・スミスらの既婚女性財産法案，第二読会まで通過するが，廃案となる	社会科学振興全国協会設立 インド大反乱
1858	ルイーザ・トワイニング，救貧院訪問協会設立 ドロシア・ビール，チェルトナム・レディーズ・コレッジの校長となる 『イングリッシュ・ウーマンズ・ジャーナル』誌創刊（-64）	インド直接統治開始
1859	女性雇用促進協会設立 エリザベス・ブラックウェル，女性初の英国医師	チャールズ・ダーウィン『種の起源』出版

年	本書に関するできごと	関連事項
	登録 エリザベス・ブラックウェル，ロンドン講演 ナイティンゲール『宗教真理の探求者に対する思索への示唆』執筆（未刊）	サミュエル・スマイルズ『自助論』出版 ナイティンゲール『看護覚書』出版
1860	ヴィクトリア・プレス設立 ナイティンゲール，ロンドンのセント・トマス病院に看護学校を設立	
1861		アルバート公死去
1862	エリザベス・ギャレット，ロンドン大学に入学申請を拒否される	
1863	ケンブリッジ大学，女子に地方試験の受験を非公式に許可	ロンドン地下鉄開通
1864	性病予防法	ロンドンで第一インターナショナル設立
1865	J・S・ミル，国会議員に就任 女性討論協会がケンジントンに設立（ケンジントン協会） ウイリアム・ブース，ロンドンの貧民街に救世軍の前身の伝道会を創設 エリザベス・ギャレット，英国薬剤師協会の薬剤師試験合格により医師免許取得 ケンブリッジ大学，女子に地方試験の受験を正式に許可 ジョン・ラスキン『胡麻と百合』出版 T・H・ハクスリー『信徒の説教』出版	
1866	J・S・ミル，女性参政権を求める請願書を提出 エリザベス・ギャレット，ロンドンに女性と子どものための診療所（エリザベス・ギャレット・アンダーソン病院の前身）開設 女性教師協会第一回会議 エミリー・デイヴィス『女性の高等教育』出版 『イングリッシュウーマンズ・レヴュー』誌創刊	
1867	リディア・ベッカー，マンチェスター女性参政権委員会設立 J・S・ミルが選挙法改正案に対し女性参政権を求める修正案を上程するが否決 ロンドン女性参政権全国協会設立 女性参政権全国協会（NSWS）設立	第二次選挙法改正 都市の労働者が選挙権獲得 カナダ連邦成立マルクス『資本論』第一巻出版
1868	J・S・ミル，議席を失う	グラッドストン内閣（-74）

年	本書に関するできごと	関連事項
	マンチェスターの女性自家所有者が選挙人として審議されるが否決（「チョールトン対リングス」の事例） 『学校調査委員会報告書』の公表	労働組合会議結成
1869	女性地方税納税者，市町村議会の選挙権獲得 ソファイア・ジェクス - ブレイクら 5 名の女性がエディンバラ大学に入学，医学を学びはじめる（卒業や学位取得を前提としないもの） ガートン・コレッジ創立 基金立学校法 性病予防法廃止女性全国協会設立（会長，ジョゼフィン・バトラー） J・S・ミル『女性の隷属』出版 レッキー『ヨーロッパの道徳の歴史』出版	
1870	女性参政権法案を提出し，第二読会まで通過するが否決 エディンバラ大学，女性の入学に反対する男子医学生らの暴動 教育委員会委員の女性選挙権および被選挙権獲得，最初の選挙でベッカー，デイヴィス，エリザベス・ギャレットら当選 既婚女性財産法（200 ポンドまでの所得保有が認められる） リディア・ベッカー『ウィメンズ・サフリッジ・ジャーナル』誌創刊	普通教育法
1871	ニューナム・コレッジ創立	地方行政委員会設立 大学入学者国教徒審査廃止 労働組合法
1872	通学制女子学校会社設立	
1873	ソファイア・ジェクス - ブレイクら，エディンバラ大学へ学位授与を求める訴訟に敗訴 J・S・ミル死去	大不況（-96）
1874	女性保護共済連盟設立 ナソー・シニア夫人，女性初の救貧法視察官となる ロンドン女子医学校開校	
1875	女性が救貧官になることができる法案が議会を通過 女子支援協会設立	

年	本書に関するできごと	関連事項
1877	エマ・パタソン，労働組合会議で女性の労働時間短縮反対のスピーチ	インド帝国成立
	ソファイア・ジェクス‐ブレイク，医師登録	
1878	婚姻訴訟法（妻への虐待に対する夫の法的権利の制限）	
	1865年設立の伝道会，救世軍と改名	
	レディ・マーガレット学寮《ホール》創立	
1879	サマヴィル・コレッジ創立	
1880	ロンドン大学，女性の学位取得認可	
1881	ケンブリッジ大学，女性の優等学位試験受験許可（女性の学位取得認可は1948年）	助産婦協会設立
1882	既婚女性財産法（未婚女性と同等の独立した財産権が認められる）	
1883	プリムローズ・リーグ結成	腐敗行為防止法
1884	女性参政権修正案否決	第三次選挙法改正
		フェビアン協会設立
1885	W・T・ステッド「現代版バビロンの少女の貢物」を連載	
	強制売春に関する「刑法改正法」（性行為承諾年齢が13歳から16歳に引き上げられる）	
	全国売春監察協会設立	
1886	性病予防法廃止（可決は1883年）	アイルランド自治法案否決
	エマ・パタソン死去	
	未成年者後見法（父親の死後は母親が後見人と認められる）	
	ソファイア・ジェクス‐ブレイク『女性医師』(*Medical Women*) 出版	
1888	女性地方税納税者，州・地方都市議会の選挙権獲得	地方自治法により地方議会設立
1889	女性保護共済連盟，女性労働組合連盟に改名	
1890	リディア・ベッカー死去	女性用自転車流行
1891		独立労働党結党
1892	女性参政権法案棄却	
	英国医師会，女性の入会許可	
	バーバラ・ボディション死去	
1893		ニュージーランドで女性参政権が認められる
1894		南オーストラリアで女性参政権が認められる

年	本書に関するできごと	関連事項
1897	ミリセント・ギャレット・フォーセット，女性参政権協会全国連合（NUWSS）設立	
1898	「フェミニスト」という言葉が『ウェストミンスター・レヴュー』誌上初めて使われる	
1899		南ア《ボーア》戦争勃発
1900		労働者代表委員会設立
1901	ランカシャ織布女工の代表，女性参政権を議会に請願	ヴィクトリア女王逝去， エドワード 7 世即位（-10） オーストラリア連邦成立
1902		日英同盟 助産婦法 オーストラリアで女性参政権が認められる
1903	パンクハースト母娘を中心に，女性社会政治連合（WSPU）設立	
1905	アニー・ケニーとクリスタベル・パンクハースト禁固刑	
1906	女性参政権支持の労働者が選挙で立候補するが，落選 300 人の女性参政権運動の組織の代表者，自由党首相に面会 ジョゼフィン・バトラー死去	労働党結党 総選挙で自由党の圧勝 フィンランドで女性参政権が認められる
1907	WSPU 公的機関紙『女性に参政権を』紙（*Votes for Women*）創刊 女性参政権ロンドン協会主催，初の大規模なデモ行進（ぬかるみの行進） 女性自由連盟設立 「女性の資格についての法令」可決により，州・地方都市議会議長，市町村長の被選挙権が女性に認められる	英領ニュージーランド連邦成立
1908	エリザベス・ギャレット・アンダーソン，初の女性町長となる 女性による女性参政権反対連盟（WNASL）設立 女性参政権を求める初の大規模な集会，ロンドンのハイド・パークにて開催	アスキス内閣（-16） 炭鉱（8 時間）法
1909	この頃から戦闘派の活動激化，獄中におけるハンガーストライキに対して初の強制食餌行なわれる 篤志従軍看護団結成 NUWSS 公的機関紙『コモン・コーズ』紙（*The*	救貧法改正

年	本書に関するできごと	関連事項
	Common Cause）創刊	
1910	レディ・コンスタンス・リットン収監される 女性参政権第一次調停法案が提出される WSPU，戦闘的活動を一時休止 第一次調停法案否決される WNASL，男性団体と合併し全国女性参政権反対連盟設立	フロイト『精神分析入門』出版
1911	第二次調停法案廃案となる	議院法（上院の拒否権の制限） オリーヴ・シュライナー『女性と労働』出版
1912	第三次調停法案否決（これにより 13 年に選挙法改正法案廃案となる） ペシック‐ロレンス夫妻，WSPU から追放される	100 万人規模の炭鉱ストライキ 国民保険法 タイタニック号沈没
1913	アスキス政権，「囚人の体調悪化による仮釈放法（通称，猫とねずみ法）」を可決させ，ハンガーストライキに対抗 エミリー・デイヴィッドソン，ダービー競馬で身を投げ出し抗議表明 NUWSS 主催の全国各地からの大規模なデモ行進がロンドンに集結	M・プルースト『失われた時を求めて』出版
1914	シルヴィア・パンクハースト，WSPU から除名される エルシー・イングリス，スコットランド女性医療団（SWH）設立 ベルギー人難民受け入れ始まる 女性参政権団体，戦争協力のため活動休止	第一次世界大戦勃発 アイルランド自治法成立，実施延期 教育法（給食）
1915	この頃から男性に代わる女性雇用促進 女性による軍需産業支援の行進 イーディス・キャベル，ドイツ軍により銃殺刑	政府と労働組合の間で戦時労働に関する協約締結 戦時軍需産業法 第一次世界大戦反対のためジェイン・アダムズらが女性国際平和自由連盟（WILPF）設立
1916	超党派委員会が参政権および選挙人登録について審議	一般徴兵制採用 アイルランドでシンフェイン党の蜂起 ロイド・ジョージ戦時内閣（-22）
1917	超党派委員会，参政権改正案を報告 国会の女性傍聴席の格子，取り外し	英王室名をウィンザーと改称 ドイツ軍爆撃機ロンドンを空爆

年	本書に関するできごと	関連事項
	農業促進婦人部隊（ランド・アーミー）結成 WSPU，女性党と改名	
1918	国民代表法（30 歳以上の女性，選挙権および被選挙権獲得）	第一次世界大戦終結 教育法（義務教育 14 歳に引き上げ） ロシアで女性参政権が認められる
1919	レディ・アスター，女性として初めて下院議員に当選 性差別廃止法（法律関係職，その他の専門職を女性に開放） NUWSS，平等市民権協会全国連合（NUSEC）と改名	アイルランド共和国独立宣言 パリ講和会議，ヴェルサイユ講和条約調印
1920	オックスフォード大学，女性の学位取得認可	国際連盟正式成立 アメリカで女性参政権が認められる アイルランド自治法成立
1921	エミリー・デイヴィス死去	日英同盟解消
1922		アイルランド自由国成立（憲法制定） J・ジョイス『ユリシーズ』出版 T・S・エリオット『荒地』出版
1923	婚姻訴訟法（妻の離婚申し立て可能になる）	
1924		最初の労働党内閣成立（首相マクドナルド） モンゴルで女性参政権が認められる
1925	未成年者後見法（父母に平等な後見権が与えられる）	金本位制復活
1926		ゼネスト決行 イギリス帝国からイギリス連邦に改称
1927		労働組合法（組合活動の制限）
1928	エメリン・パンクハースト死去 国民代表法（男女平等普通選挙権獲得） レイ・ストレイチー『イギリス女性運動史 1792-1928』（*The Cause*）出版	パリ不戦条約 D・H・ロレンス『チャタレイ夫人の恋人』出版
1939	第二次世界大戦勃発（-45）	
1945	日本で女性参政権が認められる	

翻訳・訳注分担（担当章初出順）

出淵敬子　序，ヴィラーゴ版（1978）への新しい序，原著者による文献ノート
訳注　序，原著者による文献ノート

吉田尚子　第一章，第五章，第七章
訳注　第一章，第五章，第七章，第一四章

山内藤子　第二章，第六章，第一〇章前半
訳注　第二章，第六章，第一〇章

栗栖美知子　第三章，第八章，第一三章，第二〇章
訳注　第三章，第八章，第一三章，第二〇章

奥山礼子　第四章，第一一章，第一六章後半，第一八章
訳注　第四章，第一一章，第一六章後半，第一八章

佐藤千佳　第九章，第一六章前半，第一七章，第二一章
訳注　第九章，第一六章前半，第一七章，第二一章

山本優子　第一〇章後半，第一二章，第一五章，第一九章
訳注　第一二章，第一五章，第一九章

三神和子　第一四章

著者略歴

(Ray Strachey, 1887-1940)

英国人弁護士の父と米国人の母のもとにロンドンで生まれる．1905年ケンブリッジ大学ニューナム・コレッジ入学，数学を専攻．アメリカのブリン・モー・コレッジ，オックスフォード大学電気工学科でも学ぶ．大学時代から政治サークルに所属し，女性参政権運動にかかわる．1911年，オリヴァー・ストレイチーと結婚．女性参政権協会全国連合などの運営，機関紙の編集に携わり，英国女性参政権獲得後も女性の地位向上に生涯を通して尽力した．小説や評伝などの著作も多い．

監訳者略歴

栗栖美知子〈くりす・みちこ〉日本女子大学文学研究科英文学専攻修士課程修了，ロンドン大学キングズ・コレッジ大学院修士課程英文学専攻修了（MA）．大東文化大学文学研究科英文学専攻教授．著書『ブロンテ姉妹の小説―「内なる」アウトサイダーたち』（リーベル出版，1995），共著『新しいイヴたちの視線』（彩流社，2002）『読書する女性たち』（彩流社，2006）など．

出淵敬子〈いずぶち・けいこ〉1961年日本女子大学英文学科卒業．1968年コロンビア大学大学院修士課程修了．1970年東京大学大学院博士課程満期退了．1972年より日本女子大学文学部で教え，2006年より同名誉教授．イギリス小説専攻．編著『読書する女性たち』（彩流社，2006），訳書　V. ウルフ『女性にとっての職業』（共訳，みすず書房，1994）『三ギニー　戦争と女性』（みすず書房，2006）など．

訳者略歴

（前頁を参照、担当章初出順）

吉田尚子〈よしだ・なおこ〉日本女子大学大学院文学研究科英文学専攻博士課程後期単位取得満期退学．元城西大学語学教育センター教授．

奥山礼子〈おくやま・れいこ〉日本女子大学大学院文学研究科英文学専攻博士課程後期単位取得満期退学．東洋英和女学院大学国際社会学部教授．

山本優子〈やまもと・ゆうこ〉日本女子大学大学院文学研究科英文学専攻博士課程前期修了．児童英語の「山本塾」主宰．

山内藤子〈やまのうち・ふじこ〉日本女子大学大学院文学研究科英文学専攻博士課程前期修了．日本大学文理学部非常勤講師．

佐藤千佳〈さとう・ちか〉英国ケント大学大学院修士課程修了．日本女子大学非常勤講師．

三神和子〈みかみ・やすこ〉津田塾大学大学院文学研究科英文学専攻博士課程単位取得満期退学．日本女子大学名誉教授．

イギリス女性運動史 1792-1928

2018年9月28日　新装版第1刷発行
2021年10月15日　新装版第4刷発行

著　者　　レイ・ストレイチー
監訳者　　栗栖美知子・出淵敬子
訳　者　　吉田尚子・山内藤子・奥山礼子
　　　　　佐藤千佳・山本優子・三神和子
発行所　　株式会社 みすず書房
　　　　　〒113-0033 東京都文京区本郷2丁目20-7
　　　　　電話 03-3814-0131(営業) 03-3815-9181(編集)
　　　　　www.msz.co.jp
印刷・製本　大日本印刷株式会社

ISBN 978-4-622-08765-6
[イギリスじょせいうんどうし]

本書は、大東文化大学研究成果刊行助成金を得て、みすず書房より2008年1月25日、第1刷として発行した『イギリス女性運動史』を底本としています。